# 7년 연속 전체수석 합격자 배출

## 지오
## 감정평가이론 ②
### 2차 | 심화서

지오 편저

브랜드만족
**1위**
박문각

제6판

박문각

# 박문각 감정평가사

## 감정평가사란?

감정평가란 토지 등의 경제적 가치를 판정하여 그 결과를 가액으로 표시하는 것을 말한다. 감정평가사 (Certified Appraiser)는 부동산·동산을 포함하여 토지, 건물 등의 유무형의 재산에 대한 경제적 가치를 판정하여 그 결과를 가액으로 표시하는 전문직업인으로 국토교통부에서 주관, 산업인력관리공단에서 시행하는 감정평가사시험에 합격한 사람으로 일정기간의 수습과정을 거친 후 공인되는 직업이다.

## 시험과목 및 시험시간

가. 시험과목(감정평가 및 감정평가사에 관한 법률 시행령 제9조)

| 시험구분 | 시험과목 |
|---|---|
| 제1차<br>시험 | ❶ 「민법」 중 총칙, 물권에 관한 규정<br>❷ 경제학원론<br>❸ 부동산학원론<br>❹ 감정평가관계법규(「국토의 계획 및 이용에 관한 법률」, 「건축법」, 「공간정보의 구축 및 관리 등에 관한 법률」 중 지적에 관한 규정, 「국유재산법」, 「도시 및 주거환경정비법」, 「부동산등기법」, 「감정평가 및 감정평가사에 관한 법률」, 「부동산 가격공시에 관한 법률」 및 「동산·채권 등의 담보에 관한 법률」)<br>❺ 회계학<br>❻ 영어(영어시험성적 제출로 대체) |
| 제2차<br>시험 | ❶ 감정평가실무<br>❷ 감정평가이론<br>❸ 감정평가 및 보상법규(「감정평가 및 감정평가사에 관한 법률」, 「공익사업을 위한 토지 등의 취득 및 보상에 관한 법률」, 「부동산 가격공시에 관한 법률」) |

나. 과목별 시험시간

| 시험구분 | 교시 | 시험과목 | 입실완료 | 시험시간 | 시험방법 |
|---|---|---|---|---|---|
| 제1차<br>시험 | 1교시 | ❶ 민법(총칙, 물권)<br>❷ 경제학원론<br>❸ 부동산학원론 | 09:00 | 09:30~11:30(120분) | 객관식<br>5지<br>택일형 |
| | 2교시 | ❹ 감정평가관계법규<br>❺ 회계학 | 11:50 | 12:00~13:20(80분) | |

| 제2차<br>시험 | 1교시 | ❶ 감정평가실무 | 09:00 | 09:30~11:10(100분) | 과목별<br>4문항<br>(주관식) |
|---|---|---|---|---|---|
| | 중식시간 11:10 ~ 12:10(60분) | | | | |
| | 2교시 | ❷ 감정평가이론 | 12:10 | 12:30~14:10(100분) | |
| | 휴식시간 14:10 ~ 14:30(20분) | | | | |
| | 3교시 | ❸ 감정평가 및 보상법규 | 14:30 | 14:40~16:20(100분) | |

※ 시험과 관련하여 법률·회계처리기준 등을 적용하여 정답을 구하여야 하는 문제는 시험시행일 현재 시행 중인 법률·회계처리기준 등을 적용하여 그 정답을 구하여야 함

※ 회계학 과목의 경우 한국채택국제회계기준(K-IFRS)만 적용하여 출제

다. 출제영역 : 큐넷 감정평가사 홈페이지(www.Q-net.or.kr/site/value) 자료실 게재

## 📑 응시자격 및 결격사유

가. 응시자격 : 없음

※ 단, 최종 합격자 발표일 기준, 감정평가 및 감정평가사에 관한 법률 제12조의 결격사유에 해당하는 사람 또는 같은 법 제16조 제1항에 따른 처분을 받은 날부터 5년이 지나지 아니한 사람은 시험에 응시할 수 없음

나. 결격사유(감정평가 및 감정평가사에 관한 법률 제12조, 2023.5.9. 시행)

다음 각 호의 어느 하나에 해당하는 사람

1. 파산선고를 받은 사람으로서 복권되지 아니한 사람
2. 금고 이상의 실형을 선고받고 그 집행이 종료(집행이 종료된 것으로 보는 경우를 포함한다)되거나 그 집행이 면제된 날부터 3년이 지나지 아니한 사람
3. 금고 이상의 형의 집행유예를 받고 그 유예기간이 만료된 날부터 1년이 지나지 아니한 사람
4. 금고 이상의 형의 선고유예를 받고 그 선고유예기간 중에 있는 사람
5. 제13조에 따라 감정평가사 자격이 취소된 후 3년이 지나지 아니한 사람. 다만, 제6호에 해당하는 사람은 제외한다.
6. 제39조 제1항 제11호 및 제12호에 따라 자격이 취소된 후 5년이 지나지 아니한 사람

##  합격자 결정

가. 합격자 결정(감정평가 및 감정평가사에 관한 법률 시행령 제10조)
- 제1차 시험

  영어 과목을 제외한 나머지 시험과목에서 과목당 100점을 만점으로 하여 모든 과목 40점 이상이고, 전 과목 평균 60점 이상인 사람
- 제2차 시험
  - 과목당 100점을 만점으로 하여 모든 과목 40점 이상, 전 과목 평균 60점 이상을 득점한 사람
  - 최소합격인원에 미달하는 경우 최소합격인원의 범위에서 모든 과목 40점 이상을 득점한 사람 중에서 전 과목 평균점수가 높은 순으로 합격자를 결정
  - ※ 동점자로 인하여 최소합격인원을 초과하는 경우에는 동점자 모두를 합격자로 결정. 이 경우 동점자의 점수는 소수점 이하 둘째 자리까지만 계산하며, 반올림은 하지 아니함

나. 제2차 시험 최소합격인원 결정(감정평가 및 감정평가사에 관한 법률 시행령 제10조)

## 공인어학성적

가. 제1차 시험 영어 과목은 영어시험성적으로 대체
- 기준점수(감정평가 및 감정평가사에 관한 법률 시행령 별표 2)

| 시험명 | 토플 | | 토익 | 텝스 | 지텔프 | 플렉스 | 토셀 | 아이엘츠 |
| --- | --- | --- | --- | --- | --- | --- | --- | --- |
| | PBT | IBT | | | | | | |
| 일반응시자 | 530 | 71 | 700 | 340 | 65 (level-2) | 625 | 640 (Advanced) | 4.5 (Overall Band Score) |
| 청각장애인 | 352 | – | 350 | 204 | 43 (level-2) | 375 | 145 (Advanced) | – |

- 제1차 시험 응시원서 접수마감일부터 역산하여 2년이 되는 날 이후에 실시된 시험으로, 제1차 시험 원서 접수마감일까지 성적발표 및 성적표가 교부된 경우에 한해 인정함

※ 이하 생략(공고문 참조)

# CONTENTS
이 책의 차례

# CONTENTS
이 책의 차례

CONTENTS

# CONTENTS_차례

거래사례비교법

**PART**

# 01

# 감정평가이론의
# 평가방식

# 거래사례비교법

거래사례비교법은 시장성의 논리와 대체의 원칙에 근거한 방식으로 여러 평가방식 중 활용도가 높아 평가실무상 중추적인 역할을 한다. 그런데 이 방법은 사례에 의하여 평가결과의 정확도가 좌우되므로 신뢰성 있는 사례의 수집과 선택이 중요한 평가요소가 된다. 한편 선택된 사례를 기준으로 이를 정상화하는 과정에서 평가주체의 주관이 개입될 여지가 많다는 점은 한계로 지적되고 있다. 이러한 사례의 신뢰성 및 평가주체의 주관개입 가능성 등의 한계를 극복하기 위한 방안으로 다수 사례의 수집과 평가과정상의 각종 객관화, 과학화 방안들이 논의되고 있다.

## 제1절   거래사례비교법의 개요   기출 3회 · 12회 · 25회

### 1. 개요

거래사례비교법은 합리적인 경제인이라면 시장에서 수요·공급의 상호작용에 의하여 결정되는 가격을 기준으로 행동한다는 것을 전제로, '시장에서 어느 정도의 가격으로 거래되는가?' 하는 시장성 및 대체·경쟁관계에 있는 다른 부동산의 가격과 상호작용에 의하여 가치가 결정된다는 대체의 원칙에 근거를 두고 있다. 이러한 비교방식에 의한 가치는 균형가치의 성격을 가지지만, 부동산의 특성상 수요 측면이 강하다.

거래사례비교법 적용 시 감정평가법인등은 수요·공급의 원칙, 대체의 원칙, 균형의 원칙, 예측 및 변동의 원칙 등을 지침으로 그 지역의 시장조건을 고려하여 일관성 있게 적용해야 한다. 거래사례의 시간적·장소적·물적 동일성 또는 유사성이 구비되지 않으면 거래사례비교법을 적용하는 데 많은 애로사항이 발생하므로, 이 방법을 채택하는 경우 거래사례에 대한 거래일자, 거래경위, 거래조건 등을 충분히 검토하고, 객관성이 결여된 특수조건 등에는 적합한 수정을 가하여 적정한 비준가액을 산정하여야 한다. 이는 부동산이 일반상품과 달리 공개된 시장에서의 대량매매에 의한 가격형성이 이루어지지 않고, 부동산의 개별성에 의해 실거래가격과 거래당사자의 주관성이 합치되는 지점에서 거래가 이루어지기 때문이다.

## 2. 거래사례비교법의 의의 및 산식★

### 1) 의의(「감정평가에 관한 규칙」 제2조 제7호)

대상물건과 가치형성요인이 같거나 비슷한 물건의 거래사례와 비교하여 대상물건의 현황에 맞게 사정보정, 시점수정, 가치형성요인 비교 등의 과정을 거쳐 대상물건의 가액을 산정하는 감정평가방법을 말한다.

### 2) 산식

비준가액 = 거래사례가격 × 사정보정 × 시점수정 × 지역요인비교 × 개별요인비교

## 제2절  거래사례의 수집 및 선택

**Tip**

거래사례는 거래사례비교법에서 구체적이고 결정적으로 활용되는 기본 자료가 되므로, 「감정평가 실무기준」에서 규정하고 있는 요건을 충족하는 사례를 선택하되, 신뢰할 수 있는 많은 거래사례를 수집하여 증거의 질과 양을 확보하는 것이 비준가액의 정확성과 신뢰성을 담보할 수 있을 것이다. 「감정평가 실무기준」의 거래사례요건은 결국 거래사례비교법의 구성요소인 사정보정, 시점수정, 지역요인 및 개별요인 비교를 정확하게 적용할 수 있는 거래사례로 규정하고 있다.

ⓜⓡⓑⓖ

1. 의의
2. 사례의 수집 및 선택기준
  1) 위치적 유사성(지역요인의 비교가능성)
  2) 물적 유사성(개별요인의 비교가능성)
  3) 사정보정의 가능성
  4) 시점수정의 가능성
  5) 거래사례의 수

## 1. 의의

감정평가결과의 정확도는 수집, 선택된 자료의 신뢰성에 달려 있다. 사례의 객관성과 신뢰성이 확보될 수 있을 때 비로소 정확한 가치가 도출되는 것이다. 따라서 다수의 사례를 풍부하고 질서정연하게 수집, 선택해야 하며, 투기적 거래 등 비정상적인 사례는 배제하여야 한다.

## 2. 사례의 수집 및 선택기준

### 1) 위치적 유사성(지역요인의 비교가능성)

거래사례는 인근지역, 동일수급권 내 유사지역에 존재해야 한다. 여기서 주의할 점은 단순한 지리적 위치의 접근성보다는 용도적·기능적인 유사성을 중시해야 한다.

### 2) 물적 유사성(개별요인의 비교가능성)

거래사례는 물적 사항에서 대상물건과 동일성, 유사성이 있어야 한다. 여기서 물적 유사성이란 단순히 물리적 측면의 유사성만을 의미하는 것이 아니라 사회적, 경제적, 행정적인 측면에서도 많은 요소가 모두 포함될 수 있음에 유의하여야 한다.

### 3) 사정보정의 가능성

수집된 거래사례에 특수한 사정이나 개별적인 동기가 개재되어 있거나 거래당사자가 시장에 정통하지 못하는 등의 사유로 그 가격이 적정하지 못한 경우에 그러한 사정이 없었을 경우의 가격수준으로 사례가격을 정상화하는 작업이다.

경제의 활성화 및 민법상 계약자유의 원칙에 의해 특수한 사정이나 개별적인 동기들이 개입되는 경우가 많아지고 있기에 수집된 사례가 사정보정의 대상인지 구체적인 확인이 필요하다.

> ❷ 사정보정이 요구되는 구체적인 경우
> • 상속, 이민, 전근 등 급매로 인한 거래
> • 지인, 친척 등 인간관계로 인한 은혜적인 거래
> • 현금등가가 필요한 경우
> • 이자상당액, 이사비 등 비부동산 요소가 감안된 거래
> • 청산, 공매, 경매 등 특정가격으로 성립된 거래

### 4) 시점수정의 가능성

시점수정이란 가치평가에 있어서 거래사례의 거래시점과 기준시점이 시간적으로 불일치하여 가격수준의 변동이 있는 경우에 거래사례가격을 기준시점의 가격수준으로 정상화하는 작업이다. 사례는 거래시점이 분명해야 하며, 너무 오래되지 않아야 한다. 또한 해당 기간의 가격변동에 관한 자료를 구하여 시점수정할 수 있어야 한다.

> ❷ 실무상 집합건물의 시점수정
> • 주거용 집합건물(공동주택, 주거용 오피스텔) : 매매가격지수
> • 비주거용 집합건물(구분상가, 오피스텔, 아파트형 공장, 숙박시설) : 상업용 부동산 자본수익률

### 5) 거래사례의 수

「감정평가 실무기준」에서도 '하나 또는 둘 이상'이라고 규정하여 정해진 규칙은 없다. 그러나 거래사례의 비교가능성을 기준으로 판단할 때 비교가능성이 높으면 사례의 수는 적어질 것이고, 비교가능성이 낮으면 질적인 문제를 양적인 보완으로 상쇄시키기 위해 사례의 수는 많아질 것이다. 또한 요구되는 거래사례의 수는 대상부동산의 유형과 특성에 따라 달라질 수 있다. 예를 들어 표준화되고 규격화된 아파트는 적은 사례로 가능하지만, 독자적인 시설물을 갖춘 공업용 부동산의 경우에는 수십 개의 사례수집이 요구된다.

## 제3절 | 거래사례수집의 필요성 <sup>기출 25회</sup>

거래사례수집의 필요성 ^기출 25회^

## 1. 의의

거래사례비교법은 시장성의 사고에 근거하여 설득력이 있기 때문에 안정시장에서 가장 널리 쓰인다. 다만, 시장과 거래사례가 왜곡되지 않을 것을 전제로 하고, 시장자료의 부족 시 적용상의 어려움과 정상화과정에서 평가주체의 주관개입의 가능성이라는 한계도 지닌다. 따라서 이러한 한계를 극복하고 적절하고 신뢰성 있는 평가결과를 도출하기 위해서 다수의 거래사례 수집이 필요하다.

## 2. 거래사례비교법의 한계★

### 1) 거래사례 수의 부족 문제

거래사례가 없거나 그 수가 매우 적은 경우에는 거래사례의 선정에 큰 어려움이 있다. 이러한 상황은 부동산경기가 극도로 불안하여 시장참가자들이 매도와 매수를 중단하고 시장을 관망할 때 흔히 나타난다. 2008년 미국 서브프라임 사태가 발생한 이후, 기준금리의 지속적인 인상으로 인한 우리나라 부동산시장의 거래공백 상황이 이를 잘 나타내준다.

### 2) 거래사례가격의 왜곡 문제

거래사례가격은 시장에서 매수자와 매도자 간의 협상력의 차이에 따라 시장가치의 개념과 일치하지 않을 가능성이 있다. 협상력은 시장상황에 따라(부동산가격의 하락이 예상되고 경제가 불황인 경우 매수자 우위시장이 되어 매수자가 큰 협상력을 가지기에 거래가격은 저가로 형성됨), 매수자·매도자 간의 개별적인 상황에 따라(도심지역 내 호텔 증축 시 관계법령에서 요구하는 최소한의 주차공간 확보를 위하여 반드시 인접 토지의 매수가 필요한 경우 상대적으로 매도자가 협상력을 가지기에 가격이 높게 형성됨) 발생할 수 있다.

### 3) 대표성 없는 거래사례 문제

거래사례는 기본적으로 정상적인 동기에 의해 형성된 거래사례로서 시장을 대표할 수 있어야 한다. 그런데 현실에서는 관련 당사자 간의 편의에 의한 거래, 부당한 압력에 의한 거래, 투기적인 동기에 의한 거래 등이 많이 이루어지기에 대표성 없는 사례가 선택될 위험이 있다.

### 4) 비교가능성 없는 거래사례 문제

거래사례비교법은 대체·경쟁관계에 있는 동일 또는 유사한 부동산과 비교하여야 함에도 불구하고 실제로는 비교가능성이 없는 거래사례를 기준으로 평가를 진행할 우려가 있다. 부동산은 자연적, 사회적, 경제적, 행정적 측면에서 수없이 많은 유형과 특성을 가진다. 따라서 유형과 특성의 범주를 어떻게 구분하느냐에 따서 비교가능성의 유무와 정확도가 달라질 수 있다. 예를 들어 50년 된 목조주택과 신축된 철근콘크리트조 주택은 주택이라는 측면에서 비교가능성이 인정되지만, 내용연수와 건물구조라는 특성에서는 전혀 다른 거래사례이다.

### 5) 지불방법 및 금융조건에 따른 거래사례가격 차이 문제

부동산의 매수대금을 현금으로 일시불로 지불한 경우와 어음으로 일부 지불하는 경우에 실질적인 거래가격은 차이가 난다. 이 경우 어음에 대해서는 적절한 할인율을 적용하여 현금으로 환산해야 하기 때문이다. 여기서 현금이 아닌 지불금액을 현금가치로 환산한 것을 현금등가라고 한다. 이처럼 거래를 하는 데는 다양한 지불방법이 존재하기 때문에 실질적인 거래사례가격은 얼마든지 달라질 수 있다는 문제가 있다.

또한 부동산은 기본적으로 고가라는 특성을 지니고 있어 부동산의 매입자금은 자기자본뿐만 아니라 타인자본을 이용하게 된다. 특히 부동산금융시장의 발달에 따라 은행과 같은 금융기관을 통한 저당대출이 일반화되었다. 저당대출의 경우 저당조건(대출액, 이자율, 신용도, 상환기간 등)이 다양하고 이에 따라 거래가격이 달라질 수 있다는 문제가 있다.

### 6) 거래사례가격의 신뢰성 문제

거래사례가격은 2006년 1월 1일부터 시행되고 있는 실거래가 신고제도에 의해 신고된 실거래가격을 기초로 한다. 그런데 이러한 실거래가격에 대한 신뢰성 문제는 끊임없이 제기되고 있다. 취득세, 양도소득세 등의 세금을 덜 내기 위한 목적으로 이루어지는 일명 다운계약, 업계약이 대표적인 문제이다. 국토교통부는 부동산거래가격 검증시스템을 통해 실거래 위반사례를 찾아내고자 노력하고 있으나, 검증기준의 설정문제, 실질적인 조사권한의 문제 등 여러 가지 제약으로 완벽함을 추구하기 어려운 실정이다.

### 7) 거래사례가격의 성격 문제

부동산가치의 본질은 장래 기대되는 편익의 현재가치인데, 거래사례가격은 어디까지나 과거의 역사적인 가격으로 가치의 본질에 어떠한 논리적 관련성도 제대로 제공하지 못한다. 이것은 거래사례비교법이 가지고 있는 가장 근본적이고 중대한 한계이다.

> **Check Point!**
>
> ❯ **역사적 가격으로의 거래사례 해결방안**
> 평가사는 시장의 시간적 추세에 따른 변화요인과 사회적, 경제적, 행정적 요인 등 다양한 요인들에 대한 반영을 함께 하고, 매도자들의 생각, 매수가능자들의 제안내용, 관련 시장전문가들의 의견 등을 종합적으로 참작해야 한다.

### 8) 평가과정상의 주관성 개입 문제

거래사례비교법은 사례수집·선택 후의 사정보정, 시점수정, 지역요인 비교, 개별요인 비교라는 과정을 거치게 되는데 언제든지 평가사의 주관이 개입될 수 있다는 한계가 있다.

## 3. 다수의 거래사례를 수집해야 하는 이유

### 1) 거래사례 자체의 신뢰도 향상

거래사례자료가 많으면 많을수록 거래사례 간의 비교분석을 통해 거래사례 자체의 신뢰도를 향상시킬 수 있다. 즉, 질적인 문제를 완벽하게 극복할 수는 없으나, 양적인 보완을 통해 질적인 한계를 해결하는 데 큰 기여를 할 수 있다.

### 2) 평가과정상의 객관성 부여

사정보정 시 다수거래사례를 수집하고 검토함으로 당사자 간의 특별한 사정이나 개별적인 동기 등에 대한 체크가 가능해진다. 그리고 시점수정 시 다수거래사례를 시계열적으로 분석함으로써 가격변동률의 측정에 있어 객관성을 보장받을 수 있다. 또한 지역, 개별요인 비교 시 다수거래사례로부터 보다 객관적으로 지역 간 격차 및 가격수준을 판정할 수 있고, 개별적 가격 차이에 대한 실증적인 분석을 할 수 있다.

한편, 감정평가의 객관화 방안의 일환으로 다중회귀분석과 각종 통계적인 기법이 도입되어 활용되고 있는데 다수거래사례의 존재는 이러한 방법이 사용되기 위한 전제조건이 된다.

## 제4절　배분법

## 1. 개요

현실의 부동산거래에 있어서는 토지, 건물 일괄로 거래되는 경우가 일반적이다. 하지만, 부동산에 관한 법률 및 행정체계가 토지, 건물로 이원화로 되어 있는 우리나라의 평가환경에서는 토지만 평가하거나 건물만 평가해야 하는 경우가 많이 생긴다. 이때, 배분법은 각각의 거래사례가 충분하지 못할 경우에 거래사례비교법 적용의 어려움을 극복하는 수단이 된다.

## 2. 의의 및 근거

### 1) 의의

거래사례비교법의 적용에 있어서 거래사례가 대상물건과 동일한 유형을 포함한 복합부동산으로 구성되어 있는 경우 복합부동산을 유형별로 배분·공제함으로써 대상물건과 동일한 유형의 부분만을 사례자료로 선택하는 방법이다.

### 2) 근거

시장성 및 대체의 원칙 논리 하에 균형의 원칙과 기여의 원칙에 의해 특정부동산에 있어 각 구성요소 간의 균형이 존재한다는 평가원리에 근거하고 있다.

## 3. 적용방법

### 1) 비율방식

복합부동산에 대하여 각 구성부분의 가격비율이 거래가격, 신규투자액 등에 의해 판명될 경우 해당 사례의 거래가격에 대상부분과 동일한 유형의 가격구성비율을 곱하여 대상부동산과 동일한 유형의 사례가격을 구하는 방법이다.

## 2) 공제방식

복합부동산의 거래가격에서 대상부동산과 다른 유형의 가격을 공제하여 대상부동산과 동일한 유형의 가격만을 구하는 방법이다.

## 4. 유용성 및 적용

### 1) 유용성

거래사례의 채택범위가 넓어지므로 거래사례비교법의 객관화, 신뢰성 제고에 기여한다. 그리고 인근지역과 동일수급권 내 유사지역에 있어 동 유형의 거래사례의 수집이 곤란한 경우 동 유형을 포함한 복합부동산의 사례도 선택하여 활용할 수 있게 된다.

### 2) 적용

대도시지역에 나지만의 거래사례가 없는 경우에 유용하고, 산림의 거래사례에서 입목의 가격을 공제하여 임지만의 사례가격을 구할 수도 있다.

## 5. 적용 시 유의사항

거래사례는 인근지역 또는 동일수급권 내 유사지역에 소재하고 있어야 한다. 이때 세분화된 지역에 따라 복합부동산의 유형별 구성비율의 차이가 발생할 수 있다. 그리고 대상부동산과 이용상태가 유사한 사례, 가급적 최유효이용 상태에 있는 사례를 선택해야 한다. 또한 복합부동산의 규모, 형태, 보수 여부에 따라 가격구성비율에 차이가 있을 수 있다. 특히 공제방식의 적용에 있어 대상부동산과 다른 유형의 정확한 가격 산정이 중요하다.

## 제5절 대표성 없는 거래사례의 처리

## 1. 대표성 없는 거래사례의 유형

대표성이 없는 거래사례는 일반적으로 거래에 있어 특수한 사정이나 개별적 동기가 개재되어 있어 시장가치의 범주에서 벗어날 가능성이 많은 것들이다. 따라서 애초부터 시장을 대표할 수 없는 거래사례, 즉 대표성이 없는 거래사례를 배제하는 작업이 거래사례의 수집 시 병행되어야 한다.

### 1) 관련 당사자 간의 거래사례

거래당사자 간에 특정한 관련성을 맺고 있고 그러한 관련성에 따라 은혜적인 거래가 이루어졌거나 이루어질 수 있는 거래사례를 말한다. 예로는 친인척 간의 거래사례, 동일 계열회사 간의 거래, 기존 계약관계에 있는 관련 당사자 사이의 거래 등이 있다.

### 2) 편의에 의한 거래사례

매도인과 매수인이 편하고 쉬운 상황이나 조건을 우선으로 하여 이루어지는 거래사례를 말한다. 예로는 저당권의 실행에 있어서 당사자 간의 협의에 의한 자발적인 거래사례, 유언집행자의 거래사례 등이 있다.

### 3) 정부 등 공공기관에 의한 거래사례

거래당사자 모두가 정부, 공공기관이거나 일방이 공공기관인 거래사례를 말한다. 예로는 법원의 경매처분, 한국자산관리공사의 공매처분, 강제수용에 의한 보상사례, 국·공유재산 매각처분 등이 있다. 이러한 거래는 성격상 강제성과 위협의 요소가 포함되어 있는 경우가 많아 가격이 왜곡될 가능성이 많다.

## 2. 대표성 없는 거래사례의 처리방안

기본적으로 거래사례로 채택하지 않음이 원칙이다. 그러나 부동산시장이 극도로 위축되어 있어 사례가 거의 발생하지 않는 불황기나 급격하게 가격이 상승하는 급등기에는 사례 자체가 매우 적으므로 보정이 가능한 경우에 한하여 제한적으로 사용할 수 있다.

## 제6절 거래사례 분석 시 유의사항

## 1. 개요

거래사례비교법의 신뢰도는 거래사례의 분석과 수정에 좌우된다. 거래사례의 분석은 평가사의 주관적 판단이 아닌 객관적인 자료에 의해 이루어져야 하는데 이때 유의할 사항으로서 비교가능성 및 대표성 없는 거래사례의 선택, 자료의 확대해석, 불추종의 오류 등이 있다.

## 2. 거래사례의 분석 시 유의사항

### 1) 비교가능성 및 대표성 없는 거래사례의 선택

비교가능성 및 대표성 없는 거래사례는 선택과정에서 배제하는 것이 원칙이지만, 대상을 바라보는 관점에서 비교가능성 및 대표성의 기준이 유동적일 수 있으므로 비교가능성 및 대표성이 없는 거래사례가 선택될 가능성은 상존하게 된다. 예를 들어 대상물건이 신축의 벽돌조 단독주택인데 거래사례는 신축된 지 20년이 된 목조 단독주택인 경우 수집 시에는 주거용 기준으로 수집했지만 분석과정에서 연도와 구조가 상이한 경우이다. 이러한 한계를 극복하기 위해서는 거래사례를 보다 다양한 관점에서 철저하게 조사하고 분석하는 것이 필요하다.

### 2) 자료의 확대해석

시장자료가 부족하거나 철저한 시장분석이 미진했을 경우 범하기 쉬운 오류로서 주어진 거래사례로부터 보증할 수 없는 결론을 산출했을 때 자료가 확대해석되었다고 한다. 예를 들어 1.5억, 1.7억, 2억원인 거래사례로부터 3억원이라는 가치결론을 내렸을 경우이다. 이러한 한계를 극복하기 위해서는 우수한 사례, 열등한 사례 등 사례의 범위를 보다 다양하고 풍부하게 할 필요가 있다.

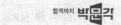
### 3) 불추종의 오류

불추종의 오류는 어떤 명제의 진위가 불확실함에도 불구하고 마치 확실한 것으로 간주하여 결론을 도출했을 때 생기는 오류이다. 예를 들어 사례의 거래가격이 2억원이라고 할 때 그것의 정당성 여부를 확인하지 않고 사례의 진정한 가치도 2억원일 것이라고 생각하고 대상물건과 비교하는 것이다. 즉, 사정이 개입된 사례를 맹목적으로 믿어서 평가하는 경우이다. 이러한 오류를 막기 위해서는 사례의 모집단 전체를 대상으로 비교가능한 사례와의 비교분석작업을 통해 정당성을 확인하고 검증해야 한다.

## 제7절　사례의 정상화 기출 12회

## 1. 개요

사례의 정상화란 수집 및 선택된 거래사례를 기준으로 하여 대상물건의 현황에 맞게 정상화시켜서 대상물건의 가치를 구하는 과정이다. 이러한 정상화과정은 사정보정, 시점수정, 지역요인 비교, 개별요인 비교 등으로 이루어진다.

## 2. 사정보정★ 기출 12회

### 1) 의의

거래사례에 특수한 사정이나 개별적 동기가 반영되어 있거나 거래당사자가 시장에 정통하지 않은 등 수집된 거래사례의 가격이 적절하지 못한 경우에 그러한 사정이 없었을 경우의 가격수준으로 사례가격을 정상화하는 작업이다.

사정보정치 = 정상적인 거래가격 / 거래사례의 거래가격

## 2) 보정의 유형

### (1) 보정할 때 감액해야 할 특수한 사정

① 영업장소의 한정 등 특수한 이용방법을 전제로 거래 시

② 극단적인 공급부족, 장래에 대한 과도한 낙관적인 견해 등의 특이한 시장조건 하에서 거래 시

③ 업자 또는 계열회사 간의 중간이익 취득을 목적으로 거래 시

④ 매수인이 정보의 부족상태에서 과다한 금액으로 거래 시

⑤ 거래가격에 토지 대가 이외의 것이 포함되어 거래 시

### (2) 보정할 때 증액해야 할 특수한 사정

① 매도인의 정보부족으로 과소한 금액으로 거래 시

② 상속 등으로 급매에 의한 거래 시

### (3) 보정할 때 감액 또는 증액해야 할 특수한 사정

① 지인, 친족 간 등 인간관계에 의한 은혜적인 거래 시

② 부적당한 조성비, 수선비 등을 고려하여 거래 시

③ 조정, 청산, 경매, 공매 등으로 가격이 성립 시

## 3) 보정의 방법

일정한 원칙이나 기준이 없으나 철저한 시장분석과 다수거래사례의 비교·분석을 통해 각 사안에 따라 평가사가 전문적인 지식이나 경험을 바탕으로 개별적으로 판단하여 보정한다.

## 4) 유의사항

경제의 활성화, 계약자유의 원칙에 따라 특수한 사정, 개별적인 동기가 개재될 가능성이 많으므로 거래사정이 정상적으로 인정되는 거래사례를 최우선적으로 선택해야 한다. 또한 거래사례 선택 시 대표성과 비교가능성이 없는 사례는 일차적으로 배제해야 하고 철저한 시장분석과 다수거래사례의 비교·분석을 통해 거래당사자의 특별한 사정을 객관적으로 파악해야 한다.

# 3. 시점수정

## 1) 의의

거래사례의 거래시점과 대상물건의 기준시점이 불일치하여 가격수준의 변동이 있을 경우 거래사례의 가격을 기준시점의 가격수준으로 정상화하는 작업이다.

## 2) 시점수정의 방법

시점수정은 엄밀히 말하면 거래사례의 가격변동률을 알 수 있는 경우 해당 거래사례의 가격변동률을 적용하는 것이 가장 정확할 것이다. 그러나 개별 물건의 가격변동률을 구하는 것은 현실적으로 불가능하며, 주관적일 수 있으므로 실무적으로는 공식적으로 발표되고 있는 각종 통계지수를 활용하고 있다.

토지의 경우 「부동산 거래신고 등에 관한 법률」에서 정하고 있는 지가변동률을 활용하도록 하고 있으며, 건물의 경우 건축비지수 등을 활용하여 시점수정을 할 수 있을 것이다.

### (1) 지수법

#### ① 의의

거래시점과 기준시점 간의 지수를 비교하여 그 가격변동을 반영하는 방법이다. 대표적으로 주택가격동향지수, 생산자물가지수 등이 있다.

#### ② 산식

> 사례의 기준시점가격 = 사례의 거래시점가격 × (기준시점지수 / 거래시점지수)

### (2) 변동률법

#### ① 의의

거래시점과 기준시점 간의 시간의 흐름에 따른 변동률을 적용하여 가격변동을 반영하는 방법이다. 대표적으로 지가변동률이 있다.

#### ② 산식

> 사례의 기준시점가격 = 사례의 거래시점가격 × 거래시점부터 기준시점까지 가격변동률

## 3) 시점수정상 문제

개별성이 강한 부동산에 있어 지역시장의 변동추세를 개별물건에 일괄적용하는 것은 타당성이 결여된다. 그리고 지수나 변동률 등의 자료를 이용할 경우 가치의 변화추세가 직선적으로 적용되므로 실제 나타나는 미세한 변화를 반영하기 곤란하다. 또한 지수, 변동률 자체에 부동산시장뿐 아니라 다른 영역의 영향이 모두 포함되어 있어서 정확성 담보에 일정한 한계가 있다.

## 4) 유의사항

지수, 변동률은 인근지역의 것을 사용하는 것을 원칙으로 한다. 다만, 파악하기 곤란할 시에는 동일수급권 내 유사지역의 자료를 사용할 수 있다. 그리고 부동산가격은 항상 변화하므로 시계열적·동태적으로 분석·검토해야 한다. 또한 다수거래사례를 검토함으로써 객관성을 부여

해야 한다. 이 외에 국민소득의 동향, 재정상태 및 금융상황, 건축부문의 동향, 공공투자의 동향 등 일반적 요인의 동향을 종합적으로 고려해야 한다. 한편 시장의 수급동향, 매도, 매수 희망가격 동향 등 실증적인 자료를 참고하여 정확성을 높일 필요가 있다.

## 4. 가치형성요인의 비교

### 1) 의의

거래사례와 대상물건 간에 종별, 유형별 특성에 따라 지역요인이나 개별요인 등 가치형성요인에 차이가 있는 경우에 이를 각각 비교하여 대상물건의 가치를 개별화·구체화하는 작업이다. 지역요인의 비교는 사례물건과 대상물건이 속한 지역의 지역적 격차를 비교하는 것이고 개별요인의 비교는 사례물건과 대상물건의 개별적 격차를 비교하고 대상물건의 현황에 맞게 정상화하는 작업이다.

거래사례를 인근지역에서 구했을 경우에는 대상부동산과 같은 지역이므로 지역요인의 비교가 필요하지 않다. 그러나 거래사례를 동일수급권 내 유사지역에서 구할 경우에는 대상지역과 인근지역의 지역요인을 비교하여 지역격차를 수정해야 한다. 그리고 대상물건과 사례물건은 지역적인 격차 외에도 가로, 접근, 환경, 획지, 행정, 기타 조건 등에 의한 개별적 격차도 가치형성에 주요한 영향을 미치므로 수정이 필요하다.

### 2) 비교의 절차

지역요인의 비교를 먼저 하고 개별요인의 비교를 한다. 이때 거래사례가 인근지역에 있는 경우에는 지역요인의 비교가 필요하지 않지만 유사지역에 있는 경우에는 지역적 격차를 파악하고 이를 비교해야 한다.

### 3) 비교의 항목 및 방법

#### (1) 비교항목

「표준지공시지가조사·평가기준」, 「토지보상평가지침」에서는 용도지대별로 구분하여(상업지대, 주택지대, 공업지대, 농경지대, 임야지대, 택지후보지지대) 지역요인 및 개별요인의 항목을 제시하고 있다.

#### (2) 비교방법

##### ① 종합적 비교법

거래사례가격을 형성하고 있는 사례물건의 지역, 개별요인의 분석을 통해 대상물건의 요인과 종합적으로 비교하여 얻은 비율을 격차율로 조정하는 방법이다. 이 방법은 비교적 간단하다는 장점이 있으나 평가주체의 주관이 개입될 여지가 많다는 문제가 있다.

② 평점비교법

사례물건과 대상물건에 있어 비교항목을 세분하여(가로조건, 접근조건 등) 평점을 부여한 후 각 항목별로 상호 비교를 통해 얻어진 비율을 격차율로 결정하는 방법이다. 이 방법은 항목별로 가중치를 부여하는 가중평점법과 동일한 비율로 격차율을 조정하는 단순평점법이 있고 현재 평가실무에서는 후자를 적용한다. 이 방법은 종합적 비교법에 비해 주관개입의 소지는 줄어들지만 계산과정이 다소 복잡하다는 단점이 있다.

## 4) 요인비교 시 한계

기본적으로 평가주체의 주관개입의 소지가 많다. 그리고 가치형성요인이 복잡하고 항상 변동하므로 적절한 분석과 예측이 어렵다.

## 5) 유의사항

주관개입의 문제에 유의해야 하는데 이는 다수거래사례 분석을 통해 객관성을 확보하는 것으로 극복해 나갈 수 있을 것이다.

## 제8절   비교요소 <sup>기출</sup> 25회

ⓜⓛⓑⓖ

1. 개요
2. 거래사례의 비교요소
   1) 거래조건의 보정
      (1) 부동산권익(양도되는 권리)
      (2) 금융조건
      (3) 거래상황
      (4) 매수 직후 지출
      (5) 시장상황

2) 부동산 특성의 보정
   (1) 위치
   (2) 물리적 특성
   (3) 경제적 특성
   (4) 용도와 지역지구제
   (5) 비부동산 가치구성요소

## 1. 개요

거래사례와 대상물건을 서로 비교할 때 비교기준이 되는 특성들을 거래사례의 비교요소라고 한다. 우리나라의 경우에는 사정보정, 시점수정, 지역요인 비교, 개별요인 비교로 나타내지만 미국은 비교요소를 체계화하지 않고 항목별로 나열하여 사용한다. 하지만 이는 표현하는 방식과 체계의 차이일 뿐 본질적인 측면에서는 다르지 않다. 이하에서는 미국의 거래사례의 비교요소를 기준으로 살펴본다.

## 2. 거래사례의 비교요소

### 1) 거래조건의 보정★ 기출 25회

#### (1) 부동산권익(양도되는 권리)

부동산의 경제적 가치는 물리적 실체 그 자체가 아니라 물리적 실체에 기반한 권익에 따라 결정된다. 따라서 거래사례의 권익이 대상부동산의 권익과 다를 때는 그 차이를 적절하게 반영해야 한다.

#### (2) 금융조건

비록 동일한 부동산이라고 할지라도 금융조건이 달라짐에 따라 부동산의 거래가격에 차이가 발생하므로 이러한 차이를 반영할 필요가 있는데, 이를 금융조건에 대한 수정이라고 한다. 이때 차이를 수정하는 방법이 현금등가분석인데 이는 사례물건이 비전형적인 금융조건으로 거래되었을 때 전형적인 금융조건을 기준으로 수정하는 절차이다.

### (3) 거래상황

부동산 거래 시에는 거래당사자의 특수한 사정이나 개별적인 동기가 개재되는 거래상황이 발생하므로 매도자와 매수자의 전형적인 거래동기를 반영하여 가격을 수정해야 한다. 예를 들어 관련 당사자 간의 거래라든지, 정부 등 공공기관에 의한 거래, 건물의 증축을 위해 인접 토지를 반드시 매수해야 하는 거래 등이 대표적이다.

### (4) 매수 직후 지출

부동산 거래 시 매수자는 기존 건물의 철거비용, 지목이나 용도변경에 따른 행정적 비용, 환경오염에 대한 치유비용 등 추가적인 비용을 부담하는 경우가 있다. 이 경우 매도자에게 직접적으로 지불하는 금액은 아니지만 거래가격에 실질적으로 영향을 미치므로 수정할 필요가 있다. 한편, 추가적인 비용을 매수자가 아닌 매도자가 부담하는 경우에는 해당 비용에 대한 별도의 수정절차는 필요하지 않다.

### (5) 시장상황

부동산가격은 인플레이션, 디플레이션, 수요와 공급의 변화 등 여러 가지 요인에 의해 일어나는 시장상황의 변화에 따라 끊임없이 변동하므로 거래시점의 가격은 기준시점의 가격 수준으로 수정되어야 한다. 이는 거래가격이 과거의 특정한 날짜를 기준으로 매수자와 매도자가 합의한 가격으로서 현재의 시장상황을 제대로 반영하지 못하기 때문이다.

## 2) 부동산 특성의 보정

### (1) 위치

주거용, 상업용, 공업용 등 모든 종류의 부동산은 위치에 따라 큰 가격 차이를 보이는바, 위치의 격차를 비교·수정해야 한다. 이때 위치적 유사성과 격차의 정도는 부동산의 종류와 성격에 따라 서로 다르게 나타나므로 사례의 선택과 적용에 유의해야 한다.

### (2) 물리적 특성

물리적 특성은 부동산의 물리적 측면에 관한 모든 특성으로 부동산의 가치는 물리적 특성에 따라 많은 영향을 받으므로 이에 대한 수정을 해야 한다. 예를 들어 토지에 있어서는 소재지, 지번, 지목, 면적, 형상 등이 대표적이고, 건물에 있어서는 소재지, 지번, 구조, 용도, 층수 등이 대표적이다.

### (3) 경제적 특성

경제적 특성이란 부동산의 수익과 비용에 관련된 것으로 임차자 혼합, 운영경비, 관리의 질 등이 대표적인 예이다. 사례와 대상부동산이 경제적인 특성에서 차이를 보이는 경우에 적절한 수정이 요구된다. 이러한 경제적 특성은 특히 수익성 부동산을 평가할 때 중요한 의미를 지닌다.

### (4) 용도와 지역지구제

부동산은 용도에 따른 유용성의 크기에 따라 가치를 달리하므로 용도의 차이에도 불구하고 거래사례로 선택한 경우에는 용도 차이에 대한 수정이 요구된다. 한편 지역지구제는 부동산가치에 지대한 영향을 미치는 중요한 특성이다. 해당 부동산이 어떤 용도지역에 포함되어 있는지에 따라 최유효이용의 상태가 달라지기 때문이다. 따라서 지역지구제가 서로 다른 경우에는 이에 대한 차이도 수정이 필요하다.

### (5) 비부동산 가치구성요소

부동산의 거래가격이 부동산뿐만 아니라 동산, 기업가치 등을 포함하여 일체로 형성되는 경우가 있는데 이때 동산, 기업가치 등을 비부동산 가치구성요소라고 한다. 호텔, 레스토랑의 가구, 실내장식, 거래정착물 등이 이같은 동산의 예이며, 기업가치에는 마케팅, 관리기술, 인력의 질, 거래명성, 상표권 등의 무형의 재산권으로 인한 가치 증분을 포함하게 된다. 따라서 비부동산 가치구성요소가 포함된 경우에는 대상부동산과의 비교과정에서 수정이 필요하다.

| 우리나라 | 미국 |
|---|---|
| 사정보정 | 금융조건, 거래상황, 매수 직후 지출 |
| 시점수정 | 시장상황 |
| 지역요인 비교 | 거래사례의 위치, 용도와 지역지구제 |
| 개별요인 비교 | 물리적 특성, 경제적 특성, 부동산 권익, 비부동산 가치구성요소 |

## 제9절 거래사례의 비교분석방법 및 수정방법

## 1. 개요

거래사례비교법은 거래사례를 기준으로 평가하므로 적절한 거래사례의 선택이 요구되며 비교 거래사례와 대상부동산의 특성을 항목별로 정확하게 비교·분석하고 이를 수정하여 수치적으로 계산해 냄으로써 최종적인 가치결론에 도달할 수 있게 된다. 이러한 비교분석방법에는 계량 분석법, 정성분석법이 있고, 수정방법에는 비율수정법, 금액수정법, 연속수정법 등이 있다.

## 2. 비교분석방법

### 1) 계량분석법(정량분석법)

#### (1) 의의

계량적분석법이란 수정이 요구되는 비교요소를 확인하고 비교·분석하여 수학적 과정을 거친 뒤 수정량을 측정하는 방법으로 정량적분석법이라고도 한다.

## (2) 종류

### ① 대쌍자료분석법과 집단자료분석법

#### ㉠ 대쌍자료분석법

특정의 비교요소를 가진 부동산과 그렇지 않은 부동산을 비교하여 해당 요소에 관한 수정량을 분리하여 측정하는 방법이다. 이 방법은 비교거래사례 간의 차이가 특정요소에 기인한다는 것이 시장증거에 의해 명백하게 지지된다면 효율적인 측정기준이 될 수 있다. 그러나 실제로 동일한 대쌍자료세트를 가지고 있는 비교부동산을 구하기 쉽지 않다. 설사 구했다 하더라도 한쌍의 거래사례로부터 도출된 수정량이 시장가치의 차이를 대변한다고 주장하기도 어렵다. 그리고 거래가격의 차이에 여러 변수가 동시에 작용하고 있을 때 각 변수의 개별적인 수정량을 분리하는 것이 곤란하다는 한계를 지니고 있다.

#### ㉡ 집단자료분석법

대쌍자료분석법의 연장으로 대쌍자료분석법의 정밀도를 향상시키기 위해 사용되는 분석방법이다. 이 방법은 거래사례를 비교요소에 따라 몇 개의 집단으로 분류하고 분류된 집단을 대상으로 단위당 평균가격, 거래시점의 평균날짜를 계산하고 각 집단자료를 대쌍으로 하여 비교·분석한다. 한편 대쌍자료분석법과 비교할 때 많은 거래사례에 기초하고 있어 보다 객관적이고 신뢰할 수 있다.

### ② 민감도분석법과 통계적 분석법

#### ㉠ 민감도분석법

투입변수의 양이 달라질 때 부동산의 최종가치가 얼마만큼 변화하는가를 분석하는 기법이다. 대상부동산의 순현가나 수익률이 임대료, 공실률, 보유기간, 세율, 가치상승률 등과 같은 변수에 따라 어떻게 변화하는지에 대해 다양한 분석이 가능하다.

#### ㉡ 통계적 분석법

통계적 추론이나 회귀분석 등의 방법을 통해 수정량을 도출하는 방법이다. 풍부하고 적절한 데이터베이스가 확보될 경우 어떤 도구보다 탁월한 분석효과를 발휘할 수 있다. 그러나 통계에 관한 기술적 지식과 경험을 요구하며 자료의 부적절성과 통계적 분석법의 함정을 제대로 이해하지 못한 경우에는 전혀 엉뚱한 결과가 도출될 위험성이 있다.

### ③ 그래프분석법과 추세분석법

#### ㉠ 그래프분석법

자료를 그래프로 표시하고 이를 시각적으로 해석하거나 선형적합분석을 적용하여 수정량을 획득하고자 할 때 사용되는 방법이다. 가장 단순한 그래프분석법은 비교요소가 변화함에 따라 시장가치가 어떻게 변화하는가를 도식적으로 나타내는 것이다.

ⓛ 추세분석법

시장자료가 그 양은 많지만 비교가능성이 크지 않을 때 적용되는 방법으로 추세분석에 의해 나타난 수치를 특정요소의 시장민감도로 생각하고, 이를 근거로 수정량을 결정하는 방법이다. 비교가능성은 크지 않더라도 시장자료가 많을 경우 그에 근거한 추세분석이 대상부동산의 가치속성을 어느 정도는 반영하고 있다는 데 근거한 방법이다.

④ 기타분석법

㉠ 2차자료분석법

대상부동산이나 비교 부동산과는 직접적인 관련이 없는 2차 자료를 사용하여 수정량을 결정하는 방법이다. 여기서 2차 자료란 지역이나 부동산시장의 일반적 상황을 설명하는 자료들로서 정부나 각종 연구기관 등에서 주로 제공된다.

㉡ 비용분석법

원가방식의 논리를 이용하여 수정량을 결정하는 방법으로 감가수정액, 치유비용 등과 같은 비용자료를 수정의 근거로 사용한다.

㉢ 임대료차이환원법

수익방식의 논리를 이용하여 수정량을 결정하는 방법으로 해당 부동산의 특정한 결함 또는 장점에 의해 발생한 임대료 손실이나 증분을 근거로 수정량을 도출한다.

## 2) 정성분석법(질적분석법)

정성분석법이란 비교요소 간의 상대적인 우월 또는 열등함을 비교하여 시장자료가 시사하는 관계를 규명함으로써 수정량을 도출해내는 방법으로 질적분석법이라고도 한다.

### (1) 상대비교분석법

비교요소들을 상대적으로 비교·분석하여 우월, 동등, 열등한지를 결정하고 이를 종합함으로써 전체적으로 비교부동산과 대상부동산의 우월, 동등, 열등관계를 표시하고 수정량을 결정하는 방법이다.

### (2) 순위분석법

상대비교분석법과 마찬가지로 개별적 비교요소에 따라 우월, 동등, 열등으로 표시하고 이를 모두 합산하여 순위를 부여함으로써 수정량을 결정하는 방법이다. 이 방법은 상대적비교분석법과 달리 전체 평가 시 우월, 동등, 열등으로 표시하는 것이 아니라 각각의 순위를 정하여 비교한다는 점에서 차이가 날 뿐 기본적인 논리구조는 동일하다.

### (3) 개인면접법

부동산에 전문적인 지식이 있는 사람을 개인적으로 면접한 후 그 의견을 참조하여 대상부동산에 대한 수정량을 결정하고 가치범위를 조정하는 방법이다.

## 3. 수정방법

### 1) 비율수정법

#### (1) 의의 및 종류

대상부동산과 유사부동산의 특성별 우월성과 열등성의 차이를 백분율로 치환하여 수정량을 도출하는 방법이다. 특성별 가중치 부여 여부에 따라 평균비율수정법과 가중비율수정법으로 나눌 수 있고, 전체 수정계수의 산정 형태에 따라 비율승제법과 비율가감법으로 나눌 수 있다. 평가실무에서는 평균비율수정법과 비율승제법을 일반적으로 사용한다.

> **◐ 비율승제법과 비율가감법**
> 비율승제법은 특성별 비율을 서로 곱하거나 나누어 전체수정계수를 산정하는 방법이다. 비율가감법은 특성별 비율을 더하거나 빼서 전체수정계수를 산정하는 방법이다.

#### (2) 장단점

장점은 각 특성이 전체가치에서 차지하는 비중을 쉽게 파악할 수 있고 이해가 쉽다. 단점은 소수점까지 정확한 추계치가 산출되지만 이는 수학적 조작일 뿐이므로 이것으로 평가사의 합리적인 추론을 대신할 수 없다는 비판이 있고, 평균비율수정법의 경우 개별적 특성에 대해 모두 동일한 비중을 두어 실제 발생할 수 있는 특성 간의 차이를 제대로 반영하지 못한다. 또한 비율수정법은 가치추계치를 하향편의시키게 된다. 예를 들어 가로조건은 50% 우세, 접근조건은 50% 열세일 경우 비교치는 1이 아니라 0.75가 된다.

### 2) 금액수정법

#### (1) 의의

대상부동산과 비교부동산 간의 특성별 차이를 실제의 화폐액으로 수정하는 방법이다.

#### (2) 장단점

장점은 대부분 경험적 사실을 토대로 하여 실증적이고 객관적이며, 금액으로 표시하여 이해가 쉽다. 단점은 시장상황, 위치, 부동산 특성 등 절대액으로 표시하기 어려운 경우가 많이 존재하고, 각 특성이 가격에 미치는 상대적인 영향력 차이를 쉽게 파악하기 어렵다.

### 3) 연속수정법

#### (1) 의의

비율수정법과 금액수정법의 논리를 혼합한 것으로, 비율과 절대금액을 모두 사용하여 비율로 표시할 것은 비율로, 금액으로 표시할 것은 금액으로 표시한 뒤 이들을 각각 금액과 비율로 치환시킨 후 수정액을 연속적으로 합산하는 방법이다.

## (2) 장단점

### ① 장점

비율수정법, 금액수정법의 장점만을 취한 것으로 비율과 금액 두 측면을 모두 보여줌으로써 이해가 쉽고 이론적으로도 가장 합리적이다.

### ② 단점

절대액으로 표시하지 못하는 비교항목이 존재하는 경우 적용이 곤란하고 비율과 금액을 모두 환산하고 표시하므로 상대적으로 많은 시간과 노력이 소요된다.

## 제10절 | 거래사례비교법의 과학화, 객관화 방안

### 미 리 보 기

1. 개요
2. 거래사례비교법의 과학화, 객관화의 필요성
   **1) 의의**
   **2) 사례비교 논리의 중추적 기능성**
   **3) 거래사례비교법의 본질적 한계**
   　(1) 과거의 가격을 기준
   　(2) 부동산시장의 불완전성
   **4) 거래사례비교법의 평가과정상 한계**
   　(1) 거래사례 수집 및 선택의 한계
   　(2) 사정보정의 한계
   　(3) 시점수정의 한계
   　(4) 가치형성요인 비교상 한계
3. 과학화, 객관화 방안
   **1) 평가이론의 과학화 방안**
   　(1) 기초개념의 명확한 정립
   　(2) 이론적 체계의 과학화
   　(3) 평가기술의 과학화

2) 객관화 방안
   (1) 다수거래사례의 수집 및 부동산 정보의 구축
   (2) 평가과정상 객관화 방안
   　① 사례선택 및 사정보정
   　② 시점수정
   　③ 가치형성요인 비교
4. 거래사례비교법을 검증, 지원하는 기법과 새로운 기법의 개발
   **1) 개요**
   **2) 다중회귀분석법**
   **3) 비준표의 활용**
   **4) 노선가식평가법**

## 1. 개요

거래사례비교법은 3방식 7방법 중 가장 활용도가 높아 평가의 중추적인 역할을 수행하고 있지만, 사례의 신뢰성 및 평가주체의 주관개입 가능성 등의 문제가 있다. 특히 우리나라는 부동산시장의 구조적인 불안정성과 부동산에 대한 부정적인 인식으로 인한 부동산 관련 자료의 미공개와 부족 등의 문제로 인해 거래사례비교법의 적용에 있어 그러한 한계가 더욱 심화될 수 있다. 따라서 이러한 한계를 극복하기 위해서 거래사례비교법의 과학화, 객관화 방안이 요구된다.

## 2. 거래사례비교법의 과학화, 객관화의 필요성

## 1) 의의

과학화는 감정평가이론의 지식적인 체계화를 말하고, 객관화는 감정평가에 대한 검증가능성 제고를 위한 평가방법의 개발과 관련된 개념이다. 즉, 감정평가에 관한 체계적인 이론의 정립하에 평가과정에서 평가사의 주관을 배제하는 것이 과학화와 객관화 방안이다.

## 2) 사례비교 논리의 중추적 기능성

감정평가 3방식은 시장에서 수요와 공급에 기초한 각종의 사례를 직·간접적 또는 부분적으로 채택하여 이용하게 되는바 광의의 비교방식이라 할 수 있다. 이렇게 중추적인 역할을 수행하고 있는 비교방식의 기본이 되는 거래사례비교법을 과학화, 객관화함으로써 감정평가 전체의 신뢰성을 제고할 수 있다.

## 3) 거래사례비교법의 본질적 한계

### (1) 과거의 가격을 기준

부동산가치는 본질적으로 장래 기대되는 편익의 현재가치인데, 거래사례비교법은 과거의 거래사례가격을 기준으로 하므로 이론적 측면에서 타당성이 결여된다.

### (2) 부동산시장의 불완전성

거래사례비교법은 시장에서 거래된 거래사례를 기준으로 하는데 거래가 이루어지는 부동산시장은 불완전성을 가지므로 거래사례 또한 불완전한 모습을 띠게 될 가능성이 많다.

## 4) 거래사례비교법의 평가과정상 한계*

### (1) 거래사례 수집 및 선택의 한계

부동산은 고정성, 개별성 등의 특성으로 유사한 거래사례자료를 획득하는 것이 어렵고, 부동산거래 시 은밀히 거래하고자 하는 시장참가자들의 속성 때문에 거래사례 수집에 한계가 있다. 또한 사례의 선택과정에서 평가사의 주관이 개입될 가능성이 있다.

### (2) 사정보정의 한계

사례를 정상화할 수 있는 경우도 있지만 부동산거래 시 단순한 급매, 강매 등의 이유만으로는 쉽게 설명할 수 없는 여러 상황들이 발생하여 사정보정하는 데 한계가 있다.

### (3) 시점수정의 한계

현실적으로 시점수정에 활용되고 있는 변동률이나 각종 지수는 다양한 가치형성요인들을 모두 반영하는 데 한계가 있다. 그리고 해당 시, 군, 구별 또는 전국적인 단위로 작성되어 공표되는 자료들은 대상부동산이 속하는 지역의 가치변동 상황을 제대로 반영할 수 없다. 또한 왜곡된 거래사례의 가격선도기능과 상대적 희소성에 따른 부동산가격의 하방경직성과 같은 부적절한 사례 등에 의해 시점수정이 왜곡될 여지가 많다.

### (4) 가치형성요인 비교상 한계

지역요인, 개별요인 비교치를 수치적으로 정확하게 구하는 것이 사실 어려운 일이며, 우리나라는 종합적비교법, 평점법, 비율수정법 등 단순한 기법만이 사용되고 있어 평가주체의 주관개입 가능성이 많다. 특히, 실무상 사용되는 비율수정법은 역설적으로 비교요인이 많을수록 가치추계치의 하향편의현상이 일어나는 문제점이 있다.

## 3. 과학화, 객관화 방안

### 1) 평가이론의 과학화 방안

#### (1) 기초개념의 명확한 정립

과학화를 위해서는 감정평가에서 추구하는 가격·가치의 개념과 측정기준, 평가대상에 대한 개념과 같은 기초개념의 명확한 정립이 필요하다.

#### (2) 이론적 체계의 과학화

감정평가이론은 부동산학의 응용분야 중 하나로서 경제, 경영 등의 주변 학문의 제 원리와 이론적 성과 등을 수용하여 이론적 체계의 정립을 통해 과학화할 필요가 있다.

#### (3) 평가기술의 과학화

이론적 체계의 과학화를 바탕으로 새로운 평가기술이 생성되어 축적되고 이를 기초로 새로운 평가기법이 탄생하는 등 기술적 측면에서도 실질적인 과학화가 이루어져야 한다.

### 2) 객관화 방안

#### (1) 다수거래사례의 수집 및 부동산 정보의 구축

거래사례비교법은 사례가 풍부할수록 정확도가 높아지므로 다수의 거래사례를 수집할 수 있는 시스템을 마련해야 한다. 이를 위해서 각종 사례를 수집한 후 체계적인 정리, 즉 데이터베이스화가 필요하며 이를 GIS에 구축하여 보다 실용적인 부동산정보체계를 마련할 필요가 있다.

#### (2) 평가과정상 객관화 방안

① 사례선택 및 사정보정

컴퓨터를 활용한 특성별 코딩, 집합이론, 통계적 분석 등의 방법을 활용하여 주관을 배제하고 객관성과 신뢰성을 높일 수 있어야 한다.

② 시점수정

시계열 분석 모형과 같은 통계적 분석기법을 통해 시점수정률을 결정하고, 지가변동률 외 각종 경제지표를 활용하고 경기국면을 판단할 수 있는 기법 등을 참작하여 시장동향을 보다 객관적으로 반영할 수 있도록 해야 한다.

③ 가치형성요인 비교

가치형성요인과 가치의 상관관계분석, 판별분석, 회귀분석 등 각종 통계적 분석기법을 활용하여 가치형성요인이 가치에 미치는 영향을 규명해 내고, 이를 바탕으로 요인 특성의 정형화나 격차율 비교치를 작성할 수 있다. 또한 단순 시, 군, 구별 비준표가 아닌 보다 세분화된 동질적 시장을 구분하여 그에 맞는 지역별, 용도별 비준표를 개발, 활용함으로써 주관성을 배제할 수 있다. 그리고 비율수정법은 가치추계의 하향편의가 일어나므로 연속수정법 등의 실무적 도입을 통한 보완이 필요하다.

## 4. 거래사례비교법을 검증, 지원하는 기법과 새로운 기법의 개발

### 1) 개설

가치형성요인을 계량적으로 해석하여 객관화할 수 있다고 보고 다중회귀분석법, 노선가식평가법, 비준표 등이 활용되고 있다. 이들은 대량, 신속평가에 활용되는 기법으로 비교방식의 응용이라는 점에서 거래사례비교법의 적용과정에서 나타날 수 있는 자의성 여부를 검증하는 수단이 된다.

### 2) 다중회귀분석법

부동산의 가치형성요인으로 선택될 수 있는 변수(독립변수)와 시장가치(종속변수)의 상관관계를 파악하고 일정한 회귀식을 만들어 부동산가치를 도출하는 방법이다. 우리나라에서는 개별공시지가 및 개별주택가격 산정을 위한 토지가격비준표 및 주택가격비준표 작성에 적용되고 있다.

### 3) 비준표의 활용

지가와 토지의 특성 또는 가치형성요인과의 규칙성을 규명하여 격차율을 표시한 비준표를 활용하여 대상부동산의 가치를 구하는 방법이다. 전문성에 따른 감정평가분류에 있어 2차 수준의 평가에 해당하며, 개별공시지가 및 개별주택가격 산정에 사용되고 있다.

### 4) 노선가식평가법

접근성이 유사한 가로별로 표준획지의 노선가를 설정하고 이를 기준으로 각 획지의 개별요인에 대한 보정을 하여 개별획지의 가치를 평가하는 방법이다. 개별공시지가 및 개별주택가격 산정에 있어 노선가식평가법의 논리가 일부 포함되어 있으며, 외국에서는 과세시가표준액의 산정 시 활용되기도 한다.

# 공시지가기준법 기출 3회·16회·24회·27회

## 제1절 공시지가기준법의 개요

감정평가는 부동산이라고 하는 사회성과 공공성이 큰 자산을 대상으로 하고 평가와 관련된 당사자들 간의 이해관계가 첨예하게 대립되는 상황을 다루어야 하는 분야로서 사회, 경제적인 측면에서 매우 중요한 의미를 지니고 있다. 이러한 토지의 평가 시 적용하는 공시지가기준법은 감정평가에 관한 일반법적인 지위에 있는 감정평가법과 보상평가에 관한 특별법적 지위에 있는 토지보상법에 토지에 관한 필수적인 평가방법으로 규정되어 있어 평가실무에서 매우 중요한 위치를 차지하고 있다.

공시지가기준법은 「감정평가법」, 「토지보상법」에 토지에 관한 필수적인 평가방법으로서 관계법령에 규정되어 있는 법정평가방법이다.

## 제2절 공시지가기준법

( 미 )( 리 )( 보 )( 기 )

1. 의의
2. 비교표준지의 선정 및 정상화
    1) 비교표준지 선정
        (1) 비교표준지의 의의
        (2) 비교표준지 선정기준
            ① 원칙
            ② 용도지역·지구·구역 등 공법상
               제한사항이 같거나 비슷할 것
            ③ 이용상황이 같거나 비슷할 것
            ④ 주변 환경 등이 같거나 비슷할 것
            ⑤ 인근지역에 위치하여 지리적으로
               가능한 한 가까이 있을 것

    2) 공시지가의 보정방법
    3) 공시지가의 시점수정
    4) 비교표준지와의 요인비교
    5) 그 밖의 요인보정(기타요인보정)
        (1) 의의
        (2) 근거법규
        (3) 보정방법
        (4) 유의사항
3. 공시지가기준법의 예외
4. 공시지가기준법의 문제점

## 1. 의의★

우리나라에서 감정평가사의 토지평가 시 최고기준이 되는 거래사례비교법의 개념과 유사하므로 이 방법에 의한 시산가액도 비준가액이라 할 수 있다. 즉, 이론상 비교대상 표준지공시지가를 하나의 거래사례로 보고 평가대상토지와 가치형성요인상의 격차를 비교 평가하는 것이므로 거래사례비교법의 개념에서 크게 벗어나지 않는다(「감정평가법」 제3조 및 「감정평가에 관한 규칙」 제14조).

## 2. 비교표준지의 선정 및 정상화

정상화한다는 것은 표준지공시지가의 내용이 부적절하다고 인정되는 경우 그 부적절한 내용을 정상적으로 보정하여 기준시점 현재 정상적인 거래가격수준으로 수정하는 것이다.

### 1) 비교표준지 선정

#### (1) 비교표준지의 의의

비교표준지라 함은 공시지가 표준지 중에서 대상토지와 가치형성요인이 같거나 비슷하여 유사한 이용가치를 지닌다고 인정되어 대상토지의 감정평가 시에 비교기준으로 선정하는 표준지를 말한다. 이는 공시지가 표준지의 공간적 선정기준과 관련된 것이다.

#### (2) 비교표준지 선정기준

##### ① 원칙

비교표준지 선정의 일반적인 기준은 '대상토지와 유사한 이용가치'로서, 즉 가치형성요인의 유사성에 중점을 둔다. 비교표준지는 아래의 선정기준을 충족하는 표준지 중에서 대상토지의 가치형성요인 등이 유사하여 감정평가에 가장 적합한 표준지공시지가가 하나 또는 둘 이상을 선정함을 원칙으로 한다.

아래와 같은 선정기준은 토지의 가치에 영향을 미치는 정도에 따른 것이므로 내용의 순서에 따라 선정한다. 즉, 용도지역 등 공법상 제한사항이 같거나 비슷한 표준지를 선정하되, 이러한 표준지가 여러 개 있을 경우에는 그중에서 이용상황이 가장 유사한 표준지를 선정하고, 이러한 두 가지 요건을 충족하는 표준지가 여러 개인 경우에는 그중에서 다시 주변 환경 등이 가장 유사한 표준지를 선정하며, 이러한 세 가지 요인을 충족하는 표준지가 여러 개 있는 경우에는 지리적 근접성이 가장 우수한 표준지를 선정한다.

##### ② 용도지역·지구·구역 등 공법상 제한사항이 같거나 비슷할 것

비교표준지는 원칙적으로 용도지역 등 공법상 제한사항이 같거나 비슷한 것을 선정한다. 이는 용도지역 등의 공법상 제한이 토지가격에 가장 큰 영향을 미치기 때문이다. 대법원은 "해당 토지와 같은 용도지역의 표준지가 있으면 다른 특별한 사정이 없는 한 용도지역이 같은 토지를 해당 토지에 적용할 표준지로 선정함이 상당하고, 가사 그 표준지와 해당 토지의 이용상황이나 주변 환경 등에 다소 상이한 점이 있다 하더라도 이러한 점은 지역요인이나 개별요인의 분석 등 품등비교에서 참작하면 된다."라고 판시했다(대판 2000.12.8, 99두9957).

③ **이용상황이 같거나 비슷할 것**

토지가치의 형성에 용도지역 등 다음으로 영향을 미치는 것이 이용상황이므로, 이용상황이 같거나 비슷한 표준지를 선정한다. 이용상황은 공부상의 지목이 아니라 현실적인 이용상황을 기준으로 판단한다. 대법원은 "해당 토지와 유사한 이용가치를 지닌다고 인정되는 표준지라 함은 공부상 지목과는 관계없이 현실적 이용상황이 같거나 유사한 표준지를 의미한다."라고 하여 공부상 지목이 아닌 현실 이용상황기준을 제시하고 있다(대판 1993.5.25, 92누15215).

④ **주변 환경 등이 같거나 비슷할 것**

토지의 감정평가에서 주변 환경 등과 같은 요인의 격차율을 산정하는 것이 대단히 어렵다. 따라서 감정평가의 정확도를 높이기 위해서는 주변 환경 등의 비교가 필요하지 않은 표준지를 우선적으로 선정한다.

⑤ **인근지역에 위치하여 지리적으로 가능한 한 가까이 있을 것**

인근지역은 대상토지가 속하는 지역으로 주거·상업·공업 등 어떤 특정의 용도에 제공되는 것을 중심으로 지역적 통합을 이루고 있으므로, 대상토지의 가치형성에 직접적인 영향을 미친다. 또한 동일한 인근지역 내에서는 지리적으로 근접할수록 가치형성의 동일성이 강하다. 따라서 인근지역에 소재하며 지리적으로 근접한 표준지를 선정한다.

## 2) 공시지가의 보정방법

특히 공시지가의 적정성 판단은 표준지면적을 공시지가로 곱한 총액을 기준으로 하여야 한다. 왜냐하면 표준지의 단가가 적정하다 하여 이를 표준지면적에 곱한 총액도 반드시 적정가격이라 할 수 없기 때문이다. 실무에서는 공시지가를 기준으로 한 산정가격이 적정가격에 미달된다고 인정되는 때에는 그 밖의 요인보정을 하고 있다.

## 3) 공시지가의 시점수정

공시지가 공시기준일로부터 기준시점까지의 지가변동률·생산자물가상승률을 참작하여 토지를 평가하도록 하고 있다. 비교표준지가 소재하는 시·군·구(자치구에 한한다)의 동일 용도지역의 지가변동률로 하고 그것을 적용하는 것이 불가능하거나 부적정하다고 판단되는 경우에는 이용상황별 지가변동률 또는 해당 시·군·구의 평균지가변동률을 적용할 수 있다.

## 4) 비교표준지와의 요인비교

비교표준지와 평가대상토지와의 위치·지형·환경 등 토지의 객관적 가치에 영향을 미치는 제 요인을 비교하여 가격이 균형을 유지하도록 하고 있고, 지역요인 및 개별요인에 대한 분석 등 필요한 조정을 한다.

**⊙ 격차율 산정의 기준설정문제**

부동산의 사회성과 공공성에 대한 인식이 재조명되면서 감정평가에 대한 각종 통제와 규제가 많이 가해지고 있는데, 「토지보상법 시행규칙」 제17조에서 최고평가액이 최저평가액의 110%를 넘는 경우 재평가하도록 규정하고 있는 것이 이를 잘 보여주고 있다. 최근에는 보상평가 이외의 평가영역에도 그 여파가 미치고 있다.

평가과정 중에서 평가사의 주관적인 판단이 개입될 가능성이 가장 많은 부분이 바로 지역요인 및 개별요인의 비교인데, 앞에서 지적한 사회적 분위기를 반영하여 지역요인 및 개별요인의 격차율 산정에 관련해 구체적인 근거 제시가 요구되고 있다. 이러한 상황에서 평가의 주관성을 극복하고 객관성과 합리성을 도모하고자 하는 노력이 지속되어야 하며, 시대적·사회적 요청에 따른 감정평가업계의 적절한 대응과 함께 보다 객관적이고 합리적인 평가를 통해 대국민 신뢰도를 높이고 평가업계의 발전을 도모하기 위한 현실적인 방안이 마련되어야 할 것이다.

## 5) 그 밖의 요인보정(기타요인보정)★ 기출 16회·24회·27회

### (1) 의의

그 밖의 요인이란 시점수정, 지역요인 및 개별요인의 비교 외에 대상토지의 가치에 영향을 미치는 요인이다. 공시지가기준법에 의한 감정평가액이 시점수정, 개별요인 및 지역요인 비교를 거쳤음에도 불구하고 기준가격에 도달하지 못하는 경우가 발생할 수 있다. 그 밖의 요인보정은 일반적으로 이러한 격차를 보완하기 위하여 실무적으로 행하는 절차로써 이러한 요인을 대상토지의 가격에 반영해야 감정평가의 적정성과 신뢰성이 제고될 수 있다.

### (2) 근거법규

표준지공시지가는 일반적인 상황에서 감정평가의 기준이 될 뿐만 아니라 보상평가와 같은 특수한 상황에서도 관련 법률에 따라 평가의 기준이 된다. 그런데 일반평가에서 기본적으로 추구하는 가격은 시장가격이고 보상평가에서 추구하는 가격은 헌법에서 보장하고 있는 재산권의 보장을 위해 정당한 보상을 표상하는 적정가격으로 표준지공시지가를 기준으로 할 경우에는 시장가격 및 정당한 보상을 표상하는 적정가격과 많은 괴리가 발생하는 문제점이 있다. 이러한 문제점을 대법원에서 인정하고 기타요인으로 보정할 수 있다고 판결하고 이를 근거로 평가업계에서도 기타요인을 실무적으로 활용하여 왔다.

그러나 기타요인이 법적 근거 없이 활용됨으로써 감정평가의 적정성과 신뢰성에 일부 문제점이 발생하였다. 이를 보완하기 위하여 「감정평가에 관한 규칙」 제14조 제2항 제5호에 근거를 두고 있다. 2012년 8월 2일 전부 개정된 「감정평가에 관한 규칙」(국토해양부령 제508호, 2013.1.1. 시행)에서 명확하게 "그 밖의 요인보정"과 관련된 근거를 마련하였다.

### (3) 보정방법

표준지공시지가는 감정평가법인등이 평가한 가격에 대해 지역단위 및 전국단위의 가격균형협의와 지방자치단체장 및 소유자의 의견청취, 중앙부동산평가위원회의 심의 등 「부동산공시법」에서 규정한 절차를 거쳐 국토교통부장관이 직접 공시하는 가격이라는 점에서 직접 보정의 방법은 타당하지 않다. 그러므로 그 밖의 요인보정은 비교표준지를 기준으로 산정된 대상토지의 감정평가액과 거래사례 등을 기준으로 산정된 대상토지의 감정평가액을 비교하여 보정하는 방법(대상토지 기준 산정방식)으로 한다.

그러나 현행 「감정평가에 관한 규칙」 및 「토지보상법」은 대상토지가 소재하는 지역이 아닌 비교표준지가 소재하는 지역의 지가변동률을 적용하여 시점수정하도록 개정되어 표준공시지가 자체를 수정하는 것으로 변경되었으므로 거래사례 등을 적용하는 직접 보정방법(표준지 기준 산정방식)도 가능하다.

> **대상토지 기준 산정방식**
> (사례기준 대상토지 평가) 사례가격 × 시점수정 × 지역요인 × 개별요인 / (공시지가기준 대상토지 평가) 공시지가 × 시점수정 × 지역요인 × 개별요인

> **표준지 기준 산정방식**
> (사례기준 표준지 평가) 사례가격 × 시점수정 × 지역요인 × 개별요인 / (표준지공시지가 시점수정) 공시지가 × 시점수정

### (4) 유의사항

그 밖의 요인보정치 산정에 있어 최종적인 비율의 결정은 산정된 수치를 그대로 적용하는 것이 아니라 시장상황, 대상토지의 개별적 특성 등을 참작하여 일부 가감조정하여 최종비율로 결정하는 것이 실무적인 관행으로 정립되어 있다. 한편 그 밖의 요인보정을 한 경우에는 그 근거를 감정평가서에 구체적이고 명확하게 기재하여야 할 것이다.

## 3. 공시지가기준법의 예외

「감정평가에 관한 규칙」 제14조 제3항 및 「감정평가법」 제3조 제1항 단서에 의하여 적정한 실거래가를 기준으로 토지를 감정평가할 때에는 거래사례비교법을 적용한다. 또한 「감정평가에 관한 규칙」 제14조 제4항 및 「감정평가법」 제3조 제2항에 의하여 외감법에 따른 재무제표

작성 등 기업의 재무제표 작성에 필요한 감정평가와 담보권의 설정, 경매 등 대통령령으로 정하는 감정평가를 하는 경우 등에는 해당 토지의 임대료, 조성비용 등을 고려하여 평가할 수 있도록 하고 있다.

## 4. 공시지가기준법의 문제점*

공시지가기준법은 일정한 절차에 따라 평가한 표준지의 적정가격을 기준으로 하는 평가방법으로서 우리나라에서 토지 감정평가의 기본 원칙이 되고 있으나 이 방법을 적용하는 데는 여러 가지 문제점이 있다.

첫째, 평가기준인 공시지가가 실제 거래가격과 괴리되는 그 공시지가 또는 거래가격의 적정성 보정이 쉽지 않고 그 보정방법에 있어서도 구체적 기준이 제시되지 아니하여 공시지가기준법의 자의성과 신뢰성이 문제된다. 특히, 그 밖의 요인보정에 대한 기준에 구체성이 없어 보상평가의 적정성·신뢰성 문제가 계속 제기되고 있다. 즉, 지역요인과 개별요인보다 그 밖의 요인이 평가가액 결정에 가장 중요한 변수가 될뿐더러 감정평가사 간에도 큰 편차가 발생하는 문제점이 있다.

둘째, 시점수정에 필요한 지가변동률은 실제 거래시장의 지가동향에 의하지 않은 평균지가변동률에만 의존하고 있어 적정한 가치가 제대로 반영되지 못할 위험이 있다는 점이다.

셋째, 공시지가와 평가대상토지의 지역적·개별적 품등 비교항목이 무수히 많아 평가가액의 정도를 높일 수 있는 비교항목의 설정과 비교치를 일일이 법령규정으로 정하는 데에는 한계가 있다.

넷째, 공시지가기준법의 적용방법에 있어서는 면적에 대비한 공시지가 총액의 적정성을 판단하여 이를 단가로 환산한 후 그 단가를 평가기준으로 하여야 할 것이나 단순히 공시지가 1㎡의 단가만을 평가기준으로 함으로써 단가와 총액의 관계에 있어 불합리한 평가가격이 도출될 수 있는 위험도 있다.

Chapter

# 03 원가법

원가법은 본래 기업회계에 있어서 상각자산의 취득가격을 감가상각하는 사고방식에서 도입된 방법으로 비용성의 원리와 대체의 원칙에 근거하고 있다. 따라서 건물 등 가치의 감가가 이루어지는 자산평가에 유용하고, 신축건물의 경우 정확한 평가액의 도출이 가능하고 설득력이 높은 장점이 있다. 원가법은 상대적으로 단순한 논리구조를 가지고 있지만 실무상 제대로 적용하기 위해서는 재조달원가의 개념과 정확한 산정 그리고 감가의 유형, 감가수정의 방법 등에 대하여 정확히 파악해야 한다.

## 제1절　원가법의 개요

원가법은 대상물건을 기준시점에 재생산 또는 재취득하는 데 필요한 적정원가의 총액인 재조달원가에 감가수정을 가하여 대상물건이 가지는 현재의 가치를 산정하는 방법이다.
이를 산식으로 나타내면 다음과 같다.

> 적산가액 = 재조달원가 − 감가수정

또한 원가법에 의해 산정한 가액은 대상물건의 구성부분의 가치를 합산하여 구한 가액이라는 의미로 '적산가액(積算價額)'이라고 한다.

## 제2절  재조달원가

## 1. 의의

대상물건을 기준시점에 재생산하거나 재취득하는 데 필요한 적정원가의 총액을 말한다.

> **Check Point!**
>
> ● **재조달원가의 구분**
>
> 재조달원가는 생산개념에 입각한 재생산원가와 취득개념에 입각한 재취득원가로 구분할 수 있다. 재생산원가는 건축물과 같이 생산이 가능한 경우에 적용하고, 재취득원가는 토지나 도입기계와 같이 재생산이 불가능하거나 현실적으로 어려운 경우 구매하여 취득 시에 적용한다. 일반적으로 재조달원가라 하면 재생산하는 경우에 적용하므로 재생산원가 중심으로 살펴본다.
>
> | | 재생산원가 | 복제원가 |
> |---|---|---|
> | **재조달원가** | | 대체원가 |
> | | 재취득원가 | – |

## 2. 종류

### 1) 복제원가(재생산원가, 재생산비용)★

#### (1) 개념

대상물건과 동일한 모양, 구조, 원자재, 노동의 질 등을 갖는 복제품을 기준시점 현재 새로 조달하는 데 소요되는 비용과 같은 물리적 측면에서의 동질성에 착안한 것이다.

#### (2) 적용대상

특수한 자재와 공법이 건물의 가치에 투영되는 교회, 절과 같은 건물, 건축 중인 건물의 평가, 보험목적의 평가에 주로 적용된다.

#### (3) 장단점

대상물건의 현재 상태를 가장 잘 반영하므로 정확하고 신뢰도가 높으나, 건축시점과 기준시점의 차이가 큰 경우, 자재 및 건축기법의 변화, 관련 자료의 부재, 시점 간의 과다한 차이 등으로 인한 신뢰성에 문제가 발생할 수 있다.

### 2) 대체원가(대치원가, 대체비용)★

#### (1) 개념

대상물건과 동일한 효용을 가지는 현대적 감각의 건물을 기준시점 현재 새로 재조달하는 데 소요되는 비용으로 기능적 측면에서의 효용의 동질성에 착안한 것이다.

### (2) 적용대상

건축기법, 자재 등의 변화로 복제원가를 구하는 것이 현실적으로 곤란한 오래된 건물의 평가 등에 적용된다.

### (3) 장단점

기존 구조물이 대상물건의 가치에 얼마만큼 기여하는지 파악하는 데 활용할 수 있고, 기능적 감가를 할 필요가 없는 경우도 있다. 이는 대체원가라는 개념 자체가 현대적 감각의 건물을 가정함으로써 이미 기능적 감가에 따른 가치의 손실을 고려하고 있기 때문이다. 그러나 현실적으로 동일한 효용에 대한 판단이 곤란하다고 판단될 시에 주관의 과다한 개입이 우려되는 한계가 있다.

## 3) 복제원가와 대체원가의 차이점

### (1) 개념

복제원가는 물리적인 측면의 동일한 복제품을 만드는 데 소요되는 원가이고, 대체원가는 기능적인 측면에서 동일한 효용을 갖는 물건을 만드는 데 소요되는 원가이다.

### (2) 원가의 크기

일반적으로 복제원가보다 대체원가의 크기가 작다. 이는 대체물건의 구성요소들이 현재 시장에서 상대적으로 쉽고 싸게 구할 수 있기 때문이다. 한편 대체원가는 이미 기능적 감가가 반영되어 있기 때문이라는 견해도 있다.

### (3) 정확성

대체원가는 산정 시 주관개입의 여지가 크므로 실무적인 측면에서 복제원가가 대체원가보다 더 정확하다. 왜냐하면 복제원가는 현재 존재하고 있는 건물을 기준으로 각종 비용자료나 기법 등을 이용하여 산정하게 되는 반면 대체원가는 기능적인 측면에서의 효용의 동질성에 바탕을 둔 건물을 산정하고 그것을 기준으로 간접적으로 산정해야 하기 때문이다.

### (4) 현실적 우수성

대체원가는 동일한 효용의 판단이 어렵고 판단을 함에 있어서도 주관개입의 여지가 많다. 반면, 복제원가는 물리적인 측면의 동일성을 기준으로 하기 때문에 비용의 추정이 상대적으로 수월하다. 따라서 복제원가가 대체원가보다 현실적으로 우수하다.

### (5) 이론적 우수성

대체원가는 복제원가보다 적게 들며, 기존 구조물이 대상물건의 가치에 기여하는 정도를 보다 잘 반영한다는 특징이 있다. 왜냐하면 대체구조물(replacement structure)의 구성 요소들은 복제구조물(reproduction structure)의 그것들과 달리, 현재시장에서 거래가 되고 있어 상대적으로 저렴하고 용이하게 구득할 수 있기 때문이다. 또한 대체원가로 추계할 때에는 별도로 기능적 감가수정을 할 필요가 없는 경우가 있다. 이는 대체원가라는 개념 자체가 이미 기능적 퇴화에 따른 가치손실을 내포하고 있기 때문이다. 그러나 이때에도 물리적·경제적 감가수정은 필요하다. 이외에 물리적인 측면의 동질성보다 동질적인 효용을 제공하는 현대적 감각의 건물을 선호하는 시장참가자들의 특성을 고려할 때 대체원가가 복제원가보다 우수하다.

## 4) 복제원가와 대체원가의 혼용

### (1) 혼용하는 경우

복제원가와 대체원가는 차이점이 분명하지만 현실에서는 신축 후 일정한 기간이 경과한 건물을 평가하는 경우가 많아서 실제로 혼용되는 경우가 일반적이다. 즉, 건물의 건축에 사용되는 원자재는 다양한데 그중 어떤 것은 없어지고 새로운 자재들이 등장하는가 하면 그대로 유지되는 것들도 있으며 건물의 형태나 각종 시설의 구조 및 사양들 또한 시간의 경과에 따라 변하는 것도 있고 변하지 않는 것도 있다. 따라서 현실적으로는 유사한 형태, 구조, 시설 및 효용 등을 두고 복제원가와 대체원가를 부분적으로 채용하여 혼용하게 된다.

### (2) 혼용하지 않는 경우

신축된 건물과 신축된 지 얼마되지 않아 복제원가를 정확하게 파악할 수 있는 경우, 역사·문화적 가치가 있는 건물 등을 평가할 때에는 본래적 의미의 복제원가를 기준으로 재조달원가를 산정해야 한다. 역사·문화적 가치가 있는 건물은 건축될 당시의 설계방식, 사용된 자재들 자체가 의미가 있는 것이므로 대체원가는 가치평가에 있어 아무런 기능을 하지 못하게 된다.

## 3. 재조달원가의 산정기준

## 1) 개설

재조달원가는 대상물건을 일반적인 방법으로 생산하거나 취득하는 데 드는 비용으로 하되, 제세공과금 등과 같은 일반적인 부대비용을 포함한다.

## 2) 도급방식의 전제

재조달원가는 자가 건설 여하를 불문하고 도급방식을 전제로 산정한다. 여기서 도급방식이란 당사자 일방(수급인, 도급업자)이 어떤 일을 완성할 것을 약정하고 상대방(도급인)이 그 일의 결과에 대하여 일정한 보수를 지급할 것을 약정함으로써 효력이 발생하는 계약방식을 말한다. 따라서 도급인이 수급인에게 지불하는 표준적인 건설비와 도급인이 별도로 부담하는 통상의 부대비용, 도급인에게 귀속되는 개발이윤으로 구성된다.

## 3) 개발이윤의 포함 여부

개발이윤은 도급인이 개발과정에서 기여한 노력의 대가 또는 기회비용의 관점에서 보면 비용으로 인정할 수 있기 때문에 개발이윤도 포함시킨다. 다만, 도급인에게 귀속되는 개발이윤은 재조달원가에 포함되어서는 안 된다는 견해도 있음에 유의하여야 한다.

**재조달원가의 구성요소**

| 구분 | 항목 | 세항목 |
|---|---|---|
| 표준적인 건설비<br>》 개량물의 건축에 사용되는 노동과 원자재에 대한 지출경비뿐만 아니라 하청회사의 간접비용과 이윤도 포함되는데, 이것들은 하청업자와의 계약액에 이미 포함되어 있기 때문이다. | 직접비용 | 재료비, 노무비 |
| | 간접비용 | 재료비, 노무비 |
| | 수급인의 적정이윤 | |
| 도급인이 별도로 부담하는 통상의 부대비용<br>》 노동과 원자재 이외의 항목에 대한 지출경비로 행정비용, 수수료, 세금, 마케팅비용 등 일반적으로 표준적인 건설비의 일정비율로 표시된다. 종류에는 일반간접비용, 관리간접비용, 비품에 대한 감가상각비 등이 있다. | 설계감리비, 건설자금이자 | |
| | 허가비용, 세금 및 공과금, 등기수속비 | |
| | 기타 도급인 부담비용 | |

개발이윤(entrepreneurial profit)
》 개발이윤은 생산의 4요소인 경영의 대가로 보아 포함시켜야 한다. 왜냐하면 시장위험으로 인한 손실발생 시에도 타 방식과 일치를 위해 이를 포함시켜야 하기 때문이다. 개발이윤은 완성된 부동산의 가치에서 개발비용을 뺀 차액을 말하는데, 매도할 경우에는 판매이윤의 형태로, 임대할 경우에는 정상적 임대수익 외에 소유자에게 귀속되는 추가적 투자수익의 형태로, 직접 사용할 경우에는 기업에 대한 사용가치의 형태로 나타난다.

# 4. 재조달원가를 구하는 방법

## 1) 직접법과 간접법

### (1) 개념

재조달원가의 산출근거를 어디에 두느냐에 따른 구분으로 직접법은 대상물건에서 직접 구하는 방법이고, 간접법은 대상물건이 아닌 동일 또는 유사한 물건에서 찾는 방법이다.

**(2) 병용의 타당성**

간접법은 직접법의 적용이 곤란하거나 직접법의 타당성을 검증하기 위한 수단으로 활용하는
것이 일반적이나 적정한 재조달원가의 산정을 위해서는 양자를 병용하는 것이 바람직하다.

## 2) 총량조사법, 구성단위법, 단위비교법, 비용지수법

### (1) 총량조사법(총가격적산법)

#### ① 의의

원자재와 노동량 등 건축과 관련되는 모든 항목의 비용을 세세히 조사하여 재조달원가
를 산정하는 방법이다.

#### ② 장단점

모든 항목에 대한 세목별 조사로 중요 항목이 누락되지 않으므로 정확하게 재조달원가
를 산정할 수 있고, 특히 계획 중인 건물의 평가에 유용하게 활용할 수 있다. 하지만
시간과 비용이 많이 들어가고 상세한 조사를 위해 전문적인 지식과 상당한 기술 및 경
험 등이 필요하다는 한계를 가진다.

### (2) 구성단위법(부분별 단가적용법)

#### ① 의의

건물을 바닥, 벽, 지붕 등과 같은 몇 개의 중요한 구성부분으로 나누고 각 구성부분별
측정단위에 단가를 곱하여 재조달원가를 산정하는 방법이다.

#### ② 장단점

총량조사법에 비해 시간과 비용이 절약되는 장점이 있지만 상세하지 못하여 정확성이
떨어지고 표준비용 자료가 최근의 것이 아닌 경우에는 유용성을 발휘할 수 없다.

#### ③ 유의사항

평가사들은 건축과 관련한 분야의 전문가가 아니기에 전문기관에서 발간되는 표준비용
자료를 이용하게 되는데, 이때 해당 지역의 특성이나 대상물건 특성을 고려하여 표준비
용자료를 수정해야 한다.

### (3) 단위비교법

#### ① 의의

평방미터($m^2$)나 입방미터($m^3$)와 같은 총량적 단위를 기준으로 하여 총량적 단위에 단가
를 곱하여 재조달원가를 산정하는 방법이다. 입방미터는 극장, 고층사무실, 창고, 강
당, 공공건물 등에서 사용될 수 있으나 우리나라 평가실무에서는 거의 대부분 평방미터
($m^2$)를 기준으로 하고 있다.

② 장단점

건축 관련된 전문지식이 없어도 활용이 가능하며, 시간과 비용이 적게 들고, 이해가 쉬우며, 사용하기 편리하고, 검증하는 데도 용이하다는 장점이 있다. 하지만 상세하지 못하며 정확성이 떨어지고 원가산정에 사용하는 자료가 최근의 것이 아니면 그 유용성을 발휘할 수 없다는 점에 한계가 있다.

③ 유의사항

실무적으로 한국부동산원 등을 비롯한 감정평가기관에서 발간하는 건물신축단가표를 이용하는데 이때 해당 지역의 특성이나 대상물건의 특성을 고려하여 수정해야 한다.

### (4) 비용지수법(변동률적용법)

① 의의

최초의 재조달원가에 신뢰성 있는 기관으로부터 발표된 건축비지수를 사용하여 재조달원가를 산정하는 방법이다.

② 장단점

최근에 지어진 건물의 경우 타당성이 높고 시간과 비용 등이 절약되는 장점이 있다. 하지만 신축 후 오래된 건물을 평가하는 경우에 상대적으로 부정확하며 경기변동이 심한 시기에는 적용상의 어려움이 있다.

## 5. 재조달원가 산정 시 유의사항*

### 1) 대체원가의 적용 여부 및 대체원가 적용 시 감가수정

교회나 절 같은 특수건물이나 문화재와 같은 건물 등의 경우에는 자재 및 공법 자체에 존재의의가 있으므로 대체원가를 적용하는 것은 적절하지 않다. 한편 대체원가를 기준으로 재조달원가를 산정하는 경우 이미 기능적 변화에 따른 가치손실을 고려하기에 기능적 감가를 할 필요가 없는 경우도 있다.

### 2) 재조달원가의 구성요소의 구분

직접비용과 간접비용의 구분이 현실적으로 명확하지 않기 때문에 수급인의 이윤과 개발이윤의 범위를 어느 정도까지 인정하는지가 문제가 된다. 따라서 재조달원가의 구성요소에 대한 통일적인 정비가 선행되어야 하며 적용 시에는 탄력적으로 운용되어야 한다.

### 3) 재조달원가의 산정방법의 병용

산출근거를 어디에 두느냐에 따라 직접법, 간접법이 있고 구체적으로 무엇을 기준으로 하느냐에 따라 총량조사법, 구성단위법, 단위비교법, 비용지수법 등 다양한 방법이 있다. 평가의 신뢰성과 정확성을 높이기 위해 가능하면 여러 가지 방법을 병용해야 한다.

## 4) 건축비의 기본구조에 대한 이해

### (1) 건물신축단가표 활용 시 유의사항(한국부동산원)

① 면적 및 규모에 따른 건축비의 차이

사용자재, 구조 등이 동일하더라도 규모의 경제가 작용하여 면적이 큰 건물이 작은 건물보다 일반적으로 건축비가 낮다.

② span(건물의 폭)에 따른 건축비의 차이

동일한 면적 및 구조의 건물이라도 건물의 폭이 넓은 건물의 건축비가 높다. 폭이 넓은 경우는 인장력이 약하기 때문에 기초공사비도 많아지고 필요한 부재도 많아지기 때문이다.

③ 층수에 따른 건축비의 차이

일반적으로 층수가 많아짐에 따른 하중지지력을 보강하기 위해 기초공사비 등이 많이 소요되므로 층수가 많은 건물의 건축비가 더 높다.

④ 층고에 따른 건축비의 차이

동일한 층수의 건물이라도 층고가 높을수록 건축비가 더욱 높다. 층고가 높아질수록 외벽의 면적이 넓어지고 기둥의 구조가 크고 견고해야 하며 더 많은 하중지지력이 필요하기 때문이다. 실무적으로는 공장용도 건물의 경우 층고에 대한 보정에 유의해야 한다.

⑤ 천장주행크레인의 설치 유무에 따른 건축비의 차이

크레인을 설치하면 하중을 지지하기 위해서 보강공사가 필요하기 때문에 크레인이 설치된 건물이 건축비가 더 높다.

⑥ 지역에 따른 건축비의 차이

도서지방의 경우에 원자재 이동의 어려움과 노동력의 부재 등으로 건축비가 상승할 수 있는 등 지역에 따라 건축비의 차이가 발생한다.

⑦ 부대설비 보정단가

실무적으로 건축신축단가표는 표준단가와 부대설비 보정단가로 구분하여 산정하는데 부대설비는 설비기자재의 품질, 규격, 재질 및 제작회사 등에 따라 가격차이가 크게 발생하므로 정확한 조사 후에 결정해야 한다.

이때 전기설비와 같은 설비는 표준단가에 포함하여 산정하는 경우도 있으므로 부대설비의 성격을 잘 파악해야 하며, 대형건물의 경우에 부대설비 중 일부는 리스물건일 경우도 있는데 이 경우 평가대상에서 제외하거나 적절한 조치를 취해야 한다.

⑧ 부가가치세의 포함 여부

평가실무적으로 과세 및 보상업무와 관련하여 부가세의 포함 여부가 문제되는 경우가 있는데, 부가세를 포함하여 평가할지 여부는 최종 소비자가 부가세를 부담하는가의 여부로 결정된다. 일반적으로 주택의 경우는 건물주가 부가세를 부담하므로 포함하여 평가하게 되지만 기타 용도의 건물은 건물주가 부가세를 환급받게 되므로 포함하지 않는다.

**(2) 기타 유의사항**

① 단위당 기본비용과 바닥면적과의 관계

건물의 기본구조에 관한 비용인 단위당 기본비용은 바닥면적이 늘어남에 따라 감소하게 된다. 이는 바닥면적이 증가함에 따라 상벽면적비가 감소하여 공사비가 적게 들어가기 때문이다. 여기서 상벽면적비는 건물바닥면적에 대한 벽면적의 비율을 의미한다.

② 단위당 기본비용과 둘레와의 관계

단위당 기본비용은 건물의 바닥면적이 동일하더라도 벽둘레가 서로 다른 경우에는 차이가 발생한다. 바닥면적이 정사각형에 가까울수록 둘레는 짧아지고 따라서 단위당 기본비용도 감소한다.

③ 단위당 전체비용과 바닥면적과의 관계

기본비용 외에 건물 특성에 대한 추가적 비용까지 포함하는 단위당 전체비용은 바닥면적이 늘어남에 따라 증가하게 된다. 이는 건물의 규모가 커질수록 추가적인 설비들이 가미되기 때문이다. 규모가 큰 건물의 경우에는 일반적으로 규모가 작은 건물에 비해 실내장식이나 부대시설 등이 많이 필요하게 된다.

## 제3절 감가수정 기출 7회·9회·12회·17회

## 1. 의의

감가란 신규 또는 최유효이용 상태에서 실현되는 원가의 감소분을 의미한다. 감가수정이란 대상물건에 대한 재조달원가를 감액하여야 할 요인이 있는 경우에 물리적 감가, 기능적 감가 또는 경제적 감가 등을 고려하여 그에 해당하는 금액을 재조달원가에서 공제하여 기준시점에 있어서의 대상물건의 가액을 적정화하는 작업을 말한다.

감가수정은 물리적, 기능적, 경제적 측면에서 최유효이용 상태와 비교했을 때 어느 정도의 가치가 하락되었는지를 분석하는 절차로서 원가법에 의한 평가결과의 정도를 결정짓는 중요한 의미를 지니고 있다.

원가법에서의 감가수정은 본래 기업회계에 있어서 상각자산의 취득가격을 감가상각하는 사고방식에서 도입된 것이나 여러 가지 면에서 차이를 보이고 있다.

**◦ 감가수정과 감가상각의 비교**

| 구분 | 감정평가의 감가수정 | 기업회계의 감가상각 |
|---|---|---|
| 개념 | 재조달원가에서 감가액을 공제하여 가치를 평가하는 과정으로 실질적인 가치손실을 어떻게 추계하느냐에 초점 | 감가자산에 대한 비용을 체계적이고 합리적인 방법으로 가용수명 동안 배분하는 것으로 발생한 비용을 어떻게 할당할 것인가에 초점 |
| 목적 | 기준시점에서의 현존가치 평가 | 원가의 체계적인 배분으로 합리적인 손익 계산 |
| 기준 | 재조달원가 | 취득가격 |
| 방법 | 실제 가치손실을 반영할 수 있는 방법은 모두 가능, 관찰감가법도 가능 | 직선법과 같이 법적으로 허용되는 방법만 가능, 관찰감가법 불가능 |
| 잔존가액 및 내용연수 | 잔존가액은 개별물건마다 파악되며, 경제적인 잔존연수에 중점 | 잔존가액은 개별물건마다 동일하게 파악되고, 경과연수에 중점 |
| 물건존재 여부 | 현존하는 물건만 대상 | 자산으로 계산될 경우 멸실되어도 가능 |
| 감가요인과 시장성 반영 여부 | 물리적, 기능적, 경제적 감가요인이 있고 시장성을 고려함 | 물리적, 기능적 감가요인만 있으며 시장성은 미고려함 |
| 토지의 감가 여부 | 경제적 감가로 토지에 대한 감가 가능 | 토지의 감가는 인정되지 않음 |

## 2. 감가의 유형

### 1) 개설

감가유형으로는 물리적 감가, 기능적 감가, 경제적 감가를 들 수 있는데, 이들은 각각 독립해서 작용하는 것이 아니라 물리적 감가가 기능적 감가를 유발하고 다시 기능적 감가가 경제적 감가에 반영되는 것과 같이 상호관계하에 복합적으로 작용한다.

### 2) 물리적 감가

#### (1) 의의

물리적 감가란 대상물건의 물리적 상태에 따른 가치의 손실로서 감가를 발생시키는 요인이다.

#### (2) 발생원인

① 시간의 경과에서 오는 손실과 마모
② 사용으로 인한 마모 및 파손
③ 풍우 등의 자연작용에 의해 생기는 노후화
④ 화재 등의 사고로 인한 손상
⑤ 기타 물리적인 하자

### (3) 유의사항

상각자산에만 발생하므로 영속성이 있는 토지에는 발생하지 않는다. 그리고 물건의 개별성에 따라 감가의 형태가 다양하게 나타나므로 체계적인 조사가 필요하다. 또한 치유가능 여부에 대한 판단이 선행되어야 하며 이때 물리적 가능성과 경제적 타당성을 바탕으로 분석하여야 한다. 만약 치유가 가능한 경우, 즉 즉각적인 보수나 교체가 필요한 경우에는 그에 소요되는 비용을 감가액으로 계상할 수 있다. 다음으로 치유가 불가능한 경우에는 그에 따른 가치손실액을 파악하여 그에 따라 감가액을 산정할 수 있다.

## 3) 기능적 감가

### (1) 의의

기능적 감가란 대상물건의 기능적 효용이 변화(퇴화)함으로써 나타나는 가치의 손실이다.

### (2) 발생원인

① 설계의 불량
② 설비의 부족과 과잉
③ 형식의 구식화
④ 능률의 저하
⑤ 기타 기능적인 하자

### (3) 유의사항

물리적 감가와 마찬가지로 상각자산에만 발생한다. 그리고 기능적 감가를 파악함에 있어 구체적인 기준은 시장을 통해서 파악해야 한다. 예를 들어 시장에서 선호되는 설계나 시설 수준 등이 기준이 될 수 있다. 또한 대상물건이 속해 있는 부분시장의 특성에 따라 달라질 수 있다. 한편 치유가능 여부에 대한 판단이 선행되어야 하며 재조달원가를 대체원가로 적용한 경우는 상황에 따라 이미 기능적 감가가 반영되어 있기에 별도의 감가대상이 되지 않을 수도 있다.

## 4) 경제적 감가(외부적 감가, 환경적 감가)

### (1) 의의

경제적 감가란 대상물건 자체가 아닌 외부의 부정적인 요인에 의해 발생하는 가치의 손실로서 외부적 감가, 위치적 감가 또는 환경적 감가라고도 한다.

### (2) 발생원인

① 먼지, 소음, 악취 등의 근린폐해
② 인근지역의 쇠퇴

③ 주위 환경과의 부적합

④ 용도지역제 및 최유효이용의 변화

⑤ 기타 경제적인 하자

### (3) 유의사항

상각자산뿐만 아니라 토지에도 발생한다. 그러나 개별평가(원가방식)에서는 토지, 건물 등은 별도로 평가하기 때문에 이미 경제적 감가가 고려된 토지가치가 산정되므로 토지에 있어서는 경제적 감가를 고려할 필요가 없다(분해법 시 건물부분만 경제적 감가함). 그리고 경제적 감가는 외부적인 요인 및 시장상황에 영향을 받으므로 다양한 외부요인의 파악, (부분)시장의 확인, 시장변화의 추세파악 등에 유의해야 한다. 또한 대상물건 자체에서 발생하는 것이 아니기 때문에 치유불가능한 감가의 성격이다.

**Check Point!**

#### ● 법률적 감가

법률적 감가는 법률적인 요인에 의해 발생하는 가치의 손실이다. 소유관계와 등기의 불일치, 공·사법상 규제와의 부적합, 토지, 건물소유자의 상이 등의 경우에 발생한다. 미국의 경우는 토지는 최유효이용을 전제한 나지로 평가하고 법률적 감가를 건물에 반영하지만, 우리나라와 일본은 토지에 건부증감가를 반영한다. 따라서 우리나라 평가실무에서는 건물의 경우에 법률적 감가를 받아들이지 않고 있다.

#### ● 내용연수

상각자산의 수명으로 물리적 내용연수는 물리적 측면에서 본 내용연수로 자연적으로 노폐할 때까지의 존속기간이며, 기능적 내용연수는 기능적 측면의 내용연수로 기능적 유용성이 지속될 수 있는 기간이며, 경제적 내용연수는 경제적 측면의 내용연수로 경제적 효용이 지속될 수 있는 기간(예 임대용 부동산의 경우 임대수익이 가능한 상태의 기간)을 의미한다. 일반적으로 기능적·경제적 내용연수는 물리적 내용연수보다는 짧다. 감정평가에 있어서는 경제적 내용연수를 기준으로 감가수정을 한다.

#### ● 경과연수

신축 이후 경과된 연수를 말하는 것으로 기본적으로 실제경과연수를 의미한다. 실제경과연수의 적용이 불합리할 경우 상태, 성능, 사용정도, 장래 사용기간 등을 고려하여 실제경과연수를 기준으로 조정할 수 있는데, 이를 유효경과연수라고 한다.

#### ● 잔존내용연수

내용연수에서 경과연수를 공제한 부분이다.

## 3. 감가수정의 방법★ 기출 7회·9회

### 1) 개설

감가수정은 감가수정 자료의 출처가 대상물건인지, 대상과 같거나 유사한 물건에서 비롯된 것인지에 따라 직접법과 간접법으로 구분할 수 있다. 각각의 방법은 구체적인 감가수정방법에 따라 내용연수법, 관찰감가법, 분해법, 시장추출법, 임대료손실환원법으로 세분된다. 「감정평가실무기준」에서는 경제적 내용연수를 기준으로 내용연수법을 중심으로 하되, 수정방법은 대상물건의 특성에 따라 정액법, 정률법, 상환기금법 중에서 선택할 수 있다고 규정하고 있다. 또한 이와 같은 방법으로 산정한 감가수정액이 적절하지 않다고 판단되면, 관찰감가법이나 분해법, 시장추출법 등 다른 방법을 활용할 수 있다고 정하고 있다. 다만, 대상물건의 성격, 감가수정의 특성, 자료의 신뢰도에 따라 다른 방법의 감가수정방법도 병용해 보는 것이 중요하다.

### 2) 내용연수법★

#### (1) 의의 및 구분

내용연수법은 대상물건의 내용연수를 바탕으로 감가수정을 하는 방법이다. 실무상 적용이 간편하고 객관적이라는 장점을 가진다. 반면에 개별성이 있는 부동산의 실제 감가액과 괴리될 수 있다는 단점을 가지기도 한다. 따라서 여러 가지 방법을 이용한 내용연수의 조정에 의해 기능적 감가를 어느 정도 반영할 수 있는 방법이 적용되기도 하지만, 여전히 경제적 요인에 의한 감가는 반영하기가 어렵다고 할 것이다.

한편 「감정평가 실무기준」에 명시적으로 규정된 방법으로서 정액법, 정률법, 상환기금법이 있으며, 내용연수를 조정하는 방법에 따라 유효연수법, 미래수명법으로 구분할 수 있다.

#### (2) 정액법(균등상각법, 직선법)

##### ① 의의

대상물건의 가치가 매년 일정액씩 감소한다는 가정하에 대상물건의 감가총액을 단순히 내용연수로 나누어 매년의 감가액을 산정하는 방법이다. 정액법에서의 감가액은 매년 일정하고 경과년수에 정비례하여 증가하게 되므로 균등상각법 또는 직선법이라고도 한다.

##### ② 산식

---

- 매년감가액 = 재조달원가 × (1 − 잔가율) / 내용연수 = (재조달원가 − 잔존가액) / 내용연수
- 감가누계액 = 매년 감가액 × 경과연수
- 적산가액 = 재조달원가 − 감가누계액

---

③ 적용대상

감가의 정도가 매년 동일하거나 변동이 미미한 물건에 적합한 방법으로 일반적으로 건물이나 구축물 등의 평가에 적용된다.

④ 장단점

감가액의 계산절차가 간단하고, 무형의 상각자산(무형고정자산, 이연자산 등)에도 적용할 수 있다. 하지만 매년의 감가액이 동일한 것으로 가정하기에 실제의 감가와 불일치한다.

### (3) 정률법

① 의의

대상물건의 가치가 매년 일정비율로 감소한다는 가정하에 대상물건의 매년 말 가치에 일정한 비율을 곱하여 매년의 감가액을 산정하는 방법이다. 이 방법에 따른 매년 말의 잔고에 대하여 일정한 비율을 곱하여 감가액을 산출하게 되므로 상각이 진행됨에 따라 잔고는 감소하고 감가액 또한 점차 감소하게 된다.

② 산식

---

- 매년 감가액 = 전년말 가치 × 감가율
- 감가율 $= 1 - \sqrt[n]{\dfrac{\text{잔존가액}}{\text{재조달원가}}}$
- 감가누계액 = 재조달원가 × $\{1 - (1 - \text{감가율})^n\}$
- 적산가액 = 재조달원가 − 감가누계액

---

③ 적용대상

자산의 효용과 가치의 감소가 초기에 심하고 기간이 경과할수록 감소하는 물건에 적합한 방법으로 기계와 기구, 동산, 선박 등 준부동산의 평가에 적용된다.

④ 장단점

능률이 좋은 초기에 많이 감가함으로 안전하게 자본을 회수할 수 있다는 점에서 유용하다. 하지만 매년의 감가액이 상이하므로 일정한 표준감가액을 정할 수 없다.

### (4) 상환기금법

① 의의

내용연수 만료 시에 기준시점의 상태와 동일한 가치를 갖는 물건을 재취득하기 위하여 매년의 감가액을 외부에 축적하고 그에 따른 복리이자도 발생하는 것을 전제로 내용연수 만료 시에 감가누계액 및 복리이자 상당액의 합계액이 감가총액과 같아지도록 매년 일정액을 감가하는 방법이다. 이 방법에서의 감가액은 복리이율에 의한 축적이자이기 때문에 정액법보다 작고 적산가액은 정액법보다 크게 된다.

② 산식

> • 매년감가액 = (재조달원가 − 잔존가액) × 감가율
> • 감가율 = 축적이율 / $\{(1 + 축적이율)^n − 1\}$
> • 감가누계액 = 매년감가액 × 경과연수
> • 적산가액 = 재조달원가 − 감가상각누계액

③ 적용대상

장래의 감가액을 산출하는 데 적합한 방법으로 기계의 성능가치 평가와 광산의 평가에 적용할 수 있다.

④ 장단점

경제이론에 의한 시간과 이자 등의 개념을 바탕으로 이론적이고 논리적이라는 장점이 있지만 계산이 복잡하고 감가액에 해당하는 자금을 외부에 운용하므로 위험성이 높다. 그리고 감가액이 소액이 되므로 법인세 등의 세부담이 크게 되어 기업에서는 거의 활용되지 않고 있다.

**(5) 내용연수의 조정**★ 기출 25회

① 개설

동일한 유형의 부동산이라도 건축방법, 이용의 정도, 관리 및 유지·보수의 상태, 신축 후 추가투자, 리모델링 등에 따라 감가의 형태가 개별부동산마다 다양하게 나타나는데 이를 감가의 개별성이라고 한다. 평가사가 부동산의 변동사항과 개별적인 상태를 반영하여 감가수정의 정확성을 높이기 위해 내용연수의 조정이 하나의 대안이 될 수 있다. 내용연수를 조정하는 방법에는 경과연수를 조정하는 방법과 (전체)내용연수를 조정하는 방법이 있다. 실무에서는 증축의 경우 증축부분에 대한 (전체)내용연수의 조정방법이 중요하게 다루어진다.

② 유효(경과)연수법

㉠ 의의

대상물건에 대한 우발적인 사고에 의한 손상, 구조의 개량 및 증개축 등을 고려한 유효경과연수를 기준으로 감가수정하는 방법으로 내용연수는 고정이고 잔존내용연수에 따라 경과연수를 조정한다.

㉡ 산식

> • 유효(경과)연수 = 내용연수 − 잔존내용연수
> • 감가율 = (내용연수 − 잔존내용연수) / 내용연수

ⓒ 적용대상

우발적인 사고에 의한 손상, 구조개량 및 증개축, 냉난방시설 등과 같은 새로운 시설 등이 설치되는 경우에 적용할 수 있다.

ⓔ 장단점

감가의 개별성을 반영할 수 있는 장점이 있다. 하지만 유효경과연수 측정 시 평가사의 주관개입의 여지가 있고 경제적 감가를 제대로 반영하지 못한다.

③ 미래수명법(잔존내용연수법)

㉠ 의의

전체내용연수를 알 수 없으나 실제경과연수와 잔존내용연수를 모두 알 수 있는 경우에 사용하는 방법으로 실제경과연수와 잔존내용연수를 더하여 내용연수로 삼고 실제경과 연수를 적용하여 감가수정하는 방법이다.

㉡ 산식

---

- 내용연수 = 실제경과연수 + 장래내용연수
- 감가율 = 실제경과연수 / (실제경과연수 + 장래내용연수)

---

ⓒ 적용대상

오래된 건물이나 (잔존)수명이 짧은 건물, 리조트시설, 공업용 부동산 등의 특수목적 부동 산에 적용할 수 있다.

ⓔ 장단점

내용연수보다 잔존내용연수를 보다 쉽게 파악할 수 있는 경우가 많아 유효연수법에 비해 현실에 부합하고, 감가의 개별성을 반영할 수 있는 장점이 있다. 하지만 잔존내용연 수의 측정 시 주관개입의 여지가 있고 경제적 감가를 제대로 반영하지 못한다.

④ 증축의 경우 내용연수의 조정

증축부분은 기존부분과 운명을 같이 하기 때문에 기존부분의 잔존내용연수와 일치하도록 전체내용연수를 조정해야 한다.

---

- 증축부분의 내용연수 = 증축부분의 경과연수 + 기존부분의 잔존내용연수
- 증축부분의 감가누계액 = 재조달원가 × 증축부분의 경과연수 / (증축부분의 경과 연수 + 기존부분의 잔존내용연수)
- 증축부분의 적산가액 = 재조달원가 × 기존부분의 잔존내용연수 / (증축부분의 경과 연수 + 기존부분의 잔존내용연수)

---

(6) 내용연수법의 한계

감가의 기준을 내용연수에 의존하고 있어 감가액의 산정이 획일화되기 쉬우므로 개별적이고 정확한 감가액의 산정이 제대로 이루어지기 어렵다는 한계가 있다.

## 3) 관찰감가법★

### (1) 의의

감정평가 주체가 대상물건의 전체 또는 구성부분을 면밀히 관찰하여 물리적·기능적·경제적 감가요인을 분석하여 감가액을 직접 구하는 방법이다. 즉, 감가의 기준을 직접적으로 경과연수에 두지 않고, 대상건물의 전체 또는 구성부분별로 물리적·기능적·경제적 감가요인에 의한 감가액을 직접 관찰함으로써 감가액을 구하는 방법이다.

### (2) 산정절차

대상물건이나 동일 유사한 물건으로부터 감가요인들을 검토하여 전형적이고 지배적인 감가액의 수준이 어떻게 변화하는지 일반원리를 수립한다. 그 다음 대상물건의 상태를 면밀히 관찰하여 물리적·기능적·경제적 감가요인에 따른 적절한 감가율을 적용하여 감가수정액을 산정한다. 사실 관찰감가법은 다음에 설명하게 될 시장추출법과 분해법의 혼합으로 생각할 수 있다.

### (3) 장단점

시장자료가 충분하게 존재하는 경우에 유용하고, 감가의 개별성이 반영되므로 현실에 부응할 뿐만 아니라 기능적, 경제적 감가도 동시에 반영하므로 보다 정교하고 신뢰성 있는 가격을 도출할 수 있다. 하지만 달관적인 방법으로 평가사의 주관개입의 소지가 크기에 보조적인 검증수단으로 쓰인다. 또한 감가수정액을 시장자료를 통해 도출할 수 있을 만큼 시장자료가 유용하다면 거래사례비교법으로 직접 가치를 구하면 되지, 굳이 원가법으로 구할 필요가 있느냐는 비판이 있어 독자적으로 사용되기보다는 다른 감가수정방법과 함께 사용되거나 다른 감가수정방법의 보조적인 검증수단으로 쓰이게 된다.

## 4) 분해법

### (1) 의의 및 활용

대상물건에 대한 감가의 유형을 물리적·기능적·경제적 감가로 세분한 후 이에 대한 감가액을 별도로 산정하고 이것들을 전부 합산하여 감가수정액을 산정하는 방법이다. 분해법은 내용연수법이나 다음에 설명할 시장추출법 등으로 이미 산정된 감가수정액을 구성요소에 따라 물리적·기능적·경제적 감가로 할당하는 기능을 수행하는 보조적인 수단으로 활용되는 경우가 많다. 그러나 사례가 충분하지 않다거나 하여 다른 방법으로 감가수정액을 구할 수 없을 때에는 독립적인 수단이 될 수 있다.

### (2) 산정절차

#### ① 개설

대상물건에 대한 감가의 유형을 물리적, 기능적, 경제적 감가로 구분한 후 이를 다시 치유가능항목과 치유불능항목으로 세분화하여 산정한다.

#### ② 물리적 감가

##### ㉠ 의의

대상물건의 물리적 상태에 따른 가치의 손실이다. 분해법에서는 대상물건의 물리적 구성요소를 지연된 유지보수항목, 단기 소모성 항목, 장기 내구성 항목으로 분류한 후 이를 치유가능항목과 치유불가능항목으로 구분하여 산정한다.

##### ㉡ 감가액의 산정

ⓐ **치유가능항목** : 대상물건에 어떤 결함이 발생한 경우 그것을 치유함으로써 원상회복할 수 있는 항목이다. 치유비용은 대체로 그 항목이 새로 설치될 때의 비용을 초과하는 데 유의해야 한다. 이는 신규로 설치하지 않고 나중에 치유하는 경우는 설치비용뿐만 아니라 제거비용까지 들어가기 때문이다. 즉, 치유비용에는 신규설치비용에 추가비용까지 합산한 금액이다.

ⓑ **치유불가능항목** : 치유가능항목과는 달리 치유를 통해 원상회복할 수 없는 항목이다. 치유불가능항목의 감가수정액은 대쌍자료분석법이나 임대료손실환원법, 내용연수법 등을 정하여 산정할 수 있다. 유의사항으로는 단기소모성 항목은 건물의 수명이 끝나기 전에 교체될 필요가 있는 항목으로서 100% 사용이 완료되어 교체가 될 시기에는 이미 치유가능항목이 된다. 단기소모성 항목은 항목별로 내용연수를 달리하므로 구성요소별로 각각 산정해야 한다. 치유가능항목은 치유로 인하여 신축에 준하는 상태가 되므로 다시 계상하면 이중감가의 문제가 발생한다.

#### ③ 기능적 감가★ 기출 17회

##### ㉠ 의의

대상물건의 기능적 효용이 퇴화함으로써 발생하는 가치의 손실로서 과소개량으로 인한 결함, 부적절한 개량으로 인한 결함, 과잉개량으로 인한 결함 등의 사유로 최유효이용에 미달함으로써 발생한다.

##### ㉡ 감가액의 산정

치유가능항목과 치유불능항목을 구분하여 산정한다. 1단계는 기존항목의 재조달원가를 산정한다. 2단계는 기존항목의 발생감가액을 산정하여 앞의 재조달원가에서 차감시킨다. 3단계는 치유가능할 경우에는 치유비용을, 치유불가능할 경우에는 가치손실액을 산정하여 더한다. 4단계는 기준시점 현재 신규건물을 짓는다고 가정하고 신규건물을 설치할 때의 설치비용을 산정하여 공제한다.

**Check Point!**

> **▶ 과소개량으로 인한 결함**
>
> 적정수준에 비하여 부족하게 건축됨으로써 발생하는 결함으로 아파트에 승강기가 설치되지 않는 경우가 대표적이다.
>
> **▶ 부적절한 개량으로 인한 결함**
>
> 적정수준에 알맞지 않게 건축됨으로써 발생하는 결함이다. 상업용 부동산에 있어 승강기의 용량이 너무 적어 보다 큰 용량으로 교체해야 하는 경우가 대표적이다.
>
> **▶ 과잉개량으로 인한 결함**
>
> 적정수준에 비하여 과도하게 건축됨으로써 발생하는 결함이다. 3층짜리 소규모 건물에 2대 이상의 엘리베이터가 설치된 경우나 홀이 건물의 규모에 비해 지나치게 넓은 경우 등이 대표적이다.

ⓒ 산정 시 유의사항

치유가능항목에 대한 기능적 감가액 산정 시 과잉개량으로 인한 결함의 경우 감가의 대상이 되는 것은 과적절한 부분이지 항목 전체가 아니다. 치유불가능항목에 대한 기능적 감가산정 시 과잉개량으로 인한 결함으로 인해 발생하는 세금, 보험료, 유지비 등의 소유자비용이 누락되지 않게 해야 한다. 치유불가능항목에 대한 기능적 감가액 산정 시 과잉개량으로 인한 결함의 경우 재조달원가로 복제원가를 사용하느냐, 대체원가를 사용하느냐에 따라 기능적 감가액은 상이할 수 있으나, 최종적인 가치는 달라지는 것이 아니라는 점에 유의해야 한다.

④ **경제적 감가**★ 기출 12회

㉠ 의의

대상물건과 상관없이 외부의 어떤 부정적인 요인에 의해 발생하는 가치의 손실로서 물리적 · 기능적 감가와는 달리 대상물건으로부터 발생하는 것이 아니라 외부성에 따라 발생하게 된다.

**Check Point!**

> **▶ 외부성**
>
> 외부성은 위치에 따른 외부성과 시장상황으로 인한 외부성으로 구분할 수 있다. 위치로 인한 외부성의 예로는 주택단지 옆의 위험, 혐오시설의 입지, 대중교통시설의 위치변경 등이 있고, 시장상황으로 인한 외부성은 공급과잉에 따른 시장수요와 공급의 불균형으로 인해 발생하는 가치손실이 있다.

ⓛ 감가액의 산정

외부의 부정적 영향을 받는 거래사례와 그렇지 않은 사례를 비교하여 가치 차이를 구하는 대쌍자료분석법, 외부의 부정적 요인에 의한 임대료 손실을 자본화하여 가치차이를 구하는 임대료손실환원법, 시장추출법을 통해 산정된 감가수정액을 물리적·기능적 감가로 할당한 후 남는 부분을 경제적 감가액으로 산정하는 방법이 있다.

ⓒ 유의점

경제적 감가액은 토지, 건물 모두 발생하므로 감가액을 토지, 건물분으로 할당해야 하는 문제가 생긴다. 그러나 원가방식에서는 토지, 건물가치를 별도로 산정하는데, 개별 산정된 토지에는 이미 경제적 감가가 반영되어 있는 경우가 많으므로 이에 대한 파악이 선행되어야 한다. 그렇지 않을 경우 이중감가의 문제가 발생할 우려가 있다. 경제적 감가는 외부요인에 큰 영향을 받으므로 다양한 외부요인의 파악, (부분)시장의 확인, 시장특성 및 시장변화의 추세파악 등에 유의해야 한다. 경제적 감가는 대상물건 자체에서 발생하는 것이 아니므로 치유불가능한 감가의 성격을 가진다.

### (3) 유용성과 한계

① 유용성

다른 감가수정방법보다 정교하고 합리적으로 산정할 수 있다. 또한 의뢰인에게 어떤 항목에서, 어떤 이유로, 얼마만큼의 감가가 발생되었는지 알려줄 수 있다. 특히 내용연수법에서 파악하기 힘든 기능적, 경제적 감가를 파악할 수 있다.

② 한계

물리적 감가와 기능적 감가는 실제로 복합적으로 작용하기 때문에 둘을 정확히 분리할 수 있는가에 대한 비판이 있다. 또한 현실에서는 스티그마 효과와 같은 심리적 요인들이 작용함에 따라 치유비용 이상으로 가격이 하락하는 경우가 있다.

한편 부동산의 가치는 각 구성부분의 복합적 작용의 결과로 나타나는 것으로 실제 그 차이가 어디에서 얼마만큼 발생한 것인지를 명확하게 밝힌다는 것은 현실적으로 매우 어려운 일이다.

## 5) 시장추출법

### (1) 의의

시장참여자의 거래에 기초하여 감가를 구하는 방법으로, 이 방법은 거래사례의 유용성과 신뢰성에 영향을 많이 받는다. 시장추출법은 대상부동산의 감가수정을 시장에서 수집한 유사 부동산의 거래사례자료를 적용하여 구하는 방법이다.

### (2) 산정절차

① 유사한 거래사례를 수집한다.

② 거래사례의 거래조건, 금융조건 등의 요인을 수정한다. 물리적, 기능적, 경제적 결함들은 수정하면 안 되고, 시장상황(시점수정)도 하면 안 된다.

③ 거래시점을 기준으로 토지가치를 산정한 후 토지가치를 공제하여 건물가격을 산정한다.

④ 거래시점을 기준으로 건물의 재조달원가를 산정한다.

⑤ 재조달원가에서 건물가격(거래사례의 가격−토지가치) 차감 후 감가누계액을 산정한다.

⑥ 감가누계액을 재조달원가로 나누어 감가율을 산정한다.

⑦ 대상물건의 재조달원가에 감가율을 적용하여 감가수정액을 산정한다.

### (3) 장단점

#### ① 장점

시장의 거래사례를 바탕으로 하기에 객관적이고 합리적이라는 장점이 있다.

#### ② 단점

유사거래사례가 풍부해야 적용할 수 있기에 특수부동산과 같이 거래사례가 없거나 자료의 신뢰성이 떨어지면 적용할 수 없다는 것이 단점이다.

## 6) 임대료손실환원법

### (1) 의의

감가요인으로 인해 감소된 순수익(임대료 손실)을 자본환원하여 감가액을 추출하는 방법으로, 시장추출법과 마찬가지로 시장자료의 신뢰성이 높아야 감가수정의 신뢰도가 높아진다.

### (2) 산정방법

- 직접환원법에 따른 감가수정액 = 임대료 손실에 따른 순수익 감소분 / 자본환원율
- 총수익승수법에 따른 감가수정액 = 임대료 손실 × 총수익승수

### (3) 장단점

#### ① 장점

장래기대편익의 현재가치라는 가치개념의 이론적 근거에 부합한다.

#### ② 단점

부동산의 가치는 각 구성부분이 복합적으로 작용한 결과 나타나는 것으로, 실제 그 차이가 어디에서 얼마만큼 발생한 것인지를 명확하게 밝힌다는 것은 현실적으로 매우 어렵다는 비판도 있다.

# 수익환원법

수익환원법은 부동산의 가치는 장래 기대되는 편익의 현재가치라는 가치의 본질에 가장 잘 부합하는 방법으로 이론적으로 가장 우수한 방법으로 알려져 있으며, 시장환경이 변화함에 따라 3방식 6방법 중에서 가장 중요한 방법으로 부각되고 있다. 우리나라에서는 1997년 IMF 외환위기를 거치면서 거래사례비교법에 의존해오던 평가관행에 제동이 걸리고 수익환원법이 유용한 평가방법으로 인정되기 시작하였다. 최근에는 수익성 부동산, MBS, REITS 등 각종 부동산 유동화상품과 관련된 가치평가에서 수익환원법의 활용도가 점차 높아지고 있다.

## 제1절　수익환원법의 개요

미리보기

1. 개요
2. 의의, 근거 및 기본산식
   1) 의의 및 근거
      (1) 의의
      (2) 근거
   2) 기본산식
3. 수익환원법의 유용성

## 1. 개요

수익환원법은 장래 얻어질 것으로 기대되는 순수익이나 미래의 현금흐름을 환원하거나 할인하는 감정평가방법이다. 수익환원법을 적용하기 위해서는 먼저 직접환원법과 할인현금흐름분석법 중 하나의 환원방법을 결정해야 한다. 이후 순수익과 미래의 현금흐름을 산정하고 환원율과 할인율을 추정하여 수익가액을 산정하게 된다. 따라서 수익가액의 적정성은 순수익과 미래의 현금흐름, 환원율과 할인율 등의 정확성에 의해 담보된다.

## 2. 의의, 근거 및 기본산식

### 1) 의의 및 근거

#### (1) 의의

대상물건이 장래 산출할 것으로 기대되는 순수익이나 미래의 현금흐름을 환원하거나 할인하여 대상물건의 가액을 산정하는 감정평가방법을 말한다.

#### (2) 근거

수익성의 원리, 예측의 원칙 및 대체의 원칙에 근거한다.

### 2) 기본산식

$$V = NOI_1 / (1 + r) + NOI_2 / (1 + r)^2 + \cdots\cdots + NOI_n / (1 + r)^n$$
V : 수익가액, $NOI_n$ : n기간의 순수익 또는 현금흐름, r : 할인율

## 3. 수익환원법의 유용성

장래 기대되는 편익의 현재가치라는 가치 본질에 가장 잘 부합하여 이론적으로 가장 우수하다. 그리고 부동산, 동산에 구분 없이 수익이 발생하는 물건이라면 어느 것이든 적용이 가능하며 특히 임대용 부동산 및 임대 이외의 사업용에 제공되는 부동산의 가치를 구하는 경우에 유용하다. 또한 부동산시장이 활황인 경우에는 선행하는 경향이 있는 거래가격에 대한 유력한 검증수단으로 활용할 수 있다.

## 제2절　환원대상수익

## 1. 개요

부동산으로부터 발생하는 수익에는 두 가지가 있다. 첫 번째는 대상부동산의 운영으로부터 발생하는 소득수익이며, 두 번째는 기말처분 시에 생기는 복귀가액이다. 그리고 이러한 수익이 얼마만큼의 시간 동안 발생하고 유지되는가 하는 보유기간도 설정해야 한다.

## 2. 수익의 산정

### 1) 소득수익의 계산(임대용 부동산 기준)

소득수익을 계산하기 위해서는 먼저 수익이 창출되는 부동산의 특성부터 규명해야 한다. 수익을 목적으로 하는 부동산은 크게 임대용 부동산과 임대 이외의 사업용 부동산이 있으나 수익환원법에 의한 평가의 대상은 일반적으로 임대용 부동산의 경우가 대부분이다.

임대용 부동산의 경우 소득수익은 임대차계약의 내용과 조건에 크게 좌우된다. 임대차계약은 나라, 시대, 부동산의 유형 등에 따라 다양하게 이루어지기 때문에 소득수익의 계산과정 또한 다양하다.

```
              보증금 운용수익
         +  연간 임대료
         +  연간 관리비 수입
         +  주차수입, 광고수입, 그 밖에 대상물건의 운영에 따른 주된 수입
            가능총수익
         -  공실손실상당액 및 대손(손실)충당금
            유효총수익
         -  용역인건비, 직영인건비
         -  수도광열비
         -  수선유지비
         -  세금, 공과금
         -  보험료
         -  대체충당금
         -  광고선전비 등 그 밖의 경비
            순수익
```

### (1) 가능총수익(PGI)

가능총수익은 100% 임대 시 창출 가능한 잠재적 총수익을 말한다. 이러한 가능총수익은 보증금(전세금) 운용수익, 연간 임대료, 연간 관리비수입과 주차장수입, 광고수입, 그 밖에 대상물건의 운용에 따른 주된 수입을 합산하여 구한다.

① 예금적 성격의 일시금은 임대료의 연체 또는 미지불에 대비하여 임대인이 임차인에게 입주 시에 일시불로 지불하도록 하는 금액으로 흔히 보증금이라 불리며 이에 대한 운용수익을 계상해야 한다.

② 선불적 성격의 일시금은 임대료 지급 관행에 따라 10개월 또는 1년 치의 임대료를 입주 시에 일시금으로 지급하는 것이다.

③ 관리비 수입은 관리서비스를 제공하고 그에 대가로서 얻게 되는 수입으로 운영경비, 부가사용료 및 공익비와 부가사용료 및 공익비에 대한 초과분으로 나눌 수 있다. 여기서 부가사용료 및 공익비에 대한 초과분이란 임차인들이 부담하는 실비적 성격의 금액을 초과하는 부분으로 순수한 관리서비스에 대한 대가로 해석할 수 있고 이를 실질적인 임대료에 산입시켜야 한다.

④ 주차수입, 광고수입, 그 밖에 대상물건의 운영에 따른 주된 수입은 주차공간을 사용한 주차서비스에 대한 대가, 옥상에 광고탑 등을 설치함으로써 얻게 되는 광고수입, 그 밖에 송신탑 설치 수입 등을 말한다.

> **Check Point!**

> ● **보증금의 처리방법(일본의 「부동산감정평가기준」)** ★ 기출 23회

보증금을 받게 되는 경우 수익에 반영하는 방법은 두 가지이다.

**방법 1)** 보증금을 운용함으로써 발생하는 운용수익을 파악하여 이를 총수익에 포함시키는 방법이다. 여기서 운용이율의 적용이 문제가 되는데 보증금의 성격을 계약종료시점에 반환의무 있는 것으로 보는 경우에는 안전자산수익률이 운용이율이 될 것이며, 보증금을 투자수익을 추구하는 투자자금의 형태로 보는 경우에는 대체투자자산의 수익률이 운용이율이 될 것이다. 그리고 보증금을 대출금의 상환을 위한 자금으로 사용하는 경우에는 대출금리가 운용이율이 될 것이다.

**방법 2)** 보증금을 임차인으로부터 받을 때 총수익으로 계상하고, 다시 임차인에게 지급할 때 비용으로 처리하는 방법이다. 이 경우 보증금 운용수익은 총수익에 명시적으로 계상되진 않지만 보증금을 받거나 지급하는 경우 각각의 입출금 시기에 따라 현가화된 금액이 상이하기 때문에 결국 보증금이 할인율로 운용되는 것과 동일한 결과를 가진다. 이 방법은 보증금을 은행에 예치하는 것이 아니라 곧바로 사업자금으로 사용하는 경우에 유용하다.

위의 방법은 보증금에 관한 계약조건, 보증금의 사용용도, 성격 등 개별적 사정과 시장의 관행 등을 종합하고 고려하여 적용해야 한다.

## (2) 유효총수익(EGI)

유효총수익은 가능총수익에서 공실손실상당액 및 대손(손실)충당금을 공제하여 산정한다. ① 여기서 공실손실상당액은 공실로 인하여 발생하는 손실분이며 기준시점 현재 공실이 전혀 없이 점유율이 100%라 하더라도 최소한의 공실률은 계상해야 한다. ② 손실충당금은 임대차기간 중 임차인이 임대료를 지급하지 않을 상황에 대비하여 계상되는 금액이다. 유효총수익은 해당 부동산의 과거 또는 현재의 유효총수익을 파악하고, 비정상적이고 일시적으로 발생한 유효총수익에 대하여 정상적이고 지속가능한 상황을 가정한 조정이 필요하다. 유효총수익의 조정을 위해서는 부동산의 소득창출능력에 영향을 줄 수 있는 다양한 요인(이자율, 부동산의 경과연수, 공실률, GDP, 물가지수 등)에 대한 과거자료를 검토해야 한다. 또한 대상부동산의 현재 이용상태에 대한 분석을 통해 현행 유효총수익 수준의 적절성 여부를 판단하고, 비정상적인 임대차계약에 의한 유효총수익의 증감 여부 역시 조사하여야 한다.

## (3) 순수익(NOI)

### ① 의의

순수익이란 대상물건을 통해 획득할 수 있는 총수익에서 그 수익을 발생시키는 데 소요되는 경비를 공제한 금액을 의미한다. 감정평가에서는 부동산의 시장가치를 구하는 것이 목적이고 시장가치는 최유효이용을 기준으로 하여 형성되므로, 순수익 또는 현금흐름도 최유효이용의 요건을 충족해야 한다. 즉, 수익가액의 기초가 되는 순수익은 대상

부동산에서 창출되는 현재의 순수익을 기준으로 하는 것이 아니라 장래에 발생될 순수익을 기초로 하기 때문에 산정 시에는 단순히 과거의 순수익이나 수익사례를 그대로 적용하여서는 안 된다.

② 산정방법

순수익은 대상부동산으로부터 장래 기대되는 유효총수익에서 운영경비를 공제하여 산정한다. 여기서 유효총수익은 대상부동산이 완전히 임대되었을 때 얻을 수 있는 가능총수익에서 임차자 전출입 등으로 인한 공실 및 손실충당금을 공제하여 구한다. 이러한 유효총수익에서 대상부동산을 운영하는 데 필요한 운영경비를 공제하면 순수익이 산정된다.

③ 순수익의 분석

부동산의 가치는 그 부동산의 현재가치뿐만 아니라 앞으로 어떻게 변경될 것인가와 같은 장래에 대한 수익가능성도 기초가 되므로, 대상부동산 또는 수익사례를 참조하여 장래동향을 파악하여 순수익을 산정해야 한다. 특히 장래동향의 경우 인근지역의 변화나 도시형성, 공공시설의 정비상태 등 사용·수익에 미치는 변화를 충분히 분석하여야 한다. 일반적으로 손익계산이 연간 단위로 행하여지고 있으므로 순수익도 통상 연간 단위로 산정하며, 순수익은 수익가액 산정의 기초가 되므로 내용연수에 걸쳐 규칙적·계속적으로 발생되어야 한다.

Check Point!

◉ 실무기준해설서의 운영경비 산정

1. 운영경비 의의(및 구성) 및 산정 시 유의사항

부동산의 유지, 가능총수익의 창출을 위해 정기적으로 지출되는 경비이다. 고정경비(부동산 점유 여부와 관계없이 지불하는 경비로 보험료, 제세공과금, 대체충당금 등), 변동경비[점유수준이나 서비스의 질에 따라 변하는 경비로 유지관리비, 공익비(전기, 가스, 수도, 하수도요금 등)]로 구성된다. 감가상각비는 고정경비이지만, 실제 지출이 아니기에 운영경비에 포함시키면 안 된다(이는 시간의 경과에 따라 감가 정도가 심한 부동산은 총수익 감소로 자동 반영되기 때문). 운영경비를 계상할 때 관련 자료가 부족하고 수집자료가 현실상황을 제대로 반영하지 못한다고 인정되는 경우 등에는 시장의 표준적인 경비 비율을 적용할 수 있다. 또한 임대차계약의 내용 및 대상물건에 따라 운영경비항목의 세부사항이 달라질 수 있다. 수도광열비는 주거용 부동산에서는 경비처리가 안 되지만 상업용 부동산에서는 경비로 처리되는 경우가 있다.

2. 산정방법(항목)

(1) 용역인건비, 직영인건비

건물의 유지관리를 위하여 소요되는 인건비이다. 인건비는 관리업무에 종사하는 직원의 근로제공에 대하여 지급하는 일체의 대가이다. 관리직 직원의 급여, 상여금, 퇴직급여, 휴가비, 자녀교육비, 국민연금부담금, 의료보험료, 고용보험료, 산재보험료, 임시직원수당, 복리후생비 등이 있다.

(2) 수도광열비

건물의 공용부분에 관련되는 전기료, 수도료, 연료비 등의 공익비를 말한다.

(3) 수선유지비

일반관리비는 건물을 관리하기 위해 통상적으로 소요되는 관리비용이다. 소모품비, 비품의 감가상각비 등이 있다. 시설유지비는 내외벽, 천장, 바닥 등의 보수와 부품대체비, 엘리베이터, 에스컬레이터 등의 보수비 따위가 해당된다.

(4) 세금, 공과금

부동산에 부과되는 재산세, 공동시설세, 도시계획세, 종합토지세 등의 세금과 도로점용료, 과밀부담금, 교통유발부담금 등의 공과금이 해당된다. 임대소득에 부과되는 세금(임대소득세, 법인세), 취득 관련 세금(취득세, 등록세, 상속세, 증여세 등), 양도 관련 세금(양도소득세, 특별부가세)은 포함되지 않는다.

(5) 보험료

임대부동산에 대한 화재 및 손해보험료를 말한다. 계약조건에 따라 소멸성과 비소멸성이 있는데 소멸성만이 해당된다.

(6) 대체충당금

본체보다 내용연수가 짧고 정기적으로 교체되어야 할 구성부분의 교체를 위해 매기 적립해야 하는 경비로서 냉장고, 세탁기 등에 적용된다. 대체충당금은 대상부동산의 효용이나 가치를 단순히 유지시키기 위한 수익적 지출로서 취급되는 것만 의미하기 때문에 효용이나 가치를 증진시키는 자본적 지출은 제외된다.

(7) 광고선전비 등 그 밖의 경비

광고선전비는 대상부동산의 임대상황을 개선시키기 위한 광고선전활동에 소요되는 비용이다. 그 밖의 경비로는 정상운전자금이자 등이 있다. 정상운전자금이자란 임대영업을 위한 정상적인 운전자금에 대한 이자로, 임대수입 수금일과 경비의 지출일이 불일치하게 됨으로써 필요하게 되는 운전자금의 이자이다.

## (4) 세전현금흐름(BTCF)

순수익에서 저당지불액(DS)을 공제하면 세전현금흐름이 된다. 세전현금흐름은 할인현금흐름분석법(DCF법)을 적용하여 지분가치를 구하는 데 활용된다.

### ❯ 저당지불액(DS)

타인자본에 대한 상환금이다. 원금균등분할상환, 원리금균등분할상환, 점증식 상환, 거치식 상환 등의 상환방식이 결정된다. 원리금균등분할상환인 경우에 대출금액에 저당상수를 곱하여 산정한다.

## (5) 세후현금흐름(ATCF)

① 의의

세전현금흐름에 소득세 또는 법인세를 공제하면 세후현금흐름이 된다. 세후현금흐름에 의거하여 수익가액을 산정하는 것이 이상적인 방법이나, 우리나라의 「소득세법」 체계하에서는 소득세가 그 부동산의 소득창출능력뿐만 아니라 투자자의 한계세율에 따라 달라진다는 점 때문에 세후현금흐름을 이용하여 수익가액을 산정할 때에는 이러한 점을 고려해야 한다.

② 소득세 또는 법인세

부동산 임대소득에 부과되는 세금으로는 소득세 또는 법인세가 있다. 부동산 임대소득에 대하여는 이자소득, 배당소득, 사업소득, 근로소득, 기타소득과 함께 종합소득으로 과세된다. 따라서 한계세율에 따라 특정부동산에 대한 부동산 임대소득세가 달라지게 된다.

## 2) 복귀가액의 산정★ 기출 13회

### (1) 복귀가액

#### ① 의의

대상물건의 보유기간말 재매도가치에서 매도비용(중개수수료, 등기비용 등) 등을 차감하여 매도자가 얻게 되는 순매도액을 의미한다. 여기서 복귀가액 산정의 기초가 되는 매도가치는 현재시점에서 추정한 미래의 예상가격이다.

#### ② 보유기간말 매도가치를 추정하는 방법

##### ㉠ 내부추계법

보유기간말이나 기간말 다음 해의 순수익을 적절한 환원율로 환원하여 가격을 구하는 방법으로 일반적으로 직접환원법에 의하여 산정하게 된다. 이때 적용되는 환원율을 최종환원율이라고 한다.

> **● 기출환원율**
> 내부추계법 시 적용되는 환원이율로 '최종환원율'이라고도 한다. 보유기간 중의 순수익에 적용되는 기입환원율과 대비되는 개념이다. 일반적으로 기말 부동산가치의 불확실성이 크므로 기입환원율보다 높게 산정된다.

##### ㉡ 외부추계법

부동산가격과 관련한 과거의 시계열적인 변화추세나 각종 거시경제변수와의 상관관계 등을 통해 기간 말 부동산의 가격을 추계하는 방법을 말한다. 이때는 가격변동률과 인플레이션의 관계에 특히 유의해야 한다.

### (2) 세후지분복귀액의 산정

한편 세전현금흐름분석법과 세후현금흐름분석법을 적용하기 위해서는 보유기간 경과 후 초년도의 순수익을 기초로 하여 복귀가액에서 미상환저당잔금을 공제한 세전지분복귀액과 세전지분복귀액에서 자본이득세를 공제한 세후지분복귀액을 구하는 추가적인 절차가 필요하다.

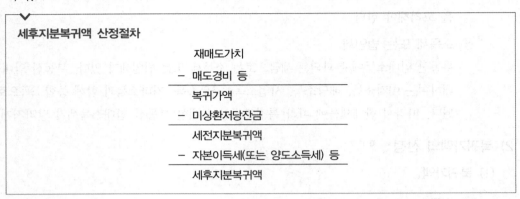

세후지분복귀액 산정절차

재매도가치
− 매도경비 등
복귀가액
− 미상환저당잔금
세전지분복귀액
− 자본이득세(또는 양도소득세) 등
세후지분복귀액

## 3. 보유기간

### 1) 의의

부동산을 매입하여 매도하기까지의 기간으로서 부동산에 투자한 투자자들의 전형적인 사용수익기간을 의미하는데 일반적으로 5~10년 단위로 설정된다.

### 2) 유의사항

너무 긴 기간으로 설정 시에 장래예측에 따른 불확실성이 커지기 때문에 전형적인 투자자가 보유하는 기간을 표준으로 한다. 전형적인 투자자가 일반적으로 상정하지 않는 장기에 걸친 기간을 설정해서는 안 된다. 왜냐하면 너무 긴 기간을 설정할 경우에는 장래예측에 따른 불확실성이 커 정확성을 담보할 수 없기 때문이다. 일반적으로 연간 단위로 파악되나 초반부에 수익변동이 큰 경우는 월간 단위로 파악할 수 있다.

## 4. 환원대상수익의 조건

### 1) 보통의 일반적인 이용방법에 따라 발생하는 수익

환원대상수익은 특별한 재능과 능력에 바탕을 둔 최고의 유용성에 입각한 수익을 의미하지 않고, 보통의 일반적인 이용방법에 따라 발생하는 수익이어야 한다.

### 2) 계속적, 규칙적으로 발생하며, 안전하고 확실한 수익

환원대상수익은 일시적, 불규칙적인 수익은 제외되어야 하며, 장래 상당기간 지속적으로 유지되는 수익이어야 한다. 이는 곧 안전하고 확실한 수익이어야 함을 의미한다.

### 3) 합리적, 합법적인 수익

환원대상수익은 기술적, 경제적으로 합리성이 전제되어야 하며, 투기적 목적이나 불확실한 이용에 기반한 수익은 배제되어야 한다. 다만, 규제의 변경가능성에 따른 장래의 합법성, 비적법적 이용의 고려는 필요하다.

### 4) 경험적 자료에 의한 객관적인 수익

환원대상수익은 평가주체의 주관에 따라 좌우되는 것이 아닌 시장에서의 경험적인 자료에 의해 지지될 수 있는 객관적 수익이어야 한다.

## 5. 환원대상수익의 종류

### 1) 일반적인 분류

가능총수익, 유효총수익, 순수익, 세전현금흐름, 세후현금흐름 등으로 구분할 수 있다. 이 중 수익환원법에서 일반적으로 사용되는 환원대상수익은 순수익과 세전·세후현금흐름이다. 특히 순수익은 부동산의 수익창출능력과 직접적으로 관련이 깊어 부동산가치의 평가에 있어 가장 중요한 환원대상수익으로 인식되고 있다.

### 2) 기타에 의한 분류

영속성 여부에 따라 영속적·비영속적 수익, 감가상각 여부에 따라 상각전·후 순수익, 세공제 여부에 따라 세공제전·후 순수익, 금융적 구성요소에 따라 지분수익·저당수익, 수익의 발생원천에 따라 소득수익·자본수익 등으로 세분할 수 있다.

## 6. 수익의 산정방법

### 1) 직접법과 간접법

수익의 산출근거를 어디에 두느냐에 따른 구분으로 직접법은 대상부동산으로부터 직접적으로 수익·비용에 대한 자료를 파악하여 구하는 방법이고, 간접법은 유사사례의 수익을 적절히 보정한 후 대상부동산의 수익을 구하는 방법이다. 간접법은 요인비교의 과정에서 주관개입의 가능성이 있어서 직접법의 적용이 어렵거나 직접법의 타당성을 검증하기 위한 수단으로 활용된다.

### 2) 잔여법

수익사례가 대상물건과 동일한 유형을 포함하고 있는 복합부동산으로 구성되어 있는 경우 각각의 유형에 해당되는 수익을 합리적으로 배분·공제함으로써 대상물건과 동일한 유형에 해당하는 수익만을 구하는 방법이다. 여기서 전체수익에서 토지에 귀속되는 수익을 구하는 방법을 토지잔여법, 건물에 귀속되는 수익을 구하는 방법을 건물잔여법이라 한다.

## 7. 수익의 산정 시 유의사항

### 1) 최근사례

임대료의 경우 경직성, 지연성 등으로 인하여 현실의 임대료 수준을 적정하게 나타내지 못하는 경우가 있으므로 최근 계약된 사례를 기준으로 한다.

### 2) 최유효이용 상태

토지잔여법을 이용하여 토지귀속순수익을 산정할 때에는 건물의 최유효이용 상태를 상정하여 파악해야 한다.

### 3) 장래동향 파악

수익환원법은 장래 기대되는 편익이 기초이므로 단순한 과거나 현재의 사례를 그대로 적용해서는 안 되고 인근지역의 변화, 공공시설의 정비상태 등 수익에 영향을 미칠 수 있는 여러 요인들을 다각적으로 검토하고 예측하여 이를 반영해야 한다.

### 4) 안정적 수익

일시적인 요인에 따라 수익이 초과하여 발생하거나 또는 미달하는 경우가 생길 수 있으므로 경쟁의 원리에 따라 해결할 수 있는 것인지 여부를 판단하여 적절하게 조정해야 한다.

### 5) 회계학적 수익과의 구별

감정평가의 수익은 회계학에서 다루는 수익의 개념과 내용이 상이하므로 손익계산서를 기준으로 하는 경우 조정작업이 필요하다.

## 제3절　자본환원율　기출 3회·10회·13회·27회

**미리보기**

1. 자본환원율의 의의 및 구분
    1) 의의
    2) 일반적 구분
        (1) 환원율
        (2) 할인율
        (3) 환원율과 할인율의 비교
2. 자본환원율의 종류
    1) 소득률과 수익률
    2) 종합환원율과 개별환원율
    3) 상각전 환원율과 상각후 환원율
    4) 세공제전 환원율과 세공제후 환원율
    5) 기입환원율과 최종환원율
    6) 임대권환원율과 임차권환원율
3. 자본환원율의 성격
    1) 장래의 이익을 현재가치로 환원하는 율
    2) 필수적 투자수익률
    3) 가치의 방향과 폭을 가늠하는 지표역할
    4) 자본화승수의 핵심요소
4. 자본환원율의 산정방법
    1) 시장추출법
        (1) 의의
        (2) 산식
        (3) 장단점
    2) 유효총수익승수에 의한 산정방법
        (1) 의의
        (2) 산식
        (3) 장단점(시장추출법의 변형이기에 시장
           추출법의 장단점 공유함)
    3) 요소구성법(조성법)
        (1) 의의
        (2) 산식
        (3) 장단점

4) 투자결합법
    (1) 의의
    (2) 산식
        ① 물리적 투자결합법
        ② 금융적 투자결합법
            ㉠ ROSS
            ㉡ KAZDIN
    (3) 장단점(금융적 투자결합법)
5) ELLWOOD법
    (1) 의의
    (2) 산식
    (3) 장단점
6) 부채감당법
    (1) 의의
    (2) 산식
    (3) 장단점
7) 설문조사법
    (1) 의의
    (2) 유의사항
        ① 평가사가 개별적으로 시장참가자를 대상
           으로 의견청취하는 경우
        ② 공표된 자료를 활용하는 경우
5. 자본환원율 결정 시 유의사항
    1) 타자산의 수익률 검토
    2) 금융시장의 환경 고려
    3) 거시경제변수의 종합적 고려
    4) 용도, 유형에 따른 지역, 개별분석

## 1. 자본환원율의 의의 및 구분

### 1) 의의

장래 발생할 예상수익을 현재가치로 환원하여 자본을 산출하는 데 사용되는 율이다. 여기서 자본환원이란 주식, 채권 또는 부동산과 같은 자산에서 정기적으로 들어오는 배당금, 이자 또는 임대료와 같은 예상수익을 일정한 율을 바탕으로 현재가치로 환산하고 그 현재가치를 모두 더함으로써 의제자본을 산출하는 절차를 말하며 '자본화'라고도 한다.

### 2) 일반적 구분★

#### (1) 환원율

한 해의 수익을 현재가치로 환산하기 위하여 사용되는 율이다. 이러한 환원율은 사후적으로는 순수익이 부동산의 가치에 차지하는 비율로도 나타낼 수 있으며 직접환원법의 수익가액, DCF법의 복귀가액 산정 등에 적용된다.

#### (2) 할인율

여러 해의 수익을 현재가치로 환산하기 위하여 적용되는 율이다. 이러한 할인율은 사후적으로 미래 여러 기간에 걸쳐 발생하는 현금흐름을 현재 부동산의 가치와 일치시키도록 만드는 내부수익률을 의미하며, DCF법에서 어떤 장래시점이 수익을 현재시점의 가치로 환산할 경우 적용된다.

#### (3) 환원율과 할인율의 비교★ 기출 13회

① 공통점

부동산의 수익성을 나타내는 기준이 되고 수익가액을 산정하는 데 이용된다. 그리고 자본으로부터 발생하는 과실을 환원시켜 원래의 자본의 가치를 측정한다는 점이 동일하다. 또한 이론적으로 환원율에 의한 수익가액과 할인율에 의한 수익가액은 원칙적으로 동일하게 산출된다.

② 차이점

환원율 및 할인율은 기본적으로는 다음과 같은 차이가 있다. 환원율은 직접환원법의 수익가액 및 DCF법의 복귀가액을 산정할 때, 일정기간의 순수익에서 대상부동산의 가액을 직접 구할 때 사용하는 율이며, 장래 수익에 영향을 미치는 요인의 변동예측과 예측에 수반한 불확실성을 포함한다. 할인율은 DCF법에서 어떤 장래시점의 수익을 현재시점의 가치로 환산할 때 사용하는 율이며, 환원율에 포함되는 변동예측과 예측에 따른 불확실성 중 수익예상에서 고려된 연속하는 복수기간에 발생하는 순수익과 복귀가액의 변동예측에 관계된 것은 제외한 것이다.

## 2. 자본환원율의 종류

### 1) 소득률과 수익률

소득률은 한 해의 수익을 현재가치로 환산하는 데 사용하는 율로서 환원율이 여기에 해당한다. 수익률은 여러 기간의 수익을 현재가치로 환산하는 데 사용하는 율로서 할인율이 여기에 해당한다. 즉, 소득률은 단기에 적합한 율이고 수익률은 여러 기간에 적용되는 율이다.

### 2) 종합환원율과 개별환원율

부동산의 구성요소에 따른 구분으로 물리적 구성요소와 금융적 구성요소로 세분할 수 있다.

**Tip**

물리적 구성요소에 따른 구분에 의하면 종합환원율은 부동산의 수익이 토지, 건물이 함께 산출된 것으로 가정하고 전체 수익을 가치로 변화시키는 데 사용되는 율이다. 개별환원율은 토지, 건물 각각의 수익을 가치로 변환시키는 데 사용되는 율로서 토지환원율과 건물환원율을 말한다.

금융적 구성요소에 따른 구분에 의하면 종합환원율은 부동산의 수익이 자기자본과 타인자본이 함께 작용하여 산출된 것을 가정하고 전체 수익을 가치로 변환시키는 데 사용되는 율이고, 개별환원율은 자기자본, 타인자본에서 발생하는 각각의 수익을 가치로 변환시키는 데 사용되는 율로서 지분환원율과 저당환원율을 말한다.

### 3) 상각전 환원율과 상각후 환원율

순수익에 감가상각비를 포함하는지 여부에 따른 구분으로 상각전 환원율은 감가상각비를 포함한 순수익을 가치로 변환시키는 데 사용되는 율이고, 상각후 환원율은 감가상각비를 포함하지 않은 순수익을 가치로 변환시키는 데 사용하는 율이다. 일반적으로 상각전 환원율을 사용한다.

상각전 환원율 = 상각후 환원율 + 회수율(상각률)

### 4) 세공제전 환원율과 세공제후 환원율

순수익에 세금을 포함하는지 여부와 관련된 구분으로 세공제전 환원율은 세금을 포함한 순수익을 가치로 환산하는 데 사용하는 율이다. 세공제후 환원율은 세금을 공제한 순수익을 가치로 환산하는 데 사용하는 율이다.

세공제후 환원율 = 세공제전 환원율 × (1 − t)

### 5) 기입환원율과 최종환원율★ 기출 27회

자본환원의 대상이 되는 현금흐름이 무엇이냐에 따른 구분으로서 기입환원율은 보유기간 중의 현금흐름을 자본환원하는 데 사용하는 율이고, 최종환원율(기출환원율)은 복귀가액을 산정하는 데 사용하는 율이다.

### 6) 임대권환원율과 임차권환원율

임대차계약관계에 있어 임대권 및 임차권의 가치를 평가하는 데 사용하는 율이다. 임대권환원율은 임대인의 관점에서 임대수익을 환원하여 임대권가치를 평가하는 데 사용하고, 임차권환원율은 임차인의 관점에서 임차권수익을 환원하여 임차권가치를 평가하는 데 사용한다.

## 3. 자본환원율의 성격

### 1) 장래의 이익을 현재가치로 환원하는 율

부동산의 가치는 부동산의 소유에서 비롯되는 장래이익을 현재가치로 환원한 것이고 이때 환원하는 데 사용하는 율이다.

### 2) 필수적 투자수익률

수익가액을 투자액으로 생각한다면 자본환원율은 투자액에 대한 최소한의 이익보장을 전제로 하는 필수적 투자수익률이다.

### 3) 가치의 방향과 폭을 가늠하는 지표역할

자본환원율과 수익가액은 역의 상관관계에 있으므로 자본환원율은 가치의 방향과 폭을 가늠하는 지표역할을 한다.

### 4) 자본화승수의 핵심요소

자본환원율은 매년의 투자로부터 얻어지는 미래수익을 초기의 투자액과 일치시키는 자본화승수(자본환원율의 역수)의 핵심요소가 된다.

## 4. 자본환원율의 산정방법*(⑥ 환원율, 할인율 산정방법이 혼재되어 있음)

### 1) 시장추출법

#### (1) 의의

시장에서 직접 유사한 사례로부터 자본환원율을 추출하는 방법으로 대상부동산과 유사한 최근의 거래사례와 수익사례로부터 자본환원율을 찾아내는 방법이다.

#### (2) 산식

##### ① 환원율

$$환원율 = 순수익 \ / \ 거래사례가격$$

② 할인율

$$V = a_1 / (1 + r) + a_2 / (1 + r)^2 + \cdots + a_n / (1 + r)^n + V_n / (1 + r)^2$$

### (3) 장단점

#### ① 장점

시장성에 근거하고 있어 실증적이고 설득력이 있다. 유사거래사례가 풍부할 경우 회귀분석 등을 통해 객관적인 산출이 가능하다.

#### ② 단점

과거의 사례가격, 순수익에 바탕을 둔 것으로 사후적인 것이 되어 미래를 예측해서 구해야 하는 자본환원율의 사전적 개념에 배치된다. 부동산 개개의 개별적 위험 등의 개별성을 반영하기 곤란하다. 또한 사례가 부족하거나 수집이 어려운 경우에는 신뢰성이 떨어진다.

## 2) 유효총수익승수에 의한 산정방법

### (1) 의의

순수익비율(또는 운영경비비율)과 유효총수익을 바탕으로 한 유효총수익승수를 사용하여 자본환원율을 구하는 방법이다.

### (2) 산식

환원율 = 순수익비율 / 유효총수익승수 = (1 − 운영경비비율) / 유효총수익승수
= (1 − 운영경비비율) / (거래사례가격 / 유효총수익)
= 유효총수익(1 − 운영경비비율) / 거래사례가격
= 순수익 / 거래사례가격

### (3) 장단점(시장추출법의 변형이기에 시장추출법의 장단점을 공유함)

#### ① 장점

㉠ 시장성에 근거하고 있어 실증적이고 설득력이 있다.

㉡ 유사거래사례가 풍부할 경우 회귀분석 등을 통해 객관적인 산출이 가능하다.

#### ② 단점

㉠ 과거의 사례가격, 순수익에 바탕을 두었기에 자본환원율의 개념에 배치된다.

㉡ 부동산 개개의 개별적 위험 등과 같은 개별성을 반영하기 곤란하다.

㉢ 사례가 부족하거나 수집이 어려운 경우에는 신뢰성이 떨어진다.

### 3) 요소구성법(조성법)

#### (1) 의의

대상부동산에 관한 위험을 여러 가지 구성요소로 분해하고 개별적인 위험에 따라 위험할증률을 산정하고 무위험률에 더함으로써 자본환원율을 구하는 방법이다.

#### (2) 산식

> 자본환원율 = 무위험률 + 위험할증률

>> 무위험률 : 정기예금이자율, 3, 5년 만기 국공채수익률 등을 적용한다.
>> 위험할증률 : 시장의 표준적인 것을 적용하되 대상물건의 지역, 개별적 상황을 고려한다. 위험성(+), 비유동성(+), 관리의 난이성(+), 자금의 안정성(−) 등이 있다.

#### (3) 장단점

① 장점
  ㉠ 자본환원율을 구성하고 있는 각각의 요소를 분해하고 이에 대응하는 위험할증률을 무위험률에 가산하는 방법으로 이론적으로 타당성이 있다.
  ㉡ 금융시장의 변동성이 심하고 저당대출이 일반적이지 못한 시장에서 유용하다.

② 단점
  ㉠ 자본환원율의 결정과정에서 평가사의 주관개입 문제가 있다.
  ㉡ 저당대출과 세금이 환원율에 미치는 영향을 전혀 고려하지 못하여 일반투자자의 시장행태와도 부합하지 못한다.

### 4) 투자결합법

#### (1) 의의

대상부동산에 대한 투자자본의 구성비율과 각 투자자본의 자본환원율을 결합하여 자본환원율을 구하는 방법이다. 물리적 투자결합법과 금융적 투자결합법으로 나눈다.

#### (2) 산식

① 물리적 투자결합법

> R = 토지가치비율 × 토지환원율 + 건물가치비율 × 건물환원율

② 금융적 투자결합법
  ㉠ ROSS

> R = 지분비율 × 지분환원율 + 저당비율 × 저당이자율(i)

ⓛ KAZDIN

$$R = 지분비율 \times 지분환원율 + 저당비율 \times 저당상수(MC)$$

**(3) 장단점(금융적 투자결합법)**

① 장점

ⓐ 저당대출이 일반화되고 자본시장이 고도로 발달한 나라에서 유용하다.

ⓑ 장기의 저당대출에 유용하다.

ⓒ 부동산투자에 따른 수익률 및 자금조달과 관련하여 금융시장의 동향을 반영할 수 있다.

② 단점

ⓐ 금융적 투자결합법은 저당대출의 상환에 따른 지분형성, 부동산가치의 변화, 세금효과를 고려하지 못한다.

ⓑ ROSS의 경우 저당이자율을 적용하고 있어 저당투자자의 자본회수가 고려되지 않으며(원금상환에 따른 자본회수를 미고려함), 이것으로는 종합환원율을 도출할 수 없게 된다는 비판이 있다.

## 5) ELLWOOD법

**(1) 의의**

투자자의 전형적인 보유기간을 가정한 후, 매 기간 동안의 세전현금흐름, 보유기간 동안의 지분형성분, 보유기간 동안의 부동산가치 상승, 하락 등의 세 가지 요소가 자본환원율에 미치는 영향을 고려하여 자본환원율을 구하는 방법이다.

**(2) 산식**

$$R = y - L / V(y + P \times SFF - MC) \pm \triangle SFF$$

**(3) 장단점**

① 장점

ⓐ 투자자가 지불할 수 있는 투자가치의 산정에 적용가능하다.

ⓑ 부동산의 가치와 금융 간의 관계를 고려하고 있다.

ⓒ 전형적인 보유기간을 설정하고 저당대출이 상환됨에 따른 지분형성분과 부동산가치의 변화를 반영하는 점에서 우수하다.

② 단점

㉠ 미래의 부동산가치 변화와 관련하여 주관개입 가능성이 있다.

㉡ 세금효과를 고려하지 않아 전형적인 투자형태에 부합하지 못한다.

## 6) 부채감당법

### (1) 의의

저당투자자의 입장에서 대상부동산의 순수익이 매 기간의 원금과 이자를 지불할 수 있느냐 하는 부채감당률에 근거하여 자본환원율을 구하는 방법이다.

### (2) 산식

$$R = DCR \times L / V \times MC$$
$$DCR = 순수익 / 부채서비스액$$

### (3) 장단점

① 장점

㉠ 미래의 부동산가치 변화에 대한 예측이 필요하지 않아 주관이 배제된다.

㉡ 객관적이고 간편하게 구할 수 있다.

② 단점

㉠ 부채감당률, 대출비율, 저당상수 모두 대출자가 저당조건으로 중요시하는 요소들이다.

㉡ 지나치게 대출자 입장에 치우친다.

## 7) 설문조사법

### (1) 의의

시장에서 직접 참여하고 있는 투자자, 참여할 의사를 지니고 있는 잠재적 투자자 또는 투자와 관련된 전문적인 서비스를 제공하는 전문가 등을 대상으로 한 설문조사를 통해 자본환원율을 산정하는 방법이다.

### (2) 유의사항

① 평가사가 개별적으로 시장참가자를 대상으로 의견청취하는 경우

설문 집단이 잘못 선정된 경우 편견(bias)이 발생하거나 통계적으로 의미 없는 결과가 도출될 수 있기에 표본의 선정이 적절히 이루어져야 한다.

② 공표된 자료를 활용하는 경우

조사시점과 공표시점 간의 괴리로 인해 자본환원율의 변동이 생길 수 있으므로 변동요인과 영향력 등에 주의한다.

**Check Point!**

**● 우리나라 「감정평가 실무기준」**

| 환원율 산정방법 | 시장추출법의 원칙으로 요소구성법, 투자결합법, 유효총수익승수에 의한 결정방법, 시장에서 발표된 환원율 |
|---|---|
| 할인율 산정방법 | 투자자조사법(지분할인율), 투자결합법(종합할인율), 시장에서 발표된 할인율 |

**● 일본 「부동산감정평가기준」**

| 환원율 산정방법 | • 유사 부동산의 거래사례와 비교하여 구하는 방법 → 시장추출법<br>• 차입금과 자기자금의 환원이율로 구하는 방법 → 금융적 투자결합법<br>• 토지와 건물의 환원이율로 구하는 방법 → 물리적 투자결합법<br>• 할인율과 관계로부터 구하는 방법<br>• 차입금 상환여유율을 활용하는 방법 → 부채감당법 |
|---|---|
| 할인율 산정방법 | • 유사 부동산의 거래사례와 비교하여 구하는 방법 → 시장추출법<br>• 차입금과 자기자금의 할인율로 구하는 방법 → 금융적 투자결합법<br>• 금융자산의 이율에 부동산의 개별성을 고려하여 구하는 방법 → 요소구성법 |

## 5. 자본환원율 결정 시 유의사항★

### 1) 타자산의 수익률 검토

대상부동산과 대체·경쟁관계에 있는 다른 자산의 수익성과 밀접한 관계를 맺으므로 리츠수익률, 주식수익률, 회사채수익률, 국공채수익률, 기타금융상품의 수익률 등을 참조해야 한다.

### 2) 금융시장의 환경 고려

금융시장의 상황과 밀접한 관계를 맺으므로 금리추세, 금융정책의 변경 등 금융환경의 변화를 고려해야 한다.

### 3) 거시경제변수의 종합적 고려

GDP, 소비자물가지수, 생산자물가지수, 환율 등 거시경제적 상황에 따른 부동산시장의 변화요인을 파악해야 한다.

### 4) 용도, 유형에 따른 지역, 개별분석

자본환원율은 부동산의 본질적 특성에 따라 부동산이 속한 지역, 용도, 유형, 상태 등에 따라 다양하게 나타날 수 있으므로 지역, 개별요인에 대한 분석을 철저히 한 후 결정해야 한다.

● 「감정평가 실무기준」의 자본환원율 산정방법*

## 1. 환원율

### (1) 환원율 적용기준
시장추출법, 요소구성법, 투자결합법, 유효총수익승수에 의한 결정방법, 시장에서 발표된 환원율 등을 적용할 수 있다. 「감정평가 실무기준」에서는 시장추출법으로 구하는 것을 원칙으로 한다.

### (2) 환원율 산정방법

① 시장추출법

시장으로부터 직접 추출하는 방법으로 대상부동산과 유사한 최근의 거래사례로부터 찾아내는 방법이다. 사례선정 시 위치나 지역이 유사하고, 내용연수 및 상태나 질 등 물적 부분에서 유사성이 있어야 한다. 우리나라 부동산시장은 거래정보의 비공개성, 부동산관리의 개념 미정립으로 시장추출법의 적용이 어려우므로 현장조사에 충실해야 한다.

② 요소구성법

무위험률을 바탕으로 대상부동산에 관한 위험을 여러 가지 구성요소로 분해하고, 위험할증률을 더해감으로써 환원율을 구하는 방법이다. 무위험률로는 정기예금이자율, 국채수익률 등을 사용하며, 위험할증률은 위험성, 비유동성, 관리의 난이성, 자금의 안정성 등을 참작한 것으로 시장의 표준적인 것을 적용하되 대상의 지역, 개별적 상태를 고려해야 한다.

③ 투자결합법

㉠ 물리적 투자결합법

토지와 건물의 구성비율에 각각 토지환원율과 건물환원율을 곱하고 이들을 합산하여 구하는 방법이다.

㉡ 금융적 투자결합법

지분비율에 지분환원율을 곱하고 저당비율에 저당상수를 곱하여 이들의 합산으로 구하는 방법이다.

④ 유효총수익승수에 의한 결정방법

유효총수익승수란 시장의 거래사례가치를 유효총수익으로 나눈 값이다. 순수익비율을 유효총수익승수로 나누어서 환원이율을 산정하는 방법이다.

⑤ 시장에서 발표된 환원율

환원율을 직접 산정하지 않고 시장에서 발표된 값을 이용하는 것이다. 이는 시장자료이기에 대부분 과거시점자료에 기반하여 대상에 적용하기 위해서는 주의가 필요하다. 또한 지역격차, 개별성의 차이 등을 반영할 수 있도록 추가적인 조정이 요구된다. 또한 현실상황을 반영할 수 있도록 금융자산 등의 대체, 경쟁자산들과의 비교도 필요하다.

## 2. 할인율

### (1) 투자자조사법
시장에 참가하고 있는 투자자 또는 잠재적 투자자를 대상으로 하여 할인율을 추정하는 방법이다. 설문조사, 의견청취 등을 통해 알 수 있다. 업자가 특정집단을 대상으로 의견청취하는 경우 편견(bias)이 발생할 수 있으므로 청취대상 선정에 주의해야 한다. 또한 이미 공표된 자료의 경우 시점 간의 괴리로 인한 변동요인과 영향력에 주의해야 하며, 대상부동산과 지역, 개별적 격차가 발생한 경우에도 보정이 필요하다.

(2) 투자결합법

대상부동산에 대한 투자자본과 그것의 구성비율을 결합하여 할인율을 구하는 방법이다. 물리적 투자결합법과 금융적 투자결합법으로 나뉜다. 물리적 투자결합법은 토지, 건물 구성비율에 각각 토지할인율, 건물할인율을 곱하고 합산하여 구한다. 금융적 투자결합법은 저당비율에 저당할인율을 곱한 값, 지분비율에 지분할인율을 곱한 값을 합산하여 구한다.

(3) 시장에서 발표된 할인율

할인율을 직접 산정하지 않고 시장에서 발표된 값을 이용하는 것이다. 이는 시장자료이기에 대부분 과거 시점자료에 기반하여 대상에 적용하기 위해서는 주의가 필요하다. 또한 지역격차, 개별성의 차이 등을 반영할 수 있도록 추가적인 조정이 요구된다. 한편 현실상황을 반영할 수 있도록 금융자산 등의 대체, 경쟁자산들과의 비교도 필요하다.

● 서광채 감정평가방법론

**수익률**

### 1. 의의

사람들은 부동산이든 금융상품이든 그 대상에 관계없이 일정한 이득을 목적으로 현재의 소비를 희생하는 대신 그 대상에 자금을 투입하는 행위, 즉 투자를 하게 된다. 이러한 투자에 대한 반대급부로 얻어지는 것을 일반적으로 투자수익이라고 하는데 투자에 있어서는 투자의 대상이나 규모가 제 각각 다르기 때문에 절대액으로 비교한다는 것은 별 의미가 없을 때가 많다. 따라서 상대적 비교를 용이하게 하기 위하여 수익률을 주로 사용하는데, 수익률(rate of return)이란 원금에 대한 수익의 비율을 말한다.

부동산의 투자수익은 발생원천에 따라 기간 중에 자산의 운영에 따라 발생하는 소득수익과 기간말 자산의 처분에 따라 발생하는 자본수익으로 나눌 수 있다. 여기서 소득수익은 자산의 운영에 따라 발생하는 수익이라 하여 운영수익으로 표현하기도 하며 소득이득으로 칭하기도 한다.

한편 자본수익은 자산의 처분에 따라 발생하는 수익이라 하여 양도차익으로 표현하기도 하며, 자본이득으로 칭하기도 한다. 따라서 총수익은 소득수익과 자본수익의 합으로 나타낼 수 있으며, 총수익률(rate of return)은 소득수익률과 자본수익률의 합으로 표시할 수 있다.

(총)수익률 = 소득수익률 + 자본수익률

= 평균소득수익률 + 평균자본수익률

= 평균소득수익 / 투자원금 + 각 기간에 할당된 자본수익(평균자본수익) / 투자원금

### 2. 수익률의 종류(실현 여부에 따른 분류)

| | |
|---|---|
| 실현수익률 | 실현수익률은 투자가 실행되고 난 후에 실제로 달성한 수익률을 말한다. 이처럼 실현수익률은 투자가 이루어진 후에 알 수 있다 하여 사후수익률 또는 역사적 수익률이라고도 한다. |
| 기대수익률 | 기대수익률은 투자안으로부터 기대되는 예상수익과 예상비용을 바탕으로 하여 계산되는 수익률을 말한다. 이러한 기대수익률은 시장가치를 평가하는 데 사용된다. |
| 요구수익률 | 요구수익률이란 어떤 투자안이 주어져 있을 때 투자자가 해당 투자안에 대하여 자본을 투입하기 위해서 필요로 하는 최소한의 수익률을 말한다. 요구수익률은 최소한의 수익률로서 성격이 유사한 다른 투자대상으로부터 얻을 수 있는 수익률만큼은 되어야 하므로 기회투자수익률을 의미하게 된다. 이러한 요구수익률은 주로 투자가치의 평가에 활용된다. |

## 제4절　자본환원방법 기출 9회 · 12회 · 14회 · 18회 · 22회

**Tip**

「감정평가 실무기준」은 환원방법의 일반적인 형태인 직접환원법과 할인현금흐름분석법의 개념을 정의하고, 구체적인 적용방향을 제시함으로써 수익환원법의 적극적인 활용을 유도하기 위한 규정을 두고 있다. 특히 부동산의 증권화와 관련한 감정평가 등에는 원칙적으로 할인현금흐름분석법을 적용하도록 함으로써 경제 · 사회의 발전에 따른 의뢰인의 수요에 맞는 방법을 제시해주고 있다.

**ⓜⓡⓑⓖ**

## 1. 개요

자본환원방법은 그 기준에 따라 여러 가지 유형으로 분류할 수 있다.

첫 번째는 1기의 순수익 또는 평균순수익을 대상으로 소득률을 적용하느냐, 여러 기간의 순수익을 대상으로 수익률을 적용하느냐에 따라 직접환원법과 할인현금흐름분석법으로 나눌 수 있다. 직접환원법에는 전통적인 직접환원법, 잔여환원법이 있고, 할인현금흐름분석법에는 순수익분석법, 세전현금흐름분석법, 세후현금흐름분석법이 있다.

두 번째는 어떤 종류의 환원대상 수익을 기준으로 하느냐에 따른 것으로 그 수익은 가능총수익, 유효총수익, 순수익, 세전현금흐름, 세후현금흐름으로 구분이 가능하다.

세 번째는 투하자본의 회수방법에 따른 분류로서 직선법, 상환기금법, 연금법으로 나눌 수 있다. 그러나 이러한 투하자본의 회수방법에 따른 분류는 자본환원방법의 차이가 있는 것은 아니고 직접환원법의 한 형태로서 단지 자본의 회수방법상의 차이일 뿐이라는 점에 유의하여야 한다. 자본환원방법은 직접환원법과 할인현금흐름분석법으로 구분하는 것이 일반적인데, 「감정평가실무기준」에서도 동일하게 구분한다.

## 2. 직접환원법 ★ 기출 14회 · 27회

### 1) 의의 및 구분

직접환원법은 단일기간의 순수익을 적절한 환원율로 환원하는 방법으로 전통적인 직접환원법과 잔여환원법으로 구분한다. 전통적인 직접환원법은 직접법, 직선법, 상환기금법, 연금법으로 세분되며, 잔여환원법은 토지잔여법, 건물잔여법, 부동산잔여법 등으로 세분된다.

### 2) 전통적 직접환원법

#### (1) 직접법

##### ① 의의

직접법은 시간의 흐름에도 변하지 않는 순수익을 환원율로 환원하여 수익가액을 구하는 방법으로 직접환원법에서 가장 기본적인 방법이다. 직접법은 일정한 순수익이 영속적으로 발생하거나 투하자본에 대한 회수가 불필요한 자산에 적용할 수 있는 방법이다.

##### ② 산식

$$부동산가치 = 순수익 / 환원율(=할인율)$$

##### ③ 적용대상

농경지, 염전 등 순수익이 큰 변화 없이 영속적으로 발생하고 내용연수가 무한하거나 투하자본에 대한 회수를 고려할 필요가 없는 자산에 적용한다.

##### ④ 직접법의 변형

미래 순수익의 일정을 가정하는 직접법은 비현실적인 경우가 많다. 따라서 기본적인 직접법에 순수익의 변화를 반영시키면 부동산가치 평가에 보다 유용하게 활용할 수 있다. 변형은 순수익이 일정금액 증가하는 경우, 일정비율로 증가하는 경우, 몇 단계에 걸쳐 증가하는 경우로 나누어 생각할 수 있다.

⊙ 순수익이 일정금액 증가(정액성장모형)

$$부동산가치 = 1기 순수익 / 할인율 + 순수익변동액 / 할인율^2$$

ⓛ 순수익이 일정비율 증가(정률성장모형)

> 부동산가치 = 1기 순수익 / (할인율 − 순수익성장률)

ⓒ 순수익이 단계별로 증가(다단계성장모형)

부동산은 대체로 신축 이후 초기에 높은 수익을 실현하다가 노후화되면서 수익의 성장률이 낮아진다. 이러한 현실을 반영하여 순수익을 두 단계로 나누어 설명한다.

**(2) 직선법, 상환기금법, 연금법**(자본회수방법에 따른 분류)★ 기출 12회

① **개설**

직접환원법은 투자자들이 대상부동산을 경제적 수명까지 계속 보유한다고 가정하고 기간 말에 건물가치가 0이 되고 토지가치는 일정하다고 가정하고 있다. 이 때문에 투자자는 경제적 수명이 다하기 전에 일정부분을 건물에 대한 자본회수분으로 계상해야 하는 문제가 생긴다.

자본회수분을 고려하는 방법에는 순수익에서 조정하는 방법과 환원율을 조정하는 방법이 있는데 직접환원법에서는 환원율을 조정하여 자본을 회수하는 것이 일반적이다. 이에 따라 환원율은 자본에 대한 수익률과 회수율의 결합으로 나타낼 수 있다.

② **직선법**

㉠ **의의**

상각전 순수익을 상각후 환원율에 상각률(회수율)을 더한 상각전 환원율로 환원하여 부동산가치를 구하는 방법이다. 순수익과 상각자산의 가치가 동일한 비율로 일정액씩 감소하고 투자자는 내용연수 말까지 자산을 보유하며, 회수자본은 재투자하지 않는다는 것을 전제하고 있다.

㉡ **산식**

$$V = \frac{a_1}{r + 1/n}$$

V: 부동산의 가치, $a_1$ : 1기의 (상각전) 순수익
r : 수익률(상각후 환원율), n : 잔존내용연수

㉢ 적용대상은 건물, 구축물 등과 같은 상각자산으로 내용연수가 유한하고 투하자본의 회수가 고려되어야 하는 경우에 적용한다.

③ **상환기금법**(Hoskold법)

㉠ **의의**

상각전 순수익을 상각후 환원율에 축적이율과 잔존내용연수에 의한 감채기금계수를 더한 상각전 환원율로 환원하여 부동산가치를 구하는 방법이다. 자본회수분을 안전하게

회수할 수 있는 곳에 재투자하는 것을 가정하여 해당 자산에 대한 수익률보다 낮은 다른 이율(축적이율)에 의해 이자가 산출된다는 것을 전제하고 있다.

ⓛ 산식

> 부동산가치 = 상각전 순수익 / {상각후 환원율 + 축적이율 / (1 + 축적이율)$^n$ −1}

ⓒ 적용대상

상환기금법은 건물가치가 하락해도 건물수익은 기간말까지 일정한 것으로 가정하고 있으므로(이에 대하여 비판이 제기될 수 있는데 건물의 가치가 하락하게 되면 그에 따라 건물수익도 하락하는 것이 맞기 때문이다) 이러한 특성에 부합하는 소모성 자산의 평가에 제한적으로 사용되어야 한다. 즉, 수익성 또는 사업성이 제한되어 있는 광산, 광업권의 평가에 적용할 수 있다.

④ 연금법(Inwood법)

㉠ 의의

상각전 순수익을 상각후 환원율에 수익률과 잔존내용연수에 의한 감채기금계수를 더한 상각전 환원율로 환원하여 부동산가치를 구하는 방법이다. 매년의 상각액을 해당 사업이나 유사사업에 재투자한다는 가정에 따라 수익률과 동일한 이율에 의해 이자가 발생한다는 것을 전제로 하고 있다.

ⓛ 산식

> 부동산가치 = 상각전 순수익 / {상각후 환원율 + 상각후 환원율 /
>           (1 + 상각후 환원율)$^n$ −1}
>     = 상각전 순수익 / MC
>     = 상각전 순수익 × PVAF

ⓒ 적용대상

순수익이 매년 일정하거나 상대적으로 안정적일 것으로 예측되는 물건의 평가에 적용하는 것이 합리적이다. 즉, 임대용 부동산에 있어 장기임대차에 제공되고 있는 부동산이나 어장, 어업권 등의 평가에 활용된다.

## 3) 잔여환원법

### (1) 의의

부동산에서 발생하는 순수익을 구성요소에 따라 분리할 수 있다는 가정에 따라 각각의 구성요소에 대한 수익가치를 산정하는 방법이다.

### (2) 구분

물리적 구성요소에 따라 구분하는 토지잔여법과 건물잔여법과 부동산잔여법이 있고, 금융적 구성요소에 따라 구분하는 지분잔여법과 저당잔여법이 있다. 특히 물리적 측면에서의 잔여환원법은 앞서 세 가지 자본회수법과 결합하여 사용되어 왔는데 이에 따라 전통적 환원방법의 기본가정을 그대로 유지하고 있다.

### (3) 물리적 측면의 잔여환원법

① 토지잔여법

㉠ 의의

복합부동산의 순수익에서 건물에 귀속되는 순수익을 공제한 후 토지에 귀속되는 순수익을 토지환원율로 환원하여 토지의 수익가치를 구하는 방법이다.

㉡ 산식

> 토지의 수익가치 = (대상부동산의 순수익 − 건물가치 × 건물환원율) / 토지환원율

㉢ 전제조건

부동산수익 창출능력은 토지, 건물이 서로 다르며 각각 수익을 분리할 수 있다. 그리고 토지환원율과 건물환원율은 서로 상이하며 건물환원율이 토지환원율보다 높다. 또한 투자자들은 경제적 내용연수까지 보유하고 부동산에서 발생하는 수익은 시간이 지남에 따라 감소하거나 일정하게 유지된다.

㉣ 적용대상

토지가치를 독립적으로 산정할 수 없는 부동산, 건축비용을 정확히 추계할 수 있는 신규 건물, 감가상각이 거의 없는 건물, 건물이 최유효이용 상태에 있는 부동산, 건물가치가 토지가치에 비해 상대적으로 적은 부동산 등에 적용할 수 있다.

㉤ 한계

수익의 분리(부동산의 수익은 토지, 건물이 복합적으로 작용하여 산출된 것으로 분리될 수 있는 성질이 아니며, 분리된다 하더라도 정확하게 배분하는 것은 매우 어렵다), 상이한 환원율의 산정(토지잔여법은 건물의 자본수익률을 토지의 자본수익률보다 높게 적용하는데 이는 건물수익이 더 위험하다고 판단하는 것으로 아무런 근거가 없다. 또한 토지, 건물의 자본수익률이 상이한 것은 부동산이 최유효이용 상태에 있지 않는 것을 의미하는데 이는 부동산평가의 기본원칙인 최유효이용의 원칙을 무시한 것이다), 자본회수방법에 따른 건물환원율의 차이(건물귀속 순수익을 산정할 때 자본회수방법으로 무엇을 사용할지에 따라 결과가 달라지고 이는 토지가치의 일관성에 문제된다) 등이 한계점으로 지적된다.

② 건물잔여법

　㉠ 의의

　복합부동산의 순수익에서 토지에 귀속되는 순수익을 공제한 후 건물에 귀속되는 순수익을 건물환원율로 환원하여 건물의 수익가치를 구하는 방법이다.

　㉡ 산식

> 건물의 수익가치 = (대상부동산의 순수익 − 토지가치 × 토지환원율) / 건물환원율

　㉢ 유용성

　건물가치가 간접적으로 추계되므로 건물의 재조달원가, 감가수정, 최유효이용 여부에 대한 판단과 같은 문제들을 회피할 수 있는 이점이 있다. 따라서 토지잔여법에 비해 이론적으로 우수하다.

　㉣ 적용대상

　감가상각의 정도가 심한 부동산(건물잔여법은 토지가치를 산정 후 건물가치를 구하기 때문에 감가수정을 할 필요가 없다), 최근의 거래사례로부터 토지가치를 정확히 산정할 수 있는 부동산, 전체가치 중에 토지가치비율이 적은 부동산 등이 있다.

　㉤ 한계

　수익의 분리(부동산의 수익은 토지, 건물이 복합적으로 작용하여 산출된 것으로 분리될 수 있는 성질이 아니며, 분리된다 하더라도 정확하게 배분하는 것은 매우 어렵다), 상이한 환원율의 산정(건물잔여법은 건물의 자본수익률을 토지의 자본수익률보다 높게 적용하는 데 이는 건물수익이 더 위험하다고 판단하는 것으로 아무런 근거가 없다), 영구환원의 논리에 자본회수율을 적용하는 데 따른 문제(자본수익률과 자본회수율을 합하여 건물환원율을 산정하고 여기에 건물에 귀속되는 영구수익을 환원한다고 가정하므로 모순된 상황이 발생한다. 따라서 건물잔여법은 잔존경제적 수명이 아주 긴 부동산에만 한정적으로 사용되어야 한다) 등이 한계점으로 지적된다.

③ 부동산잔여법

　㉠ 의의

　부동산으로부터 발생하는 수익은 토지, 건물이 복합적으로 작용하여 창출되는 것으로 보고 부동산의 가치를 구하는 방법이다. 부동산잔여법은 부동산의 전체순수익을 잔존내용연수 동안 현재가치로 환산하고 여기에 기간말의 토지가치를 현재가치로 환산하여 더한 값으로 대상부동산의 가치를 결정하게 된다.

　㉡ 산식

> 부동산가치 = 순수익 × PVAF + 기간말 토지가치 / $(1 + r)^n$

ⓒ 전제조건

수익은 토지와 건물이 복합적으로 창출하는 것이지 분리할 수 있는 것이 아니다. 그리고 부동산의 순수익은 잔존내용연수 동안 일정하게 유지된다. 또한 기간말 건물가치는 없고 토지가치는 감가상각되지 않고 기간말까지 일정하다.

ⓔ 적용대상

순수익이 연금의 성격을 가지는 부동산(장기임대차에 제공되는 임대용 부동산 등), 건물가치에 비해 토지가치의 추계가 쉬운 부동산, 가치의 대부분이 토지로 구성된 부동산, 건물가치만 평가해야 할 경우(전체가치에 토지가치를 공제)가 적용된다.

ⓜ 한계

전형적인 투자자들은 부동산을 내용연수말까지 보유하지 않는다. 그리고 투자자들은 순수익보다 세전·세후 현금흐름에 더 관심이 있고 일정한 보유기간만 보유하다가 매각하기 때문에 건물가치가 존재하지 않는다는 가정은 비현실적이다. 또한 저당대출을 이용하는 투자자들의 시장행태를 반영하지 못한다.

**(4) 금융적 측면의 잔여환원법**

① 지분잔여법

㉠ 의의 : 지분수익을 지분환원율로 환원하여 지분의 수익가치를 구하는 방법이다.

㉡ 산식

> 지분가치 = (대상부동산의 순수익 − 저당대출액 × MC) / 지분환원율

㉢ 적용대상

신규부동산의 소유권가치나 특수한 저당이 설정되어 있는 지분권의 가치를 산정할 때에 유용하다.

② 저당잔여법

㉠ 의의

타인자본에 귀속되는 수익을 저당환원율로 환원하여 저당의 수익가치를 구하는 방법이다.

㉡ 산식

> 저당가치 = (대상부동산의 순수익 − 지분가치 × 지분환원율) / 저당환원율

㉢ 적용대상 : 지분가치는 알려져 있지만 저당가치는 모르는 부동산에 적용할 수 있다.

㉣ 한계

저당잔여법은 순수익에서 지분수익을 차감하고 남은 저당수익은 얼마든지 저당대부가 가능하다고 하지만 이는 대출기관들의 일정범위를 넘어서는 부채서비스액의 경우에는 대출을 해주지 않는 시장관행에 부합되지 않는다.

순수익에서 지분수익을 공제하고 남는 부분이 저당수익이 된다고 했지만 대출기관은 대출계약에 의해 부채서비스액을 우선변제받을 법적 권한이 있다.

**Check Point!**

> ● **저당지분환원법**
>
> **1. 의의**
>
> 1959년 Leon W. Ellwood에 의해 개발된 평가기법으로 대상부동산에 대한 연간 지분수익과 저당대부의 원리금상환으로 인한 지분형성, 보유기간말의 복귀가격을 고려하여 부동산의 가치를 구하는 방식이다. 즉, 부동산의 가치는 지분가치와 저당가치로 구성되어 있다는 전제 하에 지분가치와 저당가치를 각각 구하고 이를 합산함으로써 부동산의 가치를 구하는 방법이다.
>
> **2. 기본가정**
>
> (1) 저당조건 (2) 보유기간 (3) 가치변화 (4) 환원대상소득 (5) 가치구성요소
>
> **3. 자본환원과정(자본화과정)**
>
> (1) 지분가치 : 매 기간의 지분수익의 현재가치와 기간말 지분복귀액의 현재가치를 합산하여 구한다.
>
> (2) 저당가치 : 대출기관이 매 기간 받게 되는 부채서비스액의 현재가치와 기간말의 미상환저당잔금의 현재가치를 합산하여 구한다.
>
> (3) 부동산의 시장가치 : (1) + (2)
>
> **4. 장단점**
>
> | 구분 | 장점 | 단점 |
> |---|---|---|
> | 시장가치평가목적의 저당지분환원법 | 투자자의 시장행태에 부합, 정확한 가치추계, 시장에서 자료수집의 용이, 연금환원법의 논리 | 차입자의 신용상태에 따른 가치왜곡, 직접환원법의 형태로 가치를 산정할 경우 순영업소득의 안정화, 지분수익률 추계 시 주관의 개입 |
> | 투자분석목적의 저당지분환원법 | 자신의 요구수익률을 고려한 투자가치의 추계, 여러 가지 조건 하에서의 지분수익률의 변화 파악, 어떤 요인이 부동산의 가치나 지분수익률에 큰 영향을 미치는지를 분석 | 세금의 영향 미고려, 직접환원법의 형태로 가치를 산정할 경우 순영업소득의 안정화 |

## 3. 할인현금흐름분석법(DCF법)★ 기출 14회·27회

### 1) 의의

할인현금흐름분석법(discounted cash flow method : DCF법)은 미래의 현금흐름과 보유기간 말의 복귀가액에 적절한 할인율을 적용하여 현재가치로 할인한 후 대상물건의 수익가액을 산정하는 방법이다. 할인현금흐름분석법은 직접환원법이 가정하고 있는 여러 가지 사항들이 현실에 부합하지 않는다는 점을 지적하면서 발전해왔다. 특히 가치란 장대 기대되는 편익의 현재가치라는 이론적 정의에 가장 잘 부합하는 가치평가방법이다.

## 2) 산식

$$부동산가치 = \sum_{k=1}^{n} \frac{미래의 현금흐름}{(1+할인율)^n} + \frac{복귀가액}{(1+할인율)^n}$$

## 3) 종류

순수익을 기준으로 하는 순수익분석법, 세전지분복귀액을 기준하는 세전현금흐름분석법(세전현금흐름분석법의 대표적인 방법이 저당지분환원법), 세후지분복귀액을 기준하는 세후현금흐름분석법이 있다. 「감정평가 실무기준」은 현금흐름을 '대상물건의 보유기간에 발생하는 복수기간의 순수익'이라고 규정하여 순수익분석법으로 한정하는 것으로 해석할 수 있지만 이는 단편적 관점에서만 본 것이다. 저당대출과 세금에 관해서 논의가 확장된다면 세전현금흐름분석법과 세후현금흐름분석법도 활용될 수 있다.

## 4) 할인현금흐름분석법의 가정

직접환원법에서는 투자자들이 대상부동산을 경제적 수명까지 보유하고 부동산의 가치는 하락하며 기간말에는 건물가치가 0이 된다고 가정하고 있다. 이에 따라 향후 처분 시의 가치증가 여부에는 관심이 없고 오직 매 기간의 순수익에만 관심이 있는 것으로 전제하고 있다. 또한 직접환원법은 대상부동산에 저당대출은 없으며 설사 저당대출이 있더라도 저당조건은 대상부동산의 가치에 아무런 영향을 미치지 못하는 것으로 가정하고 있다.

할인현금흐름분석법은 직접환원법이 가정하고 있는 여러 가지 사항들이 현실에 부합하지 않는다는 점을 지적하면서 발전해왔다.

### (1) 보유기간에 대한 고려

전형적인 투자자들은 비교적 짧은 기간 동안 부동산을 보유한다. 보유기간은 길어도 10년을 넘지 않는 것이 일반적인데 평가사는 시장에서의 전형적인 보유기간을 설정해야 한다.

### (2) 저당대출에 대한 고려

부동산은 고가의 경제재이며 내구재의 특성을 지니고 있다. 고가이므로 자기자본이 부족한 경우에는 타인자본을 조달해야 하고 내구재이기 때문에 장기간 효용을 제공하는 것에 대응하여 그에 해당하는 만큼의 대가를 지불하는 것이 합리적인 소비행위가 되므로 부동산 구매에 있어서는 저당대출을 이용하는 것이 일반적이다. 우리나라의 경우도 IMF를 거치면서 저당대출에 대한 접근성이 크게 개선되어 저당대출시장이 급격하게 성장하였다.

### (3) 부동산가치의 변동에 대한 고려

부동산가치는 시간의 흐름에 따라 하락하는 것이 아니라, 사회·경제적 상황에 따라 상승 또는 하락할 수 있으며 투자자들은 실제로 부동산의 가치상승을 바라고 부동산을 매수하게 된다. 만일 투자하려고 하는 부동산의 가격이 상승할 것으로 예상된다면 투자자들은 더 많은 가격을 지불하려 할 것이다. 이는 투자자들이 미래의 가치변화에 대한 전망을 현재가치로 환산하여 현재의 지불가격에 반영한다는 것을 의미한다.

보유기간말의 가치가 어느 정도로 상승 또는 하락할 것인지를 예측한다는 것은 주관이 개입될 여지가 많다는 비판이 제기될 수 있다. 그러나 비교적 단기기간인 보유기간 동안의 가치변화를 예측하는 것이 잔존내용연수 동안 순수익을 추정해야 하는 직접환원법보다 덜 주관적이라는 점에서 현실적 타당성을 지니고 있다.

### (4) 다양한 가치구성요소에 대한 고려

직접환원법에 비해서 매 기간의 순수익에서 지분투자자의 몫으로 돌아오는 지분수익, 보유기간동안의 저당대출에 대한 원금상환으로 인한 지분형성분, 기간말 예상되는 부동산가치의 변동이라는 다양한 가치구성요소를 고려한다.

### (5) 지분수익률에 대한 고려

투자자들은 전체 부동산에서 창출되는 순수익에 관심이 있다기보다는 자신들의 지분투자액에 귀속되는 지분수익에 더 많은 관심을 가지고 있다. 투자자들이 자기자본만으로 투자하지 않고 타인자본을 이용하고 있다는 사실이 이를 잘 뒷받침해준다. 이와 같이 저렴한 이자율의 타인자본을 이용해서 자기자본의 수익률을 극대화하는 것을 정의 지렛대효과라고 한다.

## 5) 순수익분석법

### (1) 의의

대상부동산의 보유기간에 발생하는 복수기간의 순수익과 보유기간말의 복귀가액에 적절한 할인율을 적용하여 현재가치로 할인한 후 부동산의 가치를 평가하는 방법이다.

### (2) 산식

$$\sum_{k=1}^{n} \frac{순수익}{(1+할인율)^n} + \frac{복귀가액}{(1+할인율)^n}$$

### (3) 평가절차

순수익 및 복귀가액을 산정하고 할인율을 결정한 후 이를 현재가치로 환산함으로써 가치를 구한다.

## 6) 저당대출과 세금을 명시적으로 고려하는 경우의 할인현금흐름분석법

할인현금흐름분석법은 세전현금흐름을 바탕으로 하는 세전현금흐름분석법과 세후현금흐름을 바탕으로 하는 세후현금흐름분석법으로 나눌 수 있으나, 수익가액을 산정하는 기본적인 논리는 동일하다. 단지 현금흐름을 산정할 경우 순수익에 저당대출을 반영한 후 세금을 고려하느냐 하지 않느냐의 차이만 있을 뿐이다. 또한 저당대출을 가정한 할인현금흐름분석법에서의 부동산가치는 지분가치와 저당가치의 합으로 구성된다. 지분가치는 매 기간의 기대되는 현금흐름과 기간말의 지분가치복귀액을 현재가치로 할인하여 구하고, 저당가치는 일반적으로 기간초의 저당대부액을 기초로 한다.

$$V = \sum_{k=1}^{n} \frac{a_k}{(1+r_k)^n} + \frac{복귀가액}{(1+r)^n} + 저당가치$$

$a_k$ : 매기의 세전 – 세후현금흐름, r : 적정한 할인율

방법의 특징 및 응용

**Check Point!**

◉ **정적 DCF법과 동적 DCF법**

## 1. 정적 DCF법의 변수와 문제점

수익환원법을 적용할 때에 가장 중요시되는 것은 장래를 어떻게 예측할 것인가 하는 것이다. 이는 '원본과 과실의 상관관계', '부동산의 경제가치와 부동산의 효용'과의 사이에 있는 법칙을 따르면, 장래의 원본가격을 규정하는 것은 과실인 순수익이다. 따라서 순수익 부분의 예측 정밀도를 어떻게 상승시킬 것인가는 정적 DCF법에 있어서의 큰 과제인 것은 틀림없다. 그러나 실제 장래예측이란 과거에 일어난 것은 장래에도 일어날 수 있다고 해서 예측을 행하는 것이지만, 지금까지 일어나지 않았던 것이 역사상 처음으로 일어나지 않는다고도 할 수 없다.

물론 그러한 현상의 발생확률은 사실상 제로로 취급하는 것이 당연하므로, 무시하고 있는 것뿐이다. 즉 장래라고 하는 것은 확률만으로밖에 이야기할 수 없는 것이다. 따라서 정적 DCF법에 있어서의 장래예측부분에 확률론을 적용한 동적 DCF법으로 이행해 가는 것은 당연한 흐름이라고 할 수 있다. 수익환원법으로 장래예측에 대한 불확실성을 인식하는 방법으로서, 순수익을 조정할 것인가, 할인율을 조정할 것인가로 구별할 수 있는데, 주로 할인율을 조정하는 방법이 일반적이다. 그것은 순수익에 관해서 합리적인 예측을 한 뒤, 그 실현에 대한 리스크를 할인율에 반영하여 수익가격을 요구하는 방법이다. 즉 할인율에 기대치로서 순수익이 안고 있는 리스크를 계량하고, 프리미엄을 가산하지 않으면 안 된다. 결국, 정적 DCF법에 있어서는 순수익을 어떻게 예측할 것인가 하는 문제 이외에, 거기에 대응하는 할인율에 리스크 프리미엄을 어떻게 할 것인가 하는 이중의 문제가 있다. 즉 순수익이라는 수익환원식의 '분자측'의 변수와 할인율이라는 '분모측'의 변수가 있어, 이들의 예측 정밀도가 그대로 평가의 적정성을 좌우하는 것이다. 할인율의 설정에 관해서는 본래 대상부동산마다 리스크 환경은 다를 것이기 때문에, 이론적으로는 각각의 부동산이 획득하는 수익(임대료)과 그에 필요로 하는 비용(운영경비) 각 항목의 안정성을 계량하고, 적절하게 할인율에 반영시킬 필요가 있다. 그렇지만, 실무상 그것이 곤란하기 때문에, 기껏해야 유사 부동산의 시장에 있어서의 시장추출률로부터 유추되는 할인율을 참고로 하는 정도로 만족할 수밖에 없는 것이 현실이다. 설명력 향상의 의미에서는 할인율에 리스크를 고려하는 방법보다는 '분자측'의 순수익에 모든 리스크를 반영시키는 방법이 보다 유효하다. 이때 채택하는 할인율은 말할 필요도 없이 무위험이자율이 된다. 동적 DCF법에서는 불확정요소를 모두 순수익 예측에 반영시키므로, 할인율에는 무위험이자율을 채택하는 것이 타당할 것이다.

## 2. 동적 DCF법의 개념

동적 DCF법은 미래 환경의 변동성을 변수로 감안하여 투자결정 또는 가치평가를 하는 방법을 말한다. 즉, 상업용 부동산 같은 임대용 부동산의 가치를 산정하는 동적 모형에서, 미래 임대료는 불확실하며, 확률과정으로 설명할 수 있다는 것이다. 이때 DCF 가치는 DCF 분포를 갖는 확률변수이다. 이를 동적 DCF 분포라고 하는데, 임대용 부동산의 가치는 사실상 동적 DCF 가치의 분포를 나타낸다. 해당 부동산의 위험을 측정함으로써 동적 DCF의 평균을 얻을 수 있다. 이러한 관점에서 임대료 현금흐름의 형태와 규모를 확률적으로 변화시켜 동적인 위험 또는 불확실성을 직접적으로 측정 또는 다루기 때문에 정적 DCF법과 차이가 있다.

## 3. 동적 DCF법의 가치의 표현

동적 DCF법을 적용하게 되면 가치는 특정한 값이 아닌 확률분포를 갖게 되기 때문에 일정 범위의 값으로 표현할 수 있다. 동적 DCF법은 정적 DCF법과 달리 확률분포에 기반하여 평균, 중위치, 최솟값, 최댓값 등 다양한 정보를 파악할 수 있기 때문에 정보의 손실없이 합리적인 가치판단과 의사결정에 기여할 수 있다.

# 3방식의 확장 및 응용

감정평가방법은 감정평가 3방식이라는 이론적 체계를 바탕으로 발전해왔다. 그러나 전통적인 평가방식인 3방식만으로는 현실의 부동산시장에서 형성되는 가치를 찾아내기에는 한계가 있고, 감정평가 자체의 주관성 개입을 극복하는 데 문제가 있다.

이러한 현실적인 한계와 필요에 따라 대안적인 감정평가방법들이 등장하는데 대표적인 것이 회귀분석법, 노선가식평가법, 가산방식과 공제방식, 개발법, 총수익승수법이 있다. 최근에는 획일성에서 다양성으로의 전환이라는 환경변화에 대처하기 위해 실물옵션, CVM, 장기추세법, 토지생태안전평가법 등의 새로운 감정평가방법에 대해 논의가 이루어진다. 이러한 평가방법들도 새로운 방법이라고 해서 전통적인 3방식과 별개의 이론적 바탕을 두는 것은 아니고 3방식의 토대 위에서 그 개념을 확장하거나 응용한 것이다.

## 제1절 회귀분석법 기출 3회·9회·18회·22회

## 1. 개요

감정평가에 있어서 전통적인 3방법이 활용되어 왔지만 컴퓨터의 보급이 일반화되면서 객관화의 방안으로 통계적 기법이 도입되었다. 대표적인 것이 회귀분석법이다. 이 방법은 거래사례비교법의 객관화의 일종으로 주로 과세와 관련된 대량평가모형에서 활용되고 있다. 또한 최근에는 실거래가격 등이 장기간에 걸쳐 대량 축적되면서 가치결정에 직접적으로 사용될 뿐만 아니라 평가과정상의 각종 자료를 분석하거나 예측하는 기법으로 사용되는 등 활용분야가 점차 확대된다.

## 2. 회귀분석법의 의의 및 종류

### 1) 의의*

통계적 관점에서 여러 변수들 특히 독립변수와 종속변수 사이의 상호관계성을 찾아 이를 일반화시키는 계량적 분석기법이다. 이러한 회귀분석의 목적은 변수들 간의 상호관계를 파악하여 추정과 예측을 하기 위해서이다.

### 2) 종류

#### (1) 단순회귀분석과 다중회귀분석

① 단순회귀분석

한 개의 독립변수와 종속변수와의 관계를 분석하는 방법이다. 가치형성요인의 복잡성으로 단순회귀분석을 통해 부동산가치를 평가하는 경우는 거의 없지만 각종 부동산분석에서는 종종 사용된다.

> **산식**
>
> $$y = a + b \times x + e$$
> $y$ : 종속변수, $a$ : 상수, $b$ : 회귀계수, $x$ : 독립변수, $e$ : 오차항

② 다중회귀분석

여러 개의 독립변수와 종속변수와의 관계를 분석하는 방법이다. 부동산가치의 평가에 많이 활용된다. 특히 다양한 특성을 통해 가치를 평가하는 특성가격모형(HPM, 헤도닉가격모형)의 분석틀이 된다.

> **산식**
>
> $$y = a + b_1 \times x_1 + b_2 \times x_2 + \cdots + e$$
> $y$ : 종속변수, $a$ : 상수, $b$ : 회귀계수, $x$ : 독립변수, $e$ : 오차항

> **Check Point!**
>
> ❯ **특성가격모형**
>
> 재화의 가격을 그 재화가 지닌 여러 특성들로써 설명하고자 하는 모형으로 부동산, 자동차, 내구재 등 재화의 이질성이 있는 시장에서 유용하다. 이러한 특성가격함수모형은 재화의 가격은 해당 재화에 내포되어 있는 여러 특성에 의해 결정된다는 가정을 전제로 하는데 여기서 재화의 특성은 인간에게 효용을 제공하는 재화의 구성 요소를 일컫는다. 결국 재화의 가격은 해당 재화에 내포되어 있는 특성들의 양과 가격에 의해 결정된다는 것을 의미한다. 이때 이 특성들의 값을 헤도닉가격(hedonic price), 잠재가격이라고 한다.

### (2) 선형회귀분석과 비선형회귀분석

① 선형회귀분석

회귀모형에서 계수들이 선형관계에 있도록 회귀식을 구성하여 분석하는 것이다. 통계분야에서는 일반적으로 선형회귀분석을 기본으로 한다.

② 비선형회귀분석

회귀모형의 계수들이 비선형형태로 이루어진 함수로 회귀분석을 하는 것이다. 적합한 계수를 찾는 데 정형화된 방식이 없다는 한계를 가진다.

## 3. 회귀분석의 자료요건

### 1) 자료의 종류

횡단면자료(같은 시점을 기준으로 관측대상별로 그것들의 속성들을 조사하여 수집한 자료), 시계열자료(독립변수, 종속변수 모두 시간에 따라 주기적으로 측정된 자료), 패널자료(여러 시점에 걸쳐 관측된 다중적 현상을 조사한 값들로 구성된 자료의 집합, 즉 횡단면자료와 시계열자료의 묶음)가 존재한다.

### 2) 자료의 요건

#### (1) 일반적인 자료의 요건

거래사례 전체의 자료수가 충분해야 하고 거래사례별 개별특성 자료도 많아야 한다. 그리고 수집된 사례의 거래가격, 개별특성들의 값이 정규분포(데이터가 평균 주변에 집중되어 있고 평균에서 멀어질수록 그 수가 급격히 줄어들며 평균을 중심으로 좌우가 대칭관계에 있는 분포를 말한다)를 이루어야 한다. 또한 거래사례는 여러 면에서 유사성이 있어야 하고 거래사례는 동일한 시장으로부터 나와야 한다.

#### (2) 통계학적 자료의 요건

종속변수와 독립변수 간의 선형관계가 성립해야 한다. 그리고 독립변수들 간의 다공선성이 없어야 하고 회귀선을 둘러싼 모든 오차항의 평균은 0이어야 한다. 또한 오차항들이 정규

분포를 이루고, 모든 독립변수의 각 값에 대해 동일한 분산(등분산성)을 가져야 하며 확률적으로 서로 독립적이어야 한다.

## 4. 다중회귀분석에 의한 평가절차

### 1) 사례표본의 선정

#### (1) 공간적인 측면

사례는 공간적인 측면에서 동질성이 요구된다. 이때는 인근지역의 설정이 중요한데, 인근지역은 평가사의 경험에 의할 수도 있고, 요인분석, 군집분석, 판별분석 등과 같은 객관적인 통계적 기법을 이용할 수도 있다.

#### (2) 시간적인 측면

사례의 시간의 범위를 너무 길게 설정하면 가치 평가의 정확도가 떨어지고, 너무 짧게 잡으면 사례수가 적게 되어 신뢰성에 문제가 있다. 따라서 사례의 시간적인 측면에서 동질성이 인정되어야 한다. 일반적으로 1년을 표준으로 한다.

### 2) 특성변수의 선정

사례표본을 선정한 후에는 어떠한 변수를 기준으로 분석할 것인가를 결정해야 한다. 부동산은 다양한 요인의 영향을 받아 가치가 형성되기 때문에 어떠한 요인이 부동산의 가치 형성에 많은 영향을 미치고 있다. 예를 들어 부동산의 특성변수로 이용되는 것은 무수히 많으나 아파트의 경우 용도지역, 지하철로부터의 거리, 면적, 방수, 방향 등이 중요한 특성변수가 될 것이다.

### 3) 특성의 코딩

#### (1) 의의

각종의 특성을 적절히 정리하여 입력하는 절차로서, 이는 컴퓨터 간에 제대로 인식하게 하여 분석을 용이하게 하기 위함이다. 풍부한 자료가 수집되고 적절한 특성이 변수로 선정되었다 하더라도 코딩이 잘못되는 경우에는 유용한 결과가 도출될 수 없게 된다.

#### (2) 유의점

코딩과정에서는 더미변수의 처리에 특별하게 주의해야 한다.

- 더미변수 : 질적인 변수를 분석에 용이하도록 0과 1의 수치로 변환한 인공변수이다. 예를 들면 남성이 1이면 여성은 0의 값을 부여하는 것이다.

## 4) 통계치의 분석

### (1) 의의

상기의 과정을 거친 후 도출된 회귀식을 부동산가치의 평가에 활용하기 위해 회귀식이 통계학적으로 의미가 있는 것인지 분석하는 것이다.

### (2) 결정계수★

#### ① 의의

주어진 자료로부터 독립변수가 종속변수를 얼마나 정확하게 설명해줄 수 있느냐를 나타내는 지표로서 보통 $R^2$로 표시된다.

#### ② 산식

R² = 회귀총량 / 총변량 = 회귀식에서 설명되는 변량 / 종속변수의 총변량

#### ③ 내용

결정계수는 컴퓨터프로그램에 의하여 자동적으로 계산된다. 여기서 결정계수는 0~1 사이의 값을 가지는데 결정계수의 값이 높을수록 회귀모형은 종속변수를 보다 더 정확하게 산정한다는 것을 의미한다. 그런데 일반적으로 회귀모형이 분석의 목적으로 사용되기 위해서는 결정계수의 값이 높아야 한다.

#### ④ 유의점 및 대책

다중회귀분석에서는 독립변수의 수가 증가함에 따라 $R^2$도 증가하는 특성이 있기에 단순히 $R^2$의 값을 증가시키기 위해 중요하지 않은 독립변수의 수를 늘리고자 하는 유인이 존재한다. 이를 방지하기 위해 $R^2$값을 산출할 때 독립변수의 수가 많으면 $R^2$값에 불이익을 주는 방법이 사용된다. 이렇게 산정된 결정계수를 조정된 결정계수라고 한다.

### (3) 추정의 표준오차와 표본의 평균값 비교

추정의 표준오차란 잔차(실제의 값 − 추정치)의 표준편차를 말하는 것으로 이는 표본들의 실제 관찰치가 회귀식으로부터 얼마나 흩어져 있는가를 나타내는 것으로 Se2로 표시된다. 이렇게 추정의 표준오차를 구하여 표본의 평균값과 비교함으로써 회귀모형의 정확도를 검증할 수 있다. 예를 들어 시장가치를 평가하는 회귀모형에서 추정의 표준오차가 500만원으로 도출되고, 표본의 평균값이 5,000만원이라고 하면 추정의 표준오차는 평균값과 비교할 때 평균값의 10%가 된다. 다중회귀분석법에서는 이 비율을 5%로 정하고 있으며 5%를 넘지 않는 경우에만 회귀모형으로서의 유용성이 있게 된다.

### (4) 잔차비율과 평균잔차

① 잔차비율

각 표본의 값에서 잔차가 차지하는 비율로 잔차비율이 크다는 것은 각 표본의 값이 회귀식으로 설명되지 않는 부분이 많다는 것을 의미한다. 다중회귀분석에서는 잔차비율이 15%가 넘는 경우 회귀식을 재검토하는 것을 원칙으로 한다.

② 평균잔차

잔차비율의 평균을 말하는 것으로 평균잔차가 크다는 것은 회귀모형이 그만큼 정확하지 못하다는 것을 의미한다. 일반적으로 10%를 넘게 되면 회귀모형으로 사용하기 어렵다.

### (5) T – 검증

① 의의

각 독립변수의 회귀계수가 통계적으로 의미가 있는지 확인하는 것으로 회귀계수가 일정한 유의수준에서 통계학적으로 0인지 아닌지, 또는 0보다 큰지 작은지를 판별하는 것이다.

② 내용

회귀계수가 0인지 아닌지 판별하는 것을 양측검증이라 하고 회귀계수가 0보다 큰지 작은지를 판별하는 것을 단측검증이라 한다. 단측검증은 회귀계수의 부호가 (+)인지 (−)인지 사전에 예측할 수 있을 때 사용된다. 양측검증이나 단측검증의 결과 회귀계수가 0으로 판명된 경우 이는 독립변수로 채택된 특성이 부동산의 가치에 아무런 영향을 끼치지 않는 것을 의미한다. 따라서 이런 변수는 특별한 경우를 제외하고는 회귀모형에서 사용하지 않아야 한다.

T – 검증 결과 중요한 변수임에도 불구하고 통계적으로 무의미한 것으로 나타날 수 있기에 유의성이 없는 것으로 판명이 난 경우라도 무조건 그 변수를 모형에서 제외시켜서는 안 된다.

### (6) 다공선성

① 의의

독립변수가 여러 개일 경우 이들 사이에 높은 상관관계가 존재하는 것을 말한다. 이는 하나의 사례에 두 개 이상의 특성이 동시에 나타날 경우에 주로 발생하는데 예를 들어 토지면적이 큰 주택은 대체로 건물면적도 넓고, 방의 수도 많은 것처럼 이들 상호 간에 다공선성이 발생할 가능성이 매우 높다.

② 내용

다공선성이 높게 나올 경우에는 특정변수에 대한 회귀계수가 0이 되어 변수가 유의성
이 없는 것으로 나타날 수도 있고, 특정변수의 회귀계수 부호가 (−)로 나타남으로써
결과를 왜곡시킬 수도 있다. 즉, 다공선성이 높을수록 독립변수가 종속변수에 미치는
영향력을 올바르게 설명하지 못하게 되어 잘못된 결론을 내리게 되는 문제가 발생한다.
이러한 다공선성을 확인하는 방법은 독립변수 상호 간의 상관계수를 구하는 것이다. 이
를 통해 상관관계가 높게 나오면 변수들 간에는 다공선성이 심하다고 추정할 수 있다.

③ 다공선성의 처리방법

다공선성을 야기하는 특성변수 중에서 중요한 변수만 회귀분석에 포함시키고 나머지는
제외시키면 해결할 수 있다. 그러나 회귀모형에 포함되어 있는 변수들 간에도 여전히
다공선성의 문제가 남아있을 수 있다는 점에 유의해야 한다.

## 5) 투입된 자료 및 특성변수에 대한 재검토

### (1) 개요

다중회귀분석을 통해 도출된 회귀식에 대한 통계적 검증을 한 결과 통계치가 적절하지 못
한 것으로 판명된 경우에는 자료, 특성변수의 선정, 코딩 등에 대한 재검토를 통해 모형을
수정해야 한다.

### (2) 표본에 대한 검토 및 수정

표본의 수를 증가시킨다. 그리고 표본의 유사성을 높일 수 있도록 표본을 계층화하거나 원
래의 표본을 더 세분화시킨다. 또한 표본의 동질성을 증가시키기 위해 인근지역의 경계를
재조정할 수도 있고 비정상적인 표본은 제외시킨다.

### (3) 특성변수에 대한 재검토

특성변수는 시장상황, 행동양식의 변화 등에 의해 끊임없이 변하기 때문에 과거에 중요시
되었던 변수가 현재나 미래에는 무의미해질 수 있다. 그리고 환경변화에 따라 새롭게 중요
한 변수들이 생겨날 수도 있다. 따라서 실지조사를 통한 표본의 재확인, 변화하는 시장상
황에 대한 철저한 분석 등을 통해 보다 정확한 특성변수가 선택될 수 있도록 해야 한다.

### (4) 특성코딩에 대한 재검토

회귀분석에 사용되는 자료의 양은 방대하므로 자료 중에는 통계적으로 의미있는 자료로 만
들기 위한 코딩작업이 필요한 것들이 있다. 이러한 코딩 과정에서 오류가 발생할 가능성은
언제나 존재한다. 따라서 특성의 코딩에 대한 부분도 재검토하고 잘못된 부분은 수정해야
한다.

### 6) 회귀모형의 검증과 적용

재검토과정을 거쳐 수정을 한 후에 회귀모형이 완성되는데, 이러한 회귀모형이 실제로 부동산 가치를 정확히 평가할 수 있는지 최종적으로 검증해야 한다. 이러한 검증에 있어서는 표본에 포함되지 않은 거래사례를 사용해야 한다.

## 5. 장단점★

### 1) 장점

평가사의 주관을 배제하고 객관적인 가치평가를 할 수 있다. 그리고 많은 자료를 기반으로 하므로 설득력이 있고 대량의 부동산을 평가하는 경우 신속하고 공정하게 할 수 있다. 또한 개별적 특성에 따른 기여도를 파악할 수 있으며 시간경과를 독립변수로 선정할 경우 시점수정이 필요 없다.

### 2) 단점

회귀분석 시 많은 자료가 필요하므로 시간과 노력이 많이 소요되며, 자료의 선택과정에서 세심한 주의가 요구된다. 그리고 회귀분석모형 설정 시에 평가사의 주관성을 완전히 배제하기 힘들다. 또한 부동산가치는 수없이 많은 가치형성요인들의 영향을 받으므로 회귀분석은 이러한 요인들을 제대로 반영하지 못하는 한계가 있다. 부동산의 가치를 평가함에 있어 전문가적인 판단과 경험이 반영되지 않으므로 오히려 왜곡된 결과를 초래할 수 있다.

## 제2절　노선가식평가법

## 1. 의의

특정한 가로에 접하고 있는 접근성이 유사한 일단지를 선정하여 이를 바탕으로 표준획지와 노선가를 정한 후 이를 기초로 다른 획지의 가격을 깊이, 토지의 형태, 가로 등에 따른 보정을 가하여 가치를 평가하는 방법이다.

## 2. 근거

모든 택지는 가로의 접한 부분에서 깊이가 깊어짐에 따라 가치가 체감하고 가로에 접한 표준획지라도 획지의 이용상황, 가로조건, 접근조건 등에 따라 가치의 차이가 발생한다는 사고에 기초한다.

## 3. 적용

### 1) 이론상 적용

노선가식평가법은 평가의 통일성을 기하고 신속하게 처리하기 위해 과세가치의 평가, 보상가치의 평가, 토지구획정리사업 및 재개발사업에 따른 대량평가에 주로 활용된다.

### 2) 실무상 적용

그러나 평가실무에서는 공시지가기준법에 의한 평가결과의 합리성을 검토하기 위한 보조적인 수단으로 내부검토용으로 활용된다.

## 4. 노선가식평가법에 의한 평가절차

### 1) 노선가의 설정

#### (1) 노선가의 설정기준

토지의 가치형성요인을 가로조건, 접근조건, 획지조건, 환경조건, 행정적 조건으로 구분하고 이들을 분석하여 노선가를 설정하고 있다. 이 중 특히 가로조건, 접근조건, 획지조건을 노선가의 3요소라고 한다.

#### (2) 노선가의 설정방법

① 달관식

토지가치에 관한 전문적인 지식과 경험을 가진 전문가가 가로, 접근, 획지 등에 관한 제반 가치형성요인을 종합적으로 분석하여 지식과 경험치에 입각하여 노선가를 달관적으로 결정하는 방법이다. 시간과 비용이 절약되고 능률적이지만, 주관개입 가능성이 크다.

② 채점식

토지의 가치형성요인을 가로, 접근, 획지, 환경, 행정적 조건 등으로 구분하여 분석한 후 각 요인에 점수를 매기고 채점한 결과를 모두 합산하여 노선가를 결정하는 방법이다. 논리적이고 설득력이 있으나 세부적인 요인을 파악하는 것이 현실적으로 어렵다.

#### (3) 노선가 설정 시 유의사항

제반 가치형성요인을 적절하게 구분하고 개별적인 영향력을 정확히 파악해야 한다. 기존 시가지의 동일노선이라도 번화가와 이를 벗어난 지역의 가치 차이가 심하므로 주요가로와 기타가로로 나누어 값을 결정한다.

### 2) 획지계산

주어진 노선가에 깊이가격체감률을 곱하고 대상토지의 가로조건, 접근조건, 획지조건 등의 증감요인을 보정하여 획지의 구체적인 가치를 평가한다.

이 경우 각종 가산 및 보정률을 미리 작성해 놓아야 하며, 이것들은 지역특성을 반영했기에 지역마다 상이하고 용도별로도 상이하다. 가산 및 보정률에는 깊이가격체감률, 측면노선영향 가산율, 삼각지보정률, 맹지보정률 등이 있다.

## 5. 장단점

### 1) 장점

대량의 택지를 감정평가함에 있어 단기간에 기계적으로 공평하게 처리할 수 있다. 그리고 과세가치의 평가, 보상가치의 평가, 재개발사업 등에 유용하고 주관개입 여지가 적어 평가사 간의 가치편차가 적다. 또한 과학적이고 설득력이 있다.

### 2) 단점

각 획지의 개별성으로 인해 각종 계수파악이 어렵고, 보정에 있어 완벽을 기할 수 없다. 그리고 건부지 등으로 이용 중인 택지의 경우 건물과의 관련성이 반영되기 어렵고 나지, 건부지와 같이 이용상황이 다른 경우 정상적인 비교가 어렵다.

또한 현실의 시장성을 제대로 반영하기 어렵고 이에 따라 시장가치와 괴리되는 현상이 나타난다. 대상획지의 가치가 몇 가지 수식조합에 따라 평가될 수 있는 것인가라는 본질적 한계를 가진다.

## 제3절 가산방식과 공제방식, 개발법 기출 26회

**Tip**

조성택지와 택지예정지는 이제 막 개발이 완료되었거나 예정되어 있는 토지로서 개발주체의 입장에서 볼 때 의사결정에 도움이 될 수 있는 다양한 정보가 절실하게 요구된다. 이러한 특수한 유형의 토지에 관해 정확한 가치를 평가하기 위한 방안으로 제시된 것이 바로 가산방식, 공제방식 그리고 개발법이다.

가산방식, 공제방식, 개발법은 평가과정에서 전통적인 3방식의 논리를 혼용하고 있다. (소지가액 + 개발비용) 형태의 가산방식과 (분양예정가격 − 개발비용) 형태의 공제방식 및 개발법에서 소지가액은 비교방식이나 원가방식으로, 개발비용은 원가방식이나 비교방식으로, 분양예정가격은 비교방식이나 수익방식으로 각각 산정하게 된다. 여기서 가산방식은 원가의 적산이라는 측면에서 볼 때 원가방식으로 볼 수 있고 공제방식과 개발법은 (수익 − 비용)이라는 산정구조를 볼 때 수익방식으로 볼 수도 있을 것이다.

그러나 소지가액에서 개발비용을 더한 판매총액을 가치로 측정하는 가산방식이나 분양예정가격에서 개발비용을 공제함으로써 가치를 구하는 공제방식 및 개발법이나 근본적으로는 토지를 가공하여 부가가치를 창출한다는 점에 착안한 것으로 모두 원가방식의 사고를 바탕으로 하고 있다.

**미리보기**

1. 가산방식
   1) 의의
   2) 성격
   3) 내용
      (1) 개발스케줄
      (2) 산식
      (3) 소지가액
         ① 문제점
         ② 원시취득시점을 측정기준의 시점으로 한 경우
         ③ 공사착공시점을 측정기준의 시점으로 한 경우
         ④ 공사준공시점을 측정기준의 시점으로 한 경우
         ⑤ 검토
      (4) 개발비용
      (5) 유효택지면적
      (6) 성숙도 수정

2. 공제방식과 개발법
   1) 공제방식
      (1) 의의
      (2) 성격
      (3) 산식
      (4) 내용
   2) 개발법
      (1) 의의
      (2) 성격
      (3) 산식
      (4) 내용
   3) 공제방식과 개발법의 비교

3. 가산방식과 공제방식, 개발법의 실무적 활용

## 1. 가산방식★

### 1) 의의

소지가액에 개발비용을 더하여 조성택지의 가치를 평가하는 방법이다.

### 2) 성격

소지가액은 비교방식이나 원가방식으로, 개발비용은 원가방식으로 구하는 면에서 3방식의 논리를 혼용한다. 하지만 근본적으로는 토지를 가공하여 부가가치를 창출한다는 점에 착안한 것으로 원가방식의 사고를 바탕으로 한다.

### 3) 내용

#### (1) 개발스케줄

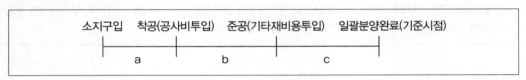

#### (2) 산식

- 토지가치 = {소지가액 + (조성공사비 + 공공공익시설부담금 + 개발부담금 등 + 판매비와 일반관리비 + 개발업자의 적정이윤)} × 성숙도 수정률
- 토지단가 = 토지가치 / 유효택지면적

#### (3) 소지가액

소지가액은 소지 자체의 가격과 소지매입에 따른 부대비용(부동산취득세, 등록세)의 합으로 계산된다.

> **Check Point!**
>
> **● 소지가격**
>
> 소지(素地)란, '밑바탕, 본래의 바탕' 또는 '원인이 되는 바탕'이란 뜻이 일반적이다. 그러므로 소지가격이란 본래 바탕으로서의 순수한 땅값을 의미하는 것이라 할 수 있다. 소지가격은 현행 「감정평가에 관한 규칙」에서는 개념이 규정되어 있지 아니하나 감정평가에서 말하는 소지가격은 토지를 그 유용성의 증가와 다른 용도로의 전환을 전제로 이에 개발 등을 행하는 경우, 개발되기 전 본래 토지의 가격을 가리킨다.

### (4) 개발비용

① 조성공사비

택지조성에 소요되는 공사비로 도급건설을 기준으로 하여 표준적인 건설비에 도급인이 별도로 부담하는 통상의 부대비용을 합하여 구한다.

② 공공공익시설부담금

도로, 상하수도시설 등 간선시설의 설치에 소요되는 비용이다. 공공공익시설부담금은 국가나 지방자치단체가 부담해야 할 부분을 개발업자가 사업시행의 대가로 대신 부담하여야 할 경우도 생기기 때문에 지역별, 사업별로 큰 차이가 날 수 있음에 유의해야 한다. 또한, 국가나 지방자치단체의 예산부족으로 개발업자가 과도하게 부담을 하는 경우에는 이러한 공공공익시설부담금까지 조성원가에 포함시키는 것이 바람직한가에 대하여 논란이 있다.

③ 개발부담금 등

개발에 따르는 토지가액의 증가분 중 일부를 환수함으로써 개발과 관련한 투기를 억제하고 소득구조를 개선함으로써 토지의 건전한 이용질서를 확립하기 위하여 도입된 부담금의 하나이다.

④ 판매비와 일반관리비

판매비는 조성택지의 분양에 따른 광고선전비, 기타 판매에 소용되는 비용이고, 일반관리비는 기업의 유지목적으로 관리사업부문에서 발생되는 제반비용이다.

⑤ 개발업자의 적정이윤

개발기간 동안의 투하자본에 대한 자본비용에 기업의 경영위험 및 재무위험을 고려하여 결정한다. 소지가액에 대한 자본투하기간은 소지의 취득시점에서 회수시점까지이며, 조성공사비는 공사대금의 지불시점에서 회수시점까지 보아야 할 것이다. 한편, 공공공익시설부담금, 개발부담금 등의 항목은 자본의 성격이 아니라 비용의 성격이므로 개발업자의 이윤에 고려되지 않는다.

### (5) 유효택지면적

총사업면적에서 분양이 가능한 면적이다. 총면적은 개발대상이 되는 소지의 전체 면적이고, 분양가능면적은 도로용지, 공원용지, 하천 등의 공공시설용지를 제외한 나머지로 제3자에게 매각할 수 있는 면적이다.

### (6) 성숙도 수정

공사준공시점부터 기준시점까지의 시간경과에 따른 택지로서의 성숙도를 고려하여 가치를 적정화하는 작업이다.

## 2. 공제방식과 개발법*

### 1) 공제방식

#### (1) 의의

분양예정가격에서 개발비용을 뺌으로써 택지예정지 또는 소지의 가치를 평가하는 방법이다.

#### (2) 성격

공제방식은 '수익 − 비용'이라는 산정구조상 수익방식으로도 볼 수 있을 것이나, 근본적으로는 토지를 가공하여 부가가치를 창출한다는 점에 착안한 것으로 모두 원가방식의 사고를 바탕으로 한다.

#### (3) 산식

- 토지가치(소지가치) = {분양예정가격 − (조성공사비 + 공공공익시설부담금 + 개발부담금 등 + 판매비 및 일반관리비 + 개발업자의 적정이윤)} × 성숙도 수정률
- 토지단가 = 토지가치 / 총면적

#### (4) 내용

① 분양예정가격

조성된 택지를 매각함에 있어 그 기초가 되는 가격으로서 거래사례비교법과 수익환원법으로 산정할 수 있다.

② 개발비용

앞서 살펴본 가산방식의 개발비용과 기본적으로 같다. 그러나 개발업자의 적정이윤의 계상에 있어서는 유의해야 한다. 전형적인 가산방식과 공제방식에서는 개발업자의 적정이윤은 별도의 항목으로 분류하여 이를 가산하고 있다.

③ 총면적

개발대상이 되는 소지의 전체면적이다.

④ 성숙도 수정

착공시점과 기준시점 간에 불일치가 발생하는 경우 이를 보정함으로써 가치를 적정화하는 작업이다. 그런데 여기서의 성숙도 수정은 실제 개발사업을 착수할 있는 시점에서 기준시점으로 행하는 역수정으로서 대상토지가 택지화되기 전의 미성숙에 대한 수정이기 때문에 엄밀한 의미에서 미성숙도 수정이라 할 수 있다.

## 2) 개발법

### (1) 의의

대상획지를 개발하였을 때 예상되는 분양예정가격의 현재가치에서 개발비용의 현재가치를 뺌으로써 가치를 평가하는 방법으로 개발을 전제로 하여 토지의 가치를 평가한다는 것에 착안하여 개발법이라는 명칭이 붙여진 것이다.

### (2) 성격

개발법은 '수익 – 비용'이라는 산정구조상 수익방식으로도 볼 수 있을 것이나, 근본적으로는 토지를 가공하여 부가가치를 창출한다는 점에 착안한 것으로 모두 원가방식의 사고를 바탕으로 한다.

### (3) 산식

- 토지가치(소지가치) = 분양예정가격 현가 – (조성공사비 + 공공공익시설부담금 + 개발부담금 등 + 판매비 및 일반관리비)의 현가
- 토지단가 = 토지가치 / 총면적

### (4) 내용

#### ① 분양예정가격 현가

조성된 택지를 매각함에 있어 그 기초가 되는 가격을 현가시켜 구한 것이다. 거래사례비교법과 수익환원법으로 산정할 수 있다.

#### ② 개발비용의 현가

가산방식의 개발비용과 기본적으로 같다. 그러나 개발법에서는 개발업자의 이윤은 별도항목으로 처리하지 않고, 이윤을 고려한 투자수익률을 기초로 한 복리현가율로 처리한다. 따라서 개발법에서는 별도의 개발업자의 이윤을 계상할 필요가 없다.

#### ③ 총면적

개발대상이 되는 소지의 전체면적이다.

## 3) 공제방식과 개발법의 비교

공제방식은 화폐의 시간가치를 고려하지 않지만 개발법은 화폐의 시간가치를 고려한다. 또한 공제방식에서는 개발업자의 적정이윤을 명시적으로 고려하지만 개발법에서는 별도항목으로 처리하지 않고, 이윤을 고려한 투자수익률을 기초로 한 복리현가율로 처리한다. 마지막으로 공제방식에서는 성숙도 수정이 평가과정에서 중요한 절차이나, 개발법에서는 성숙도 수정을 하지 않는다. 이는 공제방식은 사회적·경제적·행정적 요인으로 인해 개발사업을 즉시 착수

할 수 없는 경우에 소지가액을 개략적으로 구하는 방법인 데 비해, 개발법은 즉시사업을 실시할 수 있는 충분히 성숙된 토지를 대상으로 소지가치를 구하는 방법이기 때문이다.

한편 공제방식은 기본적으로 착공시점을 기준으로 소지가액을 구하기 때문에 기준시점과의 가치 차이를 반영하지 못한다. 이러한 가치의 차이는 성숙도 수정을 통해 반영할 수 있다. 반면, 개발법에서는 착공시점부터 기준시점까지도 할인대상에 포함되기 때문에 결과적으로 성숙도 수정을 한 것과 같은 효과가 발생한다. 따라서 개발법은 별도의 성숙도 수정절차를 거칠 필요가 없다.

## 3. 가산방식과 공제방식, 개발법의 실무적 활용

농지나 산림의 전용허가를 받거나 토지의 형질변경허가를 받아 택지 등으로 조성 중에 있는 토지, 환지방식에 따른 사업시행지구 안에 있는 토지, 택지개발사업시행지구 안에 있는 토지의 가치를 평가하는 데 실무적으로 활용할 수 있다.

## 제4절 총수익승수법

## 1. 의의 및 산식

### 1) 의의

시장에서 구한 총수익승수를 대상부동산의 총수익에 곱하여 대상부동산의 가치를 구하는 방법으로 총수익과 가치의 상관관계를 통해 부동산의 가치에 접근하고자 하는 방법이다.

여기서 총수익승수란 거래사례가격을 총수익으로 나눈 값으로 거래사례가격이 총수익의 몇 배나 되는가를 나타내는 지표이다.

### 2) 산식

- (가능, 유효)총수익승수 = 거래사례가격 / (가능, 유효)총수익
- 부동산가치 = 대상부동산의 가능총수익 × (가능, 유효)총수익승수

## 2. 종류

총수익승수법은 총수익의 종류에 따라 가능총수익(PGIM), 유효총수익(EGIM)으로, 시간단위에 따라 월 총수익, 연 총수익으로 구분할 수 있다. 또한, 총수익이 아닌 총임료를 기준으로

적용할 수 있는데 이는 '총임료승수법'이라고 한다. 일반적으로 총수익승수법은 연단위의 가능 총수익을 기준으로 하는 총수익승수법을 말한다.

> **Tip**
> 총수익에는 총임대료 외에 주차장수입, 자판기수입 등의 부동산에서 발생하는 다양한 수익이 가산되므로 총임대료에 비해 넓은 개념이다. 일반적으로 주거용 부동산에는 총임대료승수법을 적용하고(주택은 총임대료 외의 다른 수익이 거의 없으므로), 수익성 부동산에는 총수익승수법을 적용한다.

## 3. 전제조건 및 적용대상

### 1) 전제조건

부동산의 가치와 총수익은 동일한 시장의 영향을 받으며, 시장의 변화에 대응하여 동일한 방향으로 동등한 비율로 변동한다. 대상부동산, 사례부동산의 공실률, 운영경비비율은 동일 또는 유사해야 한다. 대상부동산, 사례부동산의 총수익은 가까운 장래에는 변동이 없어야 한다. 대상부동산, 사례부동산은 동일, 유사 부동산으로 대체, 경쟁관계에 있어야 한다. 사례부동산은 인근지역, 동일수급권 내 유사지역에 소재하고 있는 최근의 사례이며, 지역시장의 추세를 충분히 반영해야 한다.

### 2) 적용대상

순수익의 추계가 어려운 부동산이나(임대용 단독주택, 소규모 임대용 아파트, 창고용 부동산 등) 임대와 거래가 빈번히 이루어지는 부동산, 표준화 및 규격화된 상태로 건축되어 분양된 동일업종의 상가, 모텔 등의 숙박시설 등에 사용된다.

## 4. 총수익승수법에 의한 평가절차

### 1) 총수익승수의 산정

#### (1) 총수익승수의 종류

적용 유형에 따라 가능총수익승수와 유효총수익승수로 구분하여 산정할 수 있다.

#### (2) 총수익승수의 산정방법

거래가격을 총수익으로 나눈 값이다. 구체적으로 통계적 분석법과 직접비교법이 있다.

① 통계적 분석법

시장에서의 거래사례 및 수익사례를 통계적으로 분석하여 총수익승수를 산정하는 방법으로 평균법과 회귀분석법이 있다. 객관적이고 논리적인 점에서는 유용하나 사례가 부족한 경우 활용가능성이 낮고, 통계적 분석에 사용된 자료들의 유사성이 확보되지 않는 경우에 총수익승수의 정확성과 신뢰성에 문제가 생길 수 있다.

> **Tip**
>
> 이와 같은 비정상적인 금융조건을 가진 사례로부터 도출된 총수익승수 적용 시에 왜곡된 결과가 도출
> 되므로 평가사는 유사한 금융조건을 가진 부동산으로부터 총수익승수를 도출해야 한다.

② 직접비교법

대상부동산과 유사성이 높은 사례 부동산을 수집하고 이를 바탕으로 총수익승수를 도출하는 방법이다. 적은 사례에도 적용할 수 있으나, 평가사의 주관이 개입될 수 있는 한계가 있다.

## 2) 총수익의 산정

총수익승수법의 적용 유형에 따라 대상부동산의 가능총수익과 유효총수익으로 구분하여 산정해야 한다.

## 3) 부동산의 가치평가

총수익승수를 총수익에 곱함으로써 산정할 수 있다.

> • (가능, 유효)총수익승수 = 거래사례가격 / (가능, 유효)총수익
> • 부동산가치 = 대상부동산의 가능총수익 × (가능, 유효)총수익승수

## 5. 총수익승수의 변동요인

### 1) 개요

총수익승수법은 시장에서 가치와 총수익의 관계가 밀접하게 형성되어 있고, 총수익승수가 좁은 범위로 산정될 수 있다면, 부동산가치를 평가하는 유용한 수단이 될 수 있다. 하지만 현실에서는 총수익승수가 여러 가지 요인에 의해서 변화하므로 평가사는 이를 파악할 수 있어야 한다.

### 2) 금융조건

예를 들어 금융조건이 좋은 부동산은 그렇지 않은 부동산에 비하여 거래가격이 높게 형성되는 경우가 많고 총수익승수도 높게 산정된다. 따라서 평가사는 유사한 금융조건을 가진 부동산으로부터 총수익승수를 도출해야 한다.

### 3) 거래시점

시간의 흐름에 따라 임대료 상승, 운영경비 변동 등 시장가치에 영향을 주는 요인들이 변화할 가능성이 많기에 총수익승수도 거래시점에 따라서 변화한다. 따라서 보통 1년 이내의 최근 사례를 기준으로 총수익승수를 산정한다. 만일 1년 이상된 자료를 분석에 포함할 경우에는 시장가치의 시간대별 변화추세가 총수익승수에 반영될 수 있도록 조정해야 한다.

### 4) 부동산의 유형과 특성

부동산의 유형과 특성에 의해서도 총수익승수는 변화한다. 예를 들어 주거용부동산, 상업용부동산의 총수익승수는 총수익과 가치 간의 관계가 근본적으로 상이하여 큰 차이를 보인다. 같은 상업용이라도 저층상가와 고층상가는 차이를 보인다. 따라서 총수익승수를 도출할 때는 대상부동산과 사례부동산은 같은 유형과 비슷한 특성을 지닌 부동산을 기준으로 해야 한다.

### 5) 부동산의 경과연수

총수익승수는 부동산의 경과연수에 따라서도 변화한다. 예를 들어 경제적 수명이 거의 다 된 부동산은 총수익은 적고 운영경비가 많이 들어가지만, 신축부동산은 총수익은 많고 운영경비가 적기에 각각의 총수익승수는 달라진다. 따라서 평가사는 대상부동산과 유사한 정도의 감가상각을 보이는 비교가능성이 높은 사례부동산을 통해 총수익승수를 도출해야 한다.

### 6) 수익의 질

총수익승수는 총수익이 안정적인지 불안정적인지를 뜻하는 수익의 질적인 측면에 의해서도 변화한다. 예를 들어 공업용부동산은 임대차기간이 장기인 경우가 많기에 주거용, 상업용부동산에 비해 안정적이다. 또한 도심지역에 위치한 부동산은 미래 매상고에 대한 불확실성으로 외곽에 위치하고 있는 부동산에 비해 단기임대차가 많아 상대적으로 불안정하다. 따라서 평가사는 부동산의 유형과 위치에 따른 수익의 질적인 측면을 면밀히 검토하여 비교가능성이 높은 부동산을 대상으로 총수익승수를 도출해야 한다.

### 7) 임차자서비스

총수익승수는 임차자서비스의 내용에 따라서도 변화한다. 명목상 임대료가 동일하다 하더라도 임차자서비스에서 질적으로 차이가 있으면 이는 실질적으로 다른 임대료를 지불하는 것이다. 따라서 동일한 수준의 임차자서비스를 제공하는 사례부동산으로부터 총수익승수를 도출하여 적용해야 한다.

### 8) 공실률

총수익승수는 공실률에 의해서도 변화한다. 예를 들어 사례부동산의 공실률이 시장의 전형적인 공실률보다 낮은 경우 대상부동산의 가치는 과대평가된다. 따라서 평가사는 전형적인 공실률을 보이는 사례부동산을 기준으로 총수익승수를 도출해야 한다.

## 6. 총수익승수법의 장단점

### 1) 장점

① 신뢰성 있는 거래사례와 수익사례 수집 시 객관적이고 설득력 있는 방법이므로 감정평가 3방식상의 주관성이라는 한계를 극복할 수 있다.

② 단독주택, 농지 등은 전형적인 수익성 부동산이 아니기 때문에 운영경비의 범위 기준이 문제가 되는데 이러한 경우와 같이 수익환원법의 적용이 곤란한 경우에 유용하게 활용할 수 있다.

③ 다른 평가방법의 보조수단으로 적정성을 검증하는 데 유용하게 활용할 수 있다.

### 2) 단점

① 부동산시장은 불완전시장으로 가치와 총수익의 변동이 일치한다고 볼 수 없다.

② 총수익이 같다고 하여 그것의 위험까지 같다고 볼 수 없기에, 총수익승수법의 적용 시 부동산의 다양한 위험을 고려하지 못할 가능성이 크다.

③ 또한 시장에서 전형적인 총수익승수를 도출하더라도 비유사부동산으로부터 나온 것일 수도 있다는 한계가 있다.

④ 거래가 활발하지 않고 신뢰할 수 있는 사례가 적은 경우에는 적용하기 힘들고 총수익을 근거로 가치를 산정하는 방법이기 때문에 순수익이나 지분수익을 근거로 하는 투자자의 일반적인 시장행태는 반영하지 못한다.

## 제5절 새로운 감정평가방법

## 1. 개요(환경변화와 새로운 감정평가방법의 필요성)

최근 감정평가업계는 획일성에서 다양성으로의 전환이라는 환경변화를 겪고 있다. 그동안 부동산에 대한 평가는 협의의 가치와 임대료를 산출하는 것이 대부분이었다. 하지만 경제·사회의 발전과 분화현상에 따라 새로운 개념의 권리와 이익이 출현함에 따라 새로운 가치가 창출되고 가치의 다양성이 나타난다. 예를 들어 분양주택에 대한 해약권, 분양토지에 대한 토지리턴권 등이 있다. 또한 「동산·채권 등의 담보에 관한 법률」, 「지식재산 기본법」의 시행으로 동산, 유가증권, 권리 등으로 평가대상의 범위가 계속 확대되고 있다.

평가대상뿐 아니라 평가목적에서도 다양성이 확대되는 현상 또한 볼 수 있다. 그동안 공적평가가 대부분이었으나 최근에는 조언과 정보를 제공하는 컨설팅업무의 비중이 높아지는 등 사적평가의 비중이 커져가고 있다.

이처럼 가치의 다양성이 나타나고 평가대상이 확대되며 수요자의 요구가 다원화되는 상황에서 전통적인 평가방법은 많은 한계가 있다. 다양성의 확대에 발맞추어 가치평가에 있어서도 새로운 방법의 도입이 필요하다.

## 2. 실물옵션★ 기출 23회

### 1) 의의

원래 금융 분야에서 사용되던 옵션가격결정이론을 실물자산에 적용한 방법이다. 기존의 순현재가치법(Net Present Value)은 정적인 평가방법으로 미래의 상황변화에 따른 의사결정의 변경가능성, 즉 신축성을 무시하기 때문에 실제 상황을 충분히 반영하지 못하는 단점이 있다. 실물옵션 방법론은 이러한 사업의 변동성을 핵심변수로 감안하여 유연하고 동적인 투자전략을 평가해주는 방법론이라고 할 수 있다.

### 2) 필요성

수익환원법은 미래의 현금흐름이 확정적으로 발생하고, 할인율이 정확하게 산정될 때 유용한 가치평가방법이자 투자분석기법이지만 투자대안에 불확실성이 존재하는 경우에는 유용성이 떨어진다. 미래의 현금흐름에 불확실성이 존재하는 경우 동적DCF법과 확실성등가방식, 몬테카를로 시뮬레이션, 의사결정나무분석 등의 대안적 방법이 불확실성을 보다 명시적으로 고려할 수는 있다. 그러나 이러한 방법들 또한 불확실성에 내재하고 있는 비대칭적 수익구조에 대한 가치를 적절하게 반영하지 못한다. 또한 불확실한 상황 속에서 신축적이고 시의적절하게 대처할 수 있는 유연성의 가치를 고려할 수도 없다. 이러한 가치는 한번 내린 결정의 결과가 반복될 수 없는 상황, 즉 비가역성이 존재하는 경우에는 그 중요성이 더욱 강조된다.

### 3) 일반적인 적용분야

실물옵션법은 일반 부동산평가와 부동산개발, 부동산투자 등에 여러 형태로 적용이 가능할 것으로 보인다. 즉, 부동산의 최유효이용이나 투자타이밍 선정 등에 있어서 미래의 불확실성이나 상황변화 또는 성숙도 등을 고려한 의사결정에 적용된다.

### 4) 실물옵션의 유형

#### (1) 성장옵션

성장옵션은 보다 작고 시험 가능한 시장에서 대상 프로젝트의 사업성을 평가한 후, 결과가 성공적이면 보다 큰 2단계로 넘어가 더 높은 수익을 실현할 수 있도록 하는 옵션이다. 이 옵션은 불확실한 환경하에 브랜드 이미지를 구축해야 하는 벤처기업 등의 경우에 유용하게 활용할 수 있다.

#### (2) 확장옵션 및 축소옵션

확장옵션은 한 프로젝트의 생산 또는 영업규모를 확장할 수 있는 옵션을 의미한다. 그리고 축소옵션은 주변 환경이 프로젝트에 불리하게 변화하는 경우 경영자는 생산 또는 영업규모의 축소를 결정할 수 있다.

### (3) 포기옵션

변동비가 크거나 불확실성이 높은 사업의 경우, 기업이 추진하고 있는 사업에 주변 환경이 부정적인 영향을 미쳐 애초에 기대했던 미래의 현금흐름이 제대로 실현되지 않을 것으로 판단된다면 사용 중인 자산 또는 사업부문을 매각하여 기존의 경우보다 사업의 가치를 높일 수 있는데, 옵션대상의 현재가치가 행사가격보다 낮아질 경우 해당 옵션을 행사하는 것과 동일한 것이다.

### (4) 기타

이 외에도 연기옵션, 규모변경옵션, 단계적 투자옵션, 복합연계옵션 등이 있다.

## 5) 부동산의 실물옵션 적용가능성

### (1) 불확실성 측면

불확실성은 사전적인 의미로 확실하지 아니한 성질이나 상태를 말하며 미래의 정보에 대하여 완전하게 알지 못하는 상황에서 확실성에 대비되는 개념으로 사용된다.

최근 금융시장을 필두로 하여 불확실성의 정도가 상당히 높은 수준을 보이고 있다. 이러한 현상은 금융시장뿐만 아니라 타 분야에서도 찾아볼 수 있는바 부동산시장도 예외가 아니다. 단적으로 IMF 외환위기와 미국 서브프라임과 같은 사태, 정부의 잦은 정책 변경이 불확실성을 높이고 있다.

한편 실물옵션에서는 확률분포가 주는 모든 정보를 활용하여 의사결정을 내리는 것을 반영한다. 즉, 유리한 경우에는 투자안을 선택하고 반대로 불리한 경우에는 투자안을 기각할 수 있는 비대칭적 수익구조가 반영된다. 실물옵션에서는 불확실성이 가치에 부정적인 영향을 미치는 것이 아니라 오히려 기회가 될 수 있음을 보여준다. 이에 따라 투자안의 가치 또한 불확실성이 커질수록 증가하는 특징을 보인다. 이는 불확실성이 증가할수록 투자안의 가치가 감소한다는 전통적인 시각과 대비된다. 불확실성이 큰 투자안의 경우 이러한 추가적인 가치를 반영하기 위해서 실물옵션이 적용이 필요하다.

### (2) 비가역성 측면

비가역성은 시설투자에 투입된 금액을 쉽게 회수할 수 없다는 뜻으로 막대한 규모의 자금이 투입되고 장기적인 시간이 소요되는 기업의 시설투자나 부동산개발사업에서 나타나는 일반적인 특성이다. 특히 부동산개발사업은 초기에 막대한 자금이 투입되고 장기간에 걸쳐 지속적인 자금이 투입되어야 하는 자본집약적인 특성을 지닌다.

NPV법에서는 투자 철회로 투자금액을 회수할 수 있고 투자금액을 회수할 수 없는 경우에는 투자를 지금 당장 하거나 아니면 결코 실행할 수 없다고 가정한다. 그러나 현실적으로 시설투자나 부동산개발에서는 투자를 실행한 후 철회할 수 없으며, 투자의 실행이 반드시 현재에만 이루어져야 하는 것은 아니고 상황에 따라 연기할 수는 있다. 즉, 의사결정자는 투자를 연기할 수 있는 투자기회를 가지고 있다. 투자비용이 매몰적 성격을 갖는 비가역적 투자사업의 경우에는 투자시기를 잘못 선택함으로써 발생하는 기회비용이 크게 나타나며 이러한 경우 실물옵션의 활용가치는 매우 크다.

### (3) 유연성 측면

유연성은 의사결정자가 상황에 따라 다양한 전략을 구사할 수 있는 특성을 말한다. 이러한 유연성은 금융옵션과 같이 계약에 근거하여 권리의 형태로 나타나기도 하고, 부동산의 특성상 내재되어 있기도 하다. 따라서 연기, 확대, 축소, 포기, 전환 등 전략적 선택을 할 수 있는 다양한 유연성이 존재한다. 그리고 의사결정자는 상황적응적인 전략을 수립할 수 있고 그에 따른 선택권의 가치를 창출할 수 있다. 이러한 선택권의 가치를 평가할 수 있는 방법이 바로 실물옵션이다. 그러나 NPV법에서는 의사결정을 내린 경우에는 그 결정을 변경할 수 없다고 가정함으로써 선택권의 가치를 반영하지 못한다. 의사결정의 경직성에 의존하는 정적인 방법인 NPV법에 비해 의사결정자의 다양한 전략적 가치를 반영할 수 있는 동적인 방법으로서 실물옵션의 적용이 필요하다.

## 6) 실물옵션가격모형

### (1) 블랙숄즈모형

① 유럽식 콜옵션의 가격을 도출하기 위한 모형으로 무배당 주식과 콜옵션을 적절히 결합하면 무위험 포트폴리오를 구성할 수 있다는 점에서 착안하여, 무배당 주식의 콜옵션을 대상으로 차익거래의 기회가 없는 균형가격을 찾아낸다.

② 블랙숄즈모형은 변수를 대입하기만 하면 옵션가치를 쉽게 산정할 수 있다는 장점이 있다. 다만, 이 모형을 도출하고 이해하려면 고도의 수학적 지식과 통계기법을 이해해야 한다는 단점도 있다.

③ 또한 시간의 흐름에 따라 기초자산의 변동성이 일정하다는 가정과 만기 도래 시에만 옵션을 행사할 수 있다는 비현실적인 측면도 있다.

### (2) 이항옵션모형

① 기초자산의 가격이 이산적으로 변하며 그 변동은 두 가지(상승 또는 하락)로 한정되며, 위험중립이라는 가정하에 옵션의 가치를 계산하는 모형이다.

② 이항모형은 기초자산의 가격변화가 상승과 하락이라는 두 가지 경우로만 이루어진 비현실적인 가정에 기초하고 있다는 점에서 단점을 가지고 있다.

③ 그럼에도 불구하고 이항모형은 복잡한 수리계산과 통계기법을 사용하지 않고도 쉽게 계산할 수 있고 이해하기도 용이하며 유럽형 옵션은 물론 미국형 옵션의 가치도 산출할 수 있다는 장점이 있다.

## 3. CVM

### 1) 의의

비시장재화의 가치평가방법으로 비시장재화에 대한 가상적인 상황을 설정하고 그 상황에서 선택가능한 가상가격에 대한 설문조사를 통해 해당 재화의 가치를 평가하는 방법이다. 가상가치평가법, 조건부 가치측정법이라고도 한다. 이 방법은 설문을 통해 비시장재화의 효용을 누리기 위해 부담할 용의가 있는 최대지불액과 비시장재화의 효용이 없어지는 경우 감당해 낼 수 있는 최소보상액에 대한 잠재적 의사를 포착해 가치를 평가하는 방법이다.

> **Check Point!**
>
> ❯ **비시장재화에 대한 평가논의**
>
> 시장에서 거래되는 시장재화는 시장가격을 쉽게 포착할 수 있지만, 비시장재화의 경우는 직접적으로 알아낼 수 있는 방법이 없다. 이에 따라 비시장재화에 대한 가치를 평가할 수 있는 새로운 방법이 필요하게 되었다. 구체적으로 CVM, 여행자비용 접근법, 잠재가격법 등이 있는데 이 중 CVM이 이론적 논의가 활발하고 경험적인 연구가 많이 되어 환경 및 문화재 등의 가치평가에 널리 쓰이고 있다.

### 2) 활용

환경재(자연휴양지, 습지, 대기 및 수질, 산림보호, 경관, 환경오염), 공공재, 행정서비스 등 시장가격이 존재하지 않는 분야의 가치평가에 활용된다. 감정평가와 관련해서는 아파트의 경관가치, 도심의 공원가치, 토양오염으로 인한 가치하락액 등의 평가에 사용된다. 2007년 12월 발생한 태안해양오염사고의 피해금액 평가 시에 활용되었다.

### 3) 장단점

#### (1) 장점

① 환경, 공공재, 행정서비스 등 다양한 비시장재화의 가치를 평가할 수 있게 해준다.
② 특정 유효성과 신뢰성을 검사할 수 있도록 설계할 수 있다는 장점이 있다.

#### (2) 단점

① 응답자의 지불·수용의사에 따라 결과가 왜곡될 수 있다.
② 응답자에 친숙하지 않은 가상시장의 설정으로 정확도가 떨어질 수 있다.
③ 기술적으로 이해하기 쉽고, 설득력 있고, 의미 있는 설문내용을 구성해야 한다는 단점이 있다.

## 4. 장기추세법

### 1) 의의

통계적인 방법인 시간서열분석과 회귀분석을 통해 미래를 예측하여 부동산의 미래가치를 추정하는 방법이다. 이 방법은 과학적이고 이론적인 방법으로 미래의 가격을 예측하는 데 활용할 수 있다.

### 2) 근거

부동산의 가격은 일반적으로 파동성이 있고(단기적인 측면에서는 변동의 규칙성과 증감추세를 파악하기는 어려우나) 장기적인 변동 속에서 일정한 규칙성과 증감추세를 파악할 수 있다는 데 있다.

### 3) 종류

수학곡선모형법(직선추세법, 지수곡선추세법, 2차포물선추세법), 평균증감량법, 평균상승률법, 이동평균법, 지수수습법, 계절지수추세법 등이 있다.

## 5. 토지생태안전평가법

### 1) 의의

생태환경의 가치가 전 지구적 관점에서 중요하게 부각되면서 대두된 방법으로 토지생태안전의 가치를 평가하는 방법이다.

### 2) 탄생배경

20세기 중반 이후 급격한 공업화로 생태환경이 파괴되는 상황에서 생태안전이라는 개념이 등장하였고, 생태안전은 인류의 생존에서 중요하다는 인식 아래 이를 측정하고자 하는 방법으로 탄생하였다.

### 3) 종류

계량화하는 방법에 따라 정성평가와 정량평가로 구분할 수 있다. 정량평가는 종합지수법, 경관생태안전구조법, 단계분석법 등이 있다.

## 6. AVM(자동가치산정모형)

### 1) 정의

자동가치산정모형이란 실거래자료, 부동산 가격공시자료 등을 활용하여 토지 등 부동산의 가치를 자동으로 추정하는 컴퓨터 프로그램을 말한다.

## 2) 감정평가와의 관계

① 감정평가법인등은 감정평가의 효율성 제고를 목적으로 자동가치산정모형을 활용할 수 있으나 감정평가의 보조적 수단으로 활용하여야 한다.

② 자동가치산정모형에 의한 추정가치는 감정평가액으로 볼 수 없다.

## 3) 활용 시 유의사항

감정평가법인등은 자동가치산정모형을 활용할 경우 다음 각 호의 사항을 이해하고 검토하여야 한다.

① 자동가치산정모형의 알고리즘

② 자동가치산정모형에 사용되는 데이터의 종류 및 범위, 적합성

③ 자동가치산정모형을 통해 산출된 결과물의 적정 여부

**◉ 역사·문화적 자산으로서의 부동산**

**1. 감정평가의 범위 확장**

역사적으로 또는 문화재적으로 중요하고 가치가 있는 부동산들은 일반거래의 대상이 되기가 쉽지 않다. 이와 같은 부동산들은 이미 각종의 법률적 보존체계 속에 속해 있고 사회적인 인지도와 시민들의 감시·감독과 관심 때문에 소유자들의 의도대로 사용·수익되거나 처분되기가 용이하지 않기 때문이다. 그러나 만약 역사·문화적인 가치가 있는 부동산이 개인의 소유권 범위 내에 있다면 소유자의 입장에서는 부당하게 사유재산권을 제약받고 있는 현실을 쉽게 용인하기는 어려운 일이다. 따라서 이런 종류의 부동산의 가치를 어떻게 인식해야 하는가 하는 문제에는 시각을 달리하는 다각적인 견해들이 있다. 부동산의 가치인식과 가격은 시장가격만을 근거로 하여 성립된다고 할 수는 없다. 부동산시장에서 형성되는 부동산의 가격은 이용가치와 투자자산으로서의 가치를 이익실현방법과 개연성을 기준으로 하여 파악하는 것이기 때문에 사회적인 합의나 가치인식의 특수성을 배제(排除)하는 것을 당연하게 생각한다. 그러나 부동산의 감정평가가 현실적인 부동산시장가치 파악으로 축소되는 경제활동이라고 정의할 수 있다면 범위를 넓혀야 할 이유가 없겠지만 현실적인 수요는 감정평가의 영역을 현실적인 부동산시장만으로 한정할 수는 없는 것이므로 감정평가의 범위는 광역적으로 해석되는 것이 당연하다고 할 수 있다.

**2. 역사·문화적 자산으로서의 부동산가치 평가**

역사·문화적 자산의 가치는 누구에게나 보편적이고 타당한 객관적인 가치라고 할 수 없다. 국가와 인종 간의 가치관이 다르고 사람과 사람 간의 개인적인 선호도에 따라 다를 수도 있다. 따라서 가장 객관적인 부존자원으로서의 역사·문화적인 부동산의 평가방법으로도 다음과 같은 방법으로 사용될 수 있다.

(1) 헤도닉 평가방법(Hedonic Price Method, HPM)

헤도닉 평가방법은 평가대상부동산의 가격결정에 영향을 미치는 직·간접적 요인들(Factors)을 계량화하고, 이를 함수화하여 평가가격을 도출하는 평가법이다. 이 평가방법은 화력발전소의 입지결

정, 쓰레기 매립장, 공항 주변의 소음과 관련된 문제 등을 논리적으로 설명하고 평가하는 데 유용하게 사용되고 있다.

(2) 여행비용 접근법(Travel Cost Method, TCM)

여행비용 접근법은 1947년에 미국 국립공원관리청의 Hotelling이 제안한 평가방법이다. 이 평가법은 시장적인 가치평가가 곤란한 재화의 가치를 추정하기 위해서 수요자의 소비행위를 가치측정방식에 원용하는 방법을 사용하고 있다. 이 평가기법은 야외활동과 휴양(Recreation)에 관련된 환경적 재화의 가치평가에 주로 사용되고 있다. 여행비용 접근법은 공원과 휴양림 등의 평가에 사용될 수 있으나 자의적으로 해석될 수 있는 요인들을 통계적으로 처리하여 계량화해야 하는 어려움이 있다.

(3) 회피행동 분석법(Averting Behavior Method, ABM)

회피행동 분석법은 가계생산함수모형(Household Production Function Model)을 이용하여 환경적 요소와 결부된 가치를 측정하는 평가방법이다. 이 방법은 주로 환경적 재화, 예를 들어 수돗물의 수질, 대기오염 및 지하수의 오염과 같은 생활환경적 재화의 가치를 측정하는 데 사용된다.

(4) 조건부 가치측정법(Contingent Valuation Method, CVM)

조건부 가치측정법은 공공적 자산과 환경적 재화에 부여된 객관적 가치를 측정하기 위해서 창안되었다.

이 방식은 설문조사를 통하여 개개인이 특정한 재화나 부동산에 가진 호감도와 현금지불의사(Willing to pay)를 확인하는 방법으로 자산을 평가한다. 조건부 가치측정법은 유형과 무형(Intangible)의 자산에 모두 사용이 가능한 방법이기는 하지만 설문의 시나리오와 조사대상지역, 응답자의 질에 따라 또는 설문자의 수준에 따라 오도된 결과를 생산할 우려도 있다.

(5) 다속성 효용평가법(Multi-Attribute Utility Method, MAUA)

이 평가법은 통계적인 의사결정방법을 차용하여 발전소의 입지, 수자원 개발 등에 필요한 대규모 프로젝트의 가치평가와 그 의사결정에 사용되고 있다. 이것은 환경적 재화가 다차원적(Multi-Dimensional) 성격을 가지고 있고 인간 개개인의 선호도가 차이가 있으므로 이것들을 조화롭게 반영하기 위해서 고안된 평가기법이다.

## 3. 부동산적 평가방식의 적용

역사·문화적 부동산은 특별한 부동산시장 영역을 가지고 있는 재화로 구분되어야 한다. 일반 부동산들과는 다르게 비교되어야 하고 시장의 존재도 별도로 취급되어야 한다. 이 부동산은 물리적·경제적·문화적 환경이 다른 보통의 부동산과 구별되고 사회적·정치적·경제적 여건의 상호작용에 따라 별도의 시장가치를 형성할 수 있기 때문이다.

역사·문화재적 부동산의 평가는 감정평가의 3방식을 모두 사용할 수 있다. 거래사례비교법으로 이러한 부동산을 평가하는 경우에는 비교사례의 선택에 신중하여야 하며 사례선택지역을 전국적으로 확대하여야 한다.

또 비용가격으로 역사·문화적 재산을 평가하는 경우에는 복성된 부동산의 가치(Reproduction Cost)보다는 복원된 부동산의 가치(Rehabilitation Cost)에 주안점을 두고 평가하여야 한다. 이것은 역사·문화재적인 부동산은 단순히 재생산될 수 있는 부동산이 아니고 복원되어야 하는 부동산이기 때문이다. 역사·문화적 부동산의 수익가치는 일반적인 부동산의 수익가치 평가방식과 동일한 방법으로 평가될 수 있다. 그러나 수익항목의 조정과 지출항목의 적정화는 역사적 특성을 고려하여 시행되어야 한다.

# Chapter 06

## 임대차평가

---

---

## 1. 개요

최근의 부동산시장은 투자대상, 투자주체, 투자방식 등 여러 가지 면에서 패러다임의 변화를 보여주고 있다. 그중에서 가장 근본적인 것 중의 하나가 바로 단순한 자본수익을 추구하던 방식에서 소득수익을 중시하는 방향으로 투자패턴이 변화하고 있다는 것이다. 이는 임대차에 따른 임대료수입이 중요해졌음을 의미한다.

## 2. 임대차

### 1) 의의

당사자의 일방이 상대방에 대하여 어떤 물건의 사용 및 수익을 허락하고 상대방은 이에 대해서 대가를 지불할 것을 약정하는 것에 의해 성립되는 계약이다.

### 2) 임대차의 유형

#### (1) 임대료 산정방법에 따른 분류

① 고정임대차

임대차기간 동안 고정된 임대료를 지불하는 임대차 유형이다. 안정된 경제상황에서 주로 적용된다.

② 점변임대차

임대차기간 중에 사전에 정해진 룰에 의해 임대료가 점진적으로 변화하는 임대차 유형이다. 점증임대차, 점감임대차가 있다.

> 점증임대차와 점감임대차 : 점증임대차는 임대료가 증가하는 경우로 신개발지역에서 새로운 기업이 창업하는 경우 주로 적용하고, 점감임대차는 임대료가 감소하는 경우로 소득감소가 확실하게 예상되는 디플레이션 상황에서 주로 나타난다. 부동산의 가치는 시간흐름에 따라 상승하므로 보통 점증임대차의 형태를 띤다.

③ 재평가임대차

일정기간마다 부동산의 가치를 재평가하고, 부동산의 가치에 일정한 비율을 적용하여 임대료를 산정하는 임대차 유형이다.

④ 지수임대차

임대료를 소비자물가지수나 생계비지수 등 전국적으로 공표되는 특수한 지수에 따라 조정하는 임대차 유형이다.

⑤ 비율임대차

임대료의 전부나 일부를 임차인의 매상고나 생산성을 기준으로 삼아 일정한 비율을 적용함으로써 임대료를 산정하는 임대차 유형이다. 백화점 같은 매장용 부동산에 주로 활용한다.

#### (2) 운영경비 납부 및 부담방법에 따른 분류

① 총임대차

운영경비를 임대인이 납부하는 임대차 유형으로 조임대차라고도 한다. 이는 형식적으로는 임대인이 납부하는 것이나 임차인이 임대인에게 지불하는 임대료에 이미 운영경비가 포함되어 있기에 결국 임차인이 실질적으로 지불하는 것이 된다. 주거용부동산에 일반적으로 적용된다.

② 순임대차

실제 운영경비를 부담하는 임차인이 직접 운영경비를 납부하는 임대차 유형이다. 임차인이 운영경비의 어느 항목까지 납부하느냐에 따라 1차 순임대차, 2차 순임대차, 3차 순임대차로 구분이 가능하다.

| 구분 | | 내용 |
|---|---|---|
| 부분<br>순임대차 | 1차 순임대차 | 임차인이 전기료, 가스료, 전화요금과 같은 편익시설 사용료와 부동산세금, 기타 특별부담금을 직접 납부 |
| | 2차 순임대차 | 1차 순임대료에 보험료까지 납부 |
| 완전<br>순임대차 | 3차 순임대차 | 2차 순임대료에 유지관리비까지 납부 |

③ 비율임대차

사전에 정해진 계약내용에 따라 임대인과 임차인이 운영경비를 일정한 비율에 따라 분담하기로 한 임대차 유형이다. 매장용부동산에 일반적으로 적용된다.

### (3) 기타분류

① 중요임대차

쇼핑센터나 대형 오피스빌딩과 같은 대규모 부동산에 있어 큰 비중을 차지하는 임차인인 중요임차인과 맺는 임대차 유형이다. 중요임차인은 전국적으로 명성이 높은 회사인 경우가 많다.

② 위성임대차

중요임차인 외의 소규모 공간을 사용하는 군소임차인과 맺는 임대차 유형이다.

③ 전대차

임차인이 임대인으로서 제3의 다른 임차인과 임대차계약을 맺는 것이다.

④ 재대차

임대인이 원래의 임차인과 다시 임대차계약을 맺는 것이다.

⑤ 매후환대차

부동산 소유자가 대상부동산을 매도한 후 매수자와의 특별한 계약에 의해 그 부동산을 임차하는 것이다. 매후환대차를 하는 목적은 자금을 조달하거나, 부동산 보유에 따른 각종 위험을 제거하고, 리스료를 통한 절세효과를 얻기 위한 것 등을 들 수 있다.

⑥ 토지개발임대차

임차인이 토지를 임차한 후 건물 등을 설치하고 계약기간말에 임대인에게 건물 등의 소유권을 이전하기로 하는 임대차 유형이다.

**(4) 임대차 관련 유의사항**

현실의 임대차계약은 한 가지 유형으로만 적용되는 것이 아니라 여러 가지 임대차 유형이 동시에 복합적으로 적용될 수 있다. 또한 계약관계에 따라 새로운 유형의 임대차계약도 이루어질 수 있다.

## 3) 임대차기간

임대차기간은 임차인과 임대인이 합의하여 대상부동산을 사용·수익하기로 약정한 기간으로 일반적으로 1년을 기준으로 한다. 택지와 건물 및 그 부지의 경우는 1개월 단위로 할 수 있다. 법에 의해 최소 임대차기간이 정해지기도 하는데 주택의 경우는 「주택임대차보호법」에 따라 2년으로 되어 있으며, 상가건물의 경우는 「상가건물임대차보호법」에 따라 1년으로 규정되어 있다.

## 3. 임대료

## 1) 의의

부동산임대차에 의한 특정 공간의 사용·수익에 대한 대가로 지불되는 경제적 대가의 총칭이다. 임대차에 의하여 임차인이 임대인에게 지급하는 대가의 총칭을 임차료라고 하고, 반대로 임대인이 임차인으로부터 지급받는 대가의 총칭을 임대료라고 한다. 즉, 전자는 비용부담자의 입장에서 후자는 수익자 입장에서 바라본 것으로 엄밀하게는 구별해서 사용해야 하나, 현실에서는 명확히 구분하지 않고 임대료라는 용어를 사용하는 경우가 많다.

## 2) 임대료와 가치

### (1) 원본과 과실의 관계

가치와 임대료는 원본과 과실의 관계로서 상호 불가분의 관계를 가진다. 이러한 관계를 바탕으로 임대료는 대상부동산의 경제적 가치를 기반으로 하여 산정하고 경제적 가치는 임대료를 정확하게 파악한 후 그것의 현재가치를 통해 구할 수 있다.

이는 수식으로도 표현이 가능한데, '적산임대료 = 교환의 대가(가치) × 기대이율 + 필요제경비'로 나타낼 수 있고, '수익가치 = 임대료(정확하게는 순수익) / 환원이율'로 나타낼 수 있다.

### (2) 기간의 차이

가치는 부동산이 경제적으로 소멸하기까지의 전 기간에 걸쳐 사용·수익하는 것을 전제로 산출되는 경제적 대가인 반면, 임대료는 임대차 등에 의한 계약기간에 한정하여 사용·수익할 것으로 기초로 하여 산정되는 경제적 대가이다.

## 3) 임대료의 종류

### (1) 임대료의 성격에 따른 분류

**Check Point!**

> ● 현행 임대료 규정미비로 인한 문제점
> 감정평가를 통해 구하고자 하는 임대료의 성격이 무엇이냐에 따라 시장임대료와 시장임대료 외의 임대료로 구분할 수 있다. 하지만 현행 「감정평가에 관한 규칙」 및 「감정평가 실무기준」에서는 임대료의 개념 및 성격에 관한 규정은 존재하지 않는다. 따라서 임대료의 개념 규정, 분류체계 등은 향후 입법적인 보완이 필요한 부분이다.

① 시장임대료

대상물건이 통상적인 시장에서 충분한 기간 동안 거래를 위하여 공개된 후, 그 대상물건의 내용에 정통한 당사자 사이에 신중하고 자발적인 임대차가 이루어질 경우 성립될 가능성이 가장 높다고 인정되는 대상물건의 임대료이다.

② 시장임대료 외의 임대료

㉠ 대상물건이 시장임대료가 갖추어야 할 요건을 충족하지 못하는 경우의 임대료이다.
㉡ 일본 「부동산감정평가기준」상의 특정임대료, 한정임대료가 그 예이다.

### (2) 지불방법에 따른 분류

① 지불임대료

임대차계약에 의해 임차인이 임대인에게 지불하는 임대료로서 순임대료 상당액, 부가사용료 및 공익비 중 실비초과액, 필요제경비로 구성된다.

| 구분 | 내용 |
|---|---|
| 순임대료 | 순수하게 부동산 공간의 사용·수익에 대한 대가이다. |
| 부가사용료 | 건물임대차함에 있어 전용부분에 관계되는 가스료, 전기료, 수도료, 냉·난방비 등의 비용 |
| 공익비 | 공용부분에 관계되어 소요되는 비용이다. 수도광열비, 위생비, 공용설비비, 공용안전관리비 등이 있다.<br>*부가사용료, 공익비는 실비적인 성격으로 원칙적으로 임대료의 범위에 포함되지 않는다. 그러나 현실에서는 임대인이 과하게 부과함으로 실질적인 임대료 상승을 꾀하는 경우가 많은데, 이 경우 실비를 초과하는 부분은 순임대료의 성격을 가진다. |
| 필요제경비 | 임대차관계를 계속적으로 유지하기 위하여 소요되는 제반비용이다. |

② 실질임대료

종류 여하를 불문하고 임차인이 대상부동산을 사용·수익함에 따라 실질적으로 부담하게 되는 모든 종류의 경제적 대가이다. 지불임대료를 기초로 하여 예금적 성격의 일시금운용수익, 선불적 성격의 일시금상각액 및 미상각잔액의 운용수익, 경우에 따라 건설협력금에 의한 비용절감액이 포함된다.

| 구분 | 내용 |
|---|---|
| 예금적 성격의 일시금 | 임대료의 연체, 미지불에 대비하기 위해 임대인이 받는 금액으로 보증금이라고도 한다. 임대인은 금융기관 등에 투자하여 운용수익을 얻기에 운용수익은 순임대료의 성격을 지닌다. |
| 선불적 성격의 일시금 | 임대료의 지급관행에 따라 10개월 또는 1년 치의 임대료를 입주 시에 일시금으로 지급하는 것이다. 임대차기간에 대응하지 않는 일시금은 외부에 투자되어 운용수익의 형태로 순임대료로 계상된다. |
| 건설협력금 | 임대인이 건물을 신축하는 경우 자금을 금융기관에서 차입하지 않고 임차인으로부터 지원받는 경우이다. 위치 좋은 곳의 프랜차이즈대리점, 약국 등에서 볼 수 있다. 시중 대출에 따라 예상되는 비용과 건설협력금에 실제 소요비용 차이는 순임대료의 성격을 지닌다. |

③ 임대료의 구성

| 구분 | | 항목 | |
|---|---|---|---|
| 실질임대료 | | • 예금적 성격의 일시금 운용수익<br>• 선불적 성격의 일시금상각액 및 미상각잔액에 대한 운용수익<br>• 건설협력금에 의한 비용절감액 | |
| | 지불임대료 | • 지불시기에 지불되는 임대료 중 순임대료 상당액<br>• 부가사용료, 공익비 중 실비초과액 | 감가상각비, 유지관리비, 조세공과금, 손해보험료, 대손준비금, 공실손실상당액, 정상운전자금이자 |
| | | 순임대료 | 필요제경비 |

**(3) 임대차계약의 유형에 따른 분류**

① 신규임대료

기준시점 현재 임차인이 대상부동산을 최초로 사용·수익하기로 하고 그에 상응하는 경제적 대가를 임대인에게 지불하기로 한 경우의 임대료이다.

② 계속임대료

기존의 임대차계약에 기반하여 계약을 갱신하는 경우 그에 따라 결정되는 임대료이다. 일반적으로 한번 임대차계약 체결 후에는 지속성(기존 당사자와 계약관계를 유지하는 경향), 경직성(사회적 약자라는 임차인에 대한 인식 아래 임대차기간, 임대료는 시장상황에도 불구하고 크게 변하지 않는 성질)으로 인해 계약갱신의 경우에도 시장이 상대적으로 한정되어 그에 해당하는 임대료는 한정임대료의 성격을 지니는 경우도 많다.

### (4) 기타(평가실무에서 활용가능한 것들)

#### ① 시장임대료와 계약임대료, 초과임대료와 부족임대료

시장임대료란 임대차시장에서 대상부동산에 가장 전형적인 것으로 판단되는 임대료이다. 계약임대료는 임대인과 임차인 간의 계약으로 인해 임대인이 임차인으로부터 받게 되는 매기간의 임대료이다. 시장임대료는 대상부동산의 시장가치 평가 시에 사용되고, 계약임대료는 임대권의 가치평가 시에 사용된다.

초과임대료란 비부동산 가치구성요소와 같은 요인으로 인해 발생된 것으로 계약임대료가 시장임대료를 초과하는 부분이다. 초과임대료는 일반적으로 시장임대료에 적용되는 할인율보다 높은 할인율을 적용해서 평가해야 한다. 부족임대료는 계약임대료가 시장임대료에 미치지 못하는 부분이다.

#### ② 계획임대료와 유효임대료

계획임대료는 임대차계약에 상관없이 임차인이 실제로 지불하는 임대료이다. 즉 계획임대료는 계약임대료에서 임대료 양허(rent free 혜택을 준 경우)를 공제한 것이다. 유효임대료는 계획임대료를 임대차기간에 따라 평준화한 임대료이다.

## 4) 감정평가에서 구하는 임대료

모든 종류의 임대료를 구할 수 있지만 이론적인 측면에서 기준이 되는 것은 신규임대료로서 시장임대료이고 구체적인 표현 형태는 실질임대료이다.

> **Check Point!**
>
> ● **시장임대료를 구하는 이유**
> 감정평가의 본질이 불완전한 부동산시장을 대체하고 보완하여 정상적인 시장기능이 작동될 수 있도록 하는 것이기 때문이다.
>
> ● **신규임대료를 구하는 이유**
> 계속임대료와 달리 기준시점 당시의 시장상황을 객관적으로 나타냄으로써 시장의 지표역할을 수행할 수 있기 때문이다.
>
> ● **실질임대료를 구하는 이유**
> 지불임대료는 명목상의 임대료로써 부동산의 사용·수익에 대한 정확한 대가를 표시하기 어렵지만, 실질임대료는 임차인이 실질적으로 부담하는 모든 경제적 대가를 포함한다. 엄격한 의미에서 부동산의 사용·수익대가는 순임대료이지만 순임대료는 공제대상이 되는 필요제경비의 정확한 파악이 현실적으로 곤란하고, 임대차계약조건 등에 따라 필요제경비의 개별성이 크다는 등 한계가 있기 때문에 감정평가의 기준은 실질임대료이다.

## 5) 임대료의 시점

### (1) 임대료의 시초시점과 실현시점

임대료의 시초시점이란 임대차기간에 있어 수익이 발생하는 최초의 시점으로서 임대차기간의 초일이 된다. 즉, 임대료가 매월 지불되면 매월의 초일, 매년 지불되면 매년의 초일이 시초시점이 된다.

임대료의 실현시점이란 임대차기간에 있어 수익이 종국적으로 실현되는 시점으로서 임대차에 있어서는 기간말에 가서야 모든 수익이 실현되므로 임대차기간의 종료시점이 된다. 즉, 임대차기간이 월 단위로 되어 있는 경우에는 매월의 말일, 연 단위로 되어 있는 경우에는 매년의 말일이 실현시점이 된다.

### (2) 임대료의 지불시기

임대료의 지불시기는 임차인이 임대인에게 임대료를 지불하는 시점이다. 일반적으로 재화나 서비스의 제공과 그에 대한 대가의 지불은 동시이행관계이므로 임대료는 통상적으로 임대차기간이 종료되는 시점, 즉 실현시점에 지불하게 된다.

그러나 현실의 임대차계약에서는 시초시점에 임대료 지불이 이루어지기도 하는데, 이때 임대인은 지불받은 임대료에 대하여 기간 내 운용수익을 추가적으로 얻는다. 추가적인 운용수익은 임대인 입장에서는 실질적으로 임대료의 성격을 가진다.

### (3) 임대료의 기준시점

임대료의 기준시점은 임대료를 평가하는 경우 임대료 결정의 기준이 되는 날로서 수익발생 개시시점으로 그 기간의 초일이 된다. 즉, 임대료의 시초시점이 기준시점이 된다. 기준시점은 대부분 평가일 현재가 되지만, 과거, 미래의 특정일도 가능하다. 하지만 미래시점을 기준으로 한 평가는 거의 이루어지지 않고 있다. 과거를 기준으로 한 평가의 경우는 자료의 수집이 가능하지만 미래시점에 대해서는 가치형성요인의 예측과 분석이 너무나 어렵고 불확실하여서 정확성과 신뢰성의 담보가 어렵기 때문이다.

## 제2절 임대료의 평가방법 <sub></sub>기출 7회

> **Tip**
>
> 임대료의 평가방법은 협의의 가치를 구하는 방법과 마찬가지로 감정평가 3방식의 기본논리에 따라 임대사례비교법, 적산법, 수익분석법으로 나누어진다. 「감정평가에 관한 규칙」 제22조에서는 임대사례비교법을 원칙으로 규정하나, 곤란하거나 부적절할 경우에는 적산법, 수익분석법 등으로 평가할 수 있다.

**미리보기**

1. 개요
2. 임대사례비교법
   1) 의의, 근거 및 산식
      (1) 의의(「감정평가에 관한 규칙」 제2조 제8호) 및 근거
      (2) 산식
   2) 적용대상 및 한계
      (1) 적용대상
      (2) 한계
   3) 임대사례의 수집 및 선택기준
      (1) 개설
      (2) 임대사례의 수집 및 선택기준
   4) 사례의 정상화
      (1) 사정보정
      (2) 시점수정
      (3) 가치형성요인의 비교
3. 적산법
   1) 의의, 근거 및 산식
      (1) 의의 및 근거
      (2) 산식
   2) 적용대상

   3) 기초가액
      (1) 의의
      (2) 기초가액의 성격
      (3) 산정방법
      (4) 기초가액 산정 시 유의사항
   4) 기대이율
      (1) 의의
      (2) 산정
   5) 필요제경비
      (1) 의의
      (2) 항목
      (3) 필요제경비와 운영경비의 관계
   6) 장단점
4. 수익분석법
   1) 의의, 근거 및 산식
   2) 적용대상과 한계
      (1) 적용대상
      (2) 한계
   3) 순수익
   4) 필요제경비
   5) 수익임대료의 산정방법
   6) 장단점

## 1. 개요

이 방법은 인근지역 또는 동일수급권 내의 유사지역에서 대상부동산과 유사한 임대차가 이루어지는 경우에 유효하며, 임대차 등의 사례가 적은 대저택이나 종교용 건물 등의 특수목적 부동산인 경우에는 적용이 곤란하다.

「감정평가에 관한 규칙」에서는 임대사례비교법을 임대료 평가의 원칙으로 규정하고 있으나, 협의의 가치를 평가하는 거래사례비교법과 달리 임대료를 산정하는 임대사례비교법의 세부적 평가방법은 제대로 규정되어 있지 않았다. 이는 그동안 우리나라의 제도와 관행이 토지와 건물을 별개의 부동산으로 보는 현실과 임대료 평가가 일반화되어 있지 않은 현실 때문일 것이다.

## 2. 임대사례비교법

### 1) 의의, 근거 및 산식

#### (1) 의의(「감정평가에 관한 규칙」 제2조 제8호) 및 근거

대상물건과 가치형성요인이 같거나 비슷한 물건의 임대사례와 비교하여 대상물건의 현황에 맞게 사정보정, 시점수정, 가치형성요인 비교 등의 과정을 거쳐 대상물건의 임대료를 산정하는 감정평가방법이다. 시장성의 논리와 대체의 원칙에 근거하여 3방식 중 가장 활용도가 높아 평가실무에서 중추적인 역할을 수행한다.

#### (2) 산식

비준임대료 = 임대사례의 임대료 × 사정보정 × 시점수정 × 지역요인비교 × 개별요인비교

### 2) 적용대상 및 한계

#### (1) 적용대상

인근지역, 동일수급권 내 유사지역에 대상물건과 유사한 임대사례가 있는 경우 거의 모든 물건에 적용이 가능하다. 그리고 원가적 접근이 어렵거나 수익의 파악이 어려운 물건의 임대료를 객관적이고 실증적인 사례를 기반으로 파악할 수 있다는 점에서 기본적인 임대료의 평가방법으로 적용된다.

#### (2) 한계

시장상황에 따라 임대사례가 존재하지 않거나 거의 없는 경우에는 적용 자체가 어렵다. 그리고 임대사례의 임대료는 과거의 임대료로서 현재 임대료를 평가하는 데 근본적인 한계가 있고, 비교과정에서 주관이 개입될 수 있다.

## 3) 임대사례의 수집 및 선택기준

### (1) 개설

임대사례비교법에 의한 평가결과의 정확도는 거래사례비교법과 마찬가지로 수집·선택된 자료의 신뢰성에 달려 있다. 하지만 임대사례비교법은 임대료의 여러 특성들로 거래사례비교법보다 더욱 까다로운 조건이 추가된다. 즉, 임대차에 있어서는 계약의 내용 및 조건에 따라 임대차기간, 지불시기, 임대료의 종류 등 다양하고, 명목상 지불되는 임대료 외에 실질적인 임대료를 구성하는 항목들이 많이 있다. 따라서 일반적인 사례수집기준 외에 계약의 내용 및 조건이 유사하므로 가급적 최신의 사례를 선택해야 한다.

### (2) 임대사례의 수집 및 선택기준

#### ① 위치적 유사성(지역요인 비교가능성)

임대사례는 인근지역, 동일수급권 안의 유사지역에 존재하는 사례로서 단순히 지리적 위치의 접근성보다는 용도적·기능적 유사성이 있어야 한다.

#### ② 물적 유사성(개별요인 비교가능성)

임대사례는 대상물건과 개별적인 물적 사항에 있어 동일성·유사성이 있어야 한다. 물적 사항은 물리적인 측면 외에도 사회적, 경제적, 행정적 측면이 포함된다.

#### ③ 사정보정의 가능성

임대사례에 임대차와 관련한 특수한 사정이나 개별적인 동기 등이 개재되어 있어 사례임대료와 시장임대료 사이에 차이가 발생하였을 경우, 그 차이를 파악하고 보정할 수 있어야 한다.

#### ④ 시점수정의 가능성

사례물건의 임대료변동률, 사례물건의 가격변동률, 임대료지수, 생산자물가지수 등을 활용한다. 임대사례는 임대시점이 너무 오래되지 않아야 하며 분명해야 한다.

> **⊙ 시점수정의 기준(「감정평가 실무기준」)**
> 원칙적으로 사례물건의 임대료변동률을 기준으로 한다. 다만, 적절하지 않은 경우 사례물건의 가격변동률, 임대료지수, 생산자물가지수 등을 고려하여 임대료변동률을 구할 수 있다.

#### ⑤ 임대차 등의 계약내용이 같거나 비슷한 사례

임대차 사례는 평가대상부동산과 임대사례 부동산의 임대차계약 내용이나 조건이 유사하여야 하는데, 이는 임대차계약의 내용이나 조건이 임대차기간 동안의 계약임대료수준에 계속적으로 영향을 미치기 때문이다. 임대차계약의 내용이나 조건이 다른 사례는 평가대상부동산의 임대료와 근본적으로 차이가 발생하며, 결과적으로는 신뢰성이 떨어지는 평가결과를 산출하게 된다.

⑥ 최근에 신규 계약체결된 사례

임대차기간 동안 지불되고 있는 임대료는 임대차계약에 따라 일정하지만, 시장임대료는 시장상황에 따라 변동하게 된다. 따라서 임대료의 지속성과 경직성에 따라 현재의 시장상황과 큰 괴리를 보이게 될 계속임대료보다는 현재의 시장상황을 잘 대변해주는 현재시점에 신규로 계약체결된 임대사례를 수집하여 평가하는 것이 적정하고 합리적인 임대료 결정에 중요한 요소가 된다.

## 4) 사례의 정상화

### (1) 사정보정

#### ① 의의

수집된 임대사례에 관계자의 특수한 사정이나 개별적인 동기가 반영되어 있거나 임대차 당사자가 시장에 정통하지 않는 등 수집된 임대사례의 임대료가 적절하지 못한 경우에는 그러한 사정이 없었을 경우의 적절한 임대료 수준으로 정상화하는 작업을 말한다. 이러한 사정보정의 경우에는 일정한 원칙이나 기준이 있는 것이 아니어서 이를 계량화하는 데 한계가 있다.

> 사정보정치 = 정상적인 임대사례의 임대료 / 임대사례의 임대료

#### ② 유의사항

경제의 활성화, 계약자유의 원칙에 따라 특수한 사정, 개별적인 동기가 개재될 가능성이 크므로 정상적으로 인정되는 임대사례를 최우선으로 선택해야 한다. 또한 대표성과 비교가능성이 없는 임대사례는 일차적으로 배제해야 하고 임대차 당사자의 특별한 사정을 객관적으로 파악해야 한다.

### (2) 시점수정

#### ① 의의

임대사례가 대상물건의 임대료를 산정하는 기준시점과 일치하지 않을 때에는 사례임대료를 기준시점으로 수정하여야 한다. 이때 신규로 계약을 체결하는 신규임대료와 지속적으로 재갱신되는 계속임대료가 구분되므로, 대상물건의 임대료 종류에 따라 분명히 구분되어 시점수정을 하여야 한다. 또한 부동산의 경우 임대사례와 대상물건이 속한 지역에 따라 지연성과 경직성이 다를 수 있음에 유의하여야 한다.

② 시점수정의 방법

㉠ 지수법의 의의

임대시점과 기준시점 간의 지수를 비교하여 그 가격변동을 반영하는 방법이다.

> 사례의 기준시점 임대료 = 사례의 임대시점 임대료
> × (기준시점지수 / 임대시점지수)

㉡ 변동률법의 의의

임대시점과 기준시점 간의 시간의 흐름에 따른 변동률을 적용하여 가격변동을 반영하는 방법이다. 대표적으로 지가변동률 적용이 있다.

> 사례의 기준시점 임대료 = 사례의 임대시점 임대료 × (1 + 지가변동률)

③ 시점수정의 한계

개별성이 강한 임대차에 있어 지역시장의 변동추세를 개별임대차에 일괄 적용하는 것은 타당성이 결여된다. 지수나 변동률 등의 자료를 이용할 경우 임대료 변화추세가 직선적으로 적용되므로 실제 미세한 변화를 반영하기 곤란하다. 지수, 변동률 자체에 부동산시장뿐만 아니라 다른 영역의 영향이 모두 포함되어 있어서 정확성 담보에 한계가 있다.

④ 유의사항

지수, 변동률은 인근지역의 것을 사용하는 것을 원칙으로 한다. 다만, 파악이 곤란할 시에는 동일수급권 내 유사지역자료를 사용할 수 있다. 부동산가격은 항상 변화하므로 시계열적, 동태적으로 분석·검토가 요구된다. 다수거래사례를 검토함으로써 객관성을 부여해야 하고, 일반적 요인의 동향을 종합적으로 고려해야 한다. 시장의 수급 동향, 매도, 매수희망가격 동향 등 실증적인 자료를 참고하여 정확성을 높일 필요가 있다.

**(3) 가치형성요인의 비교**

① 의의

임대사례와 대상물건 간에 종별, 유형별 특성에 따라 지역요인이나 개별요인 등 가치형성요인에 차이가 있는 경우에 이를 각각 비교하여 대상물건의 임대료를 개별, 구체화하는 작업이다.

지역요인 비교의 경우 부동산의 임대료는 지역성이라는 고유한 특성으로 인해 우선적으로 지역차원에서 임대료수준이 형성되고, 그에 영향을 받아 개개 부동산의 임대료가 구체화되는 특성을 가지기 때문에 이러한 지역적 격차에 의한 임대료수준의 차이를 지역요인 비교를 통해 수정해야 한다. 임대사례를 인근지역에서 구했을 경우에는 대상부동산과 같은 지역이므로 지역요인의 비교가 필요하지 않다. 그러나 사례를 동일수급권 내 유사지역에서 구한 경우에는 대상지역과 인근지역의 지역요인을 비교하여 지역격차를 수정해야 한다.

개별요인 비교는 임대사례비교 시 거래사례비교법에 준용하여 비교가 가능하다. 건물의 개별요인 비교 시에는 건물의 구조, 재질, 디자인, 설비, 관리상태 등에 의해서도 임대료의 차이가 발생하므로, 대상건물과 사례건물의 차이가 있는 경우에는 이에 대한 비교를 하여야 한다.

② 비교의 절차

지역요인 비교를 먼저 하고 개별요인 비교를 한다. 임대사례가 인근지역에 있는 경우에는 지역요인 비교가 필요하지 않지만 유사지역에 있는 경우에는 지역적 격차비교를 요구한다.

③ 비교의 항목 및 방법

　㉠ 비교항목

　표준지공시지가조사·평가기준과 토지보상평가지침에서는 용도지대별로 구분하여(즉, 상업지대, 주택지대, 공업지대, 농경지대, 임야지대, 택지후보지지대) 지역요인 및 개별요인의 항목을 제시하고 있다.

　㉡ 비교방법

| 종합적 비교법 | 사례임대료를 형성하고 있는 사례물건의 지역·개별요인의 분석을 통해 대상물건의 요인과 종합적으로 비교하여 얻은 비율을 격차율로 조정하는 방법이다. 비교적 간단하다는 장점이 있으나 주관개입의 문제가 있다. |
|---|---|
| 평점 비교법 | 사례물건과 대상물건의 비교항목을 세분하여(가로조건, 접근조건 등) 평점을 부여한 후 각 항목별로 상호 비교를 통해 얻어진 비율을 격차율로 조정하는 방법이다. 항목별로 가중치를 부여하는 가중평점법과 동일한 비중을 두는 단순평점법이 있다. 평가실무에서는 단순평점법이 적용되는데, 이는 종합적 비교법에 비해 주관개입의 소지는 줄어들지만 계산과정이 다소 복잡하다는 단점이 있다. |

　㉢ 요인비교 시 한계

　기본적으로 평가주체의 주관개입의 소지가 많다. 계약의 내용 및 조건에 따라 임대료형성요인이 복잡하고 항상 변동하므로 적절한 분석과 예측이 어렵다.

## 3. 적산법*

### 1) 의의, 근거 및 산식

#### (1) 의의 및 근거

적산법이란 기준시점에서의 대상물건의 기초가액을 기대이율로 곱하여 산정한 금액에 대상물건을 계속하여 임대차하는 데 필요한 경비를 더하여 임대료를 산정하는 방법을 말하며, 이렇게 산정한 임대료를 적산임대료라고 부른다. 적산임대료는 임대인이 재산을 취득하여 임대하는 경우 투자에 대한 보수로서의 임대수익과 임대를 위한 관리에 필요한 제경비로 구성되어 있다.

**(2) 산식**

> 적산임대료 = 기초가액 × 기대이율 + 필요제경비

## 2) 적용대상

비시장성, 비수익성 물건에 적용되며 재생산이 가능한 자산인 건물의 임대료 평가에 주로 활용된다. 그리고 쟁송목적의 임대료 평가의 경우 대부분이 과거의 기준시점을 기준으로 한 소급평가인데 임대사례비교법과 수익분석법은 자료수집의 한계로 적용되기 어려운 반면, 적산법은 상대적으로 적용이 쉽고 분쟁의 해결에 있어 무엇보다도 중요시되는 객관성을 담보할 수 있어 많이 활용된다.

## 3) 기초가액

### (1) 의의

적산법으로 감정평가하는 데 기초가 되는 대상물건의 원본가치를 말한다. 교환의 대가인 협의의 가치와 용익의 대가인 임대료 사이에는 원본과 과실의 관계가 있기 때문에 적산임대료를 구하기 위해서는 원본가치로서의 기초가액을 구할 필요가 있다. 적산법은 부동산으로부터 발생하는 사용, 수익의 대가를 얻기 위해 소요된 원가를 통해 간접적으로 측정할 수 있다는 논리에 따른 것으로, 그 투하된 가치인 기초가액이 중요한 의미를 갖는다.

### (2) 기초가액의 성격

① **문제점** : 실무기준은 기초가액이 무엇인지 구체적으로 규정하지 않아 논란의 여지가 많다.

② **견해의 대립**

임대차내용 및 조건 등에 부응하는 사용가치로 보는 견해, 자본수익으로 인한 가치를 공제한 잔여가치로 보는 견해, 시장가치로 보는 견해 등이 있다.

③ **기초가액의 성격**

기초가액은 이론적인 관점에서 임대료를 구하는 데 기초가 되기 때문에 그 성격은 사용·수익에 대응하는 원본가치, 즉 사용가치가 되어야 한다. 또한 부동산의 가치를 자본수익에 따른 자산가치와 사용수익에 따른 사용가치로 구분하고 자산가치의 측정이 가능하다고 하면 부동산의 가치에서 자본수익에 따른 가치를 공제하여 구한 잔여가치의 대치변수가 될 수 있다. 따라서 이론적인 관점에서 첫 번째와 두 번째가 타당하다.

그러나 문제는 실무적으로 사용가치와 잔여가치를 정확히 구해내기 어렵기 때문에 평가실무에서는 시장가치를 기준으로 기초가액을 산정하고, 이를 고려한 기대이율을 적용하여 적산임대료를 산정하는 방법을 사용하는 경우가 많다.

Check Point!

❽ 기초가액과 시장가치의 비교

| 구분 | (이론상)기초가액 | 시장가치 |
|---|---|---|
| 최유효이용의 전제 여부 | 계약내용이나 조건에 따라 최유효이용에 미달된 때에는 계약감가를 고려한 현재 이용상태를 기준한다. | 최유효이용상태를 전제한다. |
| 대상물건 | 임대되는 부분에 한정 | 물건 전체를 대상 |
| 대상기간 | 계약내용 및 조건에 따른 계약기간에 해당 | 물건 전체의 잔존내용연수 전기간에 걸쳐 적용 |
| 산정방법 | 원가법을 원칙으로 하나 거래사례비교법도 가능 | 거래사례비교법, 원가법, 수익환원법의 적용이 가능 |

### (3) 산정방법

기초가액은 이론적으로 원가법과 거래사례비교법 등을 이용하여 구하는데, 원가법에 의한 적산가액 외에 거래사례비교법에 의한 비준가액을 인정하는 취지는 기초가액 산정에 대한 객관성을 확대하고자 하는 데에 있다. 적산법 적용 시 기초가액은 수익방식을 적용할 수 없는데, 이는 순환논리상 임대료 개념을 기초로 구한 가액으로 다시 임대료를 구하는 모순에 빠지게 되기 때문이다. 또한 사용조건, 방법, 범위 등을 고려할 수 있다.

### (4) 기초가액 산정 시 유의사항

기초가액은 반드시 대상물건의 최유효이용을 전제한 개념이 아니고 이론적으로 계약의 내용이나 조건에 따른 현재 상태의 사용·수익을 전제로 한 개념이라는 것에 유의해야 한다. 따라서 기초가액을 현실적 필요에 기초해 최유효이용을 전제로 한 시장가치로 대체한 경우는 기대이율에서 반드시 반영되어야 한다. 또한 시간적 측면에서는 계약기간에 한해 인정되고, 공간적 측면에서는 임대부분에 한정되어 적용되는 개념임에 유의해야 한다.

## 4) 기대이율

### (1) 의의

임대차에 제공되는 대상물건을 취득하는 데에 투입된 자본에 대하여 기대되는 임대수익의 비율이다. 기대이율은 임대인이 현재의 투자자금으로 얻을 수 있는 수익을 포기하고 부동산에 투자함으로써 얻고자 하는 부동산투자에 대한 투자자의 기대수익률이라고 할 수 있다.

Check Point!

● 기대이율과 자본환원율의 비교

| 구분 | (이론상)기대이율 | 자본환원율 |
|---|---|---|
| 적용 | 적산법 | 수익환원법 |
| 개념 | 기초가액에 대한 수익의 비율 | 대상물건의 가치에 대한 수익의 비율 |
| 성격 | 임대차기간에 적용되는 단기적인 이율 | 내용연수 만료 시까지 적용되는 장기적인 이율 |
| 유형 | 종별, 유형에 따라 차이 없음 | 종별, 유형에 따라 차이 있음 |
| 최유효이용 전제 여부 | 계약내용 및 조건에 따른 것으로 현재상태 기준 | 최유효이용을 전제 |
| 산정기준 | 금융시장에서의 이자율 등을 기초로 산정 | 본질적으로 무위험률에 위험할증률을 가산하여 산정 |
| 종류 | 항상 상각후, 세공제전 기준 | 상각전·후, 세공제전·후 등 다양 |
| 종합이율 | 종합기대이율의 개념이 없음 | 2개 이상의 구성요소로 구성된 물건의 경우 종합환원율의 개념 적용이 가능 |
| 물건의 가격변화 시 처리 | 불변 | 물건의 가격변화에 따라 상·하향 조정이 가능 |

## (2) 산정

### ① 기대이율의 동일성 여부

#### ㉠ 평가실무상 적용

감정평가 실무적으로는 부동산시장은 금융시장과는 달리 비효율적 시장이고, 세분화된 부분시장의 특성을 가지므로 토지의 용도별로 기대이율을 달리 적용하고 있으며, 토지의 구체적 이용상태에 따라 다른 기대이율을 적용하고 있다.

#### ㉡ 판례의 입장

하지만 대법원 판례는 기대이율은 원칙적으로 개개토지의 종류, 품등 등에 따라 달라지는 것이 아니고 기대이율 산정 시 이용상황을 참작할 필요가 없다고 판시하여 기본적으로 모든 부동산에 대하여 기대이율이 동일하다고 보았다.

#### ㉢ 검토

부동산시장은 본질적인 불완전성과 지역별, 용도별, 이용상황별로 다양한 특성이 내재되어 세분화될 수 있다는 점을 고려할 때 기본적으로 다른 기대이율을 적용하는 것이 타당하다고 본다.

### ② 산정방법

환원율의 산정방법인 요소구성법, 시장추출법, 투자결합법, CAPM을 활용한 방법, 그 밖에 대체, 경쟁자산의 수익률 등을 고려한 방법 등으로 산정한다. 시장추출법과 관련해서는 실무적으로 기초가액을 산정하기 어렵기 때문에 시장가치에 대응하는 적정 순임대료비율을 기대이율로 산정하고 있다. 그런데 이러한 순임대료비율은 부동산의 용도와 이용제약의 정도에 따라 달라지므로 대상부동산의 상황에 맞는 조정작업이 필요하다.

**Check Point!**

**▶ 「감정평가 실무기준」상 기대이율 적용방법**

기초가액을 시장가치로 감정평가한 경우에는 해당 지역 및 대상물건의 특성을 반영하는 이율로 정하되, 한국감정평가사협회에서 발표한 기대이율 적용기준율표, 국유재산법 시행령, 공유재산 및 물품관리법 시행령에 따른 국공유재산의 사용료율(대부료율) 등을 참고하여 실현가능한 율로 정할 수 있다.

## 5) 필요제경비

### (1) 의의

임차인이 사용·수익할 수 있도록 임대인이 대상물건을 적절하게 유지, 관리하는 데 필요한 제반비용을 말한다.

### (2) 항목

#### ① 감가상각비

감가상각비란 상각자산에 있어 시간흐름에 따라 발생하는 물리적, 기능적, 경제적 요인에 의한 가치감소분으로 임대인은 감가상각비도 회수해야 한다. 수익자비용부담의 원칙에 따라 임대인은 임차인에게 감가상각비를 부과할 수 있다. 유의할 점으로는 감가상각비가 필요제경비에 포함되므로 기대이율은 상각 후 기대이율을 적용해야 한다.

#### ② 유지관리비

유지관리비는 대상부동산의 유용성을 유지하고 회복시키는 데 들어가는 비용과 임대료 징수 등에 소요되는 인건비 등을 말한다. 유의사항으로는 부가사용료와 공익비는 대표적인 실비적 성격의 비용으로 이는 유지관리비에 포함되어서는 안 된다. 다만, 실비적 비용을 초과하여 임대인에게 귀속되는 부분은 실질임대료에 포함되는 부분이 된다. 또한 자본적 지출에 해당하는 대수선비 역시 유지관리비에 포함시켜서는 안 되고 부동산의 가치를 증가시키는 항목으로 처리한다.

#### ③ 조세공과금

조세공과금은 대상부동산의 보유에 따라 발생하는 각종 세금과 부담금으로 재산세, 해당 부동산분의 종합토지세 등이 있다. 유의점으로는 부동산의 취득과 관련된 세금(취득세, 등록세, 상속세, 증여세, 면허세 등)은 필요제경비에 해당되지 않는다. 또한 부동산 임대소득과 관련된 세금(임대소득세, 법인세) 또한 임대료가 확정된 후 임대료를 기준으로 해서 납세의무가 발생하게 되므로 필요제경비 항목에는 해당되지 않는다. 부동산 양도 관련 세금 역시 필요제경비 항목이 아니다.

④ 손해보험료

건물 등에 화재 및 자연재해 등이 발생할 경우 피해를 예방하기 위하여 위험회피목적으로 부담하는 비용으로 화재보험료, 재해보험료, 보일러보험료 등이 있다. 보험료는 소멸성 보험료와 비소멸성 보험료로 구분할 수 있는데 소멸성 보험료만이 필요제경비에 포함된다. 그런데 비소멸성 보험료의 경우에도 계약기간이 끝나는 시점에서 일정액을 환급받을 수 있으므로 연간 불입액 중 회수금을 현가화한 후 불입액과 현가화한 금액의 차액은 필요제경비로 계상해야 한다.

⑤ 대손준비금(=대손충당금)

대손준비금은 임차인이 임대차기간 중 임대료를 지급하지 않을 상황에 대비하여 계상되는 금액이다. 유의사항으로는 신용도가 좋은 임차인이라도 운영하는 사업의 위험성이 높으면 평균 이상의 대손준비금을 설정해야 한다.

⑥ 공실손실상당액

공실로 인하여 발생하는 손실분을 계상하는 것으로 기준시점 현재 공실이 전혀 없더라도 시장의 표준적인 공실률은 계상해야 한다. 공실이 없다는 말은 점유율이 100%라는 말로 해당 부동산시장 내에 충분한 수요가 있다는 방증이기에 장래에 대체, 경쟁 부동산의 공급이 이루어지는 것을 예측할 수 있기 때문이다.

⑦ 정상운전자금이자

정상운전자금이자는 임대업의 운영을 위하여 소요되는 정상적인 운전자금에 대한 이자상당액으로 세금의 일시납, 종업원에 대한 상여금의 일시지급 등과 같은 상황에 사용되는 자금이 운전자금의 대표적이다. 이러한 운전자금도 대상부동산의 임대와 직접적인 관련이 있는 것으로 그에 해당하는 이자상당액은 필요제경비에 해당된다. 유의할 점은 취득에 소요된 자금에 대한 이자, 1년 이상의 장기차입금에 대한 이자, 임대인의 자기자금이자상당액 등은 임대와 관련이 없는 것으로 필요제경비로 계상해서는 안 된다.

### (3) 필요제경비와 운영경비의 관계

필요제경비와 운영경비는 구성항목에서 차이가 있다. 필요제경비 항목은 감가상각비, 유지관리비, 조세공과금, 손해보험료, 대손준비금, 공실손실상당액, 정상운전자금이자로 구성되지만 운영경비 항목은 기본적으로 유지관리비, 세금, 공과금, 보험료, 대체충당금, 기타비용 등으로 감가상각비(감가상각비는 적용모델에 따라 운영경비에 포함될 수도 있음), 대손준비금, 공실손실상당액은 포함되지 않는다.

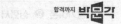

### 6) 장단점

#### (1) 장점

① 이론적으로 타당하다.

② 원가방식에 착안하므로 비수익성, 비시장성 물건의 임대료 평가에 유용하다.

#### (2) 단점

① 기대이율과 기초가액 산정이 용이하지 않다.

② 기대이율 산정 시 주관개입 가능성이 있다.

③ 경기변동이 심한 경우의 임대료 등은 현실적인 임대료가 반영되지 않는다.

## 4. 수익분석법

### 1) 의의, 근거 및 산식

#### (1) 의의 및 근거

일반기업 경영에 의하여 산출된 총수익을 분석하여 대상물건이 일정 기간에 산출할 것으로 기대되는 순수익에 대상물건을 계속하여 임대하는 데 필요한 경비를 더하여 대상물건의 임대료를 산정하는 방법이다. 수익성의 논리와 수익배분의 원칙에 근거한 방법으로 수요자 측면에서 바라본 임대료의 성격을 가지고 있다.

#### (2) 산식

> 수익임대료 = 순수익 + 필요제경비

수익분석법을 적용하여 구한 임대료를 수익임대료라 한다. 수익임대료의 성격과 관련해서 일본 「부동산감정평가기준」에서는 신규임대료를 구하는 방식으로 설명하고 있으나, 통상 기업경영은 건물의 임대차계약이 계속되면서 행해지는 것이 일반적이다. 따라서 건물의 임대차계약이 계속된다면 그 임대료는 계속임대료의 성격을 가지게 되므로, 수익분석법에 의해 산정된 수익임대료는 신규임대료뿐만 아니라 계속임대료 분석 시에도 적용될 수 있다.

### 2) 적용대상과 한계

#### (1) 적용대상

수익분석법은 일반기업 경영에 기초한 기업용 부동산의 임대료 평가에 적합한 방법이다.

#### (2) 한계

기업활동에 의한 수익은 부동산 외에 자본의 투입, 노동의 질, 경영자의 능력 등 각 생산요소의 공헌에 따라 이루어지는데, 현실적으로 이를 명확히 구분해서 배분한다는 것이 매우 어렵다. 또한 주거용부동산은 원칙적으로 수익발생을 목적으로 하는 부동산이 아니기 때문에 주거용부동산 같은 비기업용 부동산에는 적용할 수 없다. 또한 설사 주거용부동산이 임대를 통해 수익을 발생시킨다 하더라도 이때 수익분석의 기초가 되는 것은 임대료인데 이미 구해진 임대료에서 다시 임대료를 구한다는 것은 순환논리에 따른 모순이 발생한다.

## 3) 순수익

순수익은 대상물건의 총수익에서 그 수익을 발생시키는 데에 드는 경비(매출원가, 판매비 및 일반관리비, 정상운전자금이자, 그 밖의 생산요소 귀속수익 등을 포함)를 공제하여 산정한 금액을 말한다. 따라서 수익분석법에 의한 수익임대료를 산정할 때 순수익은 객관적·표준적·합법적이고 안정성이 확보된 것이어야 하나, 순수익을 발생시키는 부동산의 사용·수익 상태는 반드시 최유효이용일 필요가 없다.

## 4) 필요제경비

필요제경비란 임대차계약에 따라 임차인이 임대목적 부동산을 사용·수익할 수 있도록 임대인이 대상물건을 적절하게 유지·관리하는 데 필요로 하는 제 경비를 말한다. 여기에는 감가상각비, 유지관리비, 조세공과금, 손해보험료 및 대손준비금 등이 있다.

## 5) 수익임대료의 산정방법

### (1) 방법 1

일반기업 경영에 의한 표준적인 연간 순수익을 구하고 여기에 각종 필요제경비를 더하여 수익임대료를 산출한다.

### (2) 방법 2

일반기업 경영에 의한 총수익을 분석하여 순수익과 필요제경비를 포함한 임대료상당액 자체를 직접 구하여 수익임대료로 결정한다.

## 6) 장단점

### (1) 장점

① 수익성에 바탕을 두고 있어 임대사례비교법이나 적산법에 비해 이론적으로 우수하다.
② 임대사례의 수집이 어렵고 투하비용을 파악하기 어려운 수익성부동산의 평가에 유용하다.

### (2) 단점

① 수익이 발생하지 않는 부동산의 평가에는 원천적으로 적용이 곤란하다.
② 수익성부동산의 평가 중에서도 일반기업용 부동산의 평가에만 한정된다.
③ 일반경기변동이나 산업추이 동향의 변화가 심하여 순수익의 예측이 곤란한 경우에 신뢰성에 문제가 생기고 순수익을 배분하는 과정 자체가 곤란하여 수익임대료의 정확도에 문제가 생길 수 있다.

## 제3절 계속임대료의 평가방법 기출 3회·6회

미 리 보 기

1. 개요
2. 계속임대료의 의의 및 특징
   1) 의의
   2) 특징
3. 평가방법
   1) **차액배분법**
   (1) 의의
   (2) 산식
   (3) 장단점
      ① 장점
      ② 단점
   2) **이율법**
   (1) 의의
   (2) 산식
   (3) 장단점
      ① 장점
      ② 단점

3) **슬라이드법**
   (1) 의의
   (2) 산식
   (3) 장단점
      ① 장점
      ② 단점
4) **임대사례비교법**
   (1) 의의
   (2) 산식
   (3) 장단점
      ① 장점
      ② 단점

## 1. 개요

임대료는 임대인과 임차인 간의 인간관계와 같은 현실적인 제약, 그리고 약자를 보호하는 차원의 임차인 보호규정들로 인해 지속적이고 경직적으로 계약이 갱신되는 경우가 많다. 이러한 재계약과정에서 임대료를 어떤 수준에서 결정할지 문제된다.

## 2. 계속임대료의 의의 및 특징

## 1) 의의

임대차계약이 계속적으로 갱신되어 임대료를 개정해야 하는 경우 다시 조정된 임대료이다. 동일임차인과 재계약하기에 시장이 제한되는 것은 시장임대료 외의 임대료(한정임대료)의 성격이다.

## 2) 특징

동일임차인에게 재임대 시에 임대료의 점착성이 있어 동일부동산을 신규로 임대할 때보다 임대료수준이 낮게 책정되어 임차인은 그만큼의 차익이 발생한다.

## 3. 평가방법

### 1) 차액배분법

#### (1) 의의

계속임대료 체결에 의한 차액 중 임대인에게 귀속되는 부분을 적정하게 배분하여 실제의 계약임대료에 반영하여 계속임대료를 구하는 방법이다.

#### (2) 산식

> 계속임대료 = 계약임대료 + (시장임대료 − 계약임대료) × 임대인 귀속 배분비율

#### (3) 장단점

① 장점

시장임대료를 상한선으로 하여 차액을 적절하게 배분하므로 설득력이 있다. 원본가치를 기초로 한 시장임대료(적산법에 의하여 산정하는 것이 일반적)에 근거하므로 원본가치의 변동 시 효용의 변화를 적절히 반영할 수 있다.

② 단점

배분비율을 결정할 때 주관이 개입될 여지가 많다. 원본가치의 변동이 심한 경우 임대료의 편차가 심하게 날 수 있다.

### 2) 이율법

#### (1) 의의

기초가액(투하된 자본)에 계속임대료율을 곱하여 구한 금액에 필요제경비를 가산하여 계속임대료를 구하는 방법이다.

#### (2) 산식

> 계속임대료 = 기초가액 × 계속임대료율 + 필요제경비

>> 계속임대료율은 현행 기대이율을 기초로 하여 재계약시점의 대체투자수단의 이율, 인근지역 내 유사 부동산의 임대사례이율, 계약내용 및 조건, 임대료변동률 등을 종합·고려한다.

#### (3) 장단점

① 장점

㉠ 원본가치가 계속임대료 결정에 직접적으로 반영된다.
㉡ 임대료 결정에 있어 자본적 기능의 회복에 초점을 맞춘 점에서 유용성이 있다.
㉢ 계약의 내용, 조건 등의 개별성을 이율 측면에서 반영할 수 있다.

② 단점

　　㉠ 임대인의 입장에 치우친 방식으로 임차인의 지불능력이나 영업권적 특수성을 반영하기 어렵다.

　　㉡ 부동산시장이 급변하는 경우에는 기초가액 및 계속임대료율의 파악과 보정이 곤란하다.

## 3) 슬라이드법

### (1) 의의

임대료수준의 변동, 필요제경비의 변동 등을 적절하게 나타낼 수 있는 슬라이드 지수를 파악하여 계약임대료에 곱함으로써 계속임대료를 산정하는 방법이다.

### (2) 산식

> • 계속임대료 = 계약당시 실질임대료 × 슬라이드지수
> • 계속임대료 = 계약당시 순임대료 × 슬라이드지수 + 필요제경비

### (3) 장단점

① 장점

　　㉠ 적용방법이 간편하고 쉽다.

　　㉡ 다양한 지수를 적용할 수 있다.

　　㉢ 부동산가격, 임대료수준, 물가수준 등을 반영함으로써 적정한 계속임대료의 산정에 기여할 수 있다.

② 단점

　　㉠ 지수 자체가 일반적이고 표준적인 것으로 지역성, 개별성 반영에 곤란하다.

　　㉡ 계약 당시의 임대료가 불합리할 경우는 그것을 기준으로 한 계속임대료 또한 불합리하다.

## 4) 임대사례비교법

### (1) 의의

동 유형 임대사례의 계속임대료를 기초로 하여 사정보정, 시점수정, 지역요인, 개별요인 비교와 임대차계약 내용 및 조건의 비교를 통해 계속임대료를 구하는 방법이다.

### (2) 산식

> 계속임대료 = 임대사례의 계속임대료 × 사정보정 × 시점수정 × 지역요인비교 ×
> 개별요인비교

### (3) 장단점

#### ① 장점

㉠ 대체의 원칙에 근거하여 현실성이 있고 설득력이 있다.

㉡ 산식이 이해하기 쉽고 간편하다.

㉢ 적절한 계속임대사례가 있는 거의 모든 자산에 활용할 수 있다.

#### ② 단점

㉠ 거래사례가 부족한 농촌이나, 사찰, 학교 같은 특수목적 부동산에는 적용하기 곤란하다.

㉡ 비교과정에서 평가사의 주관개입 문제가 있다.

㉢ 경기변동이 심한 경우는 적정한 임대사례의 수집이 곤란하다.

## 제4절 | 임대권과 임차권의 평가

## 1. 개요

부동산의 가치는 소유권 기타 권리, 이익의 가치이다. 여기서 권리의 전형적인 형태가 임대차가 된다(이익의 전형적인 형태는 권리금). 이하에서 임대차의 전형적인 형태인 임대권과 임차권의 평가에 대해 알아본다.

## 2. 임대권의 평가

## 1) 의의 및 임대권자의 권리

### (1) 의의

임대차계약에 있어서 소유자가 계약의 일방당사자로서 대상부동산에 대해 가지는 법적인 권리이다.

### (2) 임대권자의 권리

임대기간 동안 임대권자는 계약임대료를 받을 수 있고, 기간말에 복귀가치를 향유할 수 있다.

## 2) 평가방법

> 임대권의 가치 = 임대기간 동안의 계약임대료 × PVAF + 계약기간말의 복귀가치 × PVF

### 3) 평가 시 유의사항

임대권의 가치는 시장임대료가 아닌 실제로 지불받는 계약임대료에 의해 평가한다. 따라서 시장가치와 임대권의 가치는 상이할 수 있다. 또한 임대권의 가치는 임대료가 기간초에 지급되는지 기간말에 지급되는지와 같은 지급시기에 따라서도 달라질 수 있음에 유의해야 한다.

## 3. 임차권의 평가

### 1) 의의 및 임차권자의 권리

#### (1) 의의

임대차계약에 있어서 임차인이 계약의 일방 당사자로서 대상부동산에 대해 가지는 법적인 권리이다.

#### (2) 임차권자의 권리

임차권자는 계약임대료를 지불하므로 계약기간 동안 시장임대료가 계약임대료보다 상승하게 되면 임차권자는 실질적으로 차액만큼 이익을 본다. 또한 임차권자는 계약기간말에 자기가 설치한 설비인 임차자정착물을 가지고 나갈 수 있는 권리를 가진다.

### 2) 평가방법

> 임차권의 가치 = (시장임대료 − 계약임대료) × PVAF + 임차자정착물의 복귀가치 × PVF

### 3) 평가 시 유의사항

귀속소득은 기간말에 가서야 실현되므로 기간말을 기준으로 할인해야 한다. 임차자정착물이 존재하는 경우 잔존가치를 더해야만 진정한 임차권의 가치를 평가할 수 있다. 또한 자본환원율은 기준시점의 가장 전형적인 율을 적용해야 한다. 자본환원율은 대상부동산에 대한 위험의 정도나 예상되는 인플레이션율에 따라 달라지는 것에 유의해야 한다.

## 4. 임대권 및 임차권의 평가 시 유의사항

### 1) 자본환원율 결정의 중요성

자본환원율은 평가결과의 정확도를 결정짓는 핵심적인 요소이므로 평가사는 지역시장의 상황, 대상부동산과 유사부동산에 관한 자료 등을 바탕으로 임대차에 따른 수익과 위험을 분석함으로써 대상부동산에 가장 적합한 자본환원율을 결정해야 한다.

## 2) 임대권과 임차권의 가치를 합한 것이 소유권의 가치와 일치하는지 여부

### (1) 개설

시장가치, 즉 소유권의 가치는 임대권의 가치와 임차권의 가치를 합한 것과 현실적으로 일치하지 않는다. 이유는 임대권환원율과 임차권환원율의 차이, 임차인의 질적 차이에 따른 자본환원율의 차이, 최유효이용의 여부 등에서 기인한다.

### (2) 임대권환원율과 임차권환원율의 차이

임대권환원율과 임차권환원율이 같다면 소유권의 가치는 임대권의 가치와 임차권의 가치의 합과 같게 된다. 즉, 소유권의 가치=시장임대료의 현가+복귀가치의 현가, 임대권의 가치=계약임대료의 현가+복귀가치의 현가, 임차권의 가치는 (시장임대료−계약임대료)의 현가가 되어 소유권의 가치는 임대권과 임차권의 가치의 합이 된다.

하지만 자본환원율은 매 기간마다 기대되는 수익의 성격에 따른 위험의 정도와 밀접한 관련을 맺고 있다. 따라서 임대권환원율과 임차권환원율은 다르기 때문에 소유권의 가치는 임대권의 가치와 임차권의 가치의 합과 일치하지 않는다.

### (3) 임차인의 질적 차이에 따른 자본환원율의 차이

양질의 임차인으로부터 창출되는 계약임대료에는 상대적으로 낮은 환원율이 적용되고 그렇지 않은 계약임대료에는 높은 환원율이 적용된다. 따라서 시장임대료와 계약임대료가 명목상으로 동일하더라도 임차인의 질에 따라 자본환원율이 차이가 나므로 소유권의 가치는 임대권의 가치와 임차권의 가치의 합과 일치하지 않는다.

### (4) 최유효이용의 가부

시장가치는 최유효이용을 전제로 산정되지만 임대권과 임차권의 가치는 최유효이용의 여부에 상관없이 현재의 이용을 전제로 산정된다. 따라서 현재 대상부동산이 최유효이용에 있지 않은 경우에는 소유권의 가치는 임대권의 가치와 임차권의 가치의 합과 차이가 날 수 있다. 저지임대차란 대상부지만 임대차하는 것을 말하는데, 저지임대차의 경우 계약 당시에는 최유효이용이었지만 시간이 지남에 따라 최유효이용이 되지 않는 경우가 많으므로 장기의 저지임대차에서 많이 발생한다.

### (5) 검토

소유권의 가치는 임대권의 가치와 임차권의 가치의 합이 아니므로 소유권의 가치에서 임대권이나 임차권의 가치를 분리해서 임차권이나 임대권의 가치를 산정해서는 안 된다.

### 3) 임차인의 권리를 제한하는 계약내용과 조건을 고려한 임차권의 가치

백화점과 같은 대규모 유통업체에서는 임차인이 임대인에 비해 상대적으로 열악한 지위에 있기 때문에 임대인이 매장의 관점에서 임차인혼합(취급품목, 업체 간 공간적 배열 등) 등을 통해 매장 전체수익의 극대화를 추구하므로 계약상 임차인의 권리를 제한하는 것들이 많이 있다. 따라서 평가사는 이러한 현실적인 여러 상황을 정확히 파악한 후 임차권의 가치를 평가해야지 적절한 결과를 얻을 수 있다.

# 유형별 감정평가 (토지)

# 토지

## 제1절　정의

### 1. 감정평가 대상으로서의 토지

소유권은 법률의 범위 내에서 그 소유물을 사용·수익·처분할 수 있는 권리이다. 토지는 지표면상에 무한히 연속하고 있으나, 편의상 인위적으로 구분하여 개별필지마다 소재지·지번·지목·면적 등을 정하여 지적공부에 등록하고 통상적인 거래단위로 사용된다.

> **「실무기준」**
> 토지란 소유권의 대상이 되는 땅으로서 지하·공중 등 정당한 이익이 있는 범위 내에서 그 상하를 포함한다.

### 2. 정당한 이익이 있는 범위의 판단기준

① 토지의 지하·공중 등 정당한 이익이 있는 범위는 단순히 경제적 이익만이 아니라 토지소유자의 모든 이익을 고려해서 판단해야 할 것이며, 향후 과학기술의 발전 등에 따라 토지의 지하·공중에 대한 이익이 더욱 커질 가능성도 있다.

② 토지소유권이 지하·공중 등에 미치는 정당한 이익의 범위를 일률적인 기준으로 정할 수 없는 만큼 거래관념에 따라 합리적으로 결정되어야 할 것이다.

## 제2절  자료의 수집 및 정리

### 1. 사전조사

### 1) 조사내용

① 소재지, 지번, 지목, 면적, ② 토지의 사용·처분 등의 제한사항, ③ 공시지가, 지가변동률, 생산자물가지수, ④ 그 밖의 참고사항

### 2) 구비서류

#### (1) 토지이용계획확인서

토지이용계획확인서란 지구, 구역, 권역, 도시, 군계획시설 등 명칭에 관계없이 개발행위를 제한하거나 토지이용과 관련된 인가·허가 등을 받도록 하는 등 토지의 이용 및 보전에 관한 제한과 관련한 지정 내용 등을 확인하는 공적 서류를 말한다. 토지이용계획확인서에서는 「국토계획법」상 용도지역, 용도지구, 용도구역 등 도시·군관리계획의 수립 및 해당 여부, 「군사시설보호법」상 군사시설보호구역 등의 해당 여부, 「하천법」상 하천구역, 하천 예정지의 해당여부 등의 다양한 사항을 확인할 수 있다.

#### (2) 지적도(임야도)

지적도(임야도)란 토지의 소재, 지번, 지목, 면적, 경계 등을 나타내기 위하여 만든 평면 지도를 말한다. 이를 통해 감정평가 시 토지의 위치, 지번, 토지의 형상, 방위, 접면도로의 폭 등을 확인할 수 있다.

#### (3) 등기사항전부증명서

등기사항전부증명서는 소유권, 지상권, 지역권, 전세권, 저당권 등의 권리 관계에 대하여 기록하는 공적 서류를 말하며, 이를 통하여 권리사항 등을 확인할 수 있다.

#### (4) 토지(임야)대장

토지(임야)대장은 토지의 소재, 지번, 지목, 면적 등 토지의 사실관계를 확정할 수 있는 사항이 기재된 공적 서류를 말하며, 이를 통하여 물적사항 등을 확인할 수 있다.

### 2. 실지조사

① 소재지, 지번, 지목, 면적
② 위치, 경계 및 부근의 상황
③ 형상, 지세, 이용상황
④ 교통상황, 도로의 상태 등

⑤ 제시목록 외의 물건

⑥ 공부와의 차이

⑦ 권리관계 및 그 밖의 참고사항

## 3. 가격자료의 수집 및 정리

### 1) 거래사례

주로 비교방식을 적용하기 위하여 필요하며 시장에서 거래되고 있는 가격수준을 파악하게 해주는 사례로서, 실거래가격·분양가격 등이 있다. 거래사례를 수집하고 정리하는 경우에는 매매계약서나 등기사항전부증명서상의 신고 내용을 확인하는 방법 등을 통하여 그 거래금액의 적정성 여부를 확인하여야 한다.

### 2) 조성사례

주로 조성지나 매립지 등의 감정평가 시 원가방식을 적용하기 위하여 유사 토지의 조성사례를 수집하게 되며, 이를 통하여 소지의 취득가격·조성공사비·부대비용·유효택지화율·성숙도 등을 확인할 수 있다.

### 3) 임대사례

주로 토지를 수익방식에 따라 감정평가하는 경우 필요한 자료로서, 주차장이나 고물상, 건물 등의 사용을 위해 임대차계약이 이루어진 사례 등이 있다. 임대사례를 통하여 임대수익·임대보증금·전환율·기타수익·총비용 등을 확인할 수 있다. 임대사례의 경우에도 임대차계약서 등을 확인하는 방법을 통하여 해당 임대내역의 적정성을 확인하여야 한다.

### 4) 시장자료 등 그 밖의 가격자료

대상토지가 속한 지역의 일반적인 경제상황을 파악하기 위한 자료들로, 물가상승률·경제성장률·지가변동률·금리·환율 등의 일반 거시경제지표 등이 있으며, 그 밖에 토지가치에 영향을 미칠 수 있는 제반 자료를 수집할 필요가 있다.

## 4. 적절한 자료가 갖추어야 할 요건

① 인근지역에 존재하는 사례

② 정상적이거나 정상적인 것으로 보정할 수 있는 사례

③ 시점수정이 가능한 사례

④ 지역요인 및 개별요인 비교가 가능한 사례

⑤ 토지 및 건물이 일체로 거래된 경우에는 합리적으로 가액을 배분할 수 있는 사례

## 제3절    가치형성요인의 분석

## 1. 가치형성요인의 종류와 특징

### 1) 일반요인

일반경제사회에서 부동산의 상태 및 가격수준에 영향을 주는 제반 요인으로 사회적 요인, 경제적 요인, 행정적 요인 등으로 구분할 수 있다.

### 2) 지역요인

지역요인이란 일정한 지역이 다른 지역과 구별되는 지역특성을 형성하는 개개의 요인으로서, 지역의 가격수준 및 표준적 사용의 결정에 영향을 미치는 지역적 차원의 가치형성요인을 말한다.

### 3) 개별요인

개별요인이란 토지의 개별적인 특수한 상태, 조건 등 토지가 개별성을 발휘하게 하고, 그 가치를 개별적으로 형성하게 하는 요인을 말한다.

### 4) 가치형성요인의 특징

토지의 가치형성요인은 일반요인, 지역요인, 개별요인이 있으며, 이러한 가치형성요인은 항상 유동성 있게 변화하며 상호 간에 관련성 있는 작용을 통해 가치발생요인에 영향을 미쳐 가치를 변화시키는 특징이 있다.

> 「감정평가에 관한 규칙」
> 제2조(정의)
> 이 규칙에서 사용하는 용어의 뜻은 다음 각 호와 같다.
> 4. "가치형성요인"이란 대상물건의 경제적 가치에 영향을 미치는 일반요인, 지역요인 및 개별요인 등을 말한다.
>
> 「실무기준」
> 대상토지에 대한 감정평가를 하기 위해 인근지역의 범위를 확정하고 일반요인·지역요인·개별요인 등 가치형성요인을 분석한다.

## 2. 가치형성요인분석 절차의 중요성

토지가 갖는 위치적 고정성·지역성·개별성 등으로 인하여 가치(격)수준이 지역적·개별적인 범위로 나타나게 되므로, 가치형성요인을 분석하는 것은 중요한 절차이다.

## 3. 인근지역의 범위 확정

### 1) 인근지역의 개념

"인근지역이란 감정평가의 대상이 된 부동산이 속한 지역으로서 부동산의 이용이 동질적이고 가치형성요인 중 지역요인을 공유하는 지역을 말한다."

### 2) 인근지역의 범위를 확정하는 방법(「표준지공시지가 조사·평가 기준」 제9조)

인근지역은 대상부동산과 가치형성요인 분석방법에 따라 상대적으로 범위가 정해지는 경향이 있으므로, 물리적으로 분명하게 구분 가능한 경계와 함께 토지이용이 지역적으로 명확하게 구분되는 경우가 아니라면, 그 범위를 확정하는 것이 용이하지 않을 수 있다.

일반적으로 인근지역의 범위를 확정할 때에는 토지이용의 동질성을 기준으로 아래와 같이 열거한 사항에 따를 수 있다. 다만, 하천, 산지, 지세 등의 〈자연적인 부분〉과 행정구역, 법령에 의한 규제, 철도, 도로 등 〈인문적인 부분〉을 종합적으로 고려하여 확정한다.

① 지반, 지세, 지질
② 하천, 수로, 철도, 공원, 도로, 광장, 구릉 등
③ 토지의 이용상황
④ 용도지역·지구·구역 등
⑤ 역세권, 통학권 및 통작권역 등

## 제4절　면적사정

### 1. 면적사정의 원칙 및 기준

토지와 같은 부동산의 경우 면적에 따라 그 가치가 달라질 수 있으므로, 대상물건의 면적을 확정하는 것은 중요한 과정이다. 감정평가사는 실지조사에 의해 대상토지의 면적을 확인하여야 하지만, 실무적으로 정확한 면적을 실측하기에는 상당한 제약이 따르는 것이 현실이다. 따라서 감정평가 시에는 토지의 물적사항에 관한 공부인 〈토지대장면적〉을 실제면적과 일치한 것으로 간주하되, 현장조사 시 실제면적과 토지대장상 면적이 현저하게 차이가 나는 경우와 의뢰인이 실제면적을 제시한 경우에는 〈실제면적〉을 기준으로 할 수 있다.

### 2. 공부상 면적과 실제면적이 다른 경우

#### 1) 실제면적과 토지대장상 면적이 현저하게 차이 나는 경우

'현저하게 차이가 나는 경우'라 함은 감정평가사가 측량 등을 거치지 않고도 그 차이를 인지할 수 있는 정도를 의미하며, 감정평가사는 현장조사 시 자신의 능력 범위에서 면적 확인에 대한 주의 의무를 다해야 한다. ① 공부상의 면적과 실제면적이 동일성을 인정할 수 있는 정도의 오차를 보일 경우 〈공부면적〉을 기준으로 하고, ② 동일성을 인정하기 곤란한 정도의 큰 차이를 나타내면 〈실제면적〉을 기준으로 한다.

#### 2) 의뢰인이 실제면적을 제시한 경우

의뢰인이 실제면적을 제시하여 그 면적을 기준으로 감정평가할 것을 요청한 경우에는 〈실제면적〉을 기준으로 감정평가할 수 있다. 예를 들어 개발사업 등 사업계획에 의하여 의뢰인이 조건부 감정평가를 의뢰하는 경우 등이 이에 해당된다.

> 「실무기준」
> ① 토지의 면적사정은 토지대장상의 면적을 기준으로 하되, 다음 각 호의 경우에는 실제면적을 기준으로 할 수 있다.
>   1. 현장조사 결과 실제면적과 토지대장상 면적이 현저하게 차이가 나는 경우
>   2. 의뢰인이 실제면적을 제시하여 그 면적을 기준으로 감정평가할 것을 요청한 경우
> ② 제1항 제1호의 경우에는 의뢰인에게 그 사실을 알려야 하며, 의뢰인이 요청한 면적을 기준으로 감정평가할 수 있다.

## 제5절    토지의 감정평가방법

「감정평가에 관한 규칙」
제14조(토지의 감정평가)
① 감정평가법인등은 법 제3조 제1항 본문에 따라 토지를 감정평가할 때에는 공시지가기준법을 적용해야 한다.
③ 감정평가법인등은 법 제3조 제1항 단서에 따라 적정한 실거래가를 기준으로 토지를 감정평가할 때에는 거래사례비교법을 적용해야 한다.
④ 감정평가법인등은 법 제3조 제2항에 따라 토지를 감정평가할 때에는 제1항부터 제3항까지의 규정을 적용하되, 해당 토지의 임대료, 조성비용 등을 고려하여 감정평가할 수 있다.

「실무기준」
① 법 제3조 제1항 본문에 따라 토지를 감정평가할 때에는 공시지가기준법을 적용하여야 한다.
② 법 제3조 제1항 단서에 따라 적정한 실거래가를 기준으로 감정평가할 때에는 거래사례비교법을 적용하여야 한다.
③ 법 제3조 제2항에 따라 다음 각 호의 어느 하나에 해당하는 경우에는 제1항 및 제2항을 적용하되, 해당 토지의 임대료, 조성비용 등을 고려하여 감정평가할 수 있다.
   1. 「주식회사의 외부감사에 관한 법률」에 따른 재무제표 작성에 필요한 토지의 감정평가
   2. 「자산재평가법」에 따른 토지의 감정평가
   3. 법원에 계속 중인 소송(보상과 관련된 감정평가를 제외한다)이나 경매를 위한 토지의 감정평가
   4. 담보권의 설정 등을 위한 금융기관·보험회사·신탁회사 등 타인의 의뢰에 따른 토지의 감정평가

## 1. 「감정평가법」 제3조 제1항의 의미

본문은 "감정평가법인등이 토지를 감정평가하는 경우에는 그 토지와 이용가치가 비슷하다고 인정되는 「부동산 가격공시에 관한 법률」에 따른 표준지공시지가를 기준으로 하여야 한다."고 규정하여 토지를 감정평가할 때 공시지가기준법을 적용해야 한다는 강행규정을 두고 있다. 이에 따르면 원칙적으로 토지를 감정평가할 때 다른 감정평가방법을 적용할 필요 없이 오직 공시지가기준법만을 적용할 수 있다. 다만, 단서는 적정한 실거래가가 있는 경우에는 이를 기준으로도 할 수 있다고 규정하고 있다.

## 2. 「감정평가법」 제3조 제2항의 의미

「감정평가법」 제3조 제2항은 "「주식회사 등의 외부감사에 관한 법률」에 따른 재무제표 작성 등 기업의 재무제표 작성에 필요한 감정평가와 담보권의 설정·경매 등 대통령령으로 정하는 감정평가를 할 때에는 해당 토지의 임대료, 조성비용 등을 고려하여 감정평가를 할 수 있다."

라고 규정하고 있어 일정한 경우에는 해당 토지의 임대료, 조성비용 등을 고려하여 감정평가할 수 있도록 하였다.

① 「외감법」에 따른 재무제표 작성에 필요한 감정평가

② 담보권의 설정·경매 등 대통령령으로 정하는 감정평가

- 「자산재평가법」에 의한 토지 등의 감정평가
- 법원에 계속 중인 소송 또는 경매를 위한 토지 등의 감정평가(단, 법원에 계속 중인 소송을 위한 감정평가 중 보상과 관련된 감정평가를 제외)
- 금융기관·보험회사·신탁회사 등 타인의 의뢰에 의한 토지 등의 감정평가

즉, 상기와 같이 일정한 경우에 그에 대한 예외를 인정하고 있다. 다만, 해당 규정은 임의규정에 해당하고 예외적인 경우를 제외하고는 원칙적으로 주된 감정평가방법 외 하나 이상의 다른 감정평가방법을 적용하여 주된 감정평가방법의 합리성 검토 및 시산가액 조정의 과정을 거쳐야 한다.

## 3. 감정평가방법 적용

### 1) 「감정평가법」 제3조 제2항에 해당하는 감정평가에서의 감정평가방법 적용의 의미

해당 토지의 임대료·조성비용 등을 고려하여 감정평가를 할 수 있으므로, 공시지가기준법에 의한 시산가액의 합리성이 없다고 판단되는 경우에는 다른 감정평가방법에 의하여 감정평가액을 결정할 수 있을 것이다.

「감정평가법」 제3조 제2항 규정에 해당하는 감정평가를 할 때에는 공시지가기준법을 주된 방법으로 적용한 후, 그 외의 감정평가방법으로 구한 시산가액으로 그 합리성을 검토하여 공시지가기준법으로 구한 시산가액의 합리성이 인정되는 경우에는 주된 방법인 공시지가기준법으로 구한 시산가액을 기준으로 최종 감정평가액을 결정할 수 있을 것이다. 반면, 합리성이 인정되지 않을 경우에는 원가법, 수익환원법 등으로 구한 시산가액과 비교, 검토하여 시산가액 조정 과정을 거쳐 최종 감정평가액을 결정할 수 있을 것이다.

### 2) 「감정평가법」 제3조 제2항 규정에 해당하지 않는 감정평가 시 공시지가기준법 외의 감정평가방법 적용 가능 여부

「감정평가법」 제3조 제2항에 해당하는 감정평가의 경우에는 공시지가기준법 외에 원가법, 수익환원법 등을 적용하여 감정평가할 수 있는 가능성을 열어두고 있다. 그러나 이에 해당하지 않는 감정평가(보상평가, 국공유지의 처분 또는 매수 목적의 감정평가 등)에서는 공시지가기준법을 적용하여야 한다는 강행규정에 따라 다른 감정평가방법으로 구한 가액으로 최종적인 감정평가액을 결정하기 곤란하다는 해석의 여지가 있다. 다만, 「토지보상법 시행규칙」 제18조 제2항에서는 "이 규칙에서 정하는 방법으로 평가하는 경우 평가가 크게 부적정하게 될 요인이

있는 경우에는 적정하다고 판단되는 다른 방법으로 평가할 수 있다."라고 규정하고 있다. 또한 적정한 감정평가액의 산정을 위해 다양한 감정평가방법의 적용을 통하여 적극적인 시산가액의 조정을 권장하고 있는「감정평가에 관한 규칙」및「실무기준」의 취지 등을 종합적으로 고려해 본다면,「감정평가법」제3조 제2항 규정에 해당하지 않는 토지의 감정평가의 경우에도 공시지 가기준법에 의한 감정평가가 크게 부적정할 경우 공시지가기준법 외의 감정평가방법을 적용하 는 것이 가능할 것이다.

## 3)「감정평가법」제3조 제2항 규정에서는 '시장성'이 열거되어 있지 않으나, 시장성도 고려대 상에 포함할 수 있는지 여부

「감정평가법」제3조 제2항 규정은 "해당 토지의 임대료, 조성비용 등을 고려하여 감정평가할 수 있다."고 하여 수익성 및 비용성의 원리에 기초한 감정평가방법을 열거하고 있다. 다만, 시 장성의 원리에 기반한 감정평가방법은 직접적으로 열거되어 있지 않으나 고려대상에 포함할 수 있는지 여부에 대하여 논란의 여지가 있다. 그러나 부동산 가격 3면성의 원리(비용성·수 익성·시장성) 및「감정평가법」제3조 제2항 규정이 "임대료, 조성비용 등"으로 규정하고 있 는 점 등을 고려할 때, 시장성에 기초한 감정평가방법도 당연히 고려대상에 포함된다고 볼 수 있을 것이며 제3조 제1항의 단서 조항에 적정한 실거래가를 기준으로 할 수 있다고 규정하여 시장성을 고려하고 있다.

## 4) 감정평가법인등이 준수하여야 할 원칙과 기준

감정평가의 공정성과 합리성을 보장하기 위하여 감정평가법인등(소속 감정평가사를 포함한다) 이 준수하여야 할 원칙과 기준은 국토교통부령으로 정한다(감정평가법 제3조 제3항).

## 5) 기준제정기관(감정평가법 제3조 제4항~제6항)

① 국토교통부장관은 감정평가법인등이 감정평가를 할 때 필요한 세부적인 기준(이하 "실무기 준"이라 한다)의 제정 등에 관한 업무를 수행하기 위하여 대통령령으로 정하는 바에 따라 전문성을 갖춘 민간법인 또는 단체(이하 "기준제정기관"이라 한다)를 지정할 수 있다(감정 평가법 제3조 제4항).

② 국토교통부장관은 필요하다고 인정되는 경우 제40조에 따른 감정평가관리·징계위원회의 심의를 거쳐 기준제정기관에 실무기준의 내용을 변경하도록 요구할 수 있다. 이 경우 기준 제정기관은 정당한 사유가 없으면 이에 따라야 한다(감정평가법 제3조 제5항).

③ 국가는 기준제정기관의 설립 및 운영에 필요한 비용의 일부 또는 전부를 지원할 수 있다(감 정평가법 제3조 제6항).

## 제6절 공시지가기준법의 적용

## 1. 비교표준지의 선정

「실무기준」

① 비교표준지는 다음 각 호의 선정기준을 충족하는 표준지 중에서 대상토지의 감정평가에 가장 적절하다고 인정되는 표준지를 선정한다. 다만, 한 필지의 토지가 둘 이상의 용도로 이용되고 있거나 적절한 감정평가액의 산정을 위하여 필요하다고 인정되는 경우에는 둘 이상의 비교표준지를 선정할 수 있다.

1. 용도지역·지구·구역 등 공법상 제한사항이 같거나 비슷할 것
2. 이용상황이 같거나 비슷할 것
3. 주변환경 등이 같거나 비슷할 것
4. 인근지역에 위치하여 지리적으로 가능한 한 가까이 있을 것

② 제1항 각 호의 선정기준을 충족하는 표준지가 없는 경우에는 인근지역과 유사한 지역적 특성을 갖는 동일수급권 안의 유사지역에 위치하고 제1항 제1호부터 제3호까지를 충족하는 표준지 중 가장 적절하다고 인정되는 표준지를 비교표준지로 선정할 수 있다.

③ 도로·구거 등 특수용도의 토지에 관한 감정평가로서 선정기준에 적합한 표준지가 인근지역에 없는 경우에는 인근지역의 표준적인 이용상황의 표준지를 비교표준지로 선정할 수 있다.

## 2. 적용공시지가의 선택

「실무기준」

공시지가기준법으로 토지를 감정평가할 때에 적용할 공시지가는 기준시점에 공시되어 있는 표준지공시지가 중에서 기준시점에 가장 가까운 시점의 것을 선택한다. 다만, 감정평가시점이 공시지가 공고일 이후이고 기준시점이 공시기준일과 공시지가 공고일 사이인 경우에는 기준시점 해당 연도의 공시지가를 기준으로 한다.

적용공시지가란 표준지공시지가 중에서 대상토지의 감정평가를 위하여 비교의 기준으로 선택된 연도별 공시지가를 의미한다.

## 3. 시점수정

「실무기준」

① 시점수정은 「부동산 거래신고 등에 관한 법률」 제19조에 따라 국토교통부장관이 월별로 조사·발표한 지가변동률로서 비교표준지가 있는 시·군·구의 같은 용도지역 지가변동률을 적용한다.

② 제1항에도 불구하고 다음 각 호의 경우에는 그 기준에 따른다.

1. 비교표준지와 같은 용도지역의 지가변동률이 조사·발표되지 아니한 경우에는 공법상 제한이 비슷한 용도지역의 지가변동률, 이용상황별 지가변동률(지가변동률의 조사·평가기준일이 1998년 1월 1일

이전인 경우에는 지목별 지가변동률을 말한다. 이하 같다)이나 해당 시·군·구의 평균지가변동률을 적용할 수 있다.

2. 비교표준지가 도시지역의 개발제한구역 안에 있는 경우 또는 도시지역 안에서 용도지역이 미지정된 경우에는 녹지지역의 지가변동률을 적용한다. 다만, 녹지지역의 지가변동률이 조사·발표되지 아니한 경우에는 비교표준지와 비슷한 이용상황의 지가변동률이나 해당 시·군·구의 평균지가변동률을 적용할 수 있다.

3. 표준지공시지가의 공시기준일이 1997년 1월 1일 이전인 경우로서 비교표준지가 도시지역 밖에 있는 경우, 도시지역의 개발제한구역 안에 있는 경우나 도시지역 안의 용도지역이 미지정된 경우에는 이용상황별 지가변동률을 적용한다. 다만, 비교표준지와 같은 이용상황의 지가변동률이 조사·발표되지 아니한 경우에는 비교표준지와 비슷한 이용상황의 지가변동률 또는 해당 시·군·구의 평균지가변동률을 적용할 수 있다.

③ 제2항에 따라 지가변동률을 적용하는 경우에는 감정평가서에 그 내용을 기재한다.

④ 감정평가를 할 때에 조사·발표되지 아니한 월의 지가변동률 추정은 조사·발표된 월별 지가변동률 중 기준시점에 가장 가까운 월의 지가변동률을 기준으로 하되, 월 단위로 구분하지 아니하고 일괄 추정방식에 따른다. 다만, 지가변동 추이로 보아 조사·발표된 월별 지가변동률 중 기준시점에 가장 가까운 월의 지가변동률로 추정하는 것이 적절하지 않다고 인정되는 경우에는 조사·발표된 최근 3개월의 지가변동률을 기준으로 추정하거나 조사·발표되지 아니한 월의 지가변동 추이를 분석·검토한 후 지가변동률을 따로 추정할 수 있다.

⑤ 지가변동률의 산정은 기준시점 직전 월까지의 지가변동률 누계에 기준시점 해당 월의 경과일수(해당 월의 첫날과 기준시점일을 포함한다. 이하 같다) 상당의 지가변동률을 곱하는 방법으로 구하되, 백분율로서 소수점 이하 셋째 자리까지 표시하고 넷째 자리 이하는 반올림한다.

⑥ 해당 월의 경과일수 상당의 지가변동률 산정은 해당 월의 지가변동률이 조사·발표된 경우에는 해당 월의 총일수를 기준으로 하고, 해당 월의 지가변동률이 조사·발표되지 아니하여 지가변동률을 추정하는 경우에는 그 추정의 기준이 되는 월의 총일수를 기준으로 한다.

시점수정이란 공시지가의 공시시점(거래사례의 경우 거래시점)과 대상물건의 기준시점이 시간적으로 불일치하여 가격수준의 변동이 있는 경우 사례물건의 가격을 기준시점의 가치수준으로 수정하는 작업을 말한다. 한편, 시점수정은 「부동산 거래신고 등에 관한 법률」 제19조에 따라 국토교통부장관이 월별로 조사발표한 지가변동률로서 비교표준지가 있는 시·군·구의 같은 용도지역의 지가변동률을 적용한다.

## 4. 지역요인의 비교

「실무기준」
지역요인 비교는 비교표준지가 있는 지역의 표준적인 획지의 최유효이용과 대상토지가 있는 지역의 표준적인 획지의 최유효이용을 판정·비교하여 산정한 격차율을 적용하되, 비교표준지가 있는 지역과 대상토지가 있는 지역 모두 기준시점을 기준으로 한다.

## 1) 지역요인 비교의 의의

지역요인 비교는 공시지가기준법 적용 시 비교표준지가 속한 지역과 대상토지가 속한 지역적 차이에 따른 가치수준의 격차를 보정하는 중요한 절차이다.

## 2) 지역요인의 의의

지역요인이란 대상물건이 속한 지역의 가격수준 형성에 영향을 미치는 자연적·사회적·경제적·행정적 요인을 말한다. 즉, 지역요인은 대상 지역이 다른 지역과 구별되는 지역특성을 이루는 자연적·인문적 요인들로서 그 지역의 가격수준이나 표준적 사용에 영향을 미치는 지역적 차원의 가치형성요인이다. 부동산의 가치는 지역성이라는 특성으로 인해 우선적으로 지역수준에서 그 가격수준이 형성되므로 지역요인의 비교가 필수적이다.

## 3) 지역요인의 비교

### (1) 비교대상(지역의 표준적인 획지의 최유효이용 기준 비교)

지역요인의 비교는 비교표준지가 있는 지역의 표준적인 획지의 최유효이용과 대상토지가 있는 지역의 표준적인 획지의 최유효이용을 판정·비교하여 산정한 격차율을 적용한다. 각 해당 지역의 특성을 가장 적절하게 반영하고 있는 토지를 기준으로 하여 양 지역의 가격수준의 격차를 보정하는 것이다.

### (2) 비교시점(기준시점 기준 비교)

비교표준지가 있는 지역과 대상토지가 있는 지역 모두 기준시점을 기준으로 한다. 이에 대하여 공시기준일을 기준으로 비교해야 한다는 견해가 있으나, 만약 표준지의 공시기준일을 기준으로 하여 지역요인을 비교한다면, 과거시점의 지역요인을 파악하여야 한다. 이는 현실적으로 곤란할 수 있으며, 인근지역 간에도 지역요인 비교가 이루어져야 하는 모순이 발생할 수 있는 점 등을 고려하여 기준시점을 기준으로 비교하는 것이다.

## 4) 지역요인 비교의 격차율 산정방법

### (1) 지역요인 비교의 항목과 세항목

지역요인 및 개별요인 비교 항목과 관련하여 관련 법령에는 별도의 규정은 없으나, 「표준지공시지가조사·평가기준」 제9조에서는 지역요인 및 개별요인의 비교는 표준지의 공법상 용도지역과 실제 이용상황 등을 기준으로 그 용도적 특성에 따라 다음과 같이 용도지대를 분류하고, 가로조건·접근조건·환경조건·획지조건·행정적 조건·기타조건 등에 관한 사항을 비교하도록 하고 있다. 각 용도지대별 지역요인 및 개별요인의 비교항목(조건·항목·세항목)은 별표 각 용도지대별 지역요인 및 개별요인의 비교항목을 참고한다.

각 조건은 항목과 세항목으로 세분화되어 있고, 세항목은 결국 용도지대별 지역요인 및 개별요인의 구체적인 내용이다. 지역요인 중에서 기타조건은 각 세부항목에 해당되지 않는 비교항목이 있을 경우에 이를 보충하기 위하여 사용하는 것이다. 따라서 지역요인 및 개별요인 비교는 용도지대별·조건별로 제시된 항목과 세항목을 내용으로 비교표준지와 대상토지의 지역요인 및 개별요인을 비교한다.

### (2) 격차율의 산정방법

비교표준지와 대상토지의 지역요인 및 개별요인의 비교를 위한 격차율은 용도지대별 비교항목(조건·항목·세항목)을 기준으로 지역요인과 개별요인별로 구분하여 따로 산정한다. 각 "조건" 단위의 격차율은 비교가 필요한 "항목·세항목"만을 추출하여 산정하되, 각 "항목·세항목" 단위의 우세·열세 등 격차율을 더한 것으로 한다. 지역요인 및 개별요인별 격차율은 이러한 방법에 따라 산정된 각 "조건" 단위의 격차율을 곱한 것으로 한다.

**PLUS ➕ 개념** | **격차율 산정방법**

**1. 개요**

격차율을 산정하는 방법은 종합적 비교법과 평점법이 있으며, 평점법은 상승식과 총화식으로 구분되며 각 방법은 아래의 내용과 같다. **우리나라는 주관 개입을 최대한 배제하기 위하여 평점법을 택하고 있으며, 세항목별 격차율은 총화식, 조건별 격차율은 상승식을 적용한다.**

**2. 종합적비교법**

종합적비교법은 비교표준치의 지역요인과 개별요인에 대한 분석을 거쳐, 대상토지의 그것과 종합적으로 비교하여 얻은 비율을 비교표준지 공시지가에 곱하여 최종 평가액에 도달하는 방법을 말한다. 이 방법은 간편하다는 장점이 있는 반면에 평가자의 주관에 따라 가액의 차이가 크게 발생할 수 있는 단점이 있다.

**3. 평점법**

평점법은 비교표준지와 대상토지에 대하여 가로조건, 접근조건, 환경조건, 획지조건, 행정적 조건 등 몇 가지 비교항목을 설정하고, 각 비교항목을 상호 비교하여 얻은 비율을 비교표준지 공시지가에 곱하여 시산가액에 도달하는 방법으로 격차율에 의한 비교법이라고도 한다. 이는 각 조건별 세항목을 계산하는 방법에 따라 상승식과 총화식으로 다시 구분된다. 상승식은 평점법의 적용을 위해 설정한 각 조건에 대해 비교대상 각 조건을 1로 보고 대상토지의 각 조건별 격차율을 판정한 다음 각 조건별 격차율을 곱(승)하여 격차율을 결정하는 방법이며, 총화식은 비교대상의 각 조건을 1로 보고 대상토지의 격차율을 서로 합한 값을 비교대상의 각 조건별 격차율을 합한 값으로 나눈 값을 격차율로 결정하는 방법이다.

① 세항목단위 격차율 결정 : 격차율표의 적정한 항목단위 격차율 적용
② 조건단위 격차율 산정 : 조건별 세항목 격차율의 합(총화식)
③ 개별요인 격차율 산정 : 가로조건 × 접근조건 × 환경조건 × 획지조건 × 행정적조건 × 기타조건

### (3) 격차율의 표시방법

격차율의 산정은 비교표준지를 기준으로 하여 감정평가대상 개별필지별로 산정함을 원칙으로 하며, 백분율로서 소수점 이하 첫째 자리까지 표시하고 둘째 자리에서 반올림한다.

## 5. 개별요인의 비교

「실무기준」
개별요인 비교는 비교표준지의 최유효이용과 대상토지의 최유효이용을 판정·비교하여 산정한 격차율을 적용하되, 비교표준지의 개별요인은 공시기준일을 기준으로 하고 대상토지의 개별요인은 기준시점을 기준으로 한다.

### 1) 개별요인 비교의 의의

개별요인 비교는 공시지가기준법 적용에 있어 부동산의 개별성에 따라 그 가치를 개별적으로 형성하게 하는 요인을 비교하여 격차를 보정하는 절차이다.

### 2) 개별요인의 의의

개별요인이란 대상물건의 구체적 가치에 영향을 미치는 대상물건의 고유한 개별적 요인을 말한다. 즉, 개별요인은 부동산의 개별성에 따라 그 가치를 개별적으로 형성하게 하는 요인으로서 대상부동산이 속한 지역의 표준적인 이용을 전제로 한 가격수준과 비교하여 개별적 가격 차이를 발생시키는 가치형성요인이다. 부동산의 가치는 지역적으로 가격수준이 형성된 후 개개 부동산가치로 구체화되는 특성을 가지므로 개별요인의 비교는 필수적이다.

### 3) 개별요인의 비교

#### (1) 비교대상(최유효이용의 판정·비교)

개별요인 비교는 비교표준지의 최유효이용과 대상토지의 최유효이용을 판정·비교한다. 개별요인 비교 과정은 비교표준지의 최유효이용과 대상토지의 최유효이용을 각각 판정한 후 이를 비교하게 되는데, 대상토지의 현황이 최유효이용에 미달하는 경우에도 그 구체적인 가액을 산정하기 위해서는 대상토지의 최유효이용에 대한 판정이 선행되어야 한다.

#### (2) 비교시점

비교표준지의 개별요인은 공시기준일을 기준으로 하고 대상토지의 개별요인은 기준시점을 기준으로 한다. 지역요인의 비교는 비교표준지와 대상토지 모두 기준시점을 기준으로 하지만, 개별요인의 비교에서는 비교표준지는 공시기준일 당시의 현황을 기준으로 하는 것에 유의하여야 한다.

## 4) 개별요인 비교의 격차율 산정방법

### (1) 개별요인 비교의 항목과 세항목

"지역요인 비교의 항목과 세항목" 내용과 동일하므로 해당 내용을 참고한다. 특이사항으로 지역요인 비교 시에는 획지조건을 고려하지 않으나, 개별요인 비교 시에는 고려하는 것에 유의한다.

### (2) 격차율의 산정방법 및 표시방법

지역요인의 "격차율의 산정방법 및 표시방법" 내용과 동일하다.

## 5) 유의사항

### (1) 격차율 산정 시 유의사항

격차율표는 용도지대별로 작성되어 있으며, 대상토지가 속하는 인근지역의 표준적인 이용상황에 따라 적정한 용도지대의 격차율표를 선정하여야 한다. 예를 들어 주택중심지대의 주상용 토지는 주택지대 격차율표로, 상업중심지대에서 주상용 토지는 상업지대 격차율표를 선정하여야 한다.

격차율표가 용도지대별로 작성되어 있으므로, 비교표준지는 대상토지와 지역의 성격 및 가치형성요인이 유사한 것 중에서 선정하도록 한다. 격차율표 적용 시 지대별 유의사항은 다음과 같다.

① 상업지대
- 동일 상권 내에서 접면도로의 폭이 맹지나 세로(불)인 토지와 소로 및 중로 이상인 토지의 비교는 자제한다.
- 상업중심, 교통시설과의 거리 및 편의성은 직선거리 및 접근 편의성, 대상 시설이 주는 영향의 정도를 종합 고려하여 격차를 산정한다.
- 유사 상권 외의 지역(⑩ 후면지와 전면지) 비교는 자제한다.
- 위험 및 혐오시설은 시설의 성격 및 직선거리 영향의 정도를 종합 고려한다.

② 주택지대
- 가로조건에서 맹지와 소로 이상 비교를 자제한다.
- 공공 및 편익 시설과의 접근성은 직선거리 및 편의성 공공시설의 영향의 정도를 종합 고려한다.
- 조망 경관이 특히 우세하여 별도 보정이 필요한 경우 그 이유(⑩ 바다 조망 등)를 기재한다.
- 지역의 위도, 기상조건 등에 따라 일조, 통풍 등에 대한 가치척도가 다르므로, 지역의 실정에 따라 격차율의 한도 내에서 적절히 수정하여 적용하여야 한다.

③ 공업지대
- 특수 설비(예 전용부두, 전용선로)의 효용성이 높아 격차율표 이상 보정이 필요한 경우 보정 내역을 기재한다.
- 공업 기반시설이 완비되어 비용절감효과 등이 기대된다면 적절하게 지역의 실정에 따라 격차율의 한도 내에서 수정하여 적용하여야 한다.

④ 농경지대
- 현재 농경지로 이용 중이나 향후 주변 환경의 변화가능성, 개발 및 전용가능성 등이 상당 부분 가시화되어 지가에 반영하기 위해 별도 보정이 필요한 경우 보정 내역 및 상세 내용을 기재한다.
- 수해 및 기타 재해의 위험성은 3년간 평균 재해 및 수해율을 기준하여 전국 평균치를 기준으로 적절하게 보정한다.

⑤ 임야지대
- 가치형성요인이 유사한 비교표준지를 선정해야 하나, 인근에 유사한 토지가 없어 부득이 개별요인 격차가 상이한 토지와 비교하여 접근조건(인근 취락 및 교통시설과의 접근성), 자연조건(경사도 및 고저) 등에서 격차율표 이상의 차이가 발생한 경우 보정 내용을 상세하게 기재한다.
- 임야지대이나 향후 주변 환경의 변화가능성, 개발 및 전용가능성 등이 상당한 부분 가시화되어 지가에 반영이 필요하여 별도 보정을 하는 경우 보정 내역 및 그 상세 내용을 기재한다.
- 지역의 위도, 기상조건 등에 따라 일조, 통풍 등에 대한 가치척도가 다르므로, 지역의 실정에 따라 적절히 수정하여 적용하여야 하며, 이 경우 세부 수정 내역을 기재한다.

### (2) 감정평가서에 격차율 기재 시 예외사항

항목·세항목 단위로 세분하여 표시하는 것이 곤란하거나, 합리적이고 능률적인 평가를 위하여 필요하다고 인정되는 경우에는 이를 "조건" 단위로 기재할 수 있을 것이다. 이는 실무적으로 대규모 보상평가의 경우와 같이 업무 능률 제고를 통해 감정평가업무 전반의 효율적인 진행을 위한 것으로, 감정평가의 객관성을 확보하기 위하여 기준에서는 특별한 경우로 한정하여야 할 것이다.

## 6. 그 밖의 요인 보정

### 1) 그 밖의 요인 보정의 필요성

공시지가기준법에 따라 토지를 감정평가할 때 적정한 시점수정·지역요인 및 개별요인의 비교 과정을 거쳤음에도 불구하고 대상토지의 가치에 영향을 미치는 사항에 대하여 추가적으로 반영해야 할 사항이 있을 수 있다. 이때 그 밖의 요인 보정이 필요하게 된다.

### 2) 그 밖의 요인 보정의 개념

#### (1) 의의

그 밖의 요인이란 시점수정, 지역요인 및 개별요인의 비교 외에 대상토지의 가치에 영향을 미치는 요인이다. 공시지가기준법에 의한 감정평가액이 시점수정, 개별요인 및 지역요인 비교를 거쳤음에도 불구하고 기준가치에 도달하지 못하는 경우가 발생할 수 있다. 그 밖의 요인 보정은 일반적으로 이러한 격차를 보완하기 위하여 실무적으로 행하는 절차이다.

#### (2) 법적 근거

그 밖의 요인 보정은 「감정평가에 관한 규칙」 제14조 제2항 제5호에 근거를 두고 있다. 또한 「감정평가 실무기준」에서는 시점수정, 지역요인 및 개별요인의 비교 외에 대상토지의 가치에 영향을 미치는 사항이 있는 경우에는 그 밖의 요인 보정을 할 수 있는 근거를 마련하고 있다. 다만, 그 밖의 요인 보정을 한 경우에는 그 근거를 감정평가서에 구체적이고 명확하게 기재하여야 하도록 하고 있다.

> **PLUS ➕ 개념 | 대법원 판례**
>
> 수용대상토지의 보상액 산정에 있어서 인근 유사토지의 정상거래가격을 참작할 수 있는 경우와 정상거래가격의 의미 및 인근 유사토지의 정상거래사례가 있고 그것이 보상액을 산정함에 있어서 인근 유사토지의 거래사례나 보상선례를 반드시 참작하여야 하는 것은 아니며, 다만 인근 유사토지의 정상거래사례가 있고 그 거래가격이 정상적인 것으로서 적정한 보상액 평가에 영향을 미칠 수 있는 것이 입증된 경우에는 이를 참작할 수 있다고 할 것이고 한편 인근 유사토지의 정상거래가격이라고 하기 위해서는 대상토지의 인근에 있는 지목, 등급, 지적형태, 이용상황, 법령상의 제한 등 자연적·사회적 조건이 수용대상토지와 동일하거나 유사한 토지에 관하여 통상의 거래에서 성립된 가격으로 개발이익이 포함되지 아니하고 투기적인 거래에서 형성된 것이 아닌 가격이어야 하고 그와 같은 인근 유사토지의 정상거래사례 또는 보상선례가 있고 그 가격이 정상적인 것으로서 적정한 보상액 평가에 영향을 미친다고 인정되는 경우에 한하여 기타요인을 인정할 수 있는 것으로 판시하였다.

### 3) 그 밖의 요인 보정기준 및 산출방법

인근지역 또는 동일수급권 내 유사지역의 본 건과 유사한(공법상 제한, 이용상황 등) 평가선례, 인근지역의 가격수준, 본 건과 유사한 부동산의 낙찰사례, 기타 본 건의 시장가치를 반영할 수 있는 가격자료 등을 참작할 수 있다. 한편, 실무에서는 (1)의 방식을 사용할 경우 평가선례를 기준으로 하여 평가액을 산출한 것으로 오인될 수 있어 대부분 (2)의 방식을 기준으로 산출하고 있다.

### (1) 대상토지기준 산정방식

> (사례기준 대상토지 평가) 사례가격 × 시점수정 × 지역요인 × 개별요인
> / (공시지가기준 대상토지 평가) 공시지가 × 시점수정 × 지역요인 × 개별요인

### (2) 표준지기준 산정방식

> (사례기준 표준지 평가) 사례가격 × 시점수정 × 지역요인 × 개별요인
> / (표준지공시지가 시점수정) 공시지가 × 시점수정

「실무기준」
① 시점수정, 지역요인 및 개별요인의 비교 외에 대상토지의 가치에 영향을 미치는 사항이 있는 경우에는 그 밖의 요인 보정을 할 수 있다.
② 그 밖의 요인을 보정하는 경우에는 대상토지의 인근지역 또는 동일수급권 안의 유사지역의 정상적인 거래사례나 평가사례 등을 참작할 수 있다.
③ 제2항의 거래사례 등은 다음 각 호의 요건을 갖추어야 한다.
    1. 용도지역 등 공법상 제한사항이 같거나 비슷할 것
    2. 이용상황이 같거나 비슷할 것
    3. 주변환경 등이 같거나 비슷할 것
    4. 지리적으로 가능한 한 가까이 있을 것
④ 그 밖의 요인 보정을 한 경우에는 그 근거를 감정평가서(감정평가액의 산출근거 및 결정 의견)에 구체적이고 명확하게 기재하여야 한다.

## 제7절   거래사례비교법의 적용

「실무기준」
① 거래사례는 다음 각 호의 선정기준을 모두 충족하는 거래가격 중에서 대상토지의 감정평가에 가장 적절하다고 인정되는 거래가격을 선정한다. 다만, 한 필지의 토지가 둘 이상의 용도로 이용되고 있거나 적절한 감정평가액의 산정을 위하여 필요하다고 인정되는 경우에는 둘 이상의 거래사례를 선정할 수 있다.
  1. 「부동산 거래신고에 관한 법률」에 따라 신고된 실제 거래가격일 것
  2. 거래사정이 정상적이라고 인정되는 사례나 정상적인 것으로 보정이 가능한 사례일 것
  3. 기준시점으로부터 도시지역(「국토의 계획 및 이용에 관한 법률」 제36조 제1항 제1호에 따른 도시지역을 말한다)은 3년 이내, 그 밖의 지역은 5년 이내에 거래된 사례일 것. 다만, 특별한 사유가 있는 경우에는 그 기간을 초과할 수 있다.
  4. 토지 및 그 지상건물이 일체로 거래된 경우에는 배분법의 적용이 합리적으로 가능한 사례일 것
  5. [610-1.5.2.1]에 따른 비교표준지의 선정기준에 적합할 것
② 제1항 제3호 단서의 경우에는 그 이유를 감정평가서에 기재하여야 한다.

# 용도별 토지

## 제1절  주거용지

> **「실무기준」**
> 주거용지(주상복합용지를 포함한다)는 주거의 쾌적성 및 편의성에 중점을 두어 다음 각 호의 사항 등을 고려
> 하여 감정평가한다.
> 1. 도심과의 거리 및 교통시설의 상태
> 2. 상가와의 거리 및 배치상태
> 3. 학교·공원·병원 등의 배치상태
> 4. 거주자의 직업·계층 등 지역의 사회적 환경
> 5. 조망·풍치·경관 등 지역의 자연적 환경
> 6. 변전소·폐수처리장 등 위험·혐오시설 등의 유무
> 7. 소음·대기오염 등 공해발생의 상태
> 8. 홍수·사태 등 재해발생의 위험성
> 9. 각 획지의 면적과 배치 및 이용 등의 상태

## 1. 주거용지의 효용

주거용지는 단독주택, 다세대·연립주택, 아파트 등 주거의 목적으로 이용되고 있는 토지를
뜻한다. 일반적으로 주거용지는 주거의 쾌적성 및 편의성을 중심으로 주거환경, 안정성 등에
영향을 주는 특성이 있다. 주상복합용지는 주거용지의 특성과 상업용지의 특성을 모두 포함하
고 있다. 따라서 주상복합용지에 대해서는 주거용지와 유사하게 주거의 쾌적성 및 편의성이
강조되나, 해당 토지가 속한 용도지대의 특성을 고려하여 상업·업무용지의 수익성 및 업무의
효율성 등의 주요 고려사항도 적용 가능할 것이다.

## 2. 감정평가 시 고려사항

### 1) 쾌적성과 편의성을 고려

주거용지의 감정평가 시 고려해야 할 사항인 동시에 주거용지의 가치형성요인으로 작용한다.
주거지는 생활의 기초가 되는 곳으로서 쾌적성 및 편의성에 중점을 두고 감정평가한다. 이것
은 거주자의 일상생활과 밀접한 연관을 가지는 요인들로서 전통적인 주거형태에서부터 현대인
의 주거생활까지 열거될 수 있다. 최근에는 환경문제와 관련된 소음 및 대기오염 등 공해발생
여부의 상태의 중요성이 커지고 있다.

## 2) 자연적 조건, 사회적·행정적 조건을 고려

일반적으로 주거용지의 감정평가 시 고려할 주요 사항으로는 자연적 조건과 관련하여 지형, 지적, 지세, 지질, 지반, 경관, 기후, 일조, 통풍 등이 있다. 또한 사회적·행정적 조건에는 편의시설의 인접상태, 공해, 위험, 혐오시설의 유무, 교통상태, 공공시설의 유무 및 접근성, 제도상 규제 등이 있다.

## 제2절   상업·업무용지

> 「실무기준」
> 상업·업무용지는 수익성 및 업무의 효율성 등에 중점을 두고 다음 각 호의 사항 등을 고려하여 감정평가한다.
> 1. 배후지의 상태 및 고객의 질과 양
> 2. 영업의 종류 및 경쟁의 상태
> 3. 고객의 교통수단 상태 및 통행 패턴
> 4. 번영의 정도 및 성쇠의 상태
> 5. 해당 지역 경영자의 창의와 자력의 정도
> 6. 번화가에의 접근성

## 1. 상업·업무용지의 효용

상업·업무용지는 기본적으로 이익창출을 위한 활동이 이루어지는 용지로서, 수익성 및 업무의 효율성에 따라 토지가치가 영향을 받는다. 고도화된 상업지역일수록 상업·업무시설의 집적도, 배후지의 상태 및 고객의 질과 양 등의 영향력이 높아지는 경향이 있다.

## 2. 감정평가 시 고려사항

### 1) 수익성을 고려

상업·업무용지는 양호한 입지장소에 위치함에 따라 입지주체가 경제활동을 영위할 때 수익성 및 업무의 효율성에 어떠한 영향을 주는지에 대한 부분이 중요하다. 수익성의 극대화가 최유효이용의 중요한 요건 중의 하나이므로 이에 영향을 미치는 다양한 요인을 고려한다.

### 2) 사회·경제적 조건, 물리적(자연적) 조건을 고려

사회·경제적 고려사항으로는 배후지 및 고객의 양과 질, 대중교통 등 교통수단과의 접근성, 번영의 정도 등이 있다. 물리적인 고려사항으로는 가로 및 획지의 형상, 접면너비, 지반 등이 있다.

## 제3절　공업용지

「실무기준」
공업용지는 제품생산 및 수송·판매에 관한 경제성에 중점을 두고 다음 각 호의 사항 등을 고려하여 감정평가한다.
1. 제품의 판매시장 및 원재료 구입시장과의 위치관계
2. 항만, 철도, 간선도로 등 수송시설의 정비상태
3. 동력자원, 용수·배수 등 공급처리시설의 상태
4. 노동력 확보의 난이
5. 관련 산업과의 위치관계
6. 수질오염, 대기오염 등 공해발생의 위험성
7. 온도, 습도, 강우 등 기상의 상태

## 1. 공업용지의 효용

공업용지는 제품의 생산 및 판매에 따른 경제성과 관련된 활동이 중심이 되는 특성을 갖는다. 즉, 공업 생산에 미치는 영향과 조건 등을 고려하여 해당 용지의 가치에 어떠한 영향을 미치는지를 중점적으로 고려하여야 할 것이다.

## 2. 감정평가 시 고려사항

### 1) 경제성을 고려

공업용지의 제품생산, 수송 및 판매 등과 관련하여 경제성에 영향을 미치는 주요 사항으로는 원료, 기동력, 자본, 동력, 용지 등의 생산요소와 시장, 운송, 환경요인, 정부의 정책 등이 있다.

### 2) 자연적 조건, 사회적·경제적 조건을 고려

자연적 조건에는 기후, 용지, 용수, 재해 등이 있고, 사회적·경제적 조건에는 시장수요와 접근성, 원재료, 노동력, 기술, 교통, 정부기관, 통신, 방재 등의 주요 요인이 있다.

## 제4절　농경지

「실무기준」
농경지는 농산물의 생산성에 중점을 두고 다음 각 호의 사항 등을 고려하여 감정평가한다.
1. 토질의 종류 및 비옥도
2. 관개·배수의 설비상태
3. 가뭄 피해나 홍수 피해의 유무와 그 정도
4. 관리 또는 경작의 편리성
5. 마을 및 출하지와의 접근성

## 1. 농경지의 효용

농경지는 농작물을 경작할 수 있는 토지를 의미하며, 해당 농경지의 생산성에 중점을 두어 감정평가를 한다. 다양한 환경, 위치적 조건하에서 생산성에 따라 토지가치가 영향을 받으며, 경작의 편리성 및 판매지와의 접근성 등도 상당한 영향을 미친다.

## 2. 감정평가 시 고려사항

대상 농경지의 토질, 수질의 상태, 소비자와의 거리 및 수송시설의 정비상태, 시장 접근성 등 자연적·사회적·경제적 조건을 종합적으로 고려하여야 한다.

## 제5절  임야지

「실무기준」
임야지는 자연환경에 중점을 두고 다음 각 호의 사항 등을 고려하여 감정평가한다.
1. 표고, 지세 등의 자연상태
2. 지층의 상태
3. 일조, 온도, 습도 등의 상태
4. 임도 등의 상태
5. 노동력 확보의 난이

### 1. 임야지의 효용

임야지는 수목이 많이 자라고 있는 재산적인 가치를 지닌 산지로서, 토지가치에 기본적으로 영향을 미치는 요인은 자연환경이라고 볼 수 있다. 따라서 해당 토지의 지세, 일조 등 전반적인 자연 상태를 고려하여 감정평가하도록 한다.

### 2. 감정평가 시 고려사항

임야지는 자연환경에 영향을 미치는 사항을 주로 고려하여 감정평가한다. 죽·목의 생육상태에 영향을 줄 수 있는 일조, 온도, 습도, 풍우 등의 기상상태와 생산물의 반출 및 비용에 영향을 주는 요인으로 임도의 정비 상태, 노동력 확보 등을 고려한다.

# 특수 토지 1편

## 제1절  광천지

> **「실무기준」**
> 지하에서 온수·약수·석유류 등이 솟아 나오는 용출구와 그 유지에 사용되는 부지(운송시설 부지를 제외한
> 다. 이하 "광천지"라 한다)는 그 광천의 종류, 광천의 질과 양, 부근의 개발상태 및 편익시설의 종류와 규모,
> 사회적 명성, 그 밖에 수익성 등을 고려하여 감정평가하되, 토지에 화체되지 아니한 건물, 구축물, 기계·기
> 구 등의 가액은 포함하지 아니한다.

### 1. 광천지의 개념

광천지란 지하에서 온수·약수·석유류 등이 용출되는 용출구(湧出口)와 그 유지(維持)에 사
용되는 부지를 뜻한다. 다만, 온수·약수·석유류 등을 일정한 장소로 운송하는 송수관·송유
관 및 저장시설의 부지는 제외한다.

### 2. 감정평가방법 및 적용 시 유의사항

#### 1) 공시지가기준법

인근지역 또는 동일수급권 내 유사지역의 표준지공시지가(광천지 표준지)를 기준으로 평가한
다. 공시지가기준법 적용 시에는 광천의 종류, 광천의 양과 질, 부근의 개발상태 및 편익시설
의 종류와 규모, 사회적 명성, 그 밖의 수익성 등을 고려한다.

#### 2) 거래사례비교법

그 광천의 종류, 질 및 양의 상태, 부근의 개발상태 및 편익시설의 종류, 규모, 사회적 명성,
기타 수익성 등을 고려하여 거래사례비교법에 의하여 평가한다.

#### 3) 원가법

원가법을 적용하여 광천지를 감정평가하는 방법은 다음과 같다.
(원가법에 의한 감정평가액 = 공구당 총가격 ÷ 대상 광천지의 면적)

① 공구당 총가격은 굴착, 그라우팅, 동력, 배관에 소요되는 비용과 가설비, 부대비용, 업자이윤 등의 비용에 소지가격을 더한 금액에서 광천지에 화체되지 아니한 건물, 구축물, 기계 등의 가치상당액을 공제하여 결정한다.

② 온천개발비용은 굴착비, 그라우팅비, 펌프, 모터, 동력, 배관비 등으로 이는 토지의 심도, 지질의 양상, 사용하는 기기능력에 따라 변동한다. 그러나 광천지의 가치는 대상 광천지 온천수의 수질 및 대상 광천지의 지역적, 개별적 요인에 의하여 형성되므로 온천개발 비용을 그대로 광천지의 가치로서 인정하는 것에는 무리가 있다. 즉, 온천개발비는 온천수의 수온, 수량, 수질과 구조적으로 비례한다고 보기 어렵기 때문에 원가법을 적용하여 광천지를 감정평가할 때에는 이러한 점에 유의하여야 한다.

### 4) 수익환원법

수익가액의 기준인 순수익을 산정하기 위하여 용출량, 온수양탕비용, 방문객 수 등의 정치한 자료가 준비되어야 하나, 대부분의 경우 온천의 운영은 법인이 아닌 개인의 형태로 이루어지므로 신뢰할 만한 자료의 확보가 어렵다. 또한 통상적으로 온천업은 토지·건물·광천지로 이루어진 숙박업소의 형태이므로, 숙박업소의 총 순수익에서 광천지만의 순수익을 추출할 필요가 있다.

## 3. 감정평가 시 유의사항

온천공은 그 자체로서 가치가 형성된다기보다는 추가적인 개발을 통하여 그 수익이 현출되게 된다. 거래사례비교법의 적용에 있어서 우리나라의 온천은 비화산원으로 숫자적으로 희소성이 있어 거래사례가 거의 없고 일부 있는 경우에도 토지, 건물에 포함하여 일체로 거래되거나 특수한 거래사례를 수반하고 있어 가격자료로 이용할 수 있는 정상적인 거래사례의 포착이 어렵다. 또한 원가법 자체가 가격이라고 보기 어려운 경우도 많아 3방식 평가 시 각각 문제점이 있으므로 유의해야 한다.

## 제2절 골프장용지

「실무기준」
① 골프장용지는 해당 골프장의 등록된 면적 전체를 일단지로 보고 감정평가하되, 토지에 화체되지 아니한 건물, 구축물, 기계·기구 등(골프장 안의 클럽하우스·창고·오수처리시설 등을 포함한다)의 가액은 포함하지 아니한다. 이 경우 하나의 골프장이 회원제 골프장과 대중 골프장으로 구분되어 있을 때에는 각각 일단지로 구분하여 감정평가한다.
② 제1항은 경마장 및 스키장시설, 그 밖에 이와 비슷한 체육시설용지나 유원지의 감정평가에 준용한다.

## 1. 개념 및 구분

### 1) 개념

골프장용지란 국민의 건강증진 및 여가선용 등을 위하여 체육활동에 적합한 시설과 형태를 갖춘 골프장의 토지와 부속시설물의 부지를 뜻한다. 골프장은 이용형태에 따라 회원제 골프장과 대중 골프장이 있다.

### 2) 구분

#### (1) 개발지

개발지란 골프코스(티그라운드·페어웨이·라프·그린 등), 주차장 및 도로, 조정지(골프코스 밖에 설치된 연못), 조경지(형질 변경 후 경관을 조성한 토지), 클럽하우스 등 관리시설의 부지를 뜻한다.

#### (2) 원형보존지

원형보존지란 개발지 이외의 토지로서 해당 골프장의 사업계획 승인 시부터 현재까지 원형 상태 그대로 보전이 되고 있는 임야, 늪지 등의 토지를 의미한다.

## 2. 감정평가방법 및 적용 시 유의사항

### 1) 공시지가기준법

인근지역 또는 유사지역의 유사한 골프장용지의 표준지공시지가를 선정 및 비준하여 가치를 결정한다. 대부분 본 건이 표준지로서 지역 및 개별요인 보정은 불필요하다.

### 2) 원가법

개발지와 원형보존지의 표준적 공사비 및 부대비용, 제세공과금(토지용역수수료, 인허가용역비, 설계 및 감리비, 각종 부담금, 토목공사비 등) 및 적정이윤을 기준으로 하여 원가법으로 감정평가할 수 있으며, 토지에 화체되지 아니한 건물, 구축물, 수목(조경수), 기계·기구 등 (골프장 안의 클럽하우스·창고·오수처리시설 등을 포함한다)의 가액은 포함하지 아니한다.

### 3) 거래사례비교법

해당 골프장과 가치형성요인이 유사하고 비교가능성이 높은 골프장의 거래사례가 포착된 경우에 적용할 수 있으며, 해당 거래사례를 기준으로 지상의 건물 등의 가치를 차감하고 골프장의 위치, 교통편의 및 접근성, 개발지의 비율, 홀의 수, 회원 수, 명성 등을 고려하여 감정평가한다.

### 4) 수익환원법(토지잔여법)

골프장의 전체 순수익에서 토지 이외의 건물, 구축물에 귀속되는 수익을 제외한 토지만의 수익에 해당하는 부분을 추출하여 수익환원법을 적용하여 감정평가할 수 있다.

## 3. 감정평가 시 유의사항

### 1) 가치형성요인

골프장용지를 감정평가할 때는 골프장의 위치, 교통편의 및 접근성, 개발지의 비율, 홀의 수, 회원 수, 명성 등의 제반요인을 비교요인으로 반영하여야 한다. 골프장의 주요 가치형성요인으로는 위치, 접근성, 토양·배수·식생, 지형, 전통, 시설관리상태, 코스설계의 적정성 등이 있다.

### 2) 골프장 면적

골프장의 면적은「체육시설의 설치·이용에 관한 법률 시행령」제20조 제1항의 규정에 의하여 등록된 면적을 말한다.

### 3) 일단지 평가

골프장용지는 해당 골프장의 등록된 면적 전체를 일단지로 보고 감정평가하되, 면적비율에 의한 평균가격으로 평가가격을 결정한다. 다만, 하나의 골프장이 회원제 골프장과 대중 골프장으로 구분되어 있을 때에는 그 구분된 부분을 각각 일단지로 보고 평가한다.

**PLUS⁺ 개념** | **골프장의 감정평가**

골프장이 어느 정도 가치를 지니는지 감정평가 혹은 컨설팅하기 위해서는 개별로 평가해서 더하거나 일괄 평가하는 방법 모두 적용 가능하다. 개별 평가는 일단, 클럽하우스 등 건축물과 구축물은 상각자산이므로 원가법이 적용된다. 토지를 평가할 때는 취득한 토지가격과 조성비용 상당액에 주안점을 둘 수밖에 없다. 토지는 농경지, 임야를 성토·절토해 현재 상태로 이행한 것이다. 골프장으로 조성하는 비용은 '홀 당 얼마'로 정형화돼 있다. 입지·주위환경·지세를 기준으로 산악형, 평지형으로 구분하는데, 각각의 대략적인 홀 당 조성비용 수준이 시장에 노출돼 있다. 그러나 골프장 구성요소는 개별 평가하지만 토지만 봐서는 홀 전체를 묶음으로 평가하며, 등록된 토지 전체 면적에 동일 단가가 적용된다. 개발지와 원형보전지의 가격을 각각 내고 이를 면적별로 가중평균하는 논리와 다를 바 없으나, 그렇다고 각각의 단가를 반드시 구할 필요는 없다. 한편, 골프장 역사, 브랜드, 명성 등 무형의 가치에 대해 거래 당사자가 충분히 공감한다면 별도의 목록으로 신설하지 못해도 토지단가에 이를 충분히 녹여내면 될 것이다.

일괄 평가의 논리는 다분히 시장친화적이다. 골프장 부지, 그리고 클럽하우스 등 건물과 구축물, 카트 등으로 나눠 장부에 구분 등록하긴 해도 골프장이 매매될 때는 한 통속이니 평가도 묶어서 하는 게 합리적이라는 것이다. 골프장의 매매금액 책정 시에도 홀 당 얼마로 계산하는 게 관행이다. 전국 수백 여 곳의 골프장이 있고 손이 바뀐 곳도 적지 않아 신뢰할 만한 거래 전례가 구축돼 있다. 지역, 입지, 조성된 상태의 품질, 시장의 평판 등에 따라 홀 당 매매가능 금액은 일정한 범위를 보인다. 골프장 간 순위를 매겨 내 앞자리와 뒷자리에 위치할 경쟁 골프장을 순서 맞춰 세워 놓으면, 위아래 거래 내역을 확보하는 순간 대상 골프장의 시장가치 도출 과정은 마무리된다. 회원제 골프장이라면 회원권 시세로 순위를 매기는 것도 약식 방법으로 볼 수 있다. 대상 골프장의 영업이익 자료를 활용해 수익환원법을 적용한 일괄 평가도 가능하다.

다만, 기간 수익의 성격은 부동산 임대차소득이 아닌 골프장 운영수입이다. 이 방법을 적용하면 골프장을 구성하는 부동산 가치 총합이 아닌 경영, 기술, 인력, 브랜드의 기여분이 포함돼 있는 골프장 기업가치가 도출된다. 시장에서는 골프장 부동산 가치와 골프장 가치를 구분하지 않는다. 세부적으로 단일 기간의 영업이익을 환원할 수도 있고, 기간 할인 모형을 선택하는 것도 가능하다.

## 제3절　공공용지

> **「실무기준」**
> ① 도로·공원·운동장·체육시설·철도·하천의 부지, 그 밖의 공공용지는 용도의 제한이나 거래제한 등을
>    고려하여 감정평가한다.
> ② 공공용지가 다른 용도로 전환하는 것을 전제로 의뢰된 경우에는 전환 이후의 상황을 고려하여 감정평가
>    한다.

## 1. 공공용지의 개념

공공용지란 도시기반시설의 설치에 이용하는 토지 및 주민의 생활에 필요한 시설의 설치를 위한 토지이다. 도로·공원·운동장·체육시설·철도·하천의 부지 등이 있다.

## 2. 감정평가 시 유의사항

### 1) 용도의 제한이나 거래제한 등을 고려

공공용지를 감정평가할 때에는 공공용지의 특성에 따라 용도의 제한이나 거래제한 등을 고려하여 감정평가한다.

### 2) 용도폐지를 전제로 한 감정평가

공공용지가 다른 용도로 전환하는 것을 전제로 의뢰된 경우에는 전환 이후의 상황을 고려하여 감정평가한다. 즉, 전환 전제 가격 = 전환 후 가격 − 전환비용

### 3) 국공유지의 처분 제한

「국토계획법」 제97조 제1항에 따라 도시·군관리계획으로 결정·고시된 국공유지로서 도시·군관리계획시설사업에 필요한 토지는 그 도시·군관리계획으로 정하여진 목적 외의 목적으로 매각하거나 양도할 수 없으므로, 감정평가 시 유의하여야 한다.

## 제4절  사도

> **「실무기준」**
> ① 사도가 인근 관련 토지와 함께 의뢰된 경우에는 인근 관련 토지와 사도부분의 감정평가액 총액을 전면적
>    에 균등 배분하여 감정평가할 수 있으며 이 경우에는 그 내용을 감정평가서에 기재하여야 한다.
> ② 사도만 의뢰된 경우에는 다음 각 호의 사항을 고려하여 감정평가할 수 있다.
>    1. 해당 토지로 인하여 효용이 증진되는 인접 토지와의 관계
>    2. 용도의 제한이나 거래제한 등에 따른 적절한 감가율
>    3. 「공익사업을 위한 토지 등의 취득 및 보상에 관한 법률 시행규칙」 제26조에 따른 도로의 감정평가방법

### 1. 사도의 개념

「사도법」 제2조에서 "사도"란 다음 각 호의 도로가 아닌 것으로서 그 도로에 연결되는 길을
말한다. 다만, 제3호 및 제4호의 도로는 "「도로법」 제37조에 따라 시도(市道) 또는 군도(郡道)
이상에 적용되는 도로 구조를 갖춘 도로에 한정한다."라고 규정하고 있으며, 제1호부터 제4호
의 내용은 다음과 같다.

① 「도로법」 제2조 제1항 제1호에 따른 도로
② 「도로법」의 준용을 받는 도로
③ 「농어촌도로 정비법」 제2조 제1항에 따른 농어촌도로
④ 「농어촌정비법」에 따라 설치된 도로

### 2. 감정평가방법 적용 시 유의사항

#### 1) 사도가 인근토지와 함께 의뢰된 경우(제1항의 경우)

사도가 인근토지와 함께 의뢰된 경우에는 인근토지와 사도부분의 감정평가액 총액을 전면적에
균등 배분하여 감정평가할 수 있다. 이 경우에는 그 내용을 감정평가서에 기재하여야 한다.

#### 2) 사도만 의뢰된 경우(제2항의 경우)

##### (1) 해당 토지로 인하여 효용이 증진되는 인접토지와의 관계

사도만 감정평가가 의뢰된 경우에는 해당 토지로 인하여 효용이 증진되는 인접토지와의 관
계를 고려하여 감정평가할 수 있다. 즉, 사도 자체적인 효용은 낮지만 인접토지는 해당 사
도로 인하여 효용이 증진될 수 있는 점을 고려하는 것이다.

### (2) 용도의 제한이나 거래제한 등에 따른 적절한 감가율

용도의 제한이나 거래제한 등에 따른 적절한 감가율을 적용하여 감정평가할 수 있다. 「사도법」에 따른 용도제한, 특별한 사정이 없는 한 일반인의 통행을 제한하거나 금지할 수 없는 점 등을 고려하여 감가할 수 있다.

### (3) 「토지보상법 시행규칙」 제26조에 따른 도로의 감정평가방법

「토지보상법 시행규칙」 제26조에 따른 도로의 감정평가방법을 고려하여 감정평가할 수 있다. 사도부지에 대해서는 평가목적에 따라 평가외 하거나 감가하여 평가한다. 감가율은 시행규칙 제26조를 준용하여 인근토지의 1/3 이내(사실상 사도) 또는 1/5 이내(사도법상 사도)로 평가하거나 현실적인 감가율을 고려하여 평가할 수 있다.

**PLUS+개념 도로의 감정평가**

진입, 통행을 위한 목적으로 설치, 조성되는 '도로'는 「도로법」, 「국토의 계획 및 이용에 관한 법률」과 밀접한 관련이 있다. 고속도로, 국도, 지방도로인 경우 도로구역으로 지정되고 협의와 수용의 절차를 거쳐 취득한 토지에 아스팔트가 깔린다. 「도로법」에 의해 설치되는 경우다. 시내 도로 대부분은 앞선 것과 조성 과정은 다르지 않지만 도로구간이 몇십 미터에 불과한 것도 있다. 「국토의 계획 및 이용에 관한 법률」에 '도시계획시설도로'로 불리는 것이다. 물론, 택지개발계획 안에, 그리고 지구단위계획 안에 이런 도로의 설치와 조성 계획이 포함돼 있기도 하다. 지목이 도로인 것도 있지만, 다른 지목으로 남아 있으면서 도로로 사용 중인 토지도 널렸다. 도로를 확보하지 못하면 건축허가, 개발행위허가를 안 내주니 구석구석 도로가 자리를 잡는다. 도로인 토지를 국가나 지자체가 소유하기도 하고, 사인(私人)의 소유로 남아 있는 것도 많다. '기반시설'에 포함되는 도로는 '행정재산'으로 불리며 공중의 이익에 부합하도록 관리되고 있다. 도로의 보전을 위해 '접도구역'을 지정해 도로의 손괴를 불러오는 이용에 제약을 가하고, 꼭 사용해야만 하는 경우 '점용허가'를 내 준다. '도로'로 사용 중인 토지를 평가하는 문제, 감정평가에서는 난제 중의 하나다. 도로의 성격, 개설 경위, 소유자가 통일되지 않는 것도 그렇고, '도로'인 토지를 평가하는 규정도 복잡하기 때문이다. 공도, 사도, 사실상 공도, 사실상 사도, 예정공도, 사도법상 사도 등 법률상 용어부터, 새마을도로, 단지 내 도로, 부체도로 등 도로의 성격에 따른 분류까지 들어가면 일반인들은 머리가 지끈거린다. 도로의 평가 규정 역시 변천을 거듭했다. '도로'인 토지를 평가하는 사유 중 단연 토지보상을 빼놓을 수 없으니 「공익사업을 위한 토지 등의 취득 및 보상에 관한 법률」의 규정이 가장 상세하다고 이해할 수 있다. 사도법상 사도를 인근토지의 1/5 이내로 평가하고, 사실상 사도는 1/3 이내로 평가한다는 규정을 보면, 도로인 토지가 그 주변 대지나 공장용지, 농경지로 사용 중인 토지에 비해 상당히 헐값으로 취급된다는 것을 알 수 있다. 감정평가실무기준에서 '사도'를 평가할 때 평가대상에 그 도로를 사용하고 있는 다른 토지들도 포함돼 있다면 전체를 한 묶음으로 평가할 수 있도록 규정한 것은, 도로만의 가격을 별도로 내놓기 어려운 속내를 드러낸 것이다. 또한 다른 토지에 얹혀 매매되는 현실을 반영한 것일

수도 있다. 감정평가기법 중 원가법을 도로의 평가에 사용하면 혼란스러워질 수 있다. 건축허가를 위해 특정 부분을 진입도로로 확보했을 텐데, 도로로 사용할 부분이라고 매매할 때 다른 가격을 책정했을 리는 없다. 그럼, 도로예정지의 취득가격에 포장 등의 비용을 더해야 하고 도로가격은 일반 대지 가격을 넘어선다. 거래사례비교법은 어떨까? 확실히 '도로'만의 매매가 빈번하다면 적용을 마다해야 할 이유가 없다. 일반인들이 도로에 부여하는 심리도 알 수 있으니 통계적인 분석만 거치면 된다. 그러나 사례가 적고 상황이 일률적이지 않다. 표본이 충분하지 않고, 질적 특성의 계량화가 어렵다면 아쉽지만 접어야 한다. 그런 면에서 현재 도로의 평가 규정도 궁여지책으로 볼 수 있다. 사도의 가치가 인근토지의 1/3 이내라는 것은 33% 수준이면 괜찮다는 내용인데, 판례는 이를 '용도의 고착화', '통행제한 불가', '독점적 사용·수익 포기' 같은 문구로 치장했다. 「감정평가 실무기준」에서 '용도의 제한이나 거래제한 등에 따른 적절한 감가율', '해당 토지로 인하여 효용이 증진되는 인접 토지와의 관계', '토지보상법의 도로평가기준'을 고려해서 감정평가하도록 한 것도 같은 맥락이다. 물론 공도는 사정이 다르다. 용도의 제한을 풀 수 있는 권한을 가진 자의 소유물이라고 특별 대접을 받고 있다고 감히 말할 수 있다.

## 제5절  공법상 제한을 받는 토지

**「실무기준」**

① 도시·군계획시설 저촉 등 공법상 제한을 받는 토지를 감정평가할 때(보상평가는 제외한다)에는 비슷한 공법상 제한상태의 표준지공시지가를 기준으로 감정평가한다. 다만, 그러한 표준지가 없는 경우에는 [610-1.5.2.1]의 선정기준을 충족하는 다른 표준지공시지가를 기준으로 한 가액에서 공법상 제한의 정도를 고려하여 감정평가할 수 있다.

② 토지의 일부가 도시·군계획시설 저촉 등 공법상 제한을 받아 잔여부분의 단독이용가치가 희박한 경우에는 해당 토지 전부가 그 공법상 제한을 받는 것으로 감정평가할 수 있다.

③ 둘 이상의 용도지역에 걸쳐있는 토지는 각 용도지역 부분의 위치, 형상, 이용상황, 그 밖에 다른 용도지역 부분에 미치는 영향 등을 고려하여 면적비율에 따른 평균가액으로 감정평가한다. 다만, 용도지역을 달리하는 부분의 면적비율이 현저하게 낮아 가치형성에 미치는 영향이 미미하거나 관련 법령에 따라 주된 용도지역을 기준으로 이용할 수 있는 경우에는 주된 용도지역의 가액을 기준으로 감정평가할 수 있다.

## 1. 토지에 관한 공법상 제한의 의의

토지에 관한 공법상 제한이란 관계법령의 규정에 의한 토지이용 및 처분 등의 제한을 의미한다. 토지는 다양한 법률에 의하여 제한을 받고 있으며, 이러한 제한은 토지가치에 영향을 미치는 중요한 요인 중 하나이다.

## 2. 공법상 제한의 유형

① 일반적 제한은 공법상 제한이 해당 공익사업의 시행을 직접목적으로 하여 가해진 것이 아닌 경우로서 제한 그 자체로 목적이 완성되고 구체적인 사업의 시행이 필요치 아니한 계획제한을 의미한다.

② 개별적 제한은 공법상 제한이 해당 공익사업의 시행을 직접 목적으로 하여 가하여진 경우나 그 제한이 구체적인 사업의 시행을 필요로 하는 계획제한으로 특별제한이라고도 한다.

공법상 제한의 유형으로서 가장 대표적인 것은 「국토계획법」에 의한 용도지역·지구·구역이 있다. 그 외 「자연공원법」에 의한 자연공원, 「도로법」에 의한 접도구역, 「하천법」에 의한 하천구역, 「도정법」, 「산림법」 등 공법상 제한의 유형은 매우 다양하다.

## 3. 공법상 제한을 받는 토지의 감정평가

## 1) 원칙

공법상 제한을 받는 토지를 감정평가할 때(보상평가는 제외한다)에는 비슷한 공법상 제한상태의 표준지공시지가를 기준으로 감정평가한다.

## 2) 잔여부분의 단독이용가치가 희박한 경우

토지의 일부가 공법상 제한을 받아 잔여부분의 단독이용가치가 희박한 경우에는 해당 토지 전부가 그 공법상 제한을 받는 것으로 감정평가할 수 있다. 잔여부분은 그 공법상 제한을 받지 않는다고 하더라도 대상토지의 상당부분 면적이 공법상 제한의 영향을 받아 잔여부분의 단독이용가치가 희박한 경우에는 대상토지 전체를 제한받는 상태대로 감정평가할 수 있도록 한 것이다.

## 3) 둘 이상의 용도지역에 걸쳐 있는 토지

### (1) 원칙(각 용도별로 구분평가 원칙)

둘 이상의 용도지역에 걸쳐 있는 토지는 각 용도지역 부분의 위치, 형상, 이용상황, 그 밖의 다른 용도지역 부분에 미치는 영향을 고려하여 각 용도지역별로 감정평가한다.
(용도지역별 비교표준지를 선정하되, 개별요인은 최유효이용의 측면에서 전체를 기준으로 함을 원칙으로 봄이 타당할 것이다) 다만, 의뢰인이 평균단가를 산출하도록 요청하는 경우에는 용도지역별 감정평가액을 면적비율에 따른 평균가액으로 결정할 수 있다.

### (2) 예외(주된 용도지역으로 평가하는 경우)

용도지역을 달리하는 부분의 면적비율이 현저하게 낮아 가치형성에 미치는 영향이 미미하거나, 관련 법령에 따라 주된 용도지역을 기준으로 이용할 수 있는 경우에는 주된 용도지역의 가액을 기준으로 감정평가할 수 있다.

PLUS + 개념 | **용도지역과 감정평가**

국토를 잘 설계하기 위해 정부가 '어울리지 않는 토지이용'을 규제하는 것을 쉬운 말로 '지역지구제'라 한다. 핵심은 허용용도와 금지용도를 정해 주고 수직적 밀도 역시 규율하겠다는 것이다. 1. 거주의 안녕과 건전한 생활환경의 보호 2. 상업이나 그 밖의 업무의 편익 증진 3. 공업의 편익 증진 4. 자연환경·농지 및 산림의 보호, 보건위생, 보안과 도시의 무질서한 확산 방지를 위한 녹지의 보전 필요성은 도시에서나 있을 법한 얘기다. 이들이 도시지역이라는 큰 틀에서 각각 주거지역, 상업지역, 공업지역, 녹지지역으로 자리한다. 비도시지역에는 관리(보전관리, 생산관리, 계획관리), 농림, 자연환경보전지역을 배치해 놓고 각각의 용도지역 성격과 특성, 즉 어떤 용도로 사용 가능하고 얼마나 높이 건축할 수 있는지「국토의 계획 및 이용에 관한 법률」로 정한 것이 우리의 지역지구제다.

토지 가치에 가장 큰 영향을 주는 요인이 무엇일까? 이견 없이 용도지역이 1순위다. 무엇을 할 수 있는 토지인지, 어느 정도 규모의 건물을 지을 수 있는 땅인지를 결정하기 때문이다. 일반주거지역을 제1종부터 제3종까지 세분했는데, 이들도 용도와 규모 차이를 보인다. 같은 주택을 짓더라도 제2종은 중층주택이 중심, 제3종은 중·고층 주택이 중심이 돼 편리한 주거환경을 조성하라고 규율한다. 지자체에서도 이 범위 안에서 관할구역의 면적, 인구규모 및 용도지역의 특성 등을 감안하여 도시·군 계획조례가 정하는 비율로 용적률 상한선을 두어 얼마간 재량을 발휘할 수 있도록 했다.

같은 용도지역 내 토지는 일단 비슷한 성향을 가졌다고 이해해도 된다. 토지의 평가 시 같은 용도지역 내 가격 자료를 활용하도록 강제한 것은 이질적인 성향은 배제하라는 것이다. 지가변동률 역시 같은 지역 내 용도지역별로 조사·발표한 자료를 의무적으로 적용해야 한다.

## 제6절  일단(一團)으로 이용 중인 토지

> 「실무기준」
> 2필지 이상의 토지가 일단으로 이용 중이고 그 이용 상황이 사회적·경제적·행정적 측면에서 합리적이고 대상토지의 가치형성 측면에서 타당하다고 인정되는 등 용도상 불가분의 관계에 있는 경우에는 일괄감정평가를 할 수 있다.

## 1. 일단지의 개념 및 사례

일단지란 지적공부상 2필지 이상의 토지가 일단을 이루어 같은 용도로 이용되는 것이 사회적·경제적·행정적 측면에서 합리적이고 대상토지의 가치형성 측면에서 타당하다고 인정되는 등 용도상 불가분의 관계에 있는 토지를 말한다. 판례는 용도상 불가분의 관계에 대하여 "일단의 토지로 이용되고 있는 상황이 사회적·경제적·행정적 측면에서 합리적이고 해당 토지의 가치형성적 측면에서도 타당하다고 인정되는 관계에 있는 경우를 말한다."라고 판시하였으며, 「표준지공시지가 조사·평가기준」 제20조 제2항에서는 "일단지로 이용되고 있는 상황이 사회적·경제적·행정적 측면에서 합리적이고 해당 토지의 가치형성측면에서도 타당하다고 인정되는 관계에 있는 경우"로 규정하고 있다. 일단지의 사례로는 개발사업 승인 후 공사 착공한 토지, 골프장용지, 두 필지 이상의 토지에 하나의 건축물이 있는 경우 등이다.

## 2. 일단지의 판단기준

### 1) 용도상 불가분의 관계

2필지 이상의 토지에 대하여 용도상 불가분의 관계가 인정되어야 한다. 즉, 사회적·경제적·행정적 측면에서 합리적이고 해당 토지의 가치형성적 측면에서도 타당하다고 인정되는 관계에 있어야 한다. 2필지의 용도가 명확하게 구분되거나 가치형성적 측면에서 일단으로 이용하는 것이 타당하다고 인정되지 않는 경우에는 일단지로 볼 수 없다.

### 2) 토지소유자의 동일성

일단지의 판단기준과 토지소유자의 동일성은 원칙적으로 직접적인 관련이 없다. 또한 2필지 이상의 토지가 용도상 불가분의 관계에 있다고 인정되는 경우에는 각각의 토지소유자가 다른 경우에도 「민법」상 공유관계로 보아 일단지에 포함시키고 있다.

### 3) 「공간정보의 구축 및 관리 등에 관한 법률」상 지목

「공간정보의 구축 및 관리 등에 관한 법률」상의 지목 분류와 관련하여 볼 때, 일단지의 구체적인 판정기준은 용도상 불가분의 관계에 있는지 여부이지, 지목의 동일성 여부는 아니므로, 지목분류의 개념과 반드시 일치하는 것은 아니다.

### 4) 일시적인 이용상황

2필지 이상의 토지가 일단을 이루어 이용되고 있어도 그것이 주위환경 등의 사정으로 보아 일시적인 이용상황인 경우에는 이를 일단지로 보지 않는 것이 타당하다. 이러한 경우의 예로서 가설 건축물의 부지, 조경수목재배지, 조경자재제조장, 골재야적장, 간이창고, 간이체육시설용지(테니스장, 골프연습장, 야구연습장 등) 등으로 이용되고 있는 경우를 들 수 있다.

### 5) 건축물 존재 여부 및 인정시점

인접되어 있는 2필지 이상의 토지상에 기준시점 현재 하나의 건축물 등이 있는 경우에는 용도상 불가분의 관계가 이미 성립되어 있는 것으로 볼 수 있어 일단지로 인정할 수 있다. 그러나 건축물을 건축 중인 경우 또는 나지상태로서 착공 이전인 경우에는 주의 깊게 판단하여야 한다. 「표준지공시지가 조사·평가기준」제20조 제4항에서는 건축 중에 있는 토지와 공시기준일 현재 나지상태이나 건축허가 등을 받고 공사를 착수한 때에는 토지소유자가 다른 경우에도 이를 일단지로 본다고 규정하고 있다.

나지상태의 토지는 용도가 확정되지 않은 상태로서 일단지 판단에 어려움이 있으나, 주위환경이나 토지의 상황 등을 종합적으로 고려할 때에 장래에 일단으로 이용되는 것이 확실시된다면 용도상 불가분의 관계를 인정할 수 있을 것이다.

## 3. 일단지 판단 시 유의사항

일단지 판단과 관련하여 주거용지, 상업용지, 공업용지, 후보지 등 각각의 용도에 따라 그 효용과 기능적 면에서 많은 차이를 가지므로 일단지 판단 시 이를 고려하여야 한다.

## 4. 일단지 내 구분평가하는 경우

일단지의 일부가 용도지역 등을 달리하는 등 가치가 명확히 구분되어 둘 이상의 표준지가 선정된 때에는 구분된 부분을 각각 일단지로 보고 평가한다.

## 제7절 │ 규모가 과대하거나 과소한 토지

> **「실무기준」**
>
> 토지의 면적이 최유효이용 규모에 초과하거나 미달하는 토지는 대상물건의 면적과 비슷한 규모의 표준지공
> 시지가를 기준으로 감정평가한다. 다만, 그러한 표준지공시지가가 없는 경우에는 규모가 과대하거나 과소한
> 것에 따른 불리한 정도를 개별요인 비교 시 고려하여 감정평가한다.

## 1. 토지의 가치와 규모의 관계

토지는 최유효이용 면적이어야 시장성이나 효용성이 가장 높은 표준물건이 된다. 나지라고 해서 면적의 과다·과소에 구애 없이 공히 표준물건으로서 효용성이나 시장성이 가장 높고 고가로 매매되는 것은 아니고 적정한 면적이어야 한다. 여기에서 최유효이용 면적을 판단하기 위해서 인근 건부지의 표준적인 면적상황, 도시계획 지역·지구제의 지정내용, 건축허가가능면적 및 제한조건, 기타 법적인 규제내용과 동지역의 거래관행 등을 조사하여야 한다. 규모가 과소한 토지의 경우에는 규모의 비적합성으로 표준적 규모의 토지보다 낮은 가격으로 가격수준이 형성되는 경우가 일반적이지만, 인접토지와의 합병을 통하여 규모에 따른 불리함을 극복하고 오히려 더 높은 가격수준이 형성될 가능성도 있으므로 유의하여야 한다.

## 2. 규모가 과대하거나 과소한 경우 토지의 감정평가

### 1) 공시지가기준법 적용

토지의 면적이 최유효이용 규모에 초과하거나 미달하는 토지는 대상물건의 면적과 비슷한 규모의 표준지공시지가를 기준으로 감정평가한다. 다만, 그러한 표준지공시지가가 없는 경우에는 규모가 과대하거나 과소한 것에 따른 불리한 정도를 개별요인 비교 시 고려하여 감정평가한다.

### 2) 감보율 및 추가소요비용 등 감안

토지를 감정평가할 때에는 유용성이나 시장성이 가장 높은 표준물건으로 감정평가하여야 하는바, 나지의 면적이 최유효이용 단위를 초과하는 경우에는 대상물건의 면적과 유사한 물건의 가격자료에 의하여 감정평가한다. 그러나 가격자료가 없거나 불충분할 경우에는 채택한 가격자료의 최유효이용 단위를 기준하여 정상적으로 예상되는 감보율 및 추가소요비용 등을 감안하여 감정평가한다.

## 3. 규모가 과소한 토지

### 1) 의의

해당지역에 적용되는 「건축법」상의 최소대지면적 이하인 소규모 토지는 그 규모의 비적합성으로 건축을 통한 독자적 이용가치가 원칙적으로 없기 때문에 표준적 규모의 토지가격 이하의 가격수준에서 거래되는 것이 일반적이다.

### 2) 유의사항

#### (1) 건축이 불가능한 경우

인접토지의 부속용지로 이용되거나 인접토지와 합병을 통하여 사용될 경우 기여도가 월등히 우세하여 건축이 불가능한 장애를 극복하고도 남을 만한 위치적 가치를 갖는 특별한 경우에는 표준적 규모의 토지가격을 상회하는 가격이 될 수도 있다. 따라서 소규모 토지의 감정평가 시 인접토지와의 관계 등을 고려하여 이에 대한 판단이 이루어져야 한다.

#### (2) 건축이 가능한 경우

도시계획시설의 설치 또는 구획정리사업의 시행으로 인하여 해당지역 최소대지 규모에 미달되는 토지는 건축완화 규정이 적용되어 건축허가대상이 될 수 있고, 법령 또는 조례의 제정·개정이나 도시계획의 결정·변동 등으로 인해 해당지역 최소대지 규모에 미달하게 된 토지는 건축허가의 대상이 될 수 있다. 그러나 이러한 경우에도 건축허가의 대상이 될 수 있는 최소기준 면적이 정해져 있으므로 신중한 판단을 하여야 한다. 이러한 소규모 토지에 대한 건축규제의 완화로 건폐율, 용적률 등에서 해당지역의 표준적인 제한보다 유리한 경우 등은 표준적 규모의 토지 가격수준을 상회할 수도 있다.

## 4. 규모가 과대한 토지(광평수토지)

### 1) 의의

규모가 과대한 토지는 표준적인 규모의 토지보다 거래하기 쉽지 않다. 따라서 이러한 토지를 거래하기 위하여 주변의 이용방법과 유사한 규모로 분할하는 것을 고려하여 이에 해당되는 감보율 및 분할비용에 상당하는 감가를 할 수 있다.

### 2) 유의사항

#### (1) 광평수 증가

표준적 규모보다 현저히 큰 대규모 토지가 인근지역의 지가수준과 무관하게 거래되는 사례도 있을 수 있다. 경제발전에 따라 상업형태의 고도화·다양화가 이루어지고, 대규모 이용형태를 갖는 상업용지의 상대적 희소성이 증가되어 이를 취득하기 위한 수요의 강도가 증대되어 표준적 규모의 토지 가격수준을 초과하기도 한다.

### (2) 지역분석 및 개별분석

대규모 토지의 감정평가 시에는 토지이용 주체에 따라 변화할 수 있는 여러 가지 용도적 관점을 주의 깊게 살펴야 하고, 최유효이용 방법을 객관성 있게 도출하여야 한다. 대규모 토지는 가치를 형성하는 요인이 다양하므로, 일반적인 토지보다 지역분석이나 개별분석을 면밀히 하여야 할 것이다.

### (3) 개발법 검토

광평수 토지는 개발법 적용이 유용하다. 대상물건의 성숙도와 개발의 난이성 등을 고려하여 개발 후 분양임대로 발생하는 총수익에서 개발에 소요되는 제비용을 공제하여 구한다.

## 제8절    맹지

> 「실무기준」
> 지적도상 도로에 접한 부분이 없는 토지(이하 "맹지"라 한다)는 「민법」 제219조에 따라 공로에 출입하기 위한 통로를 개설하기 위해 비용이 발생하는 경우에는 그 비용을 고려하여 감정평가한다. 다만, 다음 각 호의 어느 하나에 해당하는 경우에는 해당 도로에 접한 것으로 보고 감정평가할 수 있다.
> 1. 토지소유자가 그 의사에 의하여 타인의 통행을 제한할 수 없는 경우 등 관습상 도로가 있는 경우
> 2. 지역권(도로로 사용하기 위한 경우) 등이 설정되어 있는 경우

### 1. 맹지의 개념

맹지란 지적도상 공로에 접한 부분이 없는 토지를 말한다. 즉, 토지를 이용하기 위해서는 해당 토지에의 접근이 되어야 할 것이나, 정당한 권원을 이용하여 해당 토지를 접근할 수 있는 통로가 확보되지 못하는 경우 이러한 토지는 가치형성 측면에서 공로에 접하고 있는 토지에 비하여 감가요인이 있을 수 있다.

### 2. 토지의 가치와 접면도로의 관계

맹지(盲地)란 원칙적으로 도로와 직접 접하지 않고 주위가 모두 타인의 토지로 둘러싸여 있어 「건축법」상 대지가 될 수 없는 토지를 말한다. 맹지는 건물부지로 이용되지 않는 한, 그리고 진입로의 개설가능성이 없는 한 가치가 낮은 토지가 된다. 경우에 따라서는 주위의 토지이용상태에 따라 상당히 높은 가격으로 매수될 가능성도 있지만, 이러한 가치의 실현은 인접지 토지소유자에게 맡겨져 있는바 그 가치의 실현 여부는 수동적인 것이며 또한 매우 불확실하다.

### 3. 맹지의 감정평가방법

맹지의 감정평가 시 공로에 출입하기 위한 통로를 개설하기 위해 비용이 발생하는 경우에는 그 비용을 고려하여 감정평가한다. 즉, 맹지의 사용·수익에 지장이 없을 정도의 통로를 인접토지에서 금전상 불리한 조건으로 확보하는 것을 전제로 하여 그 통로의 확보에 필요한 비용(도로용지매입비, 도로개설비용 외) 등을 감안하여 감정평가한다. 다만, 지적도상 공로에 접한 부분이 없는 토지로서 관습상 도로 또는 지역권 설정 등이 있거나, 맹지가 아닌 인접 토지와 일단으로 이용 또는 이용될 전망이 확실한 경우에는 위와 같은 비용을 고려하지 않고 감정평가할 수 있다.

## 1) 현황평가(도로의 개설이 타당하지 못하거나 토지의 이용 상 맹지로 사용하더라도 지장이 없는 경우)

맹지의 이용 상황이 농지, 임야, 농가주택에 부속된 텃밭 등인 경우 현재 상태로 이용함에 문제가 없고 그것이 인근지역의 상황으로 보아 최유효이용인 경우, 현황 맹지로서의 이용에 따른 가치로 감정평가하는 방법이다. 이러한 현황평가는 읍·면지역의 농경지대·산림지대 등에 적용할 때 무리가 없는 방법이며, 이러한 지역은 건축물의 건축 가능성이 상대적으로 낮은 지역일 뿐만 아니라 현재 상태대로 이용하는 것에 문제될 것이 없는 경우이다. 반드시 농경지대·산림지대 등이 아니더라도 진입로 개설이나 인접토지 합병을 전제로 한 접근이 수월하지 않을 경우에 일반적으로 적용할 수 있는 방법이기도 하다. 유의할 점은 관습상 도로의 유무, 향후 도로개설 가능성의 정도 등을 검토하여야 하고, 감가율 결정 시 합리적인 근거자료의 확보가 선행되어야 할 것이다.

## 2) 진입로 개설 비용을 감안한 감정평가(도로를 개설해야만 대상토지의 효용가치를 발휘할 수 있는 경우)

도로개설의 가능성이 비교적 높은 경우 진입로 개설을 전제로 자루형 토지를 상정하여 감정평가액을 구한 후, (민법 제219조) 도로개설비용(진입로 부지 취득원가, 공사부대비용 등)을 공제하여 최종 감정평가액을 결정한다. 진입로 개설에 소송 등으로 인하여 장기간이 소요될 것으로 예상된다면, 진입로 개설 실현시기까지의 기회비용을 감안하여 적정한 할인율로 할인하여 현재가치를 구한다. 그리고 도로개설의 현실성을 고려하여 적정한 감가율로 보정하여 감정평가액을 결정한다. 또한 자루형 토지의 가장 나쁜 조건인 경우와 균형성을 고려하여 감정평가액의 적정성을 검토하여야 할 것이다.

$$\text{(자루형토지를 상정한 평가액} - \text{도로개설비용)} / (1 + \text{할인율})^n \times (1 - \text{감가율)}$$

## 3) 인접토지 합병 조건부 감정평가

해당 맹지와 인접한 토지 중 합병의 가능성이 가장 높은 토지를 매수한다고 가정한 후, 해당 맹지와 인접토지를 합한 획지를 기준의 평가액에서 합병 전 인접토지 평가액을 공제하고 적정한 감가율을 적용하여 최종 감정평가액을 결정하는 방법이다.

고도의 도시화가 이루어진 지역에서 진입로 개설에 필요한 여유 토지의 확보가 사실상 곤란할 경우에 적용할 수 있는 방법이기도 하다.

$$\text{(합병 후 맹지와 인접토지 전체 평가액} - \text{합병 전 인접토지 평가액)} \times (1 - A)$$

※ A : 합병가능성, 합병가치 배분액 등을 감안한 감가율

## 4. 유의사항

### 1) 관습상의 도로가 개설되어 있는 경우

지적도상 도로가 없는 맹지라 할지라도 관습상의 도로가 개설되어 있는 경우 이러한 토지는 큰 문제없이 이용할 수 있기 때문에 맹지로서의 감가가 상당히 낮은 수준일 것이다. 그러나 관습상의 도로가 개설되어 있다고 하여 모두 현황도로로 인정할 수 있는 것은 아니다. 다음의 경우에는 현황도로로 인정받을 가능성이 높지만 그 외의 경우에는 좀 더 면밀하게 검토 후 결정하여야 할 것이다.

① 폭 4m 이상의 도로가 개설되어 있는 경우

② 폭 4m 이하라 하더라도 차량통행이 가능하며 포장이 되어 있는 경우

③ 폭 4m 이하의 비포장도로라 하더라도 해당 도로를 불특정 다수인이 상시 이용하는 경우

### 2) 도로개설 가능성이 높은 맹지의 경우

구거에 접한 맹지와 같이 현재 도로에 접해 있지는 않지만, 주변 여건상 도로개설이 용이한 맹지는 감가의 정도 파악에 유의하여야 한다. 지적도상 구거에 접해 있거나 과거에 구거가 있었던 사실이 인정되면 해당 토지를 관할하는 지자체로부터 구거점용허가를 받을 수 있으며, 해당 구거를 진입로로 사용하면 양호한 획지조건의 토지를 만들 수 있다.

이러한 토지는 점용허가비, 포장비용 등을 부담하면 맹지가 아닌 토지와 동일하게 이용할 수 있는 점을 고려하여야 할 것이다.

### 3) 인접 토지가 동일인 소유인 경우

해당 토지는 맹지이나 인접 토지가 동일인 소유이고, 인접 토지를 통하여 출입하며 해당 토지의 사용·수익 등에 제한이 없는 경우에는 감가에 유의하여야 한다. 토지소유자가 특별한 사정이 없는 한, 경제 합리성에 반하여 해당 맹지만을 저가에 처분하려는 경우는 발생하기 어려울 것이다.

## 제9절 택지 등 조성공사 중에 있는 토지

> **「실무기준」**
> ① 건물 등의 건축을 목적으로 농지전용허가나 산지전용허가를 받거나 토지의 형질변경허가를 받아 택지 등으로 조성 중에 있는 토지는 다음 각 호에 따라 감정평가한다.
>   1. 조성 중인 상태대로의 가격이 형성되어 있는 경우에는 그 가격을 기준으로 감정평가한다.
>   2. 조성 중인 상태대로의 가격이 형성되어 있지 아니한 경우에는 조성 전 토지의 소지가액, 기준시점까지 조성공사에 실제 든 비용상당액, 공사진행정도, 택지조성에 걸리는 예상기간 등을 종합적으로 고려하여 감정평가한다.
> ② 「도시개발법」에서 규정하는 환지방식에 따른 사업시행지구 안에 있는 토지는 다음과 같이 감정평가한다.
>   1. 환지처분 이전에 환지예정지로 지정된 경우에는 환지예정지의 위치, 확정예정지번(블록·롯트), 면적, 형상, 도로접면상태와 그 성숙도 등을 고려하여 감정평가한다. 다만, 환지면적이 권리면적보다 큰 경우로서 청산금이 납부되지 않은 경우에는 권리면적을 기준으로 한다.
>   2. 환지예정지로 지정 전인 경우에는 종전 토지의 위치, 지목, 면적, 형상, 이용상황 등을 기준으로 감정평가한다.
> ③ 「택지개발촉진법」에 따른 택지개발사업시행지구 안에 있는 토지는 그 공법상 제한사항 등을 고려하여 다음과 같이 감정평가한다.
>   1. 택지개발사업실시계획의 승인고시일 이후에 택지로서의 확정예정지번이 부여된 경우에는 제2항 제1호 본문을 준용하되, 해당 택지의 지정용도 등을 고려하여 감정평가한다.
>   2. 택지로서의 확정예정지번이 부여되기 전인 경우에는 종전 토지의 이용상황 등을 기준으로 그 공사의 시행정도 등을 고려하여 감정평가하되, 「택지개발촉진법」 제11조 제1항에 따라 용도지역이 변경된 경우에는 변경된 용도지역을 기준으로 한다.

### 1. 의의

토지는 다양한 용도로 이용될 수 있다는 특성이 있어 농경지나 임야라고 하더라도 상황에 따라 택지 등으로 조성될 수 있다. 부동산의 가치는 종별과 유형에 의해서 결정된다.

종별이란 용도적 관점의 분류로 예정지란 택지, 농지, 임지 등 종별의 대분류 상호 간 용도가 전환되고 있는 토지를 말하고, 이행지란 종별의 소분류 상호 간 용도가 전환되고 있는 토지를 말한다. 예정지와 이행지는 변동의 과정에 있는 토지로 예측, 변동의 원칙이 강조되며, 성숙도 판정 등이 중요하게 된다.

### 2. 택지 등으로 조성 중에 있는 토지의 감정평가

### 1) 조성 중인 상태대로의 가격이 형성되어 있는 경우

조성 중인 상태대로의 가격이 형성되어 있는 경우에는 비교방식 등을 통하여 감정평가가 가능하므로, 토지의 감정평가방법에 따라 감정평가한다.

### (1) 현황이 조성 전인 경우

조성 전의 이용 상태의 비교표준지에 개별요인(상향)을 보정하여 평가한다.

### (2) 현황이 조성된 경우

조성 후의 이용 상태의 비교표준지에 개별요인(하향)을 보정하여 평가한다.

## 2) 조성 중인 상태대로의 가격이 형성되어 있지 아니한 경우

조성 중인 상태대로의 가격이 형성되어 있지 아니한 경우에는 비교방식의 적용이 어려울 수 있는 반면, 원가방식의 적용이 신뢰성이 높을 수 있다. 따라서 조성 전 토지의 소지가액, 기준시점까지 조성공사에 실제로 들어간 비용상당액, 공사진행 정도, 택지조성에 걸리는 예상기간 등을 종합적으로 고려하여 감정평가한다.

### (1) 가산방식에 의한 조성택지의 감정평가방법

조성택지의 감정평가는 우선적으로 택지조성시점을 기준으로 감정평가액을 산정한다. 즉, 조성시점을 기준으로 소지의 취득가액을 구한 다음에 조성공사비 및 개발업자의 부대비용을 구하고, 필요한 경우에는 각각에 대하여 사정보정 및 시점수정을 행하여 조성완료시점에 있어서의 표준적인 가액을 구한 후, 이들을 합산한 가액을 유효택지면적으로 나누어 조성완료 시점의 조성택지의 가액을 구한다.

### (2) 개발법에 의한 토지의 평가

대상토지를 개발했을 경우 예상되는 총 매매(분양)가격의 현재가치에서 개발비용의 현재가치를 공제한 값을 토지가치로 하는 방법으로서, 현금흐름할인분석법의 절차를 이용하여 개발대상토지의 가액을 산정한다.

법적·물리적·경제적으로 분할 가능한 최적의 획지수를 분석한 후, 분할된 획지의 시장가치와 개발에 소요되는 제비용을 계산하여 개발에서 분양이 완료될 때까지의 매 기간의 현금수지를 예측하고, 이를 현재가치로 할인해서 개발대상토지의 가액을 산정한다.

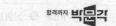

**PLUS+ 개념** **가산방식에 의한 조성택지의 감정평가방법**

조성택지 준공시점의 감정평가액(원/㎡) = (소지가액 + 조성공사비 + 공공공익시설부담금 + 판매비 및 일반관리비 + 농지조성비 등 + 개발업자의 적정이윤) ÷ 유효택지면적(㎡)
조성택지사업은 소지의 취득에서 분양까지 장기간이 소요되기 때문에 자본과 위험을 수반하는 사업이라 할 수 있다. 조성택지의 감정평가 시 주의할 사항은 다음과 같다.

- 소지가액을 결정하기 위해서는 소지의 매입에 따른 부대비용을 정확히 파악하고, 소지의 취득가액을 결정할 때, 어느 시점을 기준으로 해야 하는가를 정확히 파악해야 한다.
- 조성공사비는 개발업자(도급인)가 건설업자(수급인)에게 지불할 표준적인 건설비를 말한다. 표준적인 공사비는 직접공사비(재료비, 노무비, 경비)에 일반관리비, 수급인의 적정이윤을 가산한 금액으로 한다. 통상의 조성공사비를 직접 구할 수 없거나 불합리한 경우에는 인근지역 및 동일수급권 내 유사지역의 조성공사비를 비교·수정하여 결정할 수 있다.
- 공공공익시설부담금은 도로, 상·하수도시설 등의 간접시설에 대한 공사비를 의미한다. 공공공익시설부담금에는 조성택지의 효용증가와 관계있는 것과, 관계없는 것이 있다. 그 중에서 조성원가에 포함되어야 할 것은 조성택지의 효용증가와 관계가 있는 것이다. 그러나 공공공익시설부담금이 과중한 경우가 있으며, 때로는 효용증가와 직접 관계가 없는 것이 포함되어 있는 경우도 많다.
- 판매비는 조성택지의 분양에 따른 광고선전비 기타 판매에 소요된 비용을 말하고, 일반관리비는 기업의 유지를 위한 관리업무부분에서 발생하는 제비용을 말한다.
- 개발업자의 적정이윤은 개발기간 동안의 투하자본에 대한 자본비용에 기업의 경영위험 및 재무위험을 고려하여 결정한다.
- 유효택지율이란 총사업면적에 대한 분양가능면적의 비율을 의미한다. 분양가능면적이란 총사업면적에서 공원용지, 도로용지 및 하천 등의 공공시설용지를 공제한 주거용지, 상업용지, 학교용지, 인접생활용지 및 행정업무용지 등을 의미한다.

**PLUS+ 개념** **개발법, 공제방식, 가산방식에 의한 토지의 감정평가방법**

**1. 개발법**

주로 기존 시가지 지역 내에서의 대규모필지를 대상으로 적용되는 방법으로, 법적·물리적·경제적으로 분할 가능한 최적의 획지수를 분석한 후, 분할된 획지의 시장가치와 개발에 소요되는 제비용을 계산하여 개발에서 분양이 완료될 때까지의 매 기간의 현금수지를 예측하고, 이를 현재가치로 환원해서 개발대상토지의 가액을 산정한다.

> **대상토지의 가액** = 분양판매총액의 현가 − 조성공사비 등 각종 비용의 현가

**2. 공제방식**

택지후보지의 경우 택지화된 후의 나지로 상정한 가액에서 조성공사비, 발주자의 통상적인 부대비용 등을 공제하여 구한 금액을 해당 택지후보지의 성숙도에 따라 적정하게 수정하여 택지후보지의 소지가액을 구한다.

> **대상토지의 가액** = {총분양가격 − (조성공사비 + 공공시설부담금 + 판매관리비 + 개발부담금 + 업자이윤)} × 택지성숙도 보정

### 3. 가산방식에 의한 조성택지의 평가방법

조성택지의 평가는 우선적으로 택지조성시점을 기준으로 평가액(재조달원가)을 산정하여야 한다. 즉, 조성시점을 기준으로 소지의 취득가액을 구한 다음에 조성공사비 및 개발업자의 부대비용을 구하고, 필요한 경우에는 각각에 대하여 사정보정 및 시점수정을 행하여 조성완료시점의 표준적인 가액을 구한 후, 조성완료시점과 기준시점의 차이가 있는 경우에는 지가변동률 등을 이용하여 시점수정을 행하여 기준시점에서의 감정평가액을 산정한다.

> **조성택지 준공시점의 감정평가액** = 소지가격 + 조성공사비 + 공공시설부담금 + 판매관리비 + 개발부담금 + 업자이윤
> **대상토지의 가액** = 조성택지 준공시점의 감정평가액 × 시점수정(지가변동률)

## 3) 유의사항

장래 전환 또는 이행될 것으로 보이는 용도지역의 지역요인을 중시해야 하지만, 그 전환의 정도가 낮은 경우에는 전환 전의 용도지역의 지역요인을 중시해야 한다. 택지예정지의 판정은 택지의 수급동향, 위치, 자연환경, 토지이용상의 규제 등을 고찰하여 감정평가사가 판정한다. 또한 택지 등을 조정하거나 저해하는 행정상의 조치 및 규제 정도, 인근지역의 공공시설의 정비 동향, 인근에 있어서의 주택, 점포, 공장 등의 건설동향, 조성의 난이 및 정도, 조성 후 택지로서 유효 이용도 등을 고려하여야 한다.

## 제10절  석산

「실무기준」
① 「산지관리법」에 따른 토석채취허가를 받거나 채석단지의 지정을 받은 토지, 「국토의 계획 및 이용에 관한 법률」에 따른 토석채취 개발행위허가를 받은 토지 또는 「골재채취법」에 따른 골재채취허가(육상골재에 한함)를 받은 토지(이하 "석산"이라 한다)를 감정평가할 때에는 수익환원법을 적용하여야 한다. 다만, 수익환원법으로 감정평가하는 것이 곤란하거나 적절하지 아니한 경우에는 토석의 시장성, 유사 석산의 거래사례, 평가사례 등을 고려하여 공시지가기준법 또는 거래사례비교법으로 감정평가할 수 있다.
② 수익환원법을 적용할 때에는 허가기간 동안의 순수익을 환원한 금액에서 장래 소요될 기업비를 현가화한 총액과 현존 시설의 가액을 공제하고 토석채취 완료시점의 토지가액을 현가화한 금액을 더하여 감정평가한다.
③ 제2항에서의 토석채취 완료시점의 토지가액을 현가화한 금액은 허가기간말의 토지현황(관련 법령 또는 허가의 내용에 원상회복·원상복구 등이 포함되어 있는 경우는 그 내용을 고려한 것을 말한다)을 상정한 기준시점 당시의 토지 감정평가액으로 한다. 이 경우 [610-1.5.1]을 따른다.
④ 석산의 감정평가액은 합리적인 배분기준에 따라 토석(석재와 골재)의 가액과 토지가액으로 구분하여 표시할 수 있다.

## 1. 석산의 감정평가방법

「산지관리법」에 따른 토석채취허가를 받거나 채석단지의 지정을 받은 토지, 「국토의 계획 및 이용에 관한 법률」에 따른 토석채취 개발행위허가를 받은 토지 또는 「골재채취법」에 따른 골재채취허가를 받은 토지를 감정평가할 때에는 수익환원법을 적용하여야 한다. 다만, 수익환원법으로 감정평가하는 것이 곤란하거나 적절하지 아니한 경우에는 토석의 시장성, 유사 석산의 거래사례, 평가사례 등을 고려하여 공시지가기준법 또는 거래사례비교법으로 감정평가할 수 있다.

## 2. 수익환원법 적용방법

수익환원법을 적용할 때에는 허가기간 동안의 순수익을 환원한 금액에서 장래 소요될 기업비를 현가화한 총액과 현존 시설의 가액을 공제하고 토석채취 완료시점의 토지가액을 현가화한 금액을 더하여 감정평가한다. 토석채취 완료시점의 토지가액을 현가화한 금액은 허가기간말의 토지현황(관련 법령 또는 허가의 내용에 원상회복·원상복구 등이 포함되어 있는 경우는 그 내용을 고려한 것을 말한다.)을 상정한 기준시점 당시의 토지감정평가액으로 한다.

## 3. 석산 감정평가액의 배분

석산의 감정평가액은 합리적인 배분기준에 따라 토석(석재와 골재)의 가액과 토지가액으로 구분하여 표시할 수 있다.

## 4. 용도폐지된 광업용지

용도폐지된 광업용지는 인근지역 또는 동일수급권 안의 유사지역에 있는 용도폐지된 광업용지의 거래사례 등 가격자료에 의하여 공시지가기준법 및 거래사례비교법으로 평가한다. 다만, 용도폐지된 광업용지의 거래사례 등 가격자료를 구하기가 곤란한 경우에는 인근지역 또는 동일수급권 안의 유사지역에 있는 주된 용도 토지의 가격자료에 의하여 평가하되, 다른 용도로의 전환가능성 및 용도전환에 소요되는 통상비용 등을 고려한 가격으로 평가한다.

# 특수 토지 2편

## 제1절 | 지상 정착물과 소유자가 다른 토지

> **「실무기준」**
> 토지 소유자와 지상의 건물 등 정착물의 소유자가 다른 토지는 그 정착물이 토지에 미치는 영향을 고려하여 감정평가한다.

## 1. 규정의 취지

토지가 건부지로 이용되고 있을 경우 지상 정착물과 그 토지의 소유자가 다른 경우에 이러한 영향이 토지의 가치에 어떻게 미치게 되는지가 문제될 수 있다.

## 2. 토지와 지상 정착물의 소유권 관계의 중요성

### 1) 토지의 이용 등 제한

토지와 지상 정착물의 소유권이 서로 다른 경우 법정지상권이 설정될 수 있다. 토지와 건물 간에 불일치하는 소유 관계로 인하여 토지의 이용 등에 제한을 받을 수 있으므로, 토지와 지상 정착물의 소유권 관계를 명확히 파악하여야 정착물의 존재로 인한 토지가치에 대한 영향을 적정하게 고려할 수 있다.

### 2) 법정지상권

법정지상권이란 당사자의 설정계약에 의하지 않고 법률의 규정에 의하여 당연히 인정되는 지상권을 말한다. 우리나라 「민법」에서 토지와 건물을 별개의 부동산으로 취급한 결과 토지와 그 토지 위의 건물이 각각 다른 자에게 귀속하면서도 그 건물을 위한 토지의 사용·수익권이 존재하지 않는 경우가 있게 된다. 이러한 경우에 그 토지 위의 건물을 위한 토지에 대한 잠재적인 용익관계를 현실적인 권리로 인정함으로써 토지와 그 토지 위의 건물과의 결합관계를 유지하여 사회·경제적 이익을 도모하려는 데에 법정지상권 제도의 취지가 있다고 하겠다.

## 3. 토지와 지상 정착물의 소유권이 일치하지 않는 경우 토지의 감정평가방법

토지 소유자와 지상의 건물 등 정착물의 소유자가 다른 경우에 해당 토지는 그 정착물이 있음으로 인하여 미치는 영향을 고려하여 감정평가한다. 즉, 다른 소유자의 건물이 존재함에 따른 불리함 등을 고려하여 감정평가한다.

이 경우에 법정지상권이 성립된다면 지상권이 설정된 인근토지의 거래사례 등을 조사하여 지상권에 의한 제한으로 말미암아 토지가 그 제한이 없는 토지에 비해 얼마 정도 감액되어 거래되고 있는지를 밝힌 뒤 대상토지의 특수성을 고려하여 평가한다.

※ 지상 정착물이 해당 토지에 갖는 권원 유무의 판단이 어려우므로 경매평가에서는 제한받지 않는 상태와 법정지상권이 성립해 제한받는 상태의 가격을 병기한다.

## 제2절 제시 외 건물 등이 있는 토지

> 「실무기준」
> 의뢰인이 제시하지 않은 지상 정착물(종물과 부합물을 제외한다)이 있는 토지의 경우에는 소유자의 동일성
> 여부에 관계없이 [610-1.7.7]을 준용하여 감정평가한다. 다만, 타인의 정착물이 있는 국·공유지의 처분을
> 위한 감정평가의 경우에는 지상 정착물이 있는 것에 따른 영향을 고려하지 않고 감정평가한다.

### 1. 제시 외 건물의 개념

제시 외 건물이란 종물과 부합물을 제외하고 의뢰인이 제시하지 않은 지상 정착물을 뜻한다. 제시 외 건물 등이란 토지만 의뢰되었을 경우 그 지상건물, 구축물 등을 의미하고, 토지와 건물이 함께 의뢰되었을 경우에는 대상물건의 종물이나 부합물이 아닌 것으로서 독립성이 강한 물건을 말한다.

### 2. 제시 외 건물 등이 소재하는 토지의 감정평가

#### 1) 지상 정착물과 소유자가 다른 토지 감정평가 준용 원칙

의뢰인이 제시하지 않은 지상 정착물이 있는 토지의 감정평가는 토지와 제시 외 건물 소유자의 동일성 여부에 관계없이 지상 정착물과 소유자가 다른 토지 기준을 준용하여 감정평가한다. 제시 외 건물 등이 토지와 별개로 매매되는 경우 등에 따라 법정지상권의 성립 가능성 등을 고려하여 보수적인 관점에서 지상 정착물과 소유자가 다른 경우로 보아 감정평가한다.

#### 2) 예외

타인의 정착물이 있는 국·공유지의 처분을 위한 감정평가의 경우에는 지상 정착물이 있는 것에 따른 영향을 고려하지 않고 감정평가한다. 이러한 경우는 해당 정착물의 소유자에게 국·공유지를 처분하는 경우로서 지상 정착물의 존재 여부와 관계없이 해당 토지의 적정한 감정평가액을 구하면 되는 것이다.

### 3. 제시 외 건물 등의 소재에 따른 감가방법

제시 외 건물 등의 소재로 인하여 토지이용에 제한을 받는 점을 고려할 때 실무상 등기여부, 구조, 면적, 용도 등에 따라서 통상 정상평가금액의 일정비율을 감가하여 감정평가하며, 제시 외 건물 등의 위치에 따라서 잔여부분의 이용에 제한이 있을 수 있는 점 등을 종합적으로 고려하여 감가한다.

## 제3절　공유지분 토지

「실무기준」

① 1필지의 토지를 2인 이상이 공동으로 소유하고 있는 토지의 지분을 감정평가할 때에는 대상토지 전체의 가액에 지분비율을 적용하여 감정평가한다. 다만, 대상 지분의 위치가 확인되는 경우에는 그 위치에 따라 감정평가할 수 있다.

② 공유지분 토지의 위치는 공유지분자 전원 또는 인근 공유자 2인 이상의 위치확인동의서를 받아 확인한다. 다만, 공유지분 토지가 건물이 있는 토지(이하 "건부지"라 한다)인 경우에는 다음 각 호의 방법에 따라 위치확인을 할 수 있으며 감정평가서에 그 내용을 기재한다.

1. 합법적인 건축허가도면이나 합법적으로 건축된 건물로 확인하는 방법
2. 상가 · 빌딩 관리사무소나 상가번영회 등에 비치된 위치도면으로 확인하는 방법

## 1. 공유지분 토지 및 구분소유적 공유

### 1) 개념

「민법」상 공유는 물건의 지분에 의하여 수인의 소유로 귀속되고 있는 공동소유의 형태를 말한다(민법 제262조 제1항). 공유지분 토지는 하나의 토지를 2인 이상의 다수인이 공동으로 소유하고 각 공유자가 지분을 가지고 있는 토지를 의미한다.

### 2) 구분소유적 공유

"구분소유적 공유(區分所有的 共有)"란 1필의 토지 중 위치, 면적이 특정된 일부를 양수하고서도 분필에 의한 소유권이전등기를 하지 않은 채 편의상 그 필지의 면적에 대한 양수부분의 면적비율에 상응하는 공유지분등기를 경료한 경우가 대표적이다. 이러한 구분소유적 공유 관계는 공유자 간 상호명의신탁관계로 보기 때문에 내부적으로는 토지의 특정 부분을 소유한 것이지만, 공부상으로는 공유지분을 갖는 것으로 본다. 따라서 공유지분 토지를 감정평가할 때에는 먼저, 공유자 간의 구분소유적 공유 관계에 있는지를 파악하는 것이 필요하다.

## 2. 공유지분 토지의 감정평가

### 1) 원칙(지분비율 기준)

공유지분을 감정평가할 때에는 대상토지 전체의 가액에 지분비율을 적용하여 감정평가한다.

> 대상지분 감정평가액 = 대상토지 전체가액 × 지분비율

## 2) 구분소유적 공유 관계인 경우

대상 지분의 위치가 확인되는 경우에는 그 위치에 따라 감정평가할 수 있다. 즉, 위치가 특정되어 공유하고 있을 때에는 그 특정 위치의 토지를 기준으로 하여 감정평가할 수 있다.

## 3) 공유지분 토지의 위치확인 방법 및 고려사항

위치확인 방법과 관련하여 본 기준에서는 단지 위치확인이 가능한 경우에는 그 위치에 따라 감정평가를 할 수 있다고 규정하고 있으나, 공유지분으로 현재 점유하고 있는 위치를 확인하는 것에 그쳐서는 안 된다. 또한 위치, 면적을 특정하고 그에 대한 약정이 있는 등 구분소유적 공유관계에 있는 것을 증명할 수 있어야만 그 위치에 따른 감정평가를 할 수 있을 것이며, 이때 확인방법 및 내용을 감정평가서에 기재한다.

일반적으로 공유지분 토지의 위치를 확인하는 방법으로 다음의 것들이 있다.

① 공유지분자 전원 또는 인근 공유지분자 2인 이상의 위치확인동의서를 받아 확인할 수 있다. 다만, 이 경우 공증을 통해 확인된 위치를 공적으로 증명하는 절차가 필요하다.

② 건부지의 경우(건물이 있는 토지의 경우)에는 합법적인 건축허가도면이나 합법적으로 건축된 건물로 확인할 수 있다.

③ 상가·빌딩 관리사무소나 상가번영회 등에 비치된 위치도면으로 확인할 수 있다.

## 제4절  지상권이 설정된 토지

## 1. 지상권 개관

### 1) 지상권의 개념

타인의 토지에 건물, 기타 공작물이나 수목을 소유하기 위하여 그 토지를 사용할 수 있는 물권을 말한다. 통상적으로 지상권이 설정되면 그 토지의 사용 및 수익이 제한되므로 감정평가 시 이를 반영하여야 한다.

### 2) 지상권의 유형

구분지상권은 제3자가 토지를 사용·수익할 권리를 가진 때에도 그 권리자 및 그 권리를 목적으로 하는 권리를 가진 자 전원의 승낙이 있으면 이를 설정할 수 있다. 이 경우 토지를 사용·수익할 권리를 가진 제3자는 그 지상권의 행사를 방해하여서는 아니 된다.

### 3) 지상권 설정의 효과

지하 또는 지상의 공간은 상·하의 범위를 정하여 건물 기타 공작물을 소유하기 위한 지상권의 목적으로 할 수 있다. 이 경우 설정행위로써 지상권의 행사를 위하여 토지의 사용을 제한할 수 있다.

## 2. 지상권이 설정된 토지의 감정평가방법

### 1) 지상권에 따른 제한정도 등을 고려하여 감정평가

지상권이 설정된 토지는 지상권이 설정되지 않은 상태의 토지가액에서 해당 지상권에 따른 제한정도 등을 고려하여 감정평가한다.
즉, 토지가치 = 권리가 설정되지 않은 상태 토지가치 − 설정된 권리 가치
해당 권리로 인한 토지가치 하락분 또는 제한의 정도 등을 고려

#### (1) 지상권의 가치를 구하여 차감하는 방법

지상권설정자에게 지급하는 대가 등을 파악할 수 있는 경우 지상권의 가치를 구하여 지상권이 설정되지 않은 상태의 토지가액에서 차감한다.

## (2) 제한의 정도를 감안한 일정비율의 적용

일반적으로 토지에 대한 지상권이 설정된 경우에는 토지소유자의 토지이용이 제한된다. 따라서 제한의 정도를 고려한 적정비율을 적용하여 감정평가할 수 있다. 적정비율은 일률적으로 판단하기보다는 대상토지의 제반요인을 고려하여 결정하도록 한다.

## 2) 저당권자가 채권확보를 위하여 설정한 지상권의 경우

저당권자가 채권확보를 위하여 지상권을 설정한 경우에는 이에 구애 없이 평가한다. 이러한 경우는 통상적으로 저당권자가 해당 토지의 사용·수익을 위한 것이 아니라 단순하게 채권확보를 위하여 설정한 것이기 때문이다.

## 3. 보상평가

보상평가 시에는 「토지보상법 시행규칙」 제29조에 따라 지상권이 설정되지 않은 상태의 대상토지 가치에서 지상권의 가치를 차감하여 토지를 감정평가한다.

---

**PLUS+개념** | **지상권의 감정평가 1**

민법 제279조 이하는 물권(物權) 중 하나인 지상권을 규정하고 있다. 이 권리는 '타인의 토지에 건물 기타 공작물이나 수목을 소유하기 위해 그 토지를 사용하는 권리'를 일컫는다. 계약 자유의 원칙에 따라 당사자가 동의하지 않았는데도 법률이 이 권리를 부여할 때, 이를 법정지상권이라고 부른다. 민법 제366조는 '저당물의 경매로 인하여 토지와 그 지상건물이 다른 소유자에 속한 경우에는 토지소유자는 건물소유자에 대하여 지상권을 설정한 것으로 본다. 그러나 지료는 당사자의 청구에 의하여 법원이 이를 정한다'고 규정한다. 법정지상권(法定地上權)은 법적으로 토지와 건물의 소유자가 달라지게 될 경우, 토지와 건물의 소유자 간 토지 이용권에 대한 분쟁이 발생될 수 있는데, 이러한 문제를 해결하기 위해 건물 소유자에게 법률상 토지를 이용할 수 있도록 하는 취지로 제도화된 것이다. 전세권에서의 법정지상권과 저당권 실행 경매 시의 법정지상권이 있고, 매매 등의 원인으로 건물 소유자와 토지 소유자가 달라진 경우에 관습법상 법정지상권을 판례에서 인정하고 있다. 토지에 대한 사용권을 취득한 이를 지상권자, 토지의 소유자를 지상권 설정자로 부르며, 지상권이 설정된 경우 양자는 그들만의 독점적 권리가 있다. 지상권설정자는 지상권이 소멸되었을 때 지상권자로 하여금 지상 건물 등을 철거하고 원상회복을 명할 수 있다. 월세 2년치 이상을 연체할 정도의 수인한도를 넘으면 효력 정지를 외칠 수 있다. 반대로 지상권자는 계약 기간이 종료된 때 현존 건물 등이 있으면 계약의 갱신을 청구할 수 있다. 물론 토지 소유자가 그에 의할 용의가 없으면, 계약 갱신 대신 매수를 청구할 수 있다. 계약 지료가 현 지료 시세와 동떨어져 있다고 판단하면 그 증감을 청구할 수 있다. 토지 소유자는 조세 기타 부담의 증가가 있다고 주장할 수 있고, 사용자는 지가의 하락을 그 사유 중 하나로 내세울 수 있다. 먼저 지상권의 '존속기간'을 확인해야 한다. 계약에 의했건 법률의 규정이건, 지상 물건의 종류와 견고함에 따라 최소 존속기간을 정하고 있기 때문이다. 쓸 만한 건물은 30년, 그렇지 못한 것은 15년, 건물 이외의 공작물은 최소 5년의 사용 기간을 법적으로 보장받는다. 자료증감청구

사유로 인정되는 사정변경이 있으면 증감청구가 가능토록 했으며, 지상권의 내용 전반에 관한 규정에 위반되는 계약으로 지상권자에게 불리한 것은 그 효력이 없다(민법 제289조)고 했으므로, 지료 계약 당시 당사자 간 '지료를 앞으로 늘리지 않겠다'는 특약은 유효하지만, '지료를 절대로 줄일 수 없다'는 약속은 효력이 없다.

**PLUS+개념**

### 지상권의 감정평가 2

평가기준을 세부적으로 규정한 「감정평가 실무기준」의 내용을 검토할 필요가 있다. '지상정착물과 소유자가 다른 토지'의 평가 규정은 그 정착물이 토지에 미치는 영향을 고려하여 평가하는 것이다. 정착물이 토지에 미치는 영향은 지상권으로 인한 토지사용제약을 지칭하고 있음을 알 수 있다. 제약을 받고 있으면 있는 대로 평가하는 것이 감정평가 원칙인 '현황평가 기준'에 따른 것이다. 두 번째로 '제시 외 건물 등이 있는 토지'의 평가 규정은 '지상정착물과 소유자가 다른 토지'의 평가규정을 준용하도록 하면서, 해당 토지가 국·공유지인 경우 정착물을 무시하고 토지를 정상 평가하도록 했다. '제시 외 건물'은 공식적으로 확인되지 않은 건물 등을 지칭하는데, 역시 지상권이 설정될 여지가 있으니 이를 고려하도록 한 것이고, 국·공유지라면 점유자가 무단 신축했을 가능성이 높으므로 행정처분에 의한 철거가 가능하니 개의치 말고 없는 것으로 봐 달라는 것이다. 마지막으로 '지상권이 설정된 토지'는 지상권이 설정되지 않은 상태의 가액에서 해당 지상권에 따른 제한정도 등을 고려하여 감정평가하되, 저당권자가 채권확보를 위하여 설정한 지상권의 경우에는 무시하도록 하고 있다.

실무적으로 통용되던 방법 중 하나는 지상권자의 편익을 지상권 존속기간 동안의 '정상지료―현재지료' 절감으로 본 것이다. 정상지료라 함은 사용하고 있는 토지가치에 상응하는 시장임대료를 말한다. 예컨대 아파트 모델하우스의 지료는 통상 토지가치의 일정비율로 결정된다. 그런데 계약 임대료는 당사자 간 이보다 낮게 결정했다면 토지소유자는 불리하고 지상권자는 혜택을 보고 있다는 논리다. 결국, 핵심은 현재 지료의 수준 곧 지료에 대한 계약조건으로 귀결된다. 지상권은 지료 지급이 그 성립요건은 아니다. 지상권 설정계약에서 지료에 대한 약정이 없다면 무상의 지상권으로 인정받는다. 지료와 그 지급시기를 등기하지 않으면, 제3자에 대한 대항력이 발생하지 않는다. 물론, 무상의 지상권으로 인정되므로 지료증감청구권도 묻힌다. 다만, 지료증감청구 사유, 지료의 결정·변경 사유가 위와 같고 존속기간 등은 법률의 규정을 따르고 있어 지료 차액(정상지료―현재지료)과 존속기간을 기준으로 지상권의 가치를 평가하는 방법이 무난해 보여도, 논리의 허점은 도사리고 있다. 정상적으로 월세를 수령해도 사용제약으로 파생된 처분 권한의 위축현상을, 어떤 토지소유자는 불리하다고 느낄 수 있기 때문이다. 특히 감정평가의 목적에 따라 달리 볼 여지가 상당해, 상황별 접근방법은 복잡하다.

**PLUS+개념** ｜ **지상권의 감정평가 3**

지상권의 가치를 정상지료와 현재지료의 차액이 주는 편익으로 보는 시각은 '회원권'의 가치를 판단하는 시각과 별반 다르지 않다. 환불과 양도가 불가능한 골프장 회원권을, 비회원에 앞서 편한 시간에 예약할 수 있고, 일반인보다 싼 그린피를 보장하는 특혜를 화폐가치로 환산하는 논리를 따르는 식이다. 지료차액이 발생하고 있는 상황, 건물은 이 편익을 누리고 있고 토지는 사용권한을 염가(廉價)에 내 줬다는 입장에서 건물은 지상권의 가치만큼 몸값을 올리고 토지는 그에 상당하는 값을 차감한다. 한 쪽은 내 주고 다른 쪽은 받았으니, 전체 부동산 가치는 변동 없다.

지상권과 관련된 미묘한 시각차는 토지에서 발생한다. 토지에 현재 원치 않는 건물이 들어서 있고 이 건물은 법정지상권을 포함한 정상적인 지상권으로 인정받은 상황이다. 지상권 존속기간 건물의 수명은 보장받고, 토지는 그 불편함을 정상지료로 수령한다. 외견 상 건물에 지상권을 양보했지만 지료 수입으로 상쇄시킬 수 있어, 짝을 채우고 남는 효익과 손실은 없다. 이런 상황, 건물이라면 순수 건물 값으로만 평가하면 될 것이다. 이 같은 토지를 평가할 때 지료차액이 발생하지 않았으니 지상권 감가라고 볼 수 없고 부득불 토지를 감액할 사유가 없다. 그러나 이런 상태의 토지는 환영보다는 냉대를 받기 쉽고, 낙찰금액은 최초 법사가보다 한참 밑돌기 마련이다. 또한 낙찰받은 사람도 아무 제한 없는 정상 토지 상태의 가격으로 되팔 수 있다고 기대하지 않는다. 지료 차액에 의한 지상권 가치 판단의 방법으로 이런 토지의 가치가 얼마쯤 된다고 단정하는 것은 위험성을 안고 있다는 것이다. 위 토지가 표준지라면 지상권 성립 여부와 지상권 가치 상당액을 고민할 필요가 없다. 표준지는 건축물이 없는 상태 곧 '나지상정' 평가원칙을 적용받기 때문이다. 보상평가라면, 소유권 권리 외의 가치에 지상권이 포함되므로 앞선 '지료차액' 방법에 의해 지상권 가치를 판단한 후 권리자별로 보상액을 책정하면 된다. 한편, 토지를 담보로 대출을 실행하는 채권기관은 선입견이 강하다. 평가기관과의 협약서에 의해 대부분 담보 평가 대상에서 배제시키곤 한다. 경매 평가에서는 지상권 성립 여부를 평가자가 구태여 판단하지 않는다. 일단 지상 건물의 영향을 고려하지 않고 정상적인 평가를 한 후, 별도로 무상의 지상권이 성립할 경우의 감액된 토지가격을 병기한다. 제한받는 상태 가격을 병기하는 이유는 건물소유자 등의 입찰 가능성까지 고려하기 때문이다.

## 제5절 고압선 등 통과 토지

> **「실무기준」**
> ① 송전선 또는 고압선(이하 "고압선 등"이라 한다)이 통과하는 토지는 통과전압의 종별, 고압선 등의 높이, 고압선 등 통과부분의 면적 및 획지 안에서의 위치, 철탑 및 전선로의 이전 가능성, 지상권설정 여부 등에 따른 제한의 정도를 고려하여 감정평가할 수 있다.
> ② 고압선 등 통과부분의 직접적인 이용저해율과 잔여부분에서의 심리적·환경적인 요인의 감가율을 파악할 수 있는 경우에는 이로 인한 감가율을 각각 정하고 고압선 등이 통과하지 아니한 것을 상정한 토지가액에서 각각의 감가율에 의한 가치감소액을 공제하는 방식으로 감정평가한다.

## 1. 용어의 정의

한국전력공사 내부규정인 「용지보상규정」 제3조에 따르면 다음과 같다.

### 1) 전선로

해당 발전소, 변전소, 개폐소 및 이와 유사한 곳과 전기사용 장소 상호 간의 전선 중 선간전압 35,000V를 초과하는 것과 이를 지지하거나 보장하는 시설물을 말한다.

### 2) 전선로용지

해당 전선로 중 양측 최외선으로부터 수평으로 3m 이내의 거리를 각각 더한 범위 내에 있는 직하(直下)의 토지를 말한다. 다만, 지형·건조물의 형상·가선(架線)의 상태 등에 따라 특히 필요한 경우에는 전기설비기술기준이 정하는 전압별 측방 이격거리를 한도로 3m를 초과하는 경우를 포함한다.

### 3) 지지물용지

철탑, 철주, 철근콘크리트주, 목주 또는 이와 유사한 시설물을 지지 또는 보호하기 위하여 필요한 토지를 말한다.

### 4) 선하지

전선로용지에서 지지물용지를 제외한 토지를 말한다.

### 5) 1차 접근상태

전기설비기술기준에서 정한 가공전선이 다른 시설물과 접근(병행하는 경우를 포함하며 교차하는 경우 및 동일 지지물에 시설하는 경우를 제외한다)하는 경우에 가공전선이 다른 시설물의 위쪽 또는 옆쪽에서 수평거리로 가공전선로의 지지물의 지표상의 높이에 상당하는 거리

내에 시설(수평거리로 3m 미만인 곳에 시설되는 것을 제외한다)됨으로써 가공 전선로의 전선의 절단, 지지물의 도괴 등의 경우에 그 전선이 다른 시설물에 접촉할 우려가 있는 상태를 말한다.

### 6) 2차 접근상태

가공 전선이 다른 시설물과 접근하는 경우에 그 가공 전선이 다른 시설물의 위쪽 또는 옆쪽에서 수평거리로 3m 미만인 곳에 시설되는 상태를 말한다.

### 7) 선간지

송전선로가 또 다른 송전선로에 접근 또는 병행하는 경우 송전선로 사이가 1차 접근상태 범위 내에 있는 토지 중 전선로용지를 제외한 토지를 말한다.

### 8) 통과전압의 종별(전기설비기술기준 제3조 제2항)

① **저압** : 직류는 750V 이하, 교류는 600V 이하인 것

② **고압** : 직류는 750V를, 교류는 600V를 초과하고, 7kV 이하인 것

③ **특고압** : 7kV를 초과하는 것

## 2. 고압선 등 통과 토지의 개념

고압선이란 송전 효율을 높이기 위해 높은 전압으로 전력을 보내는 것을 목적으로 하는 송전선과 배전선을 뜻한다. 고압선 등이 통과하는 토지는 해당 토지 전부 또는 일부에 고압선이 통과하는 토지를 의미하는 것으로, 해당 토지 내에 선하지가 존재하는 토지라고 볼 수 있다. 선간지도 대상토지의 가치에 영향을 미친다면 이에 대한 부분도 고려되어야 할 부분이라고 보인다. 선하지의 범위는 전선로용지 범위에 따라 전선로 중 양측 최외선으로부터 수평으로 3m 이내의 거리를 각각 더한 범위 내에 있는 직하(直下)의 토지로 판단하되, 일정한 경우 3m를 초과하는 경우가 있을 수 있음에 유의한다.

## 3. 고압선 등 통과 토지의 감가요인

### 1) 건축 및 시설제한

특별고압가공전선과 건축물의 접근상태에 따라 받게 되는 건축의 금지 또는 제한으로 건축물의 이격거리, 고압전선의 지표상의 높이제한 등이 있다.

### 2) 위험시설로서의 심리적 부담감

선하지는 TV 수신 장애 등 전파장애는 물론 송배전 시 수반되는 소음으로 인한 불쾌감, 전선의 단락이나 과전류로 인한 감전사고의 위험이 상존하고 있어 하나의 위험시설로 간주된다.

또한, 조망 및 경관미가 저해되는 경우도 있으며, 이러한 위험시설이 존재함으로 소유자에게 심리적·정신적 고통을 주게 되므로 감가요인이 된다.

### 3) 등기사항전부증명서상 하자

토지등기사항전부증명서에 구분지상권 등 지상의 전선을 보호하기 위한 권리가 설정되면 지상권자 등은 이 권리를 보전하기 위해 여러 가지 행위제한을 요구할 수 있다. 그리고 권리 설정으로 대상토지의 최유효이용이 전혀 제한받지 않는 경우라 할지라도 일반금융기관에서는 담보설정을 기피할 가능성이 있고, 건축허가를 받기 위해 해당기관의 심의를 거쳐야 하는 등 번거로운 행정상의 규제가 따르므로 이러한 요인도 하나의 감가요인이 된다.

### 4) 입체이용저해

토지의 공중공간에 고압선이 설치되어 입체이용을 제한하는 경우 그 이용이 저해되는 정도에 따라 토지의 가치가 감가된다. 이때 공중이용 범위의 저해 정도는 토목이나 건축기술, 경제적 타당성 등의 조건 이외에도 「건축법」이나 「국토계획법」 등의 법적 규제를 고려해야 한다.

### 5) 장래 기대이익의 상실

비록 현재 임야 또는 농지로 이용 중에 있는 토지라도 도심권의 확장으로 도시지역에 포함되거나 유용성이 높은 택지로의 이용이 가능할 경우가 있다. 이러한 토지의 공중공간에 송전선로가 설치됨으로 인하여 지상권이나 임차권이 설정된다면 이로 인해 비록 장기적이나 먼 장래에 있을 토지의 입체이용에서 오는 기대이익은 상실되거나 감소된다.

### 6) 기타 감가요인

감가요인은 앞에서 열거한 내용 이외에도 여러 가지가 있을 수 있으나, 택지로 이용 중인 시가지 토지의 경우에는 고압선의 통과로 받는 건축제한 때문에 잔여토지의 형태가 불량하게 되어 본래 의도된 대로의 토지이용을 할 수 없는 경우에는 감가요인이 된다.

## 4. 고압선 등 통과 토지의 감가방법

### 1) 제한을 감안한 감정평가방법

고압선 등이 통과하고 있는 토지를 평가하는 경우에는 통과전압의 종별 및 송전선의 높이, 선하지 부분의 면적 및 획지 내에서의 통과위치, 건축 및 기타 시설의 규제정도, 구분지상권의 유·무, 철탑 및 전선로의 이전가능성 및 그 난이도, 고압선 등이 심리적·신체적으로 미치는 영향정도, 장래 기대이익의 상실정도, 기타 이용 상의 제한정도 등 감가요인을 종합적으로 고려하여 감정평가하여야 한다.

## 2) 감가액을 공제하는 감정평가방법

고압선 등 통과부분의 직접적인 이용저해율과 잔여부분에서의 심리적 · 환경적인 요인의 감가율을 파악할 수 있는 경우에는 각각의 적정 비율을 결정한다.

감가율을 각각 정하고 고압선 등이 통과하지 아니한 것을 상정한 토지가액에서 각각의 감가율에 의한 가치감소액을 공제하는 방식으로 감정평가한다.

## 5. 유의사항

용도지역에 따라 감가의 정도가 다르며, 고급주택가, 빌딩가, 번화가의 감가 정도는 다른 지역에 비하여 훨씬 크다. 선하지 감정평가 시 통과 전압, 송전선의 높이 사용 계약이 있는 경우는 그 내용을 충분히 파악해야 한다.

> **PLUS + 개념**
>
> **송 · 변전설비 주변지역의 보상 1**
>
> 2014년 7월 29일부터 시행한 「송 · 변전설비 주변지역의 보상 및 지원에 관한 법률」은 밀양송전탑 사태를 계기로 기존 법률에서의 미온적인 보상규정과 보상범위를 보완하고자 새로이 제정된 것이다. 송 · 변전설비 주변지역 주민의 현실적인 재산권 보장 내용을 담고 있는 이 법의 내용은 우리 모두 한 번 훑어 볼 필요성이 있다. 신설된 법률을 살펴볼 때 기존 법률의 변천사 내지 이력을 뒤적여보는 게 여러모로 도움이 된다. 그 과정이 귀찮고 품이 들어 모든 이에게 추천할 건 못 되지만, 먼저 고압선이 통과하는 토지에 대한 보상의 규정을 담고 있는 것은 「전기사업법」이다. 그러나 이 법에서 규정한 보상기준이 어느 정도 명확해진 것은 근래 들어서다. 보상 기준이 확정되기 전에는 한동안 한전의 내부 지침에 따라 보상해 왔다고 한다. 1990년대 부당이득금 반환청구소송에서 '공중의 사용에 따른 구분지상권에 상응하는 임대료'가 언급되면서 공중의 가치가 조명된 점, 2003년 감정평가협회가 고압선 통과지에 대해 '선하지공중부분사용에 따른 손실보상평가지침'을 신설해 내부 보상평가기준으로 삼은 정도가 그간 굵직한 사안들이다. 2011년 3월 경 「전기사업법」 제90조의2의 신설로 비로소 법률의 형태로 보상금액 산정기준이 등장했지만 「도시철도법」 시행령 제5조에서 보인 명확성은 결여되어 있었다. 신설된 「송 · 변전설비 주변지역의 보상 및 지원에 관한 법률」의 규정에서도 일부 준용하고 있는 현재 「전기사업법」 제90조의2는 어떤 내용일까. 보상범위 토지면적은 언급돼 있을 뿐, '손실보상의 구체적인 산정기준 및 방법에 관한 사항은 대통령령으로 정한다.'고 하여 시행령에 구체적인 사항을 위임하고 있다. 그래서 시행령을 따라가 보니 비로소 별표에 지상의 공간을 송전선로가 존속하는 기간까지 사용하는 경우 〈보상금액 = 토지의 단위면적당 적정가격 × 지상 공간의 사용면적 × (입체이용저해율 + 추가보정률)〉로 소개된 부분을 발견할 수 있다. 그러나 비고란을 살펴볼 필요가 있다. '토지의 가격(단위면적당 적정가격 및 단위면적당 사용료 평가가액을 말한다), 입체이용저해율 및 추가보정률 등 손실보상의 산정방법에 관하여는 「공익사업을 위한 토지 등의 취득 및 보상에 관한 법률」 제67조 및 제68조에 따라 평가한다.'고 부연해서 또 다시 수임 규정을 검색하는 수고를 피하기 힘들다. 「공익사업을 위한 토지 등의 취득 및 보상에 관한 법률」 제68조는 '보상액의 산정기준 등에 관하여 필요한 사항은 국토교통부령으로 정한다.'고 해서 시행

규칙에 위임하고 있다. 수임 규정인 시행규칙 제31조를 들춰보니 '토지의 지하 또는 지상공간을 사실상 영구적으로 사용하는 경우~해당 토지의 가격에 해당 공간을 사용함으로 인하여 토지의 이용이 저해되는 정도에 따른 적정한 비율(이하 이 조에서 "입체이용저해율"이라 한다)을 곱하여 산정한 금액으로 평가한다.'로 귀착된다. 토지가격이야 그렇다 치고 '토지의 이용이 저해되는 정도에 따른 적정한 비율'을 정한 규정은 어디서 찾을 수 있을까. 2003년 감정평가협회가 제정한 '선하지공중부분사용에 따른 손실보상평가지침'이 그 답이다. 정리하면 보상금의 핵심인 고압선이 토지이용을 저해하는 비율은 감정평가기관의 내규로 정해져 있다. 이 지침의 내용은 「전기사업법」 시행령 별표 혹은 「공익사업을 위한 토지 등의 취득 및 보상에 관한 법률」 시행규칙 별표, 즉 법규명령으로 격상시킬 필요가 있다. 또한 「송·변전설비 주변지역의 보상 및 지원에 관한 법률」도 「전기사업법」에 따른 보상수준을 고려할 수 있도록 하고 있다.

### ⟨PLUS＋개념⟩ 송·변전설비 주변지역의 보상 2

밀양 송전탑 사태에 맞닥뜨려 서둘러 입법된 「송·변전설비 주변지역의 보상 및 지원에 관한 법률」은 크게 보상의 '공간'과 '대상'의 범위 확대 그리고 잔여지의 손실에 상응할 만한 '지원사업' 추진의 내용을 담고 있다. 먼저 보상의 '공간'을 〈재산적 보상지역〉으로 구체화시키고 있다. 송전선이 통과하는 부분, 즉 선하지면적은 보상의 직접적인 대상 구역으로 공중부분 영구 사용에 따른 구분지상권이 설정되는 영역이다. 종전 규정은 전선 두 개가 나란히 통과하고 있으면 전선 최외측으로부터 3m씩 보폭을 넓혀 둘러싸인 면적을 1차적 기준으로 삼고 여기에 전압별 이격거리만큼 보폭을 넓혔다. 35,000V를 넘는 10,000V마다 15cm를 가산할 수 있도록 했는데, 765kV 송전선이라면 약 11m 폭이 넓어진다. 그렇다면 최종 선하지면적은 전선 양 측에서 수평으로 각각 14m만큼 벌린 직하면적이 될 것이다. 뒤집어 말하면 송전선에서 수평으로 14미터 밖에 위치한 토지는 이 송전선으로 인한 손실보상을 거론할 원고적격도 인정받지 못하는 셈. 새로이 제정된 법률은 지상 송전선로의 건설로 인하여 재산상의 영향을 받는 지역을 〈재산적 보상지역〉으로 규정하고 전압별로 보폭을 이전보다 꽤 넓혔다. 765kV 송전선인 경우 송전선 양측 가장 바깥 선으로부터 각각 3.3m, 345kV인 경우 각각 13m만큼 외곽선을 확장할 수 있다. 최소한 종전보다 손실보상의 공간적 범위가 확대된 것이다. 다만, 〈재산적 보상지역〉 전체 공중부분에 영구적 사용에 따른 구분지상권을 설정할지는 의문이다. 구역만 넓혀 보상하고 구분지상권 설정면적은 기존대로 갈지, 손실보상을 해 줬으니 보상지역 전체 등기사항전부증명서에 구분지상권 등기를 경료할지는 이 법이 최초 적용되는 사업의 진행사항을 봐야 분명할 듯하다. 전자라면 기존 선하지면적과 재산적 보상지역으로 추가되는 면적 간 재산상에 미치는 영향의 정도를 달리 볼 여지도 있다. 그렇다면 보상금도 차등 지급될 것이다. 신설된 법률에서 보상의 '대상'을 확대한 것은 〈주택매수 청구지역〉으로 확인할 수 있다. 지상 송전선로 건설로 인하여 주거 및 경관상의 영향을 받는 지역을 정해서 그 안에 있는 주택소유자의 청구가 있으면 의무적으로 사업자가 주택을 매수하도록 한 것이다. 이 지역은 재산적 보상지역보다 훨씬 광범위하다. 765kV 송전선인 경우 송전선 양측 가장 바깥 선으로부터 각각 180미터, 345kV인 경우 각각 60m로 경계를 삼는다. 축사 혹은 공장과 달리 이 정도 거리 이내에 위치한 주택소유자라면 거주의 불쾌함을 충분히 항변할 수 있다고 판단한 것이다. 매수 금액(토지 + 건물)은 보상평가기준을 준용해 결정될 가능성이 높으며, 현황 평가원칙이 예외 없이 적용되므로 노후화 정도가 반영되는 건물 매수금액은 대부분 신축비용에 크게 못 미칠 것이다. 이렇게 재산적 보상지역을 확대하고 주택매수 청구 자격을 부여해도 여전히 지원이 필요한 사각지대는 존재한다. 이들 구역 밖에 살고 있는 같은 동네 이웃 사람들이다.

그래서 765kV 송전선(옥외변전소)인 경우 송전선(옥외변전소) 양측 가장 바깥 선(외곽경계)으로부터 1,000m(850m), 345kV 송전선(옥외변전소)인 경우 700m(600m) 이내 지역을 〈송·변전설비 주변지역〉으로 지정했다. 간혹 이렇게 정한 주변지역의 경계가 마을을 관통할 수 있다. 그러면 내 집과 앞집이 경계선 하나로 희비가 엇갈린다. 이럴 땐 '주변지역 지원 심의위원회'의 심의를 거쳐 주변지역의 범위를 탄력적으로 조정할 수 있도록 했다.

# 유형별 감정평가 (정착물 등)

# 건물

## 제1절 정의

### 1. '건물'로 표현하고 있는 법률

「감정평가법」, 「공간구축의 정보 및 관리 등에 관한 법률」, 「부동산등기법」, 「민법」, 「국토계획법」 등이다.

### 2. '건축물'로 표현하고 있는 법률

「건축법」, 「도정법」, 「토지보상법」 등이다. 참고로 건축법 제외 건축물에는 지정문화재, 철도나 궤도 선로 부지의 운전보안시설 등, 고속도로 통행료 징수시설, 컨테이너, 간이창고 등이 있다.

> **「실무기준」**
> 건물이란 토지에 정착하는 공작물 중 지붕과 기둥 또는 벽이 있는 것과 이에 부수되는 시설물, 지하 또는 고가(高架)의 공작물에 설치하는 사무소, 공연장, 점포, 차고, 창고, 그 밖에 「건축법」 시행령으로 정하는 것을 말한다.

※ 특수한 건축물

1. **위반건축물** : 미사용승인 건축물(건축허가 있으나 허가 받은 대로 신축하지 않아 사용승인 받지 못한 건축물), 시정명령 건축물(건축허가 있으나 사용승인 이후 무허가증축 및 무허가 용도변경 등으로 원상회복명령 및 이행강제금 부과되는 건축물)
2. **무허가건축물** : 건축허가 없는 건축물, 건축물대장이 없는 건축물
3. **가설건축물** : 임시로 설치한 건축물, 가설건축물대장에 등재(**예** 모델하우스, 가설점포, 임시창고 등)

※ 건축세분

1. **신축** : 건축물이 없는 대지에 새로이 건축물을 축조
   전부철거(전부멸실) 후 종전규모 초과 축조
2. **증축** : 기존건축물이 있는 대지 안에서 건축면적, 연면적, 층수를 증가시키는 것
3. **개축** : 기존건축물을 철거하고 그 대지 안에 종전과 동일한 범위 안 건축물을 다시 축조전부(일부)철거 후 종전규모 이하 축조
4. **재축** : 불가항력에 의하여 멸실된 경우 그 대지에 종전과 동일한 범위 안에서 다시 축조

## 제2절 자료의 수집 및 정리

### 1. 사전조사 및 실지조사

#### 1) 사전조사

건물을 감정평가할 때에는 실지조사를 하기 전에 건물등기사항전부증명서, 건축물대장 등을 통해 다음의 사항을 조사한다.
① 소재지, 지번, 용도, 구조, 지붕, ② 용도지역, 지구 등 공법상 제한사항, ③ 건폐율과 용적률, ④ 준공 및 사용승인일자, ⑤ 그 밖의 참고사항

#### 2) 실지조사

① 건물의 구조, 용도 및 면적, ② 기초와 용재, ③ 시공 및 관리상태, ④ 부대시설, ⑤ 실측을 통한 지적도상 건물의 위치 확인, ⑥ 그 밖의 참고사항

### 2. 건물 가격자료의 수집 및 정리

#### 1) 원가자료

도급공사비, 실적공사비, 건물신축단가표 등이 있으며, 이를 기준으로 건물의 표준단가, 부대설비 보정단가를 구해야 할 것이다.

#### 2) 거래사례

거래사례비교법 등 비교방식을 적용하기 위하여 필요하며, 시장에서 거래되고 있는 가격수준을 파악하게 해 준다. 분양가격 조사 시 건물부가가치세의 포함여부, 월임대료의 내용, 관리비에 건물부가가치세 포함여부 등을 확인해야 한다.

#### 3) 임대사례

임대수익, 임대보증금, 보증금운용이율, 기타 수익, 총비용 등이 있다.

#### 4) 수익자료

건물을 수익환원법 등 수익방식에 따라 감정평가하는 경우 필요한 자료로서, 수익률, 성장률, 현금흐름추정자료 등이 있다.

#### 5) 시장자료

경제성장률, 건축공사비지수, 물가상승률, 금리, 환율 등이 있다.

#### 6) 그 밖에 감정평가액 결정에 참고가 되는 자료

## 3. 적절한 가격자료의 요건

건물의 경우에도 다른 대상물건과 마찬가지로 가격의 3면성이 작용한다. 따라서 시장성·원가성·수익성을 모두 고려하여 적절한 감정평가액을 산정하기 위해서는 시장자료, 원가자료, 수익자료 등이 구비되어야 하는데, 본 규정에서 나타내고 있는 거래사례, 원가자료, 임대사례, 수익자료, 시장자료 및 그 밖에 가격결정에 참고가 되는 자료를 객관적이고 정확하게 수집하여야 할 것이다.

## 제3절 면적사정

### 1. 면적사정의 의의

건물을 감정평가할 때에 적용할 면적을 확정하는 것을 면적사정이라고 하며, 토지와 마찬가지로 면적에 따라 그 가치가 달라질 수 있다.

### 2. 면적사정의 원칙 및 기준

감정평가사는 실지조사에 의하더라도 현실적으로 그 면적을 오차 없이 정확하게 측정할 수 없는 것이 현실이다. 따라서 면적사정은 원칙적으로 대상건물의 〈건축물대장상의 면적〉을 기준으로 하되, 현장조사 결과 실제면적과 건축물대장상 면적이 현저하게 차이가 나는 경우 등에는 〈실제면적〉을 기준으로 할 수 있다.

### 3. 공부상 면적과 실제면적이 다른 경우

#### 1) 현장조사 결과 실제면적과 건축물대장상 면적이 현저하게 차이가 나는 경우

실지조사를 할 경우 확연하게 실제면적과 건축물대장의 면적이 현저하게 차이가 나는 경우가 있을 수 있으며, 이러한 경우에는 〈실제면적〉을 기준으로 감정평가할 수 있다. 현저한 차이가 나타나는 경우 의뢰인에게 그 사실을 알려야 하며, 의뢰인이 요청하는 경우 의뢰인이 요청한 면적을 기준으로 감정평가할 수 있다. 이 경우 감정평가서에 이 사항을 기재하여 표시하여야 할 것이다.

#### 2) 의뢰인이 실제면적을 제시하여 그 면적을 기준으로 감정평가할 것을 요청한 경우

그 밖에 건축물대장상의 면적이 있지만 감정평가 의뢰인이 해당 건물의 〈실제면적〉을 직접 제시하여 감정평가를 의뢰하는 경우가 있다. 이 경우에는 감정평가사는 해당 제시된 면적의 출처와 신뢰성 여부를 파악하여야 할 것이다.

### 4. 실제면적의 기준

실제면적은 바닥면적으로 하되 건축물의 각 층 또는 그 일부로서 벽, 기둥, 그 밖에 이와 비슷한 구획의 중심선으로 둘러싸인 부분의 수평투영면적을 실측에 의하여 산정한다.

### 5. 유의사항

#### 1) 건물의 면적 및 구조의 불일치

증축·개축 및 그 밖의 사유로 인하여 공부상 건물의 면적 및 구조가 실지조사 결과 현저하게 상이하여 동일성을 인정하기 어려운 경우에는 소유권이 인정되지 않을 수 있으므로, 의뢰인에게 이 사실을 알리고 감정평가 진행 여부에 신중을 기하여야 한다.

## 2) 소재지번 불일치

공부와 실제 소재지번이 불일치하는 건물은 동일한 지번임이 확인 가능하거나 동일한 건물임을 인정할 수 있는 자료의 확보가 가능하여 건물의 사용·수익 등에 지장이 없는지의 파악에 유의하여 감정평가 진행 여부를 검토한다.

「실무기준」
① 건물의 면적사정은 건축물대장상의 면적을 기준으로 하되, 다음 각 호의 경우에는 실제면적을 기준으로 할 수 있다.
   1. 현장조사 결과 실제면적과 건축물대장상 면적이 현저하게 차이가 나는 경우
   2. 의뢰인이 실제면적을 제시하여 그 면적을 기준으로 감정평가할 것을 요청한 경우
② 제1항 제1호의 경우에는 의뢰인에게 그 사실을 알려야 하며, 의뢰인이 요청한 면적을 기준으로 감정평가할 수 있다.
③ 제1항의 실제면적은 바닥면적으로 하되 「건축법」 시행령 제119조 제1항 제3호에 따라 건축물의 각 층 또는 그 일부로서 벽, 기둥, 그 밖에 이와 비슷한 구획의 중심선으로 둘러싸인 부분의 수평투영면적을 실측에 의하여 산정한다.

## 제4절 건물의 감정평가방법

「감정평가에 관한 규칙」
**제15조(건물의 감정평가)**
① 감정평가법인등이 건물을 감정평가할 때에 원가법을 적용해야 한다.

「실무기준」
① 건물을 감정평가할 때에는 원가법을 적용하여야 한다. 이 경우 [400-4]를 따른다.
② 원가법으로 감정평가할 때 건물의 재조달원가는 직접법이나 간접법으로 산정하되, 직접법으로 구하는 경우에는 대상건물의 건축비를 기준으로 하고, 간접법으로 구하는 경우에는 건물신축단가표와 비교하거나 비슷한 건물의 신축원가 사례를 조사한 후 사정보정 및 시점수정 등을 하여 대상건물의 재조달원가를 산정할 수 있다.
③ 거래사례비교법으로 감정평가할 때에는 적절한 건물의 거래사례를 선정하여 사정보정, 시점수정, 개별요인비교를 하여 비준가액을 산정한다. 다만, 적절한 건물만의 거래사례가 없는 경우에는 토지와 건물을 일체로 한 거래사례를 선정하여 토지가액을 빼는 공제방식이나 토지와 건물의 가액구성비율을 적용하는 비율방식 등을 적용하여 건물가액을 배분할 수 있다.
④ 수익환원법으로 감정평가할 때에는 전체 순수익 중에서 공제방식이나 비율방식 등으로 건물귀속순수익을 산정한 후 이를 건물의 환원율로 환원하여 건물의 수익가액을 산정한다.
⑤ 건물의 일반적인 효용을 위한 전기설비, 냉·난방설비, 승강기설비, 소화전설비 등 부대설비는 건물에 포함하여 감정평가한다. 다만, 특수한 목적의 경우에는 구분하여 감정평가할 수 있다.

## 1. 건물의 감정평가방법

건물을 감정평가할 때에는 대상물건의 재조달원가에 감가수정을 하여 대상물건의 가액을 산정하는 원가법을 주된 방법으로 적용해야 한다. 다만, 원가법을 적용하는 것이 곤란하거나 부적절한 경우에는 다른 감정평가방법을 적용할 수 있으며, 시산가액 비교를 통하여 합리성 검토를 하여야 한다.

## 2. 원가법

### 1) 재조달원가

#### (1) 재조달원가의 의의

재조달원가란 대상물건을 기준시점에 재생산하거나 재취득하는 데 필요한 적정원가의 총액을 말한다. 재조달원가는 대상물건을 일반적인 방법으로 생산하거나 취득하는 데 드는 비용으로 하되, 제세공과금 등과 같은 일반적인 부대비용을 포함한다. 감정평가의 대상이 된 건물을 일반적인 방법으로 건축하는 데에 드는 비용을 기준으로 산정하는 것을 원칙으로 하여야 한다.

### (2) 직접법에 의한 재조달원가의 산정

직접법은 대상물건의 전체 또는 부분별 사용자재 및 소요비용의 품등·수량·시간 등을 조사하여 재조달원가를 대상물건에서 직접 구하는 방법이다. 직접법으로 대상건물의 재조달원가를 산정하는 경우에는 대상건물의 건축비를 기준으로 한다.

### (3) 간접법에 의한 재조달원가의 산정

간접법은 대상물건의 자료가 없거나 자료만으로는 정확한 재조달원가 산정이 어려운 경우 유사한 물건의 재조달원가를 구하고, 사정보정 및 시점수정 등을 하여 대상건물의 재조달원가를 구하는 방법이다. 대상물건과 비교가능성이 있는 유사사례 또는 건물신축단가표를 활용하여 구할 수 있다. 간접법으로 구하는 경우에는 한국부동산원 발행 건물신축단가표와 비교하거나 비슷한 건물의 신축원가 사례를 조사한 후 사정보정 및 시점수정 등을 하여 대상건물의 재조달원가를 산정할 수 있다. 건물신축단가표의 표준단가 및 부대설비 보정은 다음과 같다.

| | |
|---|---|
| 표준단가 | 표준단가는 정부고시 표준품셈과 실적공사비 등을 적용하여 산정한 순수 건축공사비에 제경비(간접노무비, 산재보험료, 안전관리비, 기타경비, 일반관리비, 이윤 등), 설계감리비 및 전기기본설비비(전등, 전열공사비) 등이 포함된 것이다. |
| 부대설비의 보정 | 건물표준단가에 포함되지 않은 전기설비, 위생설비, 냉난방설비 등 부대설비에 대한 설치비용을 뜻한다. 부대설비보정단가를 구하는 경우에는 건물소유자로부터 자료를 징구할 수 있으며, 부대설비항목별로 실지조사 시 확인되고 가동 중인 항목만을 부대설비로 보정한다. |

## 2) 감가수정

### (1) 감가수정의 의의

감가수정이란 대상물건에 대한 재조달원가를 감액하여야 할 요인이 있는 경우에 물리적 감가, 기능적 감가 또는 경제적 감가 등을 고려하여 그에 해당하는 금액을 재조달원가에서 공제하여 기준시점에서의 대상물건의 가액을 적정화하는 작업을 말한다.

### (2) 건물의 감가수정방법

경제적 내용연수를 기준으로 한 정액법·정률법 또는 상환기금법 중에서 대상건물에 가장 적합한 방법을 적용한다. 이 경우 물리적·기능적·경제적 감가요인을 고려하여 관찰감가 등으로 조정하거나 다른 방법에 따라 감가수정할 수 있다.

## 3. 거래사례비교법

### 1) 건물의 거래사례 기준

대상물건의 비교가능성이 있는 적절한 건물만의 거래사례를 선정하여 사정보정, 시점수정, 개별요인비교를 하여 비준가액을 산정한다. 그러나 일반적으로 토지와 건물을 일체로 하여 거래가 이루어지는 경우가 대부분이므로 건물만의 거래사례의 확보가 어려울 수 있다.

### 2) 토지와 건물을 일체로 한 거래사례를 기준으로 하는 경우

복합부동산의 거래사례만을 알 수 있는 경우에는 전체 거래가격에서 건물가액을 구하여 대상건물과 사정보정, 시점수정, 개별요인비교를 하여 비준가액을 산정한다. ① 토지와 건물을 일체로 한 거래사례를 선정하여 토지가액을 빼는 〈공제방식〉이나 ② 토지와 건물의 가액 구성비율을 적용하는 〈비율방식〉 등을 적용하여 건물가액을 배분할 수 있다. 비율방식에 의할 때 건물가격 구성비율은 인근지역의 감정평가전례, 거래사례의 분석 등을 통하여 인근지역의 표준적인 건물가격 구성비율을 구할 수 있다.

> **PLUS+ 개념 | 배분법**
>
> 배분법은 복합부동산의 거래사례를 선정한 경우 대상물건과 같은 유형에 해당하는 부분의 가격을 추출하기 위하여 토지, 건물, 그 밖의 물건 등에 해당하는 가격을 배분하는 것이다. 주로 활용되는 방식으로는 공제방식과 비율방식이 있다.
>
> **1. 공제방식**
>
> 복합부동산의 거래가격에서 대상물건과 다른 유형에 해당하는 부분의 가격을 알 수 있는 경우에 이를 전체 거래가격에서 공제하여 대상물건과 같은 유형의 가격을 산정하는 방식이다. 가령, 거래사례의 토지가격을 구하려고 한다면, 전체 거래가격에서 건물가격 등을 공제하여 토지가격을 구하게 된다.
>
> **2. 비율방식**
>
> 복합부동산의 각 구성부분에 해당하는 가격비율을 알 수 있는 경우 대상물건과 같은 유형에 해당하는 가격비율을 곱하여 배분하는 방식이다. 이때 적용하는 가격비율은 사례의 가격비율이므로, 거래시점 당시의 가격비율을 적용해야 한다.

### 3) 유의사항

① 국·공유지에 건물이 소재하는 경우 일반적인 건물에 비하여 시장관행상 높거나 낮게 거래가격이 형성된다. 이 경우 거래가격, 감정평가선례 등을 고려하여 거래사례비교법으로 감정평가할 수 있다.

② 건물을 거래사례비교법으로 평가하는 경우 지역요인 비교는 특수한 경우를 제외하고 하지 않는다.

③ 건물의 잔가율과 연면적 비교는 개별요인에 포함하여 비교하되, 이때 적용하는 잔가율 및 잔가율비교치는 다음과 같이 구한다.

> • 잔가율 = 주체비율 × 주체잔존내용연수/주체전내용연수 + 부대설비비율 × 부대설비잔존내용연수 /부대설비전내용연수
> • 잔가율비교치 = 대상건물잔가율/사례건물잔가율

④ 이 경우 거래사례비교법으로 감정평가한 이유와 산출내역을 구체적으로 감정평가서에 기재하여야 한다.

## 4. 수익환원법(건물잔여법)

건물의 수익가액은 임대수익 중 건물의 유지관리비와 공과금, 손해보험료 등 운영경비 등을 공제한 금액에서 토지에 귀속하는 순수익을 공제한 건물귀속순수익을 구한 후, 이를 건물의 환원율로 환원하여 수익가액을 구한다.

# 특수한 경우의 건물

## 제1절　공법상 제한받는 건물

「실무기준」
① 공법상 제한을 받는 건물이 제한을 받는 상태대로의 가격이 형성되어 있을 경우에는 그 가격을 기초로 하여 감정평가하여야 한다. 다만, 제한을 받는 상태대로의 가격이 형성되어 있지 아니한 경우에는 제한을 받지 않는 상태를 기준으로 하되 그 제한의 정도를 고려하여 감정평가한다.
② 건물의 일부가 도시·군계획시설에 저촉되어 저촉되지 않은 잔여부분이 건물로서 효용가치가 없는 경우에는 건물 전체가 저촉되는 것으로 감정평가하고, 잔여부분만으로도 독립건물로서의 가치가 있다고 인정되는 경우에는 그 잔여부분의 벽체나 기둥 등의 보수에 드는 비용 등을 고려하여 감정평가한다.
③ 공법상 제한을 받는 건물로서 현재의 용도로 계속 사용할 수 있는 경우에는 이에 따른 제한 등을 고려하지 않고 감정평가한다.

## 1. 개요

일반적으로 건물은 원가법으로 평가되며 공법상 제한으로 인하여 현재의 사용 및 수익이 제한되는 경우가 많지 않기 때문에 건물의 경우에는 공법상 제한으로 인한 감가를 반영하여 평가하지 않는다. 하지만 건물의 경우에도 도시·군계획시설 도로와 같이 향후 구체적인 사업이 예정되어 있는 공법상 제한이 있는 경우에는 토지와 마찬가지로 그 사용·수익·처분상에 큰 영향이 있을 수 있으며 이런 경우에는 적절하게 공법상 제한을 반영하여 평가하여야 할 것이다. 예를 들어 건물의 일부가 도시계획시설 도로에 저촉될 경우 해당 도로사업이 시행된다면, 저촉된 부분은 해당 사업으로 인하여 철거가 될 것이며, 소유자는 잔여부분을 사용하게 될 것이다. 이러한 건물의 감정평가 시에는 일반적으로 해당 사업이 예정됨에 따라 지장을 받는 권리의 행사(건물의 증, 개축 등)에 대한 감가를 고려하여야 할 것이며, 잔여부분에 대한 보수비 또한 고려되어야 할 것이다. 특히 잔여부분이 그 자체만으로 독립적인 효용이 없을 경우에는 전체가 사업에 편입된 것으로 보아 보수적으로 감정평가하게 되는 경우가 있음에 유의하여야 한다.

## 2. 공법상 제한의 정도를 고려하여 감정평가

도시계획시설에 저촉되어 있는 건물은 공법상 제한의 정도를 고려하여 감정평가한다. 제한을 받는 상태대로의 가격이 형성되어 있을 경우에는 그 가격을 기초로 하여 감정평가하여야 하며, 제한을 받는 상태대로의 가격이 형성되어 있지 아니한 경우에는 제한을 받지 않는 상태를 기준으로 하되, 그 제한의 정도를 적정하게 고려하여 감정평가한다.

## 3. 저촉되지 않은 잔여부분이 효용가치가 없는 경우

도시계획시설에 저촉되는 건물은 벽체나 기둥 등의 보수가 필요한 경우가 있을 수 있다. 이와 같이 건물의 일부가 도시계획시설에 저촉되어 저촉되지 않은 잔여부분이 건물로서 효용가치가 없는 경우 등에는 건물 전체가 저촉되는 것으로 감정평가한다. 다만, 잔여부분만으로도 독립 건물로서의 가치가 있다고 인정되는 경우에는 그 잔여부분의 벽체나 기둥 등의 보수에 드는 비용 등을 고려하여 감정평가한다.

## 4. 현재의 용도로 계속 사용할 수 있는 경우

도시계획시설 도로 저촉 등 공법상 제한이 있음에도 불구하고 현재 또는 장래에 지속적으로 해당 건물의 사용·수익 등에 영향이 없는 경우에는 이러한 제한을 받는 점에 따른 가치의 변화를 고려하지 아니하고 감정평가한다.

## 5. 유의사항

건물의 경우는 토지와 달리 도시계획시설에 저촉된 경우 외에는 특별히 공법상 제한의 영향을 받지 않는다고도 볼 수 있다. 따라서 대상건물이 공법상 제한에 의하여 가치가 어떻게 영향을 받는지 면밀한 검토가 요구된다고 할 것이다. 또한 건물은 원가법을 주된 방법으로 적용하여 감정평가하므로, 가치가 영향을 받고 있는 경우 재조달원가 및 감가수정에 어떠한 형태로 적용시킬지 유의하여야 한다.

## 제2절 기존 건물 상층부에 증축한 건물

「실무기준」
증축부분의 경과연수는 기존 건물의 경과연수에 관계없이 증축부분의 실제경과연수를 기준하며 장래보존연수는 기존 건물의 장래보존연수 범위에서 적용하여 감가수정한다.

기존 건물의 상층부에 증축한 건물은 기존 건물의 경과연수와는 관계없이 경과연수를 결정할 수 있다. 다만, 장래보존연수는 기존 건물의 장래보존연수 범위 안에서 적용해야 한다. 왜냐하면, 기존 건물 상층부에 증축한 건물은 기존 건물의 경제적인 효용이 다할 경우 함께 그 효용이 소멸되기 때문이다. 예를 들어 기존 건물이 2층의 단독주택이고, 전체 내용연수 45년 중 15년이 경과한 경우 정액법을 적용할 경우 잔존가치율은 30/45가 된다. 이 건물의 3층 부분에 동일한 구조의 단독주택 용도의 건물이 증축될 경우에 최초 준공시점의 증축부분의 잔존가치율은 30/30으로 적용할 수 있다.

즉, 기존 부분의 장래보존연수만큼 증축부분의 장래보존연수가 결정되는 것이다. 증축부분의 구조가 기존부분의 구조보다 견고하여 내용연수가 장기인 경우에도 내용연수는 경과연수와 장래보존연수의 합이므로 감가수정도 이와 같은 방법으로 하되, 기존건물의 장래보존연수 범위 내에서 증축부분의 장래보존연수를 결정해야 한다.

PART 03

## 제3절 토지와 그 지상 건물의 소유자가 다른 건물

「실무기준」
건물의 소유자와 그 건물이 소재하는 토지의 소유자가 다른 건물은 정상적인 사용·수익이 곤란할 경우에는 그 정도를 고려하여 감정평가한다. 다만, 다음 각 호의 경우에는 이에 따른 제한 등을 고려하지 않고 감정평가할 수 있다.
1. 건물의 사용·수익에 지장이 없다고 인정되는 경우
2. 사용·수익의 제한이 없는 상태로 감정평가할 것을 요청한 경우

### 1. 원칙

「감정평가에 관한 규칙」에서도 건물의 감정평가는 원가법을 주방법으로 하도록 하고 있으며, 실무적으로도 건물은 원가법만을 사용하고 있는 경우가 대부분이다. 건물은 그 자체만으로도 일정한 원가를 구성하고 있으므로 소유권과 관계없이 일정한 가치를 지니고 있지만, 통행권의 확보가 어려운 경우 등에는 그 건물의 사용·수익에 지장을 초래할 수 있음에 유의하여야 한다. 따라서 토지와 그 지상 건물의 소유자가 다른 건물의 경우에는 해당 건물의 사용·수익에 지장을 주는 요인을 분석하여, 정상적인 사용·수익이 곤란할 경우에는 그 정도를 고려하여 감정평가한다.

### 2. 예외

① 건물의 사용·수익에 지장이 없다고 인정되는 경우, ② 사용·수익의 제한이 없는 상태로 감정평가할 것을 요청한 경우(감정평가조건이 부가된 경우)에는 이에 따른 제한 등을 고려하지 않고 감정평가할 수 있다.

## 제4절 | 공부상 미등재 건물(제시 외 건물)

> 「실무기준」
>
> 실지조사 시 의뢰되지 않은 공부상 미등재 건물이 있는 경우에는 의뢰인에게 감정평가 포함 여부를 확인하여 실측면적을 기준으로 감정평가할 수 있다.

### 1. 공부상 미등재 건물의 감정평가방법

공부상 미등재된 건물이라고 하더라도 독립적으로 경제적 가치를 지니고 있으므로, 이는 감정평가의 대상이 될 수 있다. 다만, 공부상 미등재 건물은 감정평가목록상에 포함되어 있지 않은 경우가 대부분이므로, 감정평가목록에 포함 여부를 의뢰인에게 확인하여 실측면적을 기준으로 감정평가할 수 있다.

### 2. 공부상 미등재 건물의 감정평가 시 유의사항

#### 1) 소유권의 확인

해당 공부상 미등재 건물의 소유권과 해당 건부지의 소유자가 다른 경우에는 해당 토지 및 건물의 가치에 영향을 미칠 수 있으므로, 공부상 미등재 건물의 경우 해당 건물의 소유권에 대하여 유의하여야 한다.

#### 2) 면적사정

공부상 미등재 건물은 그 면적에 대하여 신뢰할 수 있는 자료가 없는 경우가 대부분이다. 이 경우 해당 건물에 대한 현황 측량결과를 활용할 수 있다. 만일 이러한 측량결과도 구비되어 있지 않은 경우에는 실지조사 시 실측하여 면적을 확정하여야 할 것이다. 또한 해당 건물의 실측면적에 대하여 의뢰인으로부터 제시받고, 일치하는지 여부를 실지조사를 통하여 검토하여야 할 것이다.

## 제5절 　건물 일부가 인접 토지상에 있는 건물

「실무기준」
건물의 일부가 인접 토지상에 있는 건물은 그 건물의 사용·수익의 제한을 고려하여 감정평가한다. 다만,
그 건물의 사용·수익에 지장이 없다고 인정되는 경우에는 이에 따른 제한 등을 고려하지 않고 감정평가할
수 있다.

## 1. 건물의 일부가 인접 토지상에 있는 경우의 유형

건축단계부터 소재 지번이 잘못된 경우, 소재 지번의 토지이동(분할, 합병 등) 후 미정리된 경
우, 국·공유지를 대부 받아 건물을 건축한 경우 등을 예로 들 수 있다.

## 2. 감정평가방법

해당 건물의 사용·수익에 대한 제한을 분석하여 그 제한의 정도를 고려하여 감정평가
하여야 한다. 이 경우에도 해당 사유가 사용·수익에 지장이 없다고 인정되는 경우에는 건물
을 정상평가할 수 있다. 가령 인접 공용도로상에 걸쳐 소재한 건물의 감정평가 시 대상건물의
일부가 인접 공용도로상에 걸쳐 소재하더라도 점용허가기간 내이고 준공검사를 필한 경우라면
제한 등을 고려하지 않고 감정평가할 수 있다.

## 제6절 공부상 지번과 실제 지번이 다른 건물

「실무기준」

건물의 실제 지번이 건축물대장상이나 제시목록상의 지번과 다를 때에는 감정평가하지 않는 것을 원칙으로 한다. 다만, 다음 각 호의 경우로서 해당 건물의 구조·용도·면적 등을 확인하여 건축물대장과의 동일성이 인정되면 감정평가할 수 있다.
1. 분할·합병 등으로 인하여 건물이 있는 토지의 지번이 변경되었으나 건축물대장상 지번이 변경되지 아니한 경우
2. 건물이 있는 토지가 같은 소유자에 속하는 여러 필지로 구성된 일단지로 이용되고 있는 경우
3. 건축물대장상의 지번을 실제 지번으로 수정이 가능한 경우

### 1. 공부상 지번과 다른 건물의 유형

건물의 실지 지번이 건축물대장상과 다른 경우는 주로 오래된 건물에서 발생하며, 건축단계부터 소재 지번이 잘못된 경우, 소재 지번의 토지이동(분할, 합병 등) 후 미정리된 경우 등이 있다.

### 2. 공부상 지번과 다른 건물의 감정평가

#### 1) 원칙

실지조사 시 확인된 건물의 실지 지번과 건축물대장 등 공부상 등재된 건물의 소재 지번이 다를 경우에는 원칙적으로 감정평가 대상에서 제외하여야 한다. 다만, 일정한 경우 해당 건물의 동일성이 인정될 수 있으므로 감정평가할 수 있다.

#### 2) 분할·합병 등으로 인하여 건물이 있는 토지의 지번이 변경되었으나 건축물대장상 지번이 변경되지 아니한 경우

토지는 분할·합병이 완료되었으나 건축물대장상의 지번 변경이 되지 않은 상태로 남아있는 경우이다. 해당 건물의 구조·용도·면적 등을 확인하여 동일한 건물일 때에는 감정평가할 수 있으며, 감정평가서에는 토지대장의 토지이동 사항을 분석하여 기재하도록 한다.

#### 3) 건물이 있는 토지가 같은 소유자에 속하는 여러 필지로 구성된 일단지로 이용되고 있는 경우

건물이 있는 토지가 같은 소유자에 속하는 여러 필지로 구성된 일단지로 이용되고 있는 경우는 일단지 여부 등을 파악하고 감정평가할 수 있을 것이다.

#### 4) 건축물대장상의 지번을 실지 지번으로 수정이 가능한 경우

건축물대장상의 지번을 실지 지번으로 수정이 가능한 경우는 이를 수정하고 건물 감정평가를 할 수 있다.

# 녹색건축물

> **「실무기준」**
> 「녹색건축물 조성 지원법」 제2조 제1호에 따른 녹색건축물은 온실가스 배출량 감축설비, 신·재생에너지 활용설비 등 친환경 설비 및 에너지효율화 설비에 따른 가치증가분을 포함하여 감정평가한다.

## 제1절 친환경 가치형성요인의 특징 및 감정평가 적용

1. 친환경 가치형성요인은 친환경건축물인증을 받기 위한 설계 및 설비·시설에 의해 형성되므로 대부분 항목에서 비용의 증가를 수반하며, 일부 항목은 매매가나 임대료의 증가로 이어진다.

2. 추가 투입비용은 원가방식(원가법) 적용 시 재조달원가에 반영이 가능할 것이며, 수명관리 (내구성) 항목 등은 건물의 수명을 증가시키는 효과를 가져올 수 있어 원가방식의 감가수정 시 건물의 전체내용연수 또는 잔존내용연수 결정에 반영할 수 있을 것이다.

3. 친환경 가치형성요인은 건물의 쾌적성, 환경성, 경제성 등 효용을 향상시켜 수요 증가 등 시장성에 영향을 주는바 비교방식(거래사례비교법) 적용 시 매매사례와의 가치형성요인 비교 시 이를 반영할 수 있을 것이다.

4. 친환경 가치형성요인은 임대료 상승으로 수익성을 향상시킬 뿐 아니라 임차수요 증가 등 리스크 감소로 환원율도 낮추는 효과가 있는바 수익방식(수익환원법) 적용 시 이를 순수익 비교 내지 환원율 조정 시 반영할 수 있을 것이다.

5. 이하에서는 친환경 가치형성요인의 특징 등을 고려하여 감정평가 3방식에 구체적으로 적용할 수 있는 방안을 제시한다.

## 제2절 감정평가 3방식 활용 제도 적용방안

| 감정평가 3방식 | 항목 | 주요내용 |
|---|---|---|
| 원가법 | 재조달원가에 친환경 가치형성요인을 반영하는 방안 | • 재조달원가에 가산비율을 적용하는 방법<br>• 부대설비 보정단가에 친환경 건축물 항목을 추가하는 방법이 있음 |
| | 감가수정에 친환경 가치형성요인을 반영하는 방안 | • 친환경건축물의 경우 수명관리(내구성) 항목 등은 건물의 수명을 증가시키는 효과를 가져올 수 있어 원가 방식의 감가수정 시 건물의 전체 내용연수 또는 잔존 내용연수 결정에 반영할 수 있을 것임 |
| 거래사례 비교법 | 개별요인 비교 시 친환경 가치형성요인을 반영하는 방안 | • 친환경 가치형성요인을 개별요인 세부 항목별로 추가 반영하는 방법<br>• 인증등급을 기준으로 개별요인 대항목에 추가 반영하는 방법이 있음 |
| 수익환원법 | 임대료(또는 순수익) 비교 시 개별요인에 반영 | • 친환경 가치형성요인을 세부 항목별로 추가 반영하는 방법<br>• 인증등급을 기준으로 개별요인 대항목에 추가 반영하는 방법이 있음 |
| | 환원율(또는 할인율)에 반영 | • 국공채, 정기예금이자율 등을 말하며, 위험할증률은 위험성, 비유동성, 관리의 난이성, 자금안전성 등을 종합적으로 고려<br>• 친환경 가치형성요인은 임대수요 증가에 따른 위험성의 감소, 에너지효율 증대에 따른 관리의 난이성 감소 등 위험할증률을 감소시킴 |

# 구분소유 부동산

## 제1절　정의

### 1. 구분소유권과 구분소유 부동산의 개념

구분소유 부동산은 「집합건물의 소유 및 관리에 관한 법률」에서 규정하고 있으므로, 감정평가의 대상이 되는 구분소유 부동산은 동법의 개념을 인용하고 있다. 구분소유권이란 1동의 건물에 구조상 구분되는 2개 이상의 부분이 있어서 그것들이 독립하여 주거·점포·사무실 등으로 사용되는 경우에 그 부분을 각각 다른 사람의 소유로 사용할 수 있을 때 이러한 전용부분에 대한 권리를 말한다.

집합건물이란 일정 대지 위에 공용부분을 매개로 전용부분들이 결합되어 한 동을 이루는 건물 형태를 말하며, 이러한 집합건물은 주거용, 비주거용 및 혼합형으로 구분할 수 있다. 주거용으로는 공동주택, 비주거용으로는 상가와 업무용건물, 혼합형으로는 주상복합아파트와 오피스텔 등이 있다.

> 「실무기준」
> 구분소유 부동산이란 「집합건물의 소유 및 관리에 관한 법률」에 따라 구분소유권의 대상이 되는 건물부분과 그 대지사용권(대지 지분소유권을 의미한다. 이하 같다)을 말한다.

### 2. 구분소유권의 요건

구분소유 부동산은 구조상·이용상 독립성이 있어야 한다. 그러나 오픈상가는 이용상의 독립성은 있으나, 구조상 독립성은 없는 경우가 대부분이다. 따라서 감정평가 목적에 따라 달라지며, 특히 담보평가의 경우에는 감정평가 대상이 되지 않는 경우가 있다. 「집합건물의 소유 및 관리에 관한 법률」에서의 규정에 부합하는지, 경계를 명확하게 알아볼 수 있는 표지가 바닥에 견고하게 설치되어 있는지 등에 대하여 검토하여야 한다.

**PLUS+ 개념** | 구분점포(오픈상가)

백화점이나 대형마트와 같이 칸막이나 바닥 경계선으로만 인접 점포와 구분되나, 경계 없이 이용 중인 구분소유 건물의 점포를 말한다. 이러한 점포는 구분소유권의 대상이 될 수 있는 지를 확인하여야 하며, 현장조사 시 관련 규정상의 구분소유의 요건을 충족하였는지 판단해야 하며, 구체적으로는 타일의 색이나 종류, 칸막이의 유무 및 종류, 임대내역, 구별표지 여부, 바닥의 경계선 등을 확인해야 할 것이다(「집합건물의 소유 및 관리에 관한 법률」 제1조의2(상가건물의 구분소유)).

## 3. 전유부분 및 공용부분

전유부분이란 구분소유권의 목적인 건물부분을 말한다. 공용부분이란 전유부분 외의 건물부분, 전유부분에 속하지 아니하는 건물의 부속물 및 「집합건물의 소유 및 관리에 관한 법률」 제3조 제2항 및 제3항에 따라 공용부분으로 된 부속의 건물을 말한다. 여러 개의 전유부분으로 통하는 복도, 계단, 그 밖에 구조상 구분소유자 전원 또는 일부의 공용(共用)에 제공되는 건물부분은 구분소유권의 목적으로 할 수 없다.

공용부분에 대한 공유자의 지분은 그가 가지는 전유부분의 처분에 따르며, 공유자는 그가 가지는 전유부분과 분리하여 공용부분에 대한 지분을 처분할 수 없다.

## 4. 대지사용권

"건물의 대지"란 전유부분이 속하는 1동의 건물이 있는 토지 및 「집합건물의 소유 및 관리에 관한 법률」 제4조에 따라 건물의 대지로 된 토지를 말한다.

대지사용권이란 구분소유자가 전유부분을 소유하기 위하여 건물의 대지에 대하여 가지는 권리를 말한다. 통로, 주차장, 정원, 부속건물의 대지, 그 밖에 전유부분이 속하는 1동의 건물 및 그 건물이 있는 토지와 하나로 관리되거나 사용되는 토지는 규약으로써 건물의 대지로 할 수 있다.

## 제2절  자료의 수집 및 정리

### 1. 사전조사 및 실지조사

**1) 사전조사**

① 소재지, 지번, 건물동수 및 호수, ② 용도, 구조, ③ 용도지역·지구 등 공법상 제한사항 ④ 건폐율과 용적률, ⑤ 준공 및 사용승인일자, ⑥ 대지권 등재여부, ⑦ 그 밖의 참고사항

**2) 실지조사**

① 건물의 구조·용도·면적 및 전유부분의 층별·위치별 효용도, ② 기초와 용재, ③ 시공 및 관리상태, ④ 부대시설, ⑤ 그 밖의 참고사항

### 2. 구분소유 부동산 감정평가 시 가격자료

**1) 거래사례** : 거래사례비교법 등 비교방식을 적용하기 위하여 필요하며, 시장에서 거래되고 있는 가격수준을 파악하게 해 준다. 분양가격의 경우 건물에 대한 부가가치세의 포함여부를 확인하여 적절한 분양가가 확인될 수 있도록 하여야 한다.

**2) 원가자료** : 구분소유 부동산의 신축에 소요된 비용을 조사하여 원가자료로 활용할 수 있다.

**3) 임대사례** : 수익환원법 등 수익방식에 따라 감정평가하는 경우 필요한 자료로서, 구분소유 부동산의 사용을 위해 임대차계약이 이루어진 사례 등이 있다.

**4) 수익자료** : 수익률, 성장률, 현금흐름추정자료 등

**5) 시장자료** : 경제성장률, 인근 가격변동률, 물가상승률, 금리, 환율 등

**6) 기타자료** : 그 밖에 감정평가액 결정에 참고가 되는 자료를 활용할 수 있으므로, 다방면에 대한 자료를 수집할 필요가 있다.

### 3. 적절한 사례의 요건

적절한 감정평가를 위해서는 적절한 사례를 바탕으로 해야 한다. 감정평가사는 존재하는 여러 거래사례, 임대사례 등 중에서 대상토지의 감정평가에 사용할 수 있는 적절한 사례를 선별하여야 할 것이다.

## 제3절  구분소유 부동산의 감정평가방법

**「감정평가에 관한 규칙」**

**제16조(토지와 건물의 일괄감정평가)**

감정평가법인등은 「집합건물의 소유 및 관리에 관한 법률」에 따른 구분소유권의 대상이 되는 건물부분과 그 대지사용권을 일괄하여 감정평가하는 경우 등 제7조 제2항에 따라 토지와 건물을 일괄하여 감정평가할 때에는 거래사례비교법을 적용해야 한다. 이 경우 감정평가액은 합리적인 기준에 따라 토지가액과 건물가액으로 구분하여 표시할 수 있다.

**「실무기준」**

① 구분소유 부동산을 감정평가할 때에는 건물(전유부분과 공용부분)과 대지사용권을 일체로 한 거래사례비교법을 적용하여야 한다. 이 경우 [400-4]를 따른다.

② 구분소유 부동산을 감정평가할 때에는 층별・위치별 효용요인을 반영하여야 한다.

③ 감정평가액은 합리적인 배분기준에 따라 토지가액과 건물가액으로 구분하여 표시할 수 있다.

## 1. 구분소유 부동산의 감정평가방법

일반적으로 특별한 경우를 제외하고 구분소유 부동산은 전유부분과 공용부분에 대한 지분의 일체성, 전유부분과 대지사용권의 일체성에 따라 건물(전유부분과 공용부분)과 대지사용권이 일체로 거래된다. 따라서 구분소유권의 목적이 되는 건물(구분소유건물) 및 그 부지(대지사용권)에 대한 감정평가는 건물 및 부지를 일체로 한 거래사례가 있을 경우는 거래사례비교법에 의한다.

## 2. 거래사례비교법에 의한 구분소유 부동산의 감정평가

### 1) 사례의 선정 및 시점수정

시점수정은 「통계법」 제17조에 의하여 한국감정원이 조사・발표하는 전국주택가격동향조사 월간 주택가격지수, 생산자물가상승률, 비주거용건물임대지수 등을 활용하여 적정한 지수를 적용한다.

**PLUS + 개념**

| 대분류 | 종류 | 권장지수 | 보조지수 |
|---|---|---|---|
| 주거용 | 공동주택 | 부동산원 유형별 매매가가격지수 | 국민은행 유형별 매매가격지수, 아파트 실거래가격지수 |
| | 주거용 오피스텔 | 부동산원 아파트 매매가격지수 | 국민은행 APT 매매가격지수 |
| 비주거용 | 구분상가 | 부동산원 상업용 부동산 자본수익률(오피스/매장용) | |
| | 업무시설 | | |
| | 아파트형공장 | | |
| | 특수부동산 | | |

## 2) 층별·위치별효용비의 비교

층별효용도란 건물의 층별로 구별되는 효용의 차이를 말하며, 이러한 층별효용도에 의하여 나타나는 가격격차의 비율을 층별효용비율이라 한다. 즉, 층별효용비율이란 한 동의 건물 내에서 층과 층간에 파악되는 가격격차의 비율을 말한다.

또한 위치별효용도란 동일층 내 위치별(호별) 효용의 차이를 말하며, 이러한 위치별효용도에 의하여 나타나는 가격격차의 비율을 위치별효용비율이라 한다.

층별 및 위치별효용비율 산출에서의 면적기준은 전유면적으로 함을 원칙으로 한다. 다만, 공용부분의 면적이 전유면적의 가치에 영향을 주는 경우에는 이를 가감한 과적면적을 따로 설정하여야 하며, 이 경우 그 내용을 감정평가서에 기재한다.

## 3. 원가법에 의한 구분소유 부동산의 감정평가

구분소유 부동산을 원가법으로 감정평가하는 방법은 전체 1동의 토지 및 건물 부분의 가액을 구하고, 층별·위치별효용비율을 적용하여 대상물건의 감정평가액을 구하는 것이다.

> 원가법에 의한 감정평가액 = 전체 1동 가액(토지 및 건물가액의 합) × 층별효용비율 × 위치별효용비율

## 4. 수익환원법에 의한 구분소유 부동산의 감정평가

수익환원법이란 대상물건이 장래 산출할 것으로 기대되는 순수익이나 미래의 현금흐름을 환원하거나 할인하여 대상물건의 가액을 산정하는 감정평가방법을 말한다.

> 수익환원법에 의한 감정평가액 = 대상물건(구분소유 부동산)의 순수익 ÷ 종합환원율

## 5. 토지·건물가액의 배분

### 1) 개요

거래사례비교법에 의한 비준가액 등의 감정평가액을 합리적인 배분기준을 적용하여 토지가액과 건물가액으로 표시할 수 있다. 이 경우 해당 지역의 거래관행 및 건물의 전유면적과 대지사용권의 구성비율 등 제반사정을 감안하여 배분비율을 적용할 수 있다.

### 2) 토지·건물가액 배분 방법

구분건물의 경우 거래관행상 건물과 토지의 가액을 분리하는 것이 곤란하나, 감정평가의 목적상 부득이하게 건물과 토지의 대지권에 대한 가액 배분이 필요한 경우가 있다.

#### (1) 적정한 비율을 적용하여 배분하는 방법

대상물건의 인근지역에 대한 조사를 통하여 합리적인 배분비율을 산출할 수 있는 경우에는 그 비율을 적용하여 배분한다(실무적으로 주거용, 비주거용 부동산에 대해 각각 배분비율이 존재하며 용도, 위치(서울, 대도시, 기타), 노후정도, 층 등에 따라 배분비율이 다르다).

**⑵ 토지 또는 건물의 가액을 구하여 일체의 가액에서 공제하여 배분하는 방법**

토지 또는 건물만의 가액을 합리적으로 구할 수 있는 경우에는 이를 구하여 공제하는 방법을 적용한다.

## 6. 유의사항

### 1) 비교단위(전유면적)

구분소유건물은 전유부분과 공용면적으로 구성되어 있으며, 각 구분소유건물은 공용면적의 비율이 다르기 때문에 거래사례, 수익사례, 원가사례를 대상구분건물과 비교할 때에는 전유면적을 기준으로 비교단위를 통일해야 한다.

### 2) 구분소유건물의 가격형성이 되지 않은 경우

구분소유건물의 소재지가 구분소유건물로서 가격형성이 되지 않은 경우에는 원가법에 의한 평가금액을 인근지역의 임대수준 등을 고려한 층별·위치별 효용비율을 적용하여 배분함으로써 과다평가되지 않도록 유의해야 한다.

### 3) 대지사용권

대지사용권은 여러 가지 사유로 인하여 등기사항전부증명서에 등기되지 않은 경우가 있으므로, 이것의 원인을 조사하여 감정평가 목적별로 감정평가서에 포함 여부를 기재하여야 한다.

**PLUS ➕ 개념**　**공동주택의 외부요인, 건물요인 및 개별요인**

「공동주택가격 조사·산정 기준」에서는 공동주택에 대하여 수집·정리된 가격자료를 기준으로 해당 공동주택의 외부요인·건물요인 및 개별요인을 검토한다.

"외부요인"이라 함은 공동주택단지를 하나의 부동산으로 보고 공동주택단지의 가격수준에 영향을 미치는 요인을 말한다.
1. 가로의 폭 및 구조 등의 상태
2. 도심과의 거리 및 교통시설의 상태
3. 공공시설 및 편익시설과의 접근성
4. 조망·풍치·경관 등 자연적 환경
5. 변전소·오수처리장 등 위험 및 혐오시설의 유무
6. 그 밖의 사회적·경제적·행정적 요인

"건물요인"이라 함은 해당 공동주택이 속한 건물 전체를 기준으로 공동주택의 가격수준에 영향을 미치는 요인을 말한다.
1. 시공의 상태
2. 통로구조
3. 승강기 등의 설비상태
4. 건물의 층수, 세대수 등의 규모
5. 경과연수 및 관리체계 등에 따른 노후도

"개별요인"이라 함은 호별 공동주택가격에 직접적인 영향을 미치는 층별·위치별·향별 효용 등의 요인을 말한다.
1. 방범, 승강기 및 계단을 이용한 접근성 등의 층별 효용
2. 조망, 개방감 등의 위치별 효용
3. 일조, 채광 등의 향별 효용
4. 간선도로, 철도 등에 의한 소음의 정도
5. 1층 전용정원 및 최상층의 추가공간 유무
6. 전유부분의 면적 및 대지지분

## 제4절 | 대지사용권을 수반하지 않은 구분건물의 감정평가

PART 03

> **「실무기준」**
> 대지사용권을 수반하지 않은 구분건물의 감정평가는 건물만의 가액으로 감정평가한다. 다만, 추후 토지의 적정지분이 정리될 것을 전제로 가격이 형성되는 경우에는 대지사용권을 포함한 가액으로 감정평가할 수 있다.

## 1. 대지사용권이 없는 구분건물의 감정평가

### 1) 원인

아파트와 같은 대규모 집합건물의 경우, 대지의 분·합필 및 환지절차의 지연, 각 세대당 지분비율 결정의 지연, 토지에 대한 분쟁 등으로 인하여 전유부분에 대한 소유권이전등기만 경료되고, 대지사용권 등기는 상당기간 지체되어 대지사용권이 미등기된 구분건물이 종종 발생한다.

### 2) 감정평가방법

대지사용권을 수반하지 않은 구분건물의 감정평가는 건물만의 가액으로 감정평가한다. 다만, 토지의 분할·합병, 지적미정리 등으로 인하여 기준시점 현재 대지사용권이 등기되어 있지 않은 경우에는 건물만 의뢰되더라도 토지·건물을 일체로 감정평가를 한 후, 건물과 토지의 대지사용권에 대한 가액 배분내역을 구분건물평가명세표에 기재한다. 그리고 대지사용권이 배분되지 않은 원인을 기재하도록 한다.

## 2. 대지사용권이 적정 지분으로 정리될 수 있는 구분건물의 감정평가

대지사용권이 추후에 정리될 것을 전제로 하여 대지사용권을 포함한 가격으로 형성되는 경우에는 분양계약서 등 관계서류에 의하여 지분면적을 확인하여 토지·건물을 일체로 한 비준가액으로 평가하되, 평가의견란에 지분면적이 확정될 경우 그 증감변동에 따라 감정평가액도 변동될 수 있다는 요지를 명기한다.

대지사용권이 정리되지 않은 미확정 상태에서 분양된 아파트의 건물만의 평가는 해당 아파트 가액이 대지사용권을 수반하지 않은 건물만의 가격으로 형성되어 있을 경우에는 그 가격을 참작하여 감정평가한다.

| PLUS+개념 | 구분 | | 처리방법 |
|---|---|---|---|
| 대지권 등기 없음 | 적정지분 정리 가능한 경우 및 적정지분의 토지를 공유형태로 소유 | | 대지사용권이 적정지분으로 정리될 수 있는 경우로서 적정지분 토지와 건물부분을 일괄로 정상평가(적정 대지권 포함 평가) |
| | 토지를 공유형태로 소유(적정지분 아님) | | 토지와 건물을 일괄로 평가하되, 적정지분과의 오류로 인한 가격변동을 평가액에 반영 |
| | 토지 소유 없음(제3자의 소유) | | 건물만의 가격을 평가 |

## 3. 유의사항

대지사용권을 수반하지 않은 구분건물의 감정평가 시에는 향후 대지사용권에 대한 지분 변동 가능성에 따라 부동산의 가치가 영향을 받을 수 있으므로, 이와 관련된 내용을 감정평가서에 기재하도록 한다.

# 복합부동산

## 제1절 | 정의

### 1. 복합부동산의 개념

감정평가에서 복합부동산이란 토지와 건물이 결합되어 있는 부동산을 뜻한다. 즉, 토지나 건물을 각각 지칭하지 않고, 토지와 건물이 결합된 그 자체를 의미하는 것이다.

### 2. 복합부동산과 구분소유 부동산의 차이

구분소유 부동산은 토지와 건물이 결합되어 있긴 하지만, 그 안의 각 호의 구분소유로 이루어진 부분을 의미한다. 반면 복합부동산은 집합건물의 구분소유 대상이 되는 각 호를 의미하지 않고, 개개호가 아닌 1동 전체의 건물부분과 토지부분을 의미한다.

**복합부동산의 감정평가방법**

---

「감정평가에 관한 규칙」

제7조(개별물건기준 원칙 등)

① 감정평가는 대상물건마다 개별로 하여야 한다.

② 둘 이상의 대상물건이 일체로 거래되거나 대상물건 상호 간에 용도상 불가분의 관계가 있는 경우에는 일괄하여 감정평가할 수 있다.

③ 하나의 대상물건이라도 가치를 달리하는 부분은 이를 구분하여 감정평가할 수 있다.

④ 일체로 이용되고 있는 대상물건의 일부분에 대하여 감정평가하여야 할 특수한 목적이나 합리적인 이유가 있는 경우에는 그 부분에 대하여 감정평가할 수 있다.

「감정평가에 관한 규칙」

제16조(토지와 건물의 일괄감정평가)

감정평가법인등은 「집합건물의 소유 및 관리에 관한 법률」에 따른 구분소유권의 대상이 되는 건물부분과 그 대지사용권을 일괄하여 감정평가하는 경우 등 제7조 제2항에 따라 토지와 건물을 일괄하여 감정평가할 때에는 거래사례비교법을 적용해야 한다. 이 경우 감정평가액은 합리적인 기준에 따라 토지가액과 건물가액으로 구분하여 표시할 수 있다.

「실무기준」

① 복합부동산은 토지와 건물을 개별로 감정평가하는 것을 원칙으로 한다. 다만, 토지와 건물이 일체로 거래되는 경우에는 일괄하여 감정평가할 수 있다.

② 제1항 단서에 따라 토지와 건물을 일괄하여 감정평가할 때에는 거래사례비교법을 적용하여야 한다. 이 경우 [400-4]를 따른다.

③ 토지와 건물을 일괄하여 감정평가한 경우의 감정평가액은 합리적인 배분기준에 따라 토지가액과 건물가액으로 구분하여 표시할 수 있다.

---

## 1. 복합부동산의 감정평가방법

### 1) 원칙(개별평가)

토지와 건물은 개별물건으로 본다. 따라서 「감정평가에 관한 규칙」 제7조 제1항에 따라 감정평가는 대상물건마다 개별로 하여야 한다. 즉, 토지는 공시지가기준법, 건물은 원가법을 주된 방법으로 적용한다.

## 2) 일괄감정평가

「감정평가에 관한 규칙」 제7조 제2항에 따라 둘 이상의 대상물건이 일체로 거래되거나 대상물
건 상호 간에 용도상 불가분의 관계가 있는 경우에는 일괄하여 감정평가할 수 있다. 토지와
건물은 개별물건으로 보지만, 토지와 건물이 일체로 거래되는 경우로서 일체 비교가 합리적인
경우에는 일괄하여 감정평가하는 것이 타당할 것이다.

### (1) 거래사례비교법

거래사례비교법을 적용하는 경우 거래사례의 가격구성비를 기준으로 물건별로 비교하는
방법과 일괄 비교하는 기준으로 비교하는 방법 등으로 감정평가할 수 있을 것이다.

### (2) 원가법

복합부동산에 대한 재조달원가에 감가수정을 하여 대상물건을 감정평가하는 것으로, 토지
와 건물이 결합되어 있는 상태를 기준으로 하여 적용하도록 한다. 주로 신축건물이나 특수
목적부동산에 접근 가능한 방법이 될 것이다.

### (3) 수익환원법

복합부동산으로부터 발생하는 수익 및 현금흐름을 바탕으로 수익환원법을 적용하여 대상
물건이 장래 산출할 것으로 기대되는 순수익이나 미래의 현금흐름을 환원하거나 할인하여
대상물건을 감정평가한다.

## 2. 토지·건물가액의 배분

우리나라에서는 토지와 건물을 별개의 부동산으로 보고 각각 공부에 등재되고 있다. 이에 따
라 복합부동산을 일괄하여 감정평가한 가액을 토지 및 건물의 가격으로 합리적으로 구분하여
야 하는 경우가 발생할 수 있다.

이러한 경우에는 거래사례비교법에 의한 비준가액 등의 감정평가액을 합리적인 배분기준을 적
용하여 토지가액과 건물가액으로 표시할 수 있다. 배분기준은 해당 지역의 거래관행 및 특성
을 고려하여 합리적인 배분비율을 적용하거나, 토지 또는 건물만의 가액을 합리적으로 구할
수 있는 경우에는 이를 구하여 공제하는 방법을 적용할 수 있을 것이다.

# 공사중단 건축물 등의 감정평가

## 제1절 정의

「실무기준」

1. 공사중단 건축물의 개념

   "공사중단 건축물"이란 「건축법」 제21조에 따른 착공신고 후 건축 또는 대수선 중인 건축물이나 「주택법」 제16조 제2항에 따라 공사착수 후 건축 또는 대수선 중인 건축물로서 공사의 중단이 확인된 건축물을 말한다.

2. 공사중단 건축물 등의 개념

   "공사중단 건축물 등"이란 공사중단 건축물 및 이에 관한 소유권 외의 권리와 공사중단 건축물의 대지, 대지에 정착된 입목, 건물, 그 밖의 물건 및 이에 관한 소유권 외의 권리를 말한다.

## 제2절 자료의 수집 및 정리

「실무기준」

공사중단 건축물 등의 가격자료에는 거래사례, 해당 건축물의 착공시점의 공사비용, 시장자료 등이 있으며, 대상 공사중단 건축물 등의 특성에 맞는 적절한 자료를 수집하고 정리한다.

## 제3절 공사중단 건축물 등의 감정평가방법

「실무기준」

공사중단 건축물 등의 감정평가 원칙

공사중단 건축물 등의 감정평가는 기준시점의 현황을 기준으로 감정평가하되, 의뢰인과 협의하여 다음 각
호의 사항을 제시받아 감정평가하는 것을 원칙으로 한다.
1. 공사중단 건축물 등의 목록, 내역 및 관련 자료
2. 공사중단 건축물의 철거, 용도변경, 공사 재개 및 완공 계획 여부
3. 기준시점에서의 공사중단 건축물의 공정률

「실무기준」

공사중단 건축물 등의 감정평가방법

① 공사중단 건축물을 감정평가할 때에는 [610-2.4]를 따르되, 다음 각 호의 사항 등을 고려하여 감정평가
할 수 있다.
1. 공사중단 건축물의 물리적 감가, 기능적 감가 또는 경제적 감가
2. 공사중단 건축물의 구조, 규모, 공정률, 방치기간
3. 공사중단 건축물의 용도 또는 거래조건에 따른 제한
② 공사중단 건축물의 대지를 감정평가할 때에는 [610-1.5]를 따르되, 다음 각 호의 사항 등을 고려하여
감정평가할 수 있다.
1. 공사중단 건축물의 대지 위치·형상·환경 및 이용 상황
2. 공사중단 건축물의 구조, 규모, 공정률, 방치기간
3. 공사중단 건축물의 용도 또는 거래조건에 따른 제한
③ 「공사중단 장기방치 건축물의 정비 등에 관한 특별조치법」에 따른 공사중단 건축물 등에 대한 감정평가
는 같은 법 시행령 제9조의2 제3항에 따른다.

합격까지 **박문각**

PART

# 04

# 유형별 감정평가
# (기타 I)

# 공장재단

## 제1절  정의

### 1. 「공장 및 광업재단 저당법」의 통합

일반적으로 재단저당제도는 기업경영에 필요한 토지, 건물 및 기계기구 등의 물건과 지상권·전세권·임차권 및 지적재산권 등의 권리를 일괄하여 1개의 재단으로 구성하고, 이에 저당권을 설정하는 제도를 말한다. 종전에 재단저당의 대상이 되는 것으로는 「공장저당법」상의 공장과 공장재단 및 「광업재단저당법」상의 광업재단이 있었으나, 법률관계의 간명화 측면에서 「공장 및 광업재단 저당법」으로 통합되었다.

### 2. 공장 및 공장재단의 의의

#### 1) 공장의 의의와 구성요소

① '공장'은 영업을 하기 위하여 물품의 제조·가공, 인쇄, 촬영, 방송 또는 전기나 가스의 공급 목적에 사용하는 장소를 말한다(「공장 및 광업재단 저당법」 제2조 제1호). 그러나 그 외의 목적이라 할지라도 기업용 재산으로서 사회통념상 공장으로 간주할 수 있는 것은 이를 공장으로 취급한다.

② 공장의 구성요소는 일반적으로 부동산으로 취급되는 토지, 지상의 건물 및 정착물, 기계기구 등의 유형자산과 지식재산권 등의 무형자산으로 결합되어 있다. 그리고 공장 내에 설치되어 있는 기계, 기구, 장치 등의 동산은 「공장 및 광업재단 저당법」에 따라 토지 또는 건물과 일체로 등기의 목적으로 할 수 있다.

공장은 감정평가 시 의뢰사항(의뢰목적, 의뢰시점 등) 및 감정평가조건 등에 따라 일부 항목이 추가되거나 제외될 수 있는바, 의뢰목록 확정과 확인에 유의해야 한다.

#### 2) 공장재단의 의의

'공장재단'은 공장에 속하는 일정한 기업용 재산으로 구성되는 일단의 기업재산으로서 소유권과 저당권의 목적이 되는 것을 말한다(동법 제2조 제2호). 공장재단저당권은 공장에 속하는 유·무형의 재산으로 구성되는 공장재단을 목적으로 하는 저당권을 말한다. 공장재단의 구성물이 될 수 있는 것은 ① 공장에 속하는 토지, 건물, 그 밖의 공작물, ② 기계, 기구, 전봇대, 전선, 배관, 레일, 그 밖의 부속물, ③ 항공기, 선박, 자동차 등 등기나 등록이 가능한 동산,

④ 지상권 및 전세권, ⑤ 임대인이 동의한 경우에는 물건의 임차권, ⑥ 지식재산권을 대상으로 한다(동법 제13조 제1항). 여기서 기계, 기구는 반드시 공장에 속하는 토지 또는 건물에 직접 부가되거나 설치된 것일 필요는 없다.

공장재단은 공장재단등기부에 소유권보존등기를 통하여 설정되며(동법 제11조 제1항), 이 공장재단 목록은 공장재단을 구성하는 물건 또는 권리의 표시를 기재한 것으로서, 공장재단이 어떠한 것들로 구성되는 것인가를 명확히 하기 위하여 작성되는 것이다. 또한 소유권보존 등기에 따라 성립된 공장재단은 독립한 1개의 부동산으로 간주된다(동법 제12조 제1항).

> 「실무기준」
> 공장재단이란 영업을 하기 위하여 물품 제조·가공 등의 목적에 사용하는 일단의 기업용 재산(이하 "공장"이라 한다)으로서, 「공장 및 광업재단 저당법」에 따라 소유권과 저당권의 목적이 되는 것을 말한다.

## 제2절 자료의 수집 및 정리

### 1. 사전조사 및 실지조사

#### 1) 사전조사

공장을 감정평가할 때에는 실지조사를 하기 전에 토지·건물의 공부 등을 통해 해당 공장 등의 소재지, 지번, 지목, 면적 및 관련 법령에 의한 사용·처분 등의 제한 또는 그 해제사항과 그 밖의 참고사항을 조사한다.

#### 2) 실지조사

##### (1) 사업의 적부조사

사업체의 개요, 원료의 수급관계, 제품의 시장성, 생산능력 및 규모의 적정성, 생산공정의 적부, 생산실적 및 예상, 입지조건, 경영 및 기술능력과 그 밖의 참고사항 등을 조사·확인한다.

##### (2) 토지·건물 등의 실지조사

토지·건물 등은 해당 물건의 실지조사 규정이 준용되며, 기계기구 및 공작물 등은 명칭 (종류), 규격·용량·형식·능력, 제작자·제작번호·제작연월일이나 취득연월일, 용도 및 배치상황 등을 조사·확인한다.

### 2. 공장의 감정평가 시 가격자료

공장 감정평가 시 토지의 가격자료로는 거래가격, 공시지가 자료, 토지매입비, 조성공사비 등이 있으며, 건물의 가격자료로는 대상 공장의 건축당시 건축비 등으로 이를 수집하여 분석하여야 한다. 또한 기계기구의 가격자료로는 구입단가(도입가격), 해체처분가격, 부대비용, 외화환산율, 도입기계가격 보정지수 등이 있는바 이를 수집·정리할 필요가 있다. 수익자료로는 해당 공장의 재무제표, 수익률, 성장률, 현금흐름추정자료 등이 있으며, 시장자료에는 경제성장률, 물가상승률, 금리 및 환율 등의 지표가 있다.

## 제3절　공장의 감정평가방법

「감정평가에 관한 규칙」
**제19조(공장재단 및 광업재단의 감정평가)**
① 감정평가법인등은 공장재단을 감정평가할 때에 공장재단을 구성하는 개별 물건의 감정평가액을 합산하여 감정평가해야 한다. 다만, 계속적인 수익이 예상되는 경우 등 제7조 제2항에 따라 일괄하여 감정평가하는 경우에는 수익환원법을 적용할 수 있다.

「실무기준」
① 공장을 감정평가할 때에는 공장을 구성하는 개별 물건의 감정평가액을 합산하여 감정평가하여야 한다. 다만, 계속적인 수익이 예상되는 경우 등은 [400-2.3-1]에 따라 일괄하여 감정평가할 수 있다.
② 제1항 단서에 따라 일괄하여 감정평가할 때에는 수익환원법을 적용하여야 한다.

### 1. 개별 물건별 감정평가원칙

공장의 감정평가는 각 자산의 물건별 감정평가액을 합산하는 것을 원칙으로 한다. 공장의 유형자산은 토지, 건물, 기계·기구, 구축물 또는 과잉유휴시설로 구분하여 감정평가한다.

이 경우 각 자산별 규모 및 감정평가액이 적정한 비율로 구성되는지, 업종, 생산규모, 지역적 경제 수준 등에 공장의 감정평가액 수준이 적정한지에 대한 충분한 검토가 이루어져야 한다.

### 2. 예외적으로 일괄감정평가하는 경우

계속기업의 원칙에 의거 해당 공장이 영속적으로 생산 및 기업활동을 영위한다는 전제하에 계속적인 수익이 예상되는 경우에는 개별 물건별 감정평가의 예외로서 일괄감정평가할 수 있으며, 이 경우에는 수익환원법을 적용하여 평가한다. 아울러 공장을 수익환원법으로 평가한 후 개별 물건별 감정평가액과 일괄감정평가액을 시산가액으로 조정하는 경우 개별 물건별 평가액의 비교대상을 정확하게 해야 한다. 즉, 과잉유휴시설이나 공장의 수익을 창출하는 데 필요하지 않은 대상이 개별 물건별 평가액에 포함되어 있다면 이를 제외하고 수익가액과 시산가액을 조정하여야 한다.

### 3. 토지 감정평가 시 유의사항

### 1) 지목과 현황의 불일치

일반적으로 공장의 토지는 여러 지목으로 된 다수의 필지가 공업용 등 하나의 현실적인 이용상황으로 이용되는 경우가 대부분으로, 각각의 지목들과 현실적인 이용상황 사이에는 차이가 발생할 수 있다(에 지목상 농경지 또는 임야이나 실제로는 공장부지이거나 야적장 또는 주차장 등의 부지로 이용되는 경우). 이 같은 경우에 현실적인 이용상황의 판단과 관련해서 적법성과 합리성 여부 및 전환 가능성 등을 고려하는 것이 중요한 문제이며, 해당 법률 규정과 함께 사회적 타당성을 가질 수 있는 감정평가가 필요하다.

## 2) 일단지 판단 등

공장의 적합한 부지의 규모 여부와 일단으로 이용 중인 일단지 판단의 적정성 여부 등도 충분히 고려하여 감정평가하여야 한다.

## 4. 건물 감정평가 시 유의사항

## 1) 공장 건물의 특성

공장 또한 일반적인 건물의 평가방법을 준용하되, 공장 건물로서의 특성에 따른 가치형성요인 및 그 격차 등을 고려하여야 한다. 동일한 구조의 건물이라 하더라도 생산공정의 특성에 따라 건물 규모, 배치, 부대설비 등이 달라질 수 있으므로 이를 감정평가 시에 반영하여야 한다. 특히 철골조 건물의 경우 재조달원가 산정 시 연면적 또는 각 층별 면적보다는 건물의 층고 및 바닥면적과의 연관성이 크므로 이에 주의하여야 한다.

## 2) 층고와 단가의 관계 등

통상적으로 구조가 같은 건물의 경우 층고가 증가하면 단가는 상승하며, 바닥면적이 증가하면 단가는 하락하게 된다. 면적이 과다하게 큰 건물의 경우 단순히 구조에 따른 재조달원가를 적용하기보다는 공장 건물의 특성과 규모에 따른 시공 자재의 종류 및 규격, 주 기둥의 크기, 높이 및 간격 등 건물에 대한 종합적인 사항을 고려하여야 한다.

## 5. 구축물의 감정평가

「실무기준」
① 구축물을 감정평가할 때에는 원가법을 적용하여야 한다.
② 구축물이 주된 물건의 부속물로 이용 중인 경우에는 주된 물건에 대한 기여도 및 상관관계 등을 고려하여 주된 물건에 포함하여 감정평가할 수 있다.

## 1) 구축물의 감정평가방법

구축물은 주로 토지에 정착된 정착물이 대부분으로 자체로서 거래가 되거나 자체로서의 수익발생이 이루어지지 않으므로, 대부분 원가법을 적용하여 감정평가한다.

### 2) Improvement로서의 구축물

구축물 중 별도로 자체의 효용을 지니지 않고 토지의 Improvement(옹벽, 석축, 배수로 등) 또는 건물의 부속설비로 이루어진 경우 이를 별도로 감정평가할 것이 아니라, 토지 또는 건물에 포함하여 감정평가하여야 한다. 이를 별도로 평가하여야 할 필요가 있을 경우 효용을 받는 토지, 건물 등의 감정평가 시 이를 고려하여 해당하는 금액을 차감하여야 한다.

### 3) 구축물 감정평가 시 유의사항

구축물은 경우에 따라 지하에 매립되어 있는 등 실지조사가 불가능한 경우가 있으며, 이 경우에 의뢰인과 협의하여야 한다. 의뢰인이 관련 준공도면, 준공내역서 등 설치상태를 확인할 수 있는 도면 등 객관적으로 신뢰할 수 있는 자료를 제시하고 이를 통해 감정평가가 가능하다고 판단되는 경우에 한해서 실지조사를 생략하고 감정평가할 수 있다.

## 6. 기계기구의 감정평가

### 1) 기계기구의 감정평가방법에 따른다.

### 2) 과잉유휴시설의 감정평가

#### (1) 과잉유휴시설의 판단

공장 내의 시설 중 감정평가 당시 정상으로 가동하지 않고 있으며, 또한 장래 가동할 전망이 없어 사실상 해당 공장에 필요치 않은 시설을 의미한다. 감정평가실무상 해당 공장이 과잉유휴시설에 해당하는지를 파악하기는 쉽지가 않다. 내부 사정상 설비를 가동치 않을 경우도 있으며, 시장 외부 상황에 의하여 가동을 중단하는 경우도 있을 수 있다. 따라서 실지조사 당시의 가동 여부보다는 시장상황, 업체의 경영사항 등에 대한 전반적 검토를 통하여 유휴시설의 여부를 결정하여야 한다.

#### (2) 다른 사업으로의 전용 가능한 시설 등의 감정평가

다른 사업으로의 전용이 가능하다고 판단되고 전용에 따른 비용 등을 확인할 수 있는 경우에는 해당 시설을 감정평가할 수 있으며, 이때 전환에 소요되는 비용과 시간 등은 고려되어야 한다.

#### (3) 다른 사업으로의 전용이 불가능한 시설 등의 감정평가

다른 사업으로의 전용이 불가능하여 해체처분이 전제되는 경우에는 해체처분이 가능한 가액으로 감정평가하되, 다만 해체 · 철거 및 운반 등에 소요되는 비용은 고려하여 감정평가한다. 여기서 해체처분가능가액이란 대상물건을 본래의 이용 목적으로 사용할 것을 전제로 하지 않고, 각 구성부분을 해체하여 처분할 것을 상정한 가액을 말한다.

**(4) 유의사항**

감정평가 목적에 따라 타 용도의 전환 가능성과 해체 처분 여부 등은 다르게 판단될 수도 있으며, 특히 계속기업을 전제로 감정평가해야 할 담보감정평가 등의 경우에는 이와 같은 과잉유휴시설은 감정평가에서 제외되어야 할 것이다.

# 7. 무형자산의 감정평가

현실적으로 무형자산에 대한 감정평가는 그리 중요성이 크지 않았으나, 산업과 경제사회가 발전함에 따라 점차 특허권 등의 무형자산에 대한 인식이 크게 증대되고 그 가치 또한 증가하는 추세이다.

무형자산은 공장재단 내 유형자산과 같이 개별자산별로 감정평가되어 합산한다. 다만, 무형자산만 단독으로 감정평가 의뢰되는 경우에는 해당 무형자산이 독립적·배타적 권리인지의 여부, 해당 무형자산으로부터 발생하는 현금흐름이 사업체 전체의 현금흐름에서 분리가 가능한지, 전체의 수익가격에서 해당 무형자산으로의 배분이 가능한지에 대한 판단 등이 선행되어야 한다.

# 광업재단

Chapter
02

## 제1절    정의

### 1. 광산과 광업권의 의의

#### 1) 광산의 의의

'광산'이란 광업권을 기본으로 하여 광업경영을 목적으로 하는 일체의 기본재산으로서 재단을 조성한 것 또는 조성할 수 있는 것을 말한다. 따라서 광산은 광업권을 기반으로 전개되는 사업이고, 그 가치는 광업권의 가치가 중심이 된다.

#### 2) 광업권의 의의

'광업권'이란 등록을 한 일정한 토지의 구역(광구)에서 등록을 한 광물과 동일광산 중에 부존하는 다른 광물을 채굴 및 취득하는 권리를 말한다. 광업권은 물권이며 「광업법」에 의한 허가와 등록으로서 성립된 배타적·독점적 권리이다.

> 「실무기준」
> 광업재단이란 광업권과 광업권을 바탕으로 광물을 채굴·취득하기 위한 각종 설비 및 이에 부속하는 사업의 설비로 구성되는 일단의 기업재산(이하 "광산"이라 한다)으로서, 「공장 및 광업재단 저당법」에 따라 소유권과 저당권의 목적이 되는 것을 말한다.

### 2. 광업재단의 의의 및 구성물

#### 1) 광업재단의 의의

'광업재단'이란 광업권과 광업권에 기하여 광물을 채굴·취득하기 위한 각종 설비 및 이에 부속하는 사업의 설비로 구성되는 일단의 기업재산으로서 소유권과 저당권의 목적이 되는 것을 말한다(「공장 및 광업재단 저당법」 제2조 제3호).

## 2) 광업재단의 구성물

광업권자는 저당권의 목적으로 하기 위하여 광업재단을 설정할 수 있으며, 원칙적으로 광업권의 내용은 채취에 한하고 토지를 이용하는 권한은 포함되어 있지 않으나, 필요한 경우에는 토지를 이용·수용할 수 있는 권리가 인정된다. 광업재단의 구성물이 될 수 있는 것은
① 토지, 건물, 그 밖의 공작물, ② 기계, 기구, 그 밖의 부속물, ③ 항공기, 선박, 자동차 등 등기 또는 등록이 가능한 동산, ④ 지상권이나 그 밖의 토지사용권, ⑤ 임대인이 동의하는 경우에는 물건의 임차권, ⑥ 지식재산권을 대상으로 한다(동법 제53조).

## 제2절　자료의 수집 및 정리

## 1. 사전조사 및 실지조사

### 1) 사전조사

#### (1) 구비서류

광산의 감정평가 시 광업원부, 광업재단등기부 및 위치도, 설명서, 광구도, 갱내도 및 배치도 등의 서류를 확인하여야 한다. 또한 해당 광산의 소재지, 등록번호, 면적, 위치, 교통, 광산 부근의 지질·지형, 광산의 상황, 갱내외의 설비, 수도시설, 동력관계 등과 종업원의 수 및 평균임금 등 관련사항을 확인할 수 있는 서류 및 그 밖의 참고자료는 미리 확인해 둘 필요가 있다.

#### (2) 사전조사사항

상기의 구비된 자료를 바탕으로 실지조사를 하기 전에 토지 및 건물에 대한 소재지·용도·구조·면적 등과 기계·기구, 차량, 선박, 그 밖에 부속물에 대한 용도·용량·규격 등에 대한 사항과 광종, 광구면적, 등록번호, 등록연월일 및 광업권의 존속기간 및 부대조건, 지상권, 토지의 사용권 등에 대한 사항을 미리 조사한다.

### 2) 실지조사

사전조사가 끝난 후에 대상 광산에 대한 실지조사 시에는 입지조건, 지질 및 광상, 채광 및 선광, 설비 등의 사항을 조사하게 된다. 여기서 입지조건은 광산의 위치, 교통상황, 공업용수, 동력 및 노동력 등에 관한 사항이며, 지질 및 광상은 암층, 구조, 노두, 광상의 형태, 광물품위 및 매장량 등의 사항이다. 채광 및 선광은 채굴방법, 선광방법, 지주, 배수, 통지, 운반방법 및 갱도현황 등의 사항이며, 설비는 채광, 선광, 제련, 운반, 배수, 통기 등에 관한 설비의 정도에 관한 사항을 말한다.

## 2. 광산의 감정평가 시 가격자료

광산 감정평가 시 토지의 가격자료로는 거래가격, 공시지가 자료, 토지매입비, 조성공사비 등을 수집하여야 한다. 건물의 가격자료로는 대상 광산의 건축당시 건축비 등을 수집하여야 한다. 그리고 기계기구의 가격자료로는 구입단가(도입가격), 해체처분가격, 부대비용, 외화환산율, 도입기계가격 보정지수 등을 수집하여야 한다.

아울러 광산의 수익자료는 재무제표, 최근 생산판매실적표, 자금계획서, 연간순수익예상표 등이 있으며, 비용자료로는 조성비용 및 원가계산서 등이 있다. 특히 광물의 시장성과 관련된 시장자료, 매광조건, 수요관계, 가격추세, 운임, 하역비, 시장상황 등의 자료를 말한다.

## 제3절  광산의 감정평가방법

> **「감정평가에 관한 규칙」**
> **제19조(공장재단 및 광업재단의 감정평가)**
> ② 감정평가법인등은 광업재단을 감정평가할 때에 수익환원법을 적용해야 한다.
>
> **「실무기준」**
> ① 광산을 감정평가할 때에는 수익환원법을 적용하여야 한다.
> ② 수익환원법을 적용할 때에는 대상 광산의 생산규모와 생산시설을 전제로 한 가행연수(稼行年數) 동안의 순수익을 환원한 금액에서 장래 소요될 기업비를 현가화한 총액을 공제하여 광산의 감정평가액을 산정한다.

## 1. 광산 감정평가의 특수성

광산은 광물의 집합체인 광상의 확실성이나 광량, 품등 및 그 부존상태 등에 대한 실태파악이 어렵고, 다음과 같이 다른 물건과는 다른 특성을 갖고 있으므로 감정평가 시 유의하여야 한다.

① 광업은 지하자원을 채취하는 산업이므로 유한성을 갖고 있으므로, 광산은 그 자산적 가치가 점차 감모하는 소모성 자산이다.

② 광업은 주로 지하갱내에서 지하자원을 캐내는 것이므로, 낙반·발파 등에 따른 갱내사고의 위험성이 많아 높은 부담을 감안한 투자이익이 보장되어야 한다.

③ 광업은 광업권의 존속기간 중에서 투하자본을 회수해야 하며, 다른 산업과는 달리 생산의 조절이 용이하지 않고 또한 확대재생산을 통한 투자가 불가능하다.

## 2. 광산 감정평가방법

### 1) 원칙

광산을 감정평가할 때에는 수익환원법을 주된 방법으로 적용해야 하며, 이 경우 대상 광산의 생산규모와 생산시설을 전제로 한 가행연수(稼行年數) 동안의 순수익을 환원한 금액에서 장래 소요될 기업비를 현가화한 총액을 공제하여 광산의 감정평가액을 산정한다.

### 2) 수익환원법에 따른 광산의 감정평가방법

#### (1) 광산 감정평가액

수익환원법을 적용할 때에는 다음의 산식에 따라 대상 광산의 생산규모와 생산시설을 전제로 한 가행연수(稼行年數) 동안의 순수익을 환원한 금액에서 장래 소요될 기업비를 현가화한 총액을 공제하여 광산의 감정평가액을 산정한다.

### (2) 상각전 연간 순수익

상각전 연간 순수익(a)은 3년 이상의 수익실적을 기초로 생산여건, 시장성, 장래 월간 생산량, 연간가행월수 등을 고려하여 산정한 사업수익에서 소요경비를 공제하여 산정한다. 이 경우 광물의 가격은 최근 1년 이상의 가격추세를 고려하고, 소요경비는 채광비, 선광비, 제련비, 일반관리비 및 판매비, 운영자금이자 등을 고려한다.

### (3) 배당이율

배당이율(S)은 산식에 따라 산정하되, 관련 기관에서 공시하는 자료를 적용할 수 있다.

### (4) 축적이율

축적이율(i)은 광산의 자원 고갈 등을 감안하여 다른 안전한 사업으로 재투자를 가정한 이율(1년 만기 정기예금이자율)을 적용한다.

### (5) 가행연수

가행연수(n)는 확정 및 추정 가채매장량의 합을 연간 채광가능매장량으로 나누어 산정한다. 이 경우 매장량 산정과 관련된 평균 품등과 산정근거를 기재한 계산표와 도면을 감정평가서에 첨부하여야 한다.

### (6) 장래소요기업비

장래소요기업비는 적정생산량을 가행 최종연도까지 유지하기 위하여 장차 소요될 광산설비 투자소요액의 현가액을 합산하여 산정한다.

## 3. 광업권의 감정평가

광업권만의 감정평가는 상기 광산의 감정평가액에서 현존하는 시설의 감정평가액을 차감하여 산정한다. 즉, 수익 발생 주체로서의 광산은 광업권과 그 광업권에 따라 광물을 채굴·취득하기 위한 제반 시설로 구성되므로, 광업권의 감정평가액은 광산의 감정평가액에서 제반 시설의 감정평가액을 공제하여 결정한다. 이 경우 광업권은 토지소유권과 별개의 권리이므로, 광업권이 설정된 토지는 시설에 포함되지 않는다.

## 4. 유의사항

### 1) 상각전 연간 순수익 산정 시 소요경비 고려사항

상각전 연간 순수익 산정 시 소요경비는 시설능력의 보존, 능률유지를 위한 지출이라 할 수 있으므로, 소요경비는 채광비, 선광비, 제련비, 일반관리비 및 판매비, 운영자금이자 등을 고려한다.

### 2) 축적이율 적용 시 유의사항

축적이율은 순수이율을 참작하여 결정한다. 일반적으로 환원율과 축적이율의 관계는 축적이율이 잔존내용연수 만료 시까지 매년 상각액을 비축하기 위한 더욱 안전한 이율이므로 환원율보다 낮은 것이 보통이다. 즉, 축적이율은 순이자율과는 비할 수 없는 저수익을 얻는 고급 유가증권·정기예금 등에 투하하여야 한다. 따라서 축적이율은 부동산투자로서의 위험성까지를 반영하는 종합환원율보다는 낮은 이율을 채택하여야 한다.

### 3) 장래소요기업비 산정 시 기업비 고려사항

장래소요기업비는 적정생산량을 가행 최종연도까지 유지하기 위하여 장래 소요될 광산설비 총투자액의 현가액을 말한다. 여기서 기업비는 시설능력의 증진, 능률향상을 위한 지출을 의미한다. 따라서 기업비는 상각전 연간 순수익 산정 시 소요경비와는 다른 지출이라 할 수 있으므로, 기업비 계산 시 그 한계를 구분하여야 한다.

기업비에 포함되는 지출로는 ① 채광, 탐광, 배수, 통기, 조명설비, ② 갱도의 연장, 확장 또는 신굴착, ③ 갱내외 운반설비, 육해수송설비, ④ 선광, 제련, 분석, 연구설비, ⑤ 동력, 용수설비, ⑥ 건물, 보건후생설비 등을 들 수 있다.

### 4) 수익환원법에 의한 감정평가액의 적정성 여부 판단

광산을 수익환원법에 의하여 평가할 경우에는 원가법을 적용하여 광산을 구성하는 각 시설에 대한 감정평가를 병행하여 감정평가액의 적정성 여부를 판단하여야 한다.

# 권리

Chapter **03**

## 제1절 광업권의 감정평가

### 1. 광업권의 정의

#### 1) 의의

「광업법」으로 광업권은 탐사권과 채굴권으로 구분하여 정의되고 있다. 또한 「광업법」에서는 조광권을 광업권과 구분하여 별도의 권리로 정하고 있는 바, 광업권의 감정평가는 탐사권, 채굴권 및 조광권의 감정평가를 의미한다고 할 수 있다.

> **「실무기준」**
>
> 광업권이란 「광업법」 제3조 제3호에 따른 등록을 한 일정한 토지의 구역(이하 "광구"라 한다)에서 등록을 한 광물과 이와 같은 광상(鑛床)에 묻혀 있는 다른 광물을 탐사·채굴 및 취득하는 권리를 말한다.

#### 2) 조광권

조광권이란 설정행위에 의하여 타인의 광구에서 채굴권의 목적이 되어 있는 광물을 채굴하고 취득하는 권리를 말한다(「광업법」 제3조 제4호). 「광업법」에서는 조광권을 광업권과 구분하여 별도의 권리로 규정하고 있다.

### 2. 광업권의 감정평가방법

> **「감정평가에 관한 규칙」**
> **제23조(무형자산의 감정평가)**
> ① 감정평가법인등은 광업권을 감정평가할 때에 제19조 제2항에 따른 광업재단의 감정평가액에서 해당 광산의 현존시설 가액을 빼고 감정평가해야 한다. 이 경우 광산의 현존시설 가액은 적정 생산규모와 가행조건(稼行條件) 등을 고려하여 산정하되 과잉유휴시설을 포함하여 산정하지 않는다.
>
> **「실무기준」**
> ① 광업권은 [620-2.3]에 따른 광산의 감정평가액에서 해당 광산의 현존시설의 가액을 빼고 감정평가하여야 한다.
> ② 현존시설의 가액은 적정 생산규모와 가행조건 등을 고려하되, 과잉유휴시설은 포함하지 아니한다.
> ③ 광업권의 존속기간은 20년을 초과하지 아니하는 범위에서 광상, 연장가능 여부 등을 고려하여 광업이 가능한 연한으로 결정한다.

## 1) 광업권의 감정평가방법

광업권은 광산의 감정평가액(광업재단의 감정평가액)에서 해당 광산의 현존시설의 가액(유형자산의 가치)을 빼고 감정평가한다. 광산을 감정평가할 때에는 수익환원법을 적용하여야 하며, 생산규모의 생산시설을 전제로 한 가행연수 동안의 순수익을 환원한 금액에서 장래 소요될 기업비를 현가화한 총액을 공제하여 광산의 감정평가액을 산정한다.

## 2) 현존시설가액의 처리방법

광산의 감정평가액은 광업권 및 시설의 가액이 포함된 것이다. 따라서 광업권의 감정평가액을 구하기 위해서는 광산의 현존시설의 가액을 빼고 감정평가해야 한다. 현존시설의 가액은 건물의 감정평가방법 등 해당 시설과 관련된 규정을 준용한다. 다만, 과잉유휴시설은 포함하지 않는다.

## 3) 광업권의 존속기간

「광업법」 제12조의 존속기간에 따르면 광업권 중 탐사권의 존속기간은 7년을 넘을 수 없으며, 채굴권의 존속기간은 20년을 넘을 수 없다. 채굴권자는 채굴권의 존속기간이 끝나기 전에 산업통상자원부장관의 허가를 받아 채굴권의 존속기간을 연장할 수 있는데, 이 경우에도 연장할 때마다 그 연장기간은 20년을 넘을 수 없다.

## 4) 유의사항

상기의 광업권의 감정평가방법은 광산의 가치를 감정평가할 수 있는 경우를 전제하고 있다는 점에 유의하여야 하며, 광산의 가치를 감정평가할 수 없는 경우에는 광업권만의 가치를 직접 감정평가할 수 있는 다른 방법을 적용하여야 할 것이다.

**PLUS➕개념**  광업권의 감정평가 1

국내에서 광물 자원을 캐내려면 광업권을 취득해야 한다. 자기 땅에 광물이 매장돼 있다고 자동적으로 토지소유자의 권리가 되는 것은 아니다. '법정광물'을 취득할 수 있는 배타적 권리는 물권에 해당된다. 광업법 제5조는 광업권, 조광권에 의하지 않고 토지로부터 광물이 분리될 경우 토지소유자가 아닌 광업권자와 조광권자의 소유로 인정하고 있다. 물론, 광물을 채굴하려면 토지소유자의 협조가 절대적이다. 광업권자는 채굴계획인가를 받을 때 행정상 인·허가와 토지소유자의 동의를 반드시 받아야 하며 토지소유자의 권리를 침해하거나 방해하는 일체의 행위가 금지된다. 토지소유자는 광물의 채굴과 판매를 하지 않는 조건으로 얼마든지 자기 토지의 개발과 이용을 도모할 수 있다. 어쨌든 광업을 영위하기 위해서는 토지소유권과 별개로 반드시 광업권이 있어야 한다. 이 외에 '조광권'으로 부르는 권리도 있다. 다른 사람의 광업권이 설정된 광구에서 제3자가 채굴할 수 있는 권리를 말하며, 전셋집에 사는 세입자가 주인의 허락을 받고 월세 전차인을 들인 형국이다. 우후죽순 난립을 경계한 때문인지 1광구 1조광 원칙을 세우고 있다. 이러한 광업권을 취득하는 길은 2가지이다. 스스로 광업권 설정출원과 허가, 등록의 절차를 거치는 방법과 타인이 가지고 있는 광업권을 매매 등의 방법을 통해 이전받는 길이다. 물권이기 때문에 상속 또는 증여가 되고 명의변경도 가능하다. 예전에는 외국인이 취득할 수 있는 길이 막혀 있었는데, 현재는 내국인뿐 아니라 외국인 또는 외국법인의 광업권 설정이 가능하다. 이 물권은 또한 시한부 내지 조건부 권리라고 할 수 있다. 의무이행 또는 요건충족이 되지 않으면 취소처분을 받거나 존속기간 연장이 불허된다. 일반적으로 광업권의 존속기간은 25년 미만이다. 산업통상자원부 고시인 '광업업무처리지침'에서는 법정 규모 이상의 실적을 보인 광상인 경우 규사, 사금 등 사광상은 7년, 그 외는 20년으로 정하고 있다. 법정 규모 미만의 미미한 생산실적이면 각각 5년과 10년으로 줄어든다. 위 존속기간이 만료됐을 때 아직 캐낼 양이 남아 있으면 그간의 생산실적, 탐광실적, 투자시설이 있는 광산임을 입증하는 서류 제출로 연장이 가능하다. 탐사권과 채굴권을 아우르는 광업권은 일정한 절차를 거쳐 취득한다. 먼저는 설정출원서, 광상설명서를 제출한다. 설명서에는 지질이나 광상개요, 분석품위, 감정결과, 등록광종과의 비교 등이 포함된다. 이어 '공익협의' 명목으로 공익에 의한 불허가구역인지 확인한 후 허가, 등록의 절차를 거친다. 탐사계획을 신고하고 탐사실적을 인정받으면 채굴권 설정 출원을 할 수 있다. 이후 채굴권이 등록되면 탐사권은 자동 소멸한다. 채굴권이 등록된 후에는 채굴계획인가를 광구 소재 관할 시·도에서 받아야 한다. 이러한 절차를 다 밟아야 비로소 매장된 광물이 지면에 모습을 드러낸다.

광업권이 토지 소유권과 별개의 물권으로 인정받는 이상 이 권리의 가치를 평가할 수 있다. 광업권 자체가 매매될 수 있으므로 시장 거래가격이 있다면 이를 고려할 수 있다. 이때 광물 매장량에 따라 거래가격이 정해질 것이다. 따라서 채굴할 수 있는 광물을 통해 취득하는 수익 정도에 따라 접근하는 것이 일반적이다. 구체적인 접근방법은 광산 통째 가격에서 광업권 외의 시설 가치 상당액을 빼 버리는 것. 시설 상당액은 시설의 현재 가치로 볼 수 있으므로 추계에 있어 큰 어려움은 없다. 다만, 광산의 가치를 추계하는 산식이 그리 복잡하지 않음에도 광산 평가의 특수성 때문에 정밀한 결과를 얻지 못할 위험성이 높다는 사실은 기억할 필요가 있다.

**PLUS + 개념**

## 광업권의 감정평가 2

광업권 평가 규정을 담고 있는 「감정평가에 관한 규칙」 제23조는 '광업재단의 감정평가액－광산 현존시설'을 광업권 가치로 규정하고 있다. 시설물은 굴삭기, 천공기, 컴프레서, 덤프트럭 등의 채광시설과 사무실, 창고, 침전조 등의 부속 건물이 해당될 것이다. 현존 취득비용과 신축비용, 경과연수와 잔존연수 등의 자료 확보가 되면 시설물 가치를 추계할 수 있다. 광산은 얼마쯤 할까. 수익에 기초하는 접근이라면 수익환원법의 모델이 적용되어야 한다. 수익환원법의 두 가지 모형, 환원과 할인 중 현재 중용하고 있는 것은 환원모형이다. '가치 = 순수익 / 환원율'의 산식을 적용하는 환원모형을 쉽게 풀면 적정한 가격으로 매입한 자산으로부터 일정한 요구수익률을 충족하는 순수익이 획득(가치 × 환원율 = 순수익)된다는 개념이다. 다만, 일반적인 환원모형과 다른 점은 자본적 지출에 해당하는 '장래소요기업비'를 현재가치로 환산해 수익가치에서 공제한다는 점이다. 시설물과 건축물은 주기적으로 교체하거나 보완해야 하므로 적정생산량을 종말연도까지 유지하기 위해 이들 자산에 지출하는 비용은 별도 차감해야 한다는 것이다. 광산의 순수익을 추계하기 위해서는 먼저, 광물의 종류, 품위, 매장량을 확인해야 한다. 특히 광물 매장량은 한국산업규격 광량계산기준(KSE 2001)을 따르는 것이 일반적이다. 매장량을 확정광량('적당한 광확'에 따라 부피 및 품위가 확인된 광량)과 추정광량('적당한 광확'에 따라 확정되어 있지는 않지만 탐광의 결과 및 광상의 성질에 따라 부피 및 품위가 추정되는 부분의 광량)으로 나눠 추계한 후 합산한다. 산출된 매장량에서 표토제거율, 제형 및 제도의 오차, 불순물 함유율과 맥석혼입률을 공제한 후 다시 여기에 가채율을 곱한다. 묻혀 있는 것 중 확정할 수 있는 양과 추정할 수 있는 양은 각각 채굴비율이 다르다. 이를 가채율이라 부르는데 일반광산의 경우 90%, 70%를, 석탄광산의 경우 70%, 42%를 적용하고 있다. 가채량이 확정된 후 월간생산량을 결정한다. 투자된 시설 규모, 광산물의 시장성, 광산개발 여건에 따라 월간 채굴량은 달라질 수 있다. 적정하게 결정된 월간생산량을 연 단위로 환산한 후 광물의 가격을 곱하면 사업수익 곧 매출액이 된다. 연중 가동하는 광산도 있지만 몇 달 쉬어야 되는 경우도 있어 가행월수는 광산마다 다르다. 광물의 가격은 정부고시가격을 적용하는 편이다. 매출액이 이렇게 확정되면 판매단계까지에 이르는 각종 비용을 빼 줘야 한다. 채광비, 선광제련비, 인건비 등 일반관리비, 운영자금 이자 상당액, 토지임대료 등이 세부 항목이다. 환원모형에 적용하는 환원율은 요구수익률 성격을 지닌다. 광산을 매입한 금액과 향후 시설투자비의 현재가치는 총 투자비용이다. 투자금 대비 어느 정도의 요구수익을 확보해야 하는가의 문제인데, 광산의 경우 적정이윤율 외에 회수율을 더해 주는 것이 특징이다. Hoskold가 제안한 평가방식은 광산개발로 발생하는 연수익 중 일부는 투자비에 대한 배당금을 지급하고 나머지 잔여분을 안전한 이율로 적립하여 광산 운영 종료 시 원금이 보존되도록 한다는 취지다. 따라서 배당이율에 축적이율을 더한 값을 환원율로 적용한다. 배당이율은 광업관련 산업부문의 상장법인 시가배당률을 고려하되, 은행 1년 만기 정기예금 이자율 이상으로 결정한다. 이를 종합하여, 「감정평가 실무기준」에서는 '수익환원법을 적용할 때에는 대상 광산의 생산규모와 생산시설을 전제로 한 가행연수(稼行年數) 동안의 순수익을 환원한 금액에서 장래 소요될 기업비를 현가화한 총액을 공제하여 광산의 감정평가액을 산정한다.'고 정리하고 있다.

## 제2절 어업권의 감정평가

## 1. 의의

「수산업법」제2조 제9호, 「내수면어업법」제7조 제1항에서는 "제6조의 규정에 의하여 어업의 면허를 받은 자는 「수산업법」제17조 제1항의 규정에 의한 어업권원부에 등록함으로써 어업 권을 취득한다."라고 규정하여 면허를 받아 어업을 경영할 수 있는 권리를 "어업권"으로 정의 하고 있으므로, 허가어업 및 신고어업은 제외하고 면허어업에 대한 권리만을 "어업권"으로 정 의하였다.

## 2. 자료의 수집 및 정리

### 1) 거래사례

거래사례는 시·군·구 등 각 지방자치단체 해양수산관련 부서, 동종 어업에 종사하는 어업 인, 수산업협동조합 등을 통하여 자료수집이 가능하다. 이때 사례가격의 적정성은 별도로 검 증하여야 하며, 사례가격에 시설물의 가격이 포함되었는지 여부를 반드시 확인하여야 한다.

### 2) 수익자료

수익자료는 동종 어업에 종사하는 어업인 및 수산업협동조합 등을 통하여 자료수집이 가능하 다. 그러나 어업인들의 경우 경영에 대한 개념이 부족하거나 경영을 잘하는 경우에도 적절하 게 설명을 하지 못하는 경우가 있으므로 별도의 판단이 필요한 경우가 많다.

생산량은 유사한 경우라 하더라도 실제 평년수익액(순수익)에서는 큰 차이가 나는 경우가 많으 며, 따라서 유사한 위치의 유사한 규모라고 하더라도 경영방법에 따라 순수익에서는 많은 차 이가 있을 수 있으므로 세심한 주의를 기울여야 한다.

### 3) 시장자료

시장자료 중 판매가격은 동종 어업에 종사하는 어업인, 수산업협동조합, 중간 판매상(수집상) 등을 통하여 자료수집이 가능하다. 판매가격을 산정할 때에는 일시적인 풍·흉어, 질병, 수입 량 등을 고려하여 결정하여야 한다. 이러한 변동요인은 가격에 절대적인 영향을 미쳐 가격이 등락하는 경우가 많으므로, 과거의 추세나 향후의 경향을 분석하여 합리적 가격을 적용하여야 한다.

## 3. 어업권의 감정평가방법

「감정평가에 관한 규칙」

**제23조(무형자산의 감정평가)**

② 감정평가법인등은 어업권을 감정평가할 때에 어장 전체를 수익환원법에 따라 감정평가한 가액에서 해당 어장의 현존시설 가액을 빼고 감정평가해야 한다. 이 경우 어장의 현존시설가액은 적정 생산규모와 어업권 존속기간 등을 고려하여 산정하되 과잉유휴시설을 포함하여 산정하지 않는다.

「실무기준」

① 어업권을 감정평가할 때에는 수익환원법을 적용하여야 한다.

② 제1항에도 불구하고 수익환원법으로 감정평가하는 것이 곤란하거나 적절하지 아니한 경우에는 거래사례비교법으로 감정평가할 수 있다.

### 1) 어업권의 감정평가원칙

어업권의 감정평가는 수익환원법을 적용함을 원칙으로 한다.

### 2) 예외적인 경우

수익환원법에 의한 감정평가가 곤란하거나 적절하지 아니한 경우에는 거래사례비교법으로 감정평가할 수 있다. 이 경우에 감정평가서에 해당 내용을 기재하여야 한다.

### 3) 수익환원법의 적용

「실무기준」

① 어업권을 수익환원법으로 감정평가할 때에는 어장 전체를 수익환원법으로 감정평가한 가액에서 해당 어장의 적정 시설가액을 뺀 금액으로 감정평가한다.

② 어장의 순수익을 산정하는 경우에는 장기간의 자료에 근거한 순수익을 산정하여야 한다.

③ 어업권의 존속기간은 어장의 상황, 어업권의 잔여기간 등을 고려하여 어업이 가능한 연한으로 결정한다.

④ 현존시설의 가액은 생산규모와 어업권 존속기간 등을 고려하여 감정평가하되, 과잉유휴시설은 제외한다.

어장 전체를 수익환원법으로 감정평가한 가액에서 해당 어장의 적정시설가액을 뺀 금액으로 감정평가한다. 어업권의 존속기간은 10년 이내로 규정하고 있으나, 10년의 범위 내에서 연장이 가능(총 20년 이내)하고, 유효기간이 만료된 경우에는 특별한 사정이 없는 한 우선순위에 의하여 기존의 어업권자가 다시 재면허를 받을 수 있으므로, 면허의 연장이 가능한지, 재면허를 받을 수 있는지 등을 충분히 검토하여 기간을 산정하여야 한다. 거래가격 측면에서도 잔존

유효기간의 장·단에 따라 큰 영향을 받지 않는 것이 현실이다. 한편, 현존시설의 가액은 생산 규모와 어업권 존속기간 등을 고려하여 감정평가하되, 과잉유휴시설은 제외한다.

## 4) 거래사례비교법의 적용

「실무기준」
어업권을 거래사례비교법으로 감정평가할 때에는 어종, 어장의 규모, 존속기간 등이 비슷한 인근의 어업권 거래사례를 기준으로 어업권의 가치에 영향을 미치는 개별요인을 비교하여 감정평가한다.

어장은 위치에 따라 어업생산성이 매우 크게 차이가 날 수 있으므로, 거래사례비교법으로 감정평가할 때에는 어업방법, 어종, 어장의 규모, 존속기간 등이 비슷한 인근의 어업권 거래사례를 기준으로 하되, 대상 어업생물과 수질, 수심, 수온, 유속, 저질상태, 시설물상태, 가용시설 규모 등 어장환경의 적합성 등과 비교대상 어장의 것을 비교하여 개별요인 비교 시에 반영하여야 한다. 어업권만의 거래사례는 희박하며, 대부분이 어업권과 시설물을 포함한 어장 전체를 거래의 대상으로 하는 경우가 대부분이다. 따라서 어업권의 가격은 어장 전체의 가격에서 적정 시설물 규모에 해당하는 시설물가격을 공제하여 사례 어업권의 가치를 산정한 후 대상 어업권과 비교하여 감정평가하여야 한다.

PART 04

**PLUS+개념**  **어업권의 감정평가**

어업을 하고자 하는 자는 시·도지사의 면허를 받아 어업권원부에 등록을 함으로써 어업권을 취득한다. 일정한 수면을 구획하여 어구(漁具)를 일정한 장소에 설치하여 수산 동물을 포획하는 정치망어업(定置網漁業), 수면의 바닥을 이용하거나 수중에 필요한 시설을 설치하여 해조류를 양식하는 해조류양식어업(海藻類養殖漁業), 패류나 어류 등을 양식하는 패류양식어업(貝類養殖漁業), 어류등양식어업(魚類等養殖漁業)이 모두 어업권을 받아야 경영할 수 있는 어업이다. 특히 어촌계의 총유로 하는 마을어업 면허의 혜택을 누리려면 어촌계에 가입해야 하고, 신규 진입자는 마을 회의를 통하고 어촌계장의 승인을 거쳐 입회하는데, 최소 3년 정도의 거주기간은 채워야 한다는 것이 정설이다. 어업권이 특정인에게 독점적 권리를 부여하므로, 이해당사자 간 다툼이 쉽 없다. 홍성군 서부면 죽도리 죽섬에 대한 어업권 싸움인 상펄어장 관할권에 대한 법정공방이 5년을 끌다가 홍성군 지역은 홍성군이, 태안군 지역은 태안군이 각각 관리토록 해역을 나눠 갖는 것으로 헌법재판소가 최종 판결한 적도 있다. 어업권은 물권에 해당된다. 따라서 매매, 양도, 이전이 가능하다. 유효기간은 10년으로 규정돼 있지만 별 문제 없으면 10년은 더 연장할 수 있다. 또한 어업권원부에 어업권의 설정·보존·이전·변경·소멸 및 처분의 제한, 지분(持分) 또는 입어(入漁)에 관한 사항을 등록함으로써 등기에 갈음한다. 어업권은 담보로 제공할 수도 있고, 경매물건 중 하나가 될 수 있다. 물론, 어촌계나 지구별 수협이 가지고 있는 어업권은 담보로 제공할 수 없다. 매매나 담보, 경매 모두 어업권의 가치를 측정할 수 있다는 것을 전제하므로, 어업권에 대한 감정평가는 필히 개입한다. 어업권에 대한 감정평가기준을 정하고 있는 「감정평가 실무기준」에는 어업권을 수익환원법에 의해 평가하도록 하고 있다. 물론, 어업권 매매가 빈번하니 매매사례를 활용하는 거래사례비교법도 가능하다. 거래금액은 이 독점적 권리가 창출하는 매해 수익과 독점적 이익을 향유할 수 있는 잔존 기간에 비례할테니 두 방법에 의한 결과가 크게 다르지는 않을 것이다. 수익환원법을 적용할 때, 매해 수익에 기여하는 것은 어업권뿐만이 아니라 어선, 어구 등의 시설물이다. 어떤 어류와 패류를 다루는지에 따라 갖춰야 할 어구가 다를 것이므로 어장마다 개별성이 강하다. 정치망에 의하든 양식에 의하든 이로써 창출된 소득을 기준으로 한 수익환원법으로는 어장 전체의 가치가 도출되게 된다. 따라서 어장의 수익가치에서 어장의 적정 시설가액을 뺀 금액이 어업권만의 가치가 된다. 실무적으로는 매년의 어장 순수익을 어업권의 존속기간 동안 할인 합산한 후 어장을 유지하기 위한 장래소요기업비의 현가액을 차감해서 어장의 가치를 구한다. 어장의 순수익은 평년수익을 말한다. 평균연간어획량에 연간판매단가를 곱한 총 매출액에서 평년어업경비를 공제한다. 어미고기와 미끼 등의 구입비에 해당하는 생산관리비, 인건비, 시설물의 감가상각비, 위판장 등에 대한 판매수수료 등의 항목들이 경비를 구성하고 있다. 어업권을 거래사례비교법으로 감정평가할 때에는 어종, 어장의 규모, 존속기간 등이 비슷한 인근의 어업권 거래사례를 기준으로 어업권의 가치에 영향을 미치는 개별요인을 비교한다. 통상 어선과 어구 등 시설물을 포함해 어장 전체를 매매하므로, 순수한 어업권 가치는 매매금액에서 이런 시설물의 매매 당시 적정 가격을 차감해야 한다. 규모가 비슷해 보이는 어장이라도 순수익은 큰 차이를 보이기도 한다. 수심과 수질, 수온, 현 시설규모 등의 요소에 의한 개별 어장의 수익성을 고려해 매매사례와의 격차를 잘 보정해야 할 것이다.

## 제3절 영업권의 감정평가

### 1. 정의

#### 1) 영업권의 개념

영업권(goodwill)은 경영상의 유리한 관계 등 사회적 실질가치를 가지는 자산을 의미한다. 영업권은 타 업체와 차별적인 우수한 경영능력, 효율적 인적 구성, 대외적 신인도, 입지적 우위 등으로 결정되며 실질적으로 사업체를 구성하는 기타의 자산과 구분하여 개별적으로 식별할 수는 없다.

> **「실무기준」**
> 영업권이란 대상 기업이 경영상의 유리한 관계 등 배타적 영리기회를 보유하여 같은 업종의 다른 기업들에 비하여 초과수익을 확보할 수 있는 능력으로서 경제적 가치가 있다고 인정되는 권리를 말한다.

#### 2) 영업권의 특징

기업회계 상으로는 자가창설영업권은 인정되지 않고 있으며, 외부에서 유상으로 매입한 매입영업권에 대하여만 무형자산으로 인식되고 있다. 영업권은 시장에서 거래의 객체로 인정되고는 있으나, 법률적인 보호는 없음에 유의하여야 한다.

영업권은 특정기업이 동종 산업에 종사하는 타 기업과 비교하여 정상적인 투자수익률 이상의 이윤을 획득할 수 있는 초과이윤 창출능력, 즉 초과이익력을 화폐가치로 표시한 것이다. 일반적으로 영업권(goodwill)은 식별할 수 없는 무형자산으로서 ① 기업이 다른 기업을 취득·합병·인수할 경우 원가(매입가액)가 취득한 순자산의 공정시장가치를 초과한 초과액, ② 기업이 동종의 다른 기업보다 초과 수익력을 갖고 있는 경우 이를 자본화하여 계산한 것으로 볼 수 있다.

### 2. 자료의 수집 및 정리

자료의 수집 및 분석의 과정에서는 대상 기업의 인적·물적 시설과 대상 기업의 업종에 따른 시장 전망치, 그리고 대상 기업의 재무적 자료를 수집하고 분석하는데, 자료의 수집 범위 및 구체성 정도는 감정평가 대상의 성격과 감정평가 목적을 고려하여 비용과 효율을 참작하여 결정한다.

영업권 감정평가 업무를 수행하는 경우에는 우선적으로 회사 측이 제시한 자료를 기준으로 하여 참작하되, 관련 업종 및 시장 전반에 관한 외부 자료를 통해 자료의 적정성 여부를 검토하는 것이 필요하다.

영업권 감정평가가 의뢰된 경우 우선적으로 수집할 자료의 유형은 그 원천별로 분류가 가능한데, 의뢰인과 다양한 공시자료 등을 통해 수집할 수 있는 기업 내부 자료와 산업분석과 시장분석 등에 활용할 시장자료로 크게 구분할 수 있다.

## 3. 영업권의 감정평가방법

### 1) 영업권의 감정평가원칙

영업권은 정의상 정상적인 수익을 초과하는 초과수익에 대한 경제적 권리를 의미하므로, 사업체의 수익가격에서 순자산가치를 차감하거나 초과수익을 할인 또는 환원하는 수익환원법에 의한 감정평가가 가장 적절하다. 거래사례비교법의 경우 사업체 또는 영업권 자체의 거래에 대한 품등비교가 실질적으로 어렵다는 점, 유가증권 시장 등에서의 주당가격에 의할 경우 사업체 이외의 외부요인에 의한 보정이 어려운 점 등의 이유로 적용에 문제가 있다.

영업권의 개념을 초과수익의 현재가치나 잔여가치 개념에서 파악하는 것이 일반적이므로, 이러한 영업권의 정의에 따르면 수익방식이 이론적으로 가장 우수하다. 뿐만 아니라 실무적으로도 법률적 근거나 감정평가방법 적용의 어려움 때문에 비교방식이나 원가방식을 적용하는 경우는 거의 없고, 수익방식이 가장 많이 적용되고 있다.

「감정평가에 관한 규칙」
**제23조(무형자산의 감정평가)**
③ 감정평가법인등은 영업권, 특허권, 실용신안권, 디자인권, 상표권, 저작권, 전용측선이용권(專用側線利用權), 그 밖의 무형자산을 감정평가할 때에 수익환원법을 적용해야 한다.

「실무기준」
① 영업권을 감정평가할 때에는 수익환원법을 적용하여야 한다.
② 제1항에도 불구하고 수익환원법으로 감정평가하는 것이 곤란하거나 적절하지 아니한 경우에는 거래사례비교법이나 원가법으로 감정평가할 수 있다.

### 2) 수익환원법의 적용

「실무기준」
영업권을 수익환원법으로 감정평가할 때에는 다음 각 호의 어느 하나에 해당하는 방법으로 감정평가한다. 다만, 대상 영업권의 수익에 근거하여 합리적으로 감정평가할 수 있는 다른 방법이 있는 경우에는 그에 따라 감정평가할 수 있다.
1. 대상 기업의 영업 관련 기업가치에서 영업투하자본을 차감하는 방법
   가. 영업 관련 기업가치 : [660-3.3.2]를 준용하여 산정. 단, 비영업용자산은 제외
   나. 영업투하자본 : 영업자산에서 영업부채를 차감하여 산정
2. 대상 기업이 달성할 것으로 예상되는 지속가능기간의 초과수익을 현재가치로 할인하거나 환원하는 방법

## (1) 수익환원법의 적용

수익환원법으로 영업권을 감정평가하는 방법은 영업권을 초과이익의 현재가치 또는 잔여 개념으로 보고 수익에 기반을 둔 영업권의 가치를 산정하는 방법이다. 영업권을 초과이익의 현재가치 환원 또는 잔여가치 개념으로 이해할 때, 영업권의 정의상 가장 이론적으로 합당한 방법이다.

## (2) 제1호에 의한 방법(대상 기업의 영업 관련 기업가치에서 영업투하자본을 차감하는 방법)

대상 기업의 영업 관련 기업가치(단, 비영업용자산은 제외)에서 영업투하자본(영업자산에서 영업부채를 차감하여 산정)을 차감하여 산정하는 평가방법이다. 여기서 영업투하자본이란 영업자산(영업활동을 영위하기 위한 자산으로서 투자목적용 자산을 제외한 자산을 말한다)에서 영업부채(영업 관련 부채로서 이자부부채를 제외한 부채, 즉 비이자부부채를 말한다)를 차감한 금액을 말한다.

## (3) 제2호에 의한 방법(초과이익을 환원하는 방식)

초과이익을 환원하여 영업권을 산정하는 방식은 영업권이 동종 기업의 정상적 이익을 초과하는 이익의 현재가치라는 정의에 부합하는 평가방법이다. 이 방법은 영업권만을 단독으로 감정평가할 때 기업가치와 영업권을 제외한 자산의 가치를 모두 산정해야 하는 잔여방식을 활용한 방식에 비해 상대적으로 간단하다는 장점이 있다.

초과이익은 유사한 자산 규모를 가진 통상의 기업의 정상이익을 상회하는 이익을 뜻한다. 이때 초과이익이란 매출의 증가뿐만 아니라 비용의 감소 또는 투자의 감소 등을 모두 포괄하는 개념이다. 또한 영업권과 그 밖의 무형자산을 포괄하여 가치를 산정하는 경우에는 초과이익의 발생 원인을 사용, 소유, 소유로 인한 비용의 미지출 등으로 세분하여 분석하고 초과이익의 정도를 파악하여야 한다.

이러한 방법은 초과이익을 환원하는 방법에 따라 다음과 같은 2가지 방법이 있다.

① 직접환원법 : 영업권의 가치 = 초과이익 / 환원율

② 유기환원법 : 영업권의 가치 = 초과이익 $\times$ $[(1 + r)^n - 1] / [r(1 + r)^n]$

※ 초과이익은 대상영업이익 − (순자산가치 $\times$ 동종업계 정상수익률)로 산정한다.

여기서 순자산가치는 기업용 자산에서 비업무용자산과 무형자산의 가치를 제외한 자산의 공정가치를 의미하는 것으로 자기자본 가치를 의미하는 것이 아니다.

## 3) 거래사례비교법의 적용

> **「실무기준」**
>
> 영업권을 거래사례비교법으로 감정평가할 때에는 다음 각 호의 어느 하나에 해당하는 방법으로 감정평가한다. 다만, 영업권의 거래사례에 근거하여 합리적으로 감정평가할 수 있는 다른 방법이 있는 경우에는 그에 따라 감정평가할 수 있다.
>
> 1. 영업권이 다른 자산과 독립하여 거래되는 관행이 있는 경우에는 같거나 비슷한 업종의 영업권만의 거래사례를 이용하여 대상 영업권과 비교하는 방법
> 2. 같거나 비슷한 업종의 기업 전체 거래가격에서 영업권을 제외한 순자산 가치를 차감한 가치를 영업권의 거래사례가격으로 보아 대상 영업권과 비교하는 방법
> 3. 대상 기업이 유가증권시장이나 코스닥시장에 상장되어 있는 경우에는 발행주식수에 발행주식의 주당가격을 곱한 가치에서 영업권을 제외한 순자산가치를 차감하는 방법

### (1) 제1호에 의한 방법

영업권만의 거래사례가 있는 경우 적용 가능한 방법으로, 영업권이 다른 자산과 독립하여 거래되는 관행이 있는 경우에는 같거나 비슷한 업종의 영업권만의 거래사례를 이용하여 대상 영업권과 비교하는 것이다.

### (2) 제2호에 의한 방법

영업권을 포함한 기업 전체에 대한 거래사례가 있는 경우 영업권만의 거래가격을 추출한 후, 거래사례비교법을 적용하는 방법이다. 같거나 비슷한 업종의 기업 전체 거래가격에서 영업권을 제외한 순자산 가치를 차감한 가치를 영업권의 거래사례가격으로 보아 대상 영업권과 비교하는 것이다.

### (3) 제3호에 의한 방법

상장기업의 경우에는 시장에서 거래가 되고 있는 것으로 볼 수 있는바, 해당 정보를 참고하여 영업권만의 가격을 구한 후 거래사례비교법을 적용하는 방법이다. 대상 기업이 유가증권시장이나 코스닥 시장에 상장되어 있는 경우에는 발행주식수에 발행주식의 주당가격을 곱한 가치에서 영업권을 제외한 순자산가치를 차감하는 것이다.

## 4) 원가법의 적용

「실무기준」
영업권을 원가법으로 감정평가할 때에는 다음 각 호의 방법으로 감정평가할 수 있다. 다만, 대상 영업권의
원가에 근거하여 합리적으로 감정평가할 수 있는 다른 방법이 있는 경우에는 그에 따라 감정평가할 수 있다.
1. 기준시점에서 새로 취득하기 위해 필요한 예상비용에서 감가요인을 파악하고 그에 해당하는 금액을 공제
   하는 방법
2. 대상 무형자산의 취득에 든 비용을 물가변동률 등에 따라 기준시점으로 수정하는 방법

### (1) 원가법의 적용

원가법으로 영업권을 감정평가하는 방법은 기준시점 현재 대상 영업권을 재생산하거나 재
취득하는 데에 드는 비용으로 산정하는 것이다. 이는 대상 영업권을 기회비용의 측면에서
접근하여 파악하는 것으로, 영업권을 감정평가하는 경우에는 해당 영업권 구축에 소요되는
기간 동안에 취득할 수 있었던 상대적 경제적 이윤으로 산정한다.

예를 들어 해당 영업권을 구축하는 데 든 시간이 2년이라고 가정한다면, 그 2년 동안 소요
된 비용은 설비의 구입 및 설치, 부동산 구입, 협력업체 선정, 유통시스템 구축, 종업원에
대한 교육실시, 고객의 인지도와 신뢰도 제고를 위한 노력 등이 모두 포함된다. 이 경우
영업권은 동일한 유형자산으로 벌어들일 수 있었던 금액, 즉 2년간의 기회비용의 현재가치
로 추산된다.

### (2) 유의사항

#### ① 재조달원가

원가법을 적용하여 영업권을 감정평가할 때에는 재생산비용을 원본의 재연으로 설정할
것인지, 원본 효용의 재연으로 할 것인지에 대한 결정이 필요하다. 이 방법 적용 시 원
가에는 인건비와 제조비 등의 생산비, 간접비와 생산자의 적정이윤 등이 포함되는 것에
유의한다. 또한 기업 활동의 노하우 및 효율성, 경영 능력 등에 의하여 발생하는 영업권
에 대하여 취득비용을 감안한다는 논리적 모순이 있다.

#### ② 감가수정

초과수익이 발생하는 한 영속적으로 존재하는 영업권에 대하여 감가수정의 적용에 문
제가 있을 수 있다. 과거의 취득비용에서 물가상승률을 반영할 경우, 영업권의 가격 변
동이 경기변동과 반드시 일치하지 않아 가격산정에 왜곡이 있을 수 있으므로 이 점에
유의하여야 한다.

**PLUS+개념**  **영업권의 감정평가**

국내 굴지의 대기업이 동남아시아에 생산 거점을 마련하기 위한 방편으로 현지 철강회사를 인수하려 할 때 토지, 건물, 기계기구, 집기비품 등 모든 기업의 자산에 대한 감정평가를 완료했다. 이 결과에 현지 기업의 매출채권 등의 여타 자산을 더하고 외상 매입금 등을 차감하면 순자산의 가치가 추계된다. 그러나 M&A로 지불한 매매대금은 이를 초과한다. 인수합병을 주관하는 회계법인 담당자는 이 차액을 영업권으로 인식했다. 이 차액이 능력 있는 경영진, 이 기업에 대한 고객의 충성도, 업계 내 우위를 점하고 있는 생산기법, 기업 고유의 상표, 영업상의 노하우 등 숨어 있는 이 기업의 무형자산 가치에 해당한다는 것이다. 이처럼 기업의 인수합병 시 순자산가치를 초과해서 지불하는 매매대금에는 영업권의 가치가 포함되어 있다. 이를 매입(매수)영업권이라 부르는데, 객관적인 거래 대가로 인식한 것이므로 무형자산으로 식별된다. 그러나 기업 내부에서 자기창설영업권은 K–IFRS에서는 기간비용이 될 뿐 자산으로 인식되지 않는다. 거래가 존재하지 않아 원가를 신뢰성 있게 측정할 수 없고 식별 가능하지 않기 때문이다. 비단, 기업과 기업 간 사업결합 또는 인수합병 시에만 이 영업권 가치 평가가 문제되는 것은 아니다. 개인사업체가 법인으로 전환할 때 영업권 평가를 통해 기존 대표이사뿐만 아니라 신설되는 법인 모두에게 유리한 점이 많아 빈번하게 평가 의뢰를 받는다. 「감정평가에 관한 규칙」 제23조 제3항은 영업권을 비롯한 무형자산을 평가할 때 수익환원법을 적용하도록 하고 있다. 물론, 이를 구체화시킨 실무기준은 원칙적으로 수익환원법을 적용하되, 이의 적용이 곤란하거나 적절하지 않은 경우 거래사례비교법이나 원가법에 의해 감정평가하도록 했다. 수익환원법으로 평가할 때는 '대상 기업의 순수익을 같은 업종 다른 기업의 정상 수익률로 환원한 수익가치에서 영업권을 제외한 순자산의 가치를 차감하는 방법'과 '대상 기업이 달성할 것으로 예상되는 지속가능기간의 초과수익을 현재가치로 할인하거나 환원하는 방법' 중 하나를 택하면 된다. 전자는 통상 인수합병 시 인식하는 영업권의 가치이며, 후자는 합병의 경제적 분석을 하거나 자기창설영업권의 가치를 내부적으로 추계해 볼 때 적용하는 편이다. 수익환원법 적용이 여의치 않아 거래사례비교법을 적용 시 3가지 방법이 가능한데, 첫째는 '영업권이 다른 자산과 독립하여 거래되는 관행이 있는 경우에는 같거나 비슷한 업종의 영업권만의 거래사례를 이용하여 대상 영업권과 비교하는 방법', 둘째는 '같거나 비슷한 업종의 기업 전체 거래가격에서 영업권을 제외한 순자산가치를 차감한 가치를 영업권의 거래사례 가격으로 보아 대상 영업권과 비교하는 방법', 그리고 마지막은 '대상 기업이 유가증권시장이나 코스닥시장에 상장되어 있는 경우에는 발행주식수에 주당가격을 곱한 가치에서 영업권을 제외한 순자산가치를 차감하는 방법'이 있다. 원가법을 적용할 때도 '기준시점에서 새로 취득하기 위해 필요한 예상 비용에서 감가요인을 파악하고 그에 해당하는 금액을 공제하는 방법'이나 '대상 무형자산의 취득에 든 비용을 물가변동률 등에 의해 기준시점으로 수정하는 방법'으로 세분할 수 있는데, 타 방법에 비해 신뢰성은 떨어지는 편이다.

## 제4절  지식재산권의 감정평가

### 1. 개요

현대 시대에는 종래의 유형자산 이외에도 다양한 무형의 권리가 존재한다. 특히 최근에는 산업사회에서 지식사회로 탈바꿈하면서 무형자산의 중요성이 부각되고 있다. 특히 정보화로 대표되는 IT 기술 등의 발달로 특허에 관한 독점적 권리를 주장하게 되며, 이에 따른 분쟁도 점차 증대되는 추세이다.

### 2. 지식재산권의 개념

통상 발명·상표·디자인 등의 산업재산권과 문학·음악·미술 작품 등에 관한 저작권을 총칭하는 개념으로, 이를 지적재산권 또는 지적소유권이라 칭하기도 한다. 다만, 「실무기준」에서는 특허권, 실용신안권, 디자인권, 상표권, 저작권과 이에 준하는 권리를 지식재산권으로 규정한다.

> **「실무기준」**
> ① "지식재산권"이란 특허권·실용신안권·디자인권·상표권 등 산업재산권 또는 저작권 등 지적창작물에 부여된 재산권에 준하는 권리를 말한다.
> ② "특허권"이란 「특허법」에 따라 발명 등에 관하여 독점적으로 이용할 수 있는 권리를 말한다.
> ③ "실용신안권"이란 「실용신안법」에 따라 실용적인 고안 등에 관하여 독점적으로 이용할 수 있는 권리를 말한다.
> ④ "디자인권"이란 「디자인보호법」에 따라 디자인 등에 관하여 독점적으로 이용할 수 있는 권리를 말한다.
> ⑤ "상표권"이란 「상표법」에 따라 지정상품에 등록된 상표를 독점적으로 사용할 수 있는 권리를 말한다.
> ⑥ "저작권"이란 「저작권법」 제4조의 저작물에 대하여 저작자가 가지는 권리를 말한다.

### 3. 지식재산권의 종류

### 1) 특허권

「특허법」에 따라 발명 등에 관하여 독점적으로 이용할 수 있는 권리를 특허권이라 규정한다. 기술적 사상의 창작이나 발명을 일정기간 독점적·배타적으로 소유 또는 이용할 수 있는 권리로서, 특허권이 부여되면 특허권자를 제외한 사람은 특허권자의 동의를 득하여 사용하게 되며 특허권이 침해되면 민·형사소송을 제기할 수 있다.

### 2) 실용신안권

실용신안권은 공업소유권의 일종으로 실용신안을 등록한 자가 독점적으로 가지는 지배권으로,

여기서 실용신안이란 산업상 이용할 수 있는 물품의 형상·구조 또는 조합에 관한 고안으로서 특허청에 이를 등록함으로써 권리에 대한 효력이 발생한다(「실용신안법」 제21조).

### 3) 디자인권

디자인을 창작한 자 또는 그 승계인은 「디자인보호법」에 따라 디자인등록을 받을 수 있는 권리가 있다. 2인 이상이 공동으로 디자인을 창작하여 등록한 경우에는 이 디자인권은 공유로 한다(「디자인보호법」 제3조). 디자인권자 또는 디자인등록출원자는 자기의 등록 디자인 또는 등록출원 디자인만이 아니라 유사한 디자인에 대해서도 이를 유사디자인이라 하여 디자인등록을 받을 수 있다.

### 4) 상표권

상표권은 등록상표를 지정상표에 독점적으로 이용할 수 있는 권리를 말한다. 상표는 상품이나 제품을 생산·제조·가공 또는 판매업자가 자사의 상품을 다른 업자 등의 상품과 구별하기 위해 사용하는 기호 또는 도형이나 문자 등의 결합을 말한다. 상표권은 설정등록에 의하여 발생한다.

### 5) 저작권

「저작권법」에 따라 저작권자가 가지는 권리를 저작권이라 하며, 이는 인간의 사상이나 감정 등을 표현한 창작물에 대한 독점적인 권리를 말한다. 이러한 저작물에는 소설·시·논문·강연 등과 음악·연극·무용·회화·서예 및 조각·공예·건축물·사진·영상·도형·컴퓨터 프로그램 등이 있다.

## 4. 자료의 수집 및 정리

### 1) 조사 및 확인사항

#### (1) 특허권

① 등록특허공보를 통한 특허권의 내용, ② 특허의 기술적 유효성과 경제적 유효성, ③ 특허권자, 특허권의 존속기간, 존속기간 연장여부, ④ 특허권의 효력 및 계약관계, ⑤ 특허권의 수용여부 및 질권설정 여부, ⑥ 특허권에 관한 심판·소송여부, ⑦ 재무상태표상 특허권의 장부가치

#### (2) 상표권

① 상표등록증을 통한 상표권의 내용, ② 상표권자, 출원인, 상표권의 존속기간, 존속기간 갱신여부, ③ 상표권의 효력, 계약관계 및 등록상표 등의 보호범위, ④ 상표권의 소송여부 및 질권설정 여부, ⑤ 재무상태표상 상표권의 장부가치

### (3) 저작권

① 저작자의 실명·이명·국적·주소·거소, ② 저작물의 제호·종류·창작연월일, ③ 저작물 공표 여부·공표연월일·공표된 국가, ④ 저작인격권(공표권·성명표시권·동일성 유지권), ⑤ 저작재산권(복제권·공연권·공중송신권·전시권·배포권·대여권), ⑥ 실연자의 권리(복제권·배포권·대여권·공연권·방송권·전송권 등), ⑦ 음반제작자의 권리(복제권·배포권·대여권·전송권 등), ⑧ 방송사업자의 권리(복제권·동시중계방송권), ⑨ 저작재산권의 양도, 질권의 행사, 권리변동

## 2) 지식재산권의 가격자료

① **거래사례** : 거래가격 등
② **비용자료** : 취득을 위해 드는 비용 등
③ **수익자료** : 수익력 추정자료, 수익률, 라이선스계약에 따른 수익 및 실시료율, 재무제표 등
④ **시장자료** : 경제성장률, 물가상승률, 금리, 환율 등
⑤ 그 밖에 감정평가액 결정에 참고가 되는 자료

## 5. 지식재산권의 감정평가방법

「감정평가에 관한 규칙」

제23조(무형자산의 감정평가)
③ 감정평가법인등은 영업권, 특허권, 실용신안권, 디자인권, 상표권, 저작권, 전용측선이용권(專用側線利用權), 그 밖의 무형자산을 감정평가할 때에 수익환원법을 적용해야 한다.

「실무기준」
① 지식재산권을 감정평가할 때에는 수익환원법을 적용하여야 한다.
② 제1항에도 불구하고 수익환원법으로 감정평가하는 것이 곤란하거나 적절하지 아니한 경우에는 거래사례 비교법이나 원가법으로 감정평가할 수 있다.

## 1) 수익환원법 원칙

지식재산권의 감정평가는 수익환원법을 적용함을 원칙으로 한다. 즉, 해당 권리를 통해 얻을 수 있는 적정수익을 환원율로 환원하거나 또는 미래의 현금흐름을 파악하여 이를 할인율로 할인하는 방식으로 가치를 구한다. 통상 지식재산권은 관련 법령에서 주어진 권리의 독점적·배타적 기간이 존재한다.

## 2) 예외적인 경우

수익환원법에 의한 감정평가가 곤란하거나 적절하지 아니한 경우에는 거래사례비교법 또는 원가법으로 감정평가할 수 있다. 거래사례비교법과 원가법을 적용하고자 할 경우에는 신중할 필요가 있다. 또한 이 경우에는 감정평가서에 해당 내용을 기재하여야 한다.

## 3) 수익환원법의 적용

> **「실무기준」**
> ① 지식재산권을 수익환원법으로 감정평가할 때에는 다음 각 호에 따른 방법으로 감정평가할 수 있다. 다만, 대상 지식재산권이 창출할 것으로 기대되는 적정 수익에 근거하여 합리적으로 감정평가할 수 있는 다른 방법이 있는 경우에는 그에 따라 감정평가할 수 있다.
> 　1. 해당 지식재산권으로 인한 현금흐름을 현재가치로 할인하거나 환원하여 산정하는 방법
> 　2. 기업 전체에 대한 영업가치에 해당 지식재산권의 기술기여도를 곱하여 산정하는 방법
> ② 제1항 제1호의 해당 지식재산권으로 인한 현금흐름은 다음 각 호의 방법에 따라 산정할 수 있다.
> 　1. 해당 지식재산권으로 인해 절감 가능한 사용료를 기준으로 산정하는 방법
> 　2. 해당 지식재산권으로 인해 증가된 현금흐름을 기준으로 산정하는 방법
> 　3. 기업의 총이익 중에서 해당 지식재산권에 일정비율을 배분하여 현금흐름을 산정하는 방법
> ③ 제1항 제2호의 기술기여도는 기업의 경제적 이익 창출에 기여한 유·무형의 기업 자산 중에서 해당 지식재산권이 차지하는 상대적인 비율로서 다음 각 호의 방법 등으로 산정할 수 있다.
> 　1. 비슷한 지식재산권의 기술기여도를 해당 지식재산권에 적용하는 방법
> 　2. 산업기술요소·개별기술강도·기술비중 등을 고려한 기술요소법

### (1) 현금흐름을 할인하거나 환원하는 방법

기업이나 개인이 창출하는 전체 현금흐름에서 지식재산권만의 현금흐름이 파악되고, 이에 대한 할인율과 환원율을 구할 수 있는 경우에 적용하는 감정평가방법이다. 여기서 중요한 것은 지식재산권의 현금흐름을 파악하는 것으로 다음과 같은 방법이 적용될 수 있다.

① 해당 지식재산권으로 인해 절감 가능한 사용료를 기준으로 산정하는 방법
② 해당 지식재산권으로 인해 증가된 현금흐름을 기준으로 산정하는 방법
③ 기업의 총이익 중에서 해당 지식재산권에 일정비율을 배분하여 현금흐름을 산정하는 방법

### (2) 기술기여도를 곱하여 산정하는 방법

기업 전체에 대한 영업가치(영업권의 평가방법을 준용)를 산정하고, 산정된 영업가치를 기준으로 해당 지식재산권의 기술기여도를 곱하여 산정하는 방법을 말한다. 여기서 기술기여도는 기업의 경제적 이익창출에 기여한 유·무형의 기업 자산 중에서 해당 지식재산권이 차지하는 상대적인 비율을 말한다. 즉, 이 방법에서는 기술기여도를 측정하는 것이 무엇보다 중요하며, 산정방법은 다음과 같다.

① 비슷한 지식재산권의 기술기여도를 해당 지식재산권에 적용하는 방법

② 산업기술요소·개별기술강도·기술비중 등을 고려한 기술요소법

### (3) 예외

상기 2가지 방법 이외에 대상 지식재산권이 창출할 것으로 기대되는 적정 수익에 근거하여 합리적으로 감정평가할 수 있는 다른 방법이 있는 경우에는 그에 따라 감정평가할 수 있다.

## 4) 거래사례비교법의 적용

**「실무기준」**

① 지식재산권을 거래사례비교법으로 감정평가할 때에는 다음 각 호의 방법으로 감정평가한다. 다만, 지식재산권의 거래사례에 근거하여 합리적으로 감정평가할 수 있는 다른 방법이 있는 경우에는 그에 따라 감정평가할 수 있다.

1. 비슷한 지식재산권의 거래사례와 비교하는 방법
2. 매출액이나 영업이익 등에 시장에서 형성되고 있는 실시료율을 곱하여 산정된 현금흐름을 할인하거나 환원하여 산정하는 방법

② 제1항 제2호의 실시료율은 지식재산권을 배타적으로 사용하기 위해 제공하는 기술사용료의 산정을 위한 것으로, 사용기업의 매출액이나 영업이익 등에 대한 비율을 말한다. 이 경우 실시료율을 산정할 때에는 다음 각 호의 사항을 고려하여야 한다.

1. 지식재산권의 개발비
2. 지식재산권의 특성
3. 지식재산권의 예상수익에 대한 기여도
4. 실시의 난이도
5. 지식재산권의 사용기간
6. 그 밖에 실시료율에 영향을 미치는 요인

### (1) 유사 거래사례와 비교하는 방법

동종 또는 유사한 지식재산권이 실제 거래된 사례가 있는 경우에는 거래사례비교법을 적용할 수 있다. 다만, 현실적으로 지식재산권은 배타적이고 독점적인 권리이기 때문에 완벽히 동일한 유사 거래는 존재하지 않을 수 있으나, 비슷하다고 여겨질 만한 지식재산권이 존재하고 실제 거래된 경우에는 거래사례비교법은 유용한 감정평가방법이 될 수 있다.

### (2) 매출액이나 영업이익에 실시료율을 적용하고 환원하는 방법

매출액이나 영업이익 등에 시장에서 형성되고 있는 실시료율을 곱하여 산정된 현금흐름을 할인하거나 환원하여 산정하는 방법을 말하며, 여기서 실시료율은 지식재산권을 배타적으로 사용하기 위해 제공하는 기술사용료의 산정을 위한 것으로, 사용기업의 매출액이나 영업이익 등에 대한 비율을 말한다. 실시료율 산정 시 고려사항은 ① 지식재산권의 개발비,

② 지식재산권의 특성, ③ 지식재산권의 예상수익에 대한 기여도, ④ 실시의 난이도, ⑤ 지식재산권의 사용기간 및 ⑥ 그 밖에 실시료율에 영향을 미치는 요인 등이다.

### (3) 예외

상기 2가지 방법 이외에 대상 지식재산권을 거래사례에 근거하여 합리적으로 감정평가 할 수 있는 다른 방법이 있는 경우에는 그에 따라 감정평가할 수 있다.

## 5) 원가법의 적용

「실무기준」
지식재산권을 원가법으로 감정평가할 때에는 다음 각 호의 방법으로 감정평가할 수 있다. 다만, 대상 지식재산권의 원가에 근거하여 합리적으로 감정평가할 수 있는 다른 방법이 있는 경우에는 그에 따라 감정평가할 수 있다.
1. 기준시점에서 새로 취득하기 위해 필요한 예상비용에서 감가요인을 파악하고 그에 해당하는 금액을 공제하는 방법
2. 대상 지식재산권을 제작하거나 취득하는 데 들어간 비용을 물가변동률 등에 따라 기준시점으로 수정하는 방법

### (1) 새로 취득하기 위한 예상비용에 감가수정하는 방법

대상 지식재산권을 기준시점에서 새로 취득하기 위해 필요한 예상비용, 즉 재조달원가를 산정하고 이에 적용될 수 있는 감가요인을 파악하여 감가수정의 방식으로 감정평가하는 방법이다.

### (2) 제작 또는 취득에 소요된 비용을 물가변동률 등으로 수정하는 방법

대상 지식재산권을 제작하거나 취득하는 데 들어간 비용을 파악하고 기준시점까지의 물가변동률 등을 적용하여 수정하는 방법이다.

### (3) 예외

상기 2가지 방법 이외에 대상 지식재산권의 원가에 근거하여 합리적으로 감정평가할 수 있는 다른 방법이 있는 경우에는 그에 따라 감정평가할 수 있다.

# 유가증권

## 제1절　주식의 감정평가

### 1. 상장주식

#### 1) 주식의 의미

주식회사는 주식의 발행을 통하여 자본을 조달하게 되며, 자본을 납입한 주체인 출자자들은 주식이라는 세분화된 비율적 단위로서 그 권리와 의무를 가지게 된다. 주식이란 주식회사의 자본을 구성하는 금액적 의미와 주주의 권리 및 의무의 단위로서의 주주권(株主權)의 의미를 가진다. 주식은 주주 1인이 다량을 보유할 수 있고, 그 보유비율에 따라 권한과 의무의 범위가 결정된다. 주식의 수(數)를 주(株) 단위로 나타내며, 주식의 소유자를 주주(株主)로 부른다.

#### 2) 상장주식의 개념

상장(上場)이란 「자본시장과 금융투자업에 관한 법률」에 따른 허가를 받고 개설된 거래소에서 주권을 매매할 수 있도록 인정하는 것을 의미하며, 상장주식(上場株式)이란 상장된 회사의 주식을 말한다. 회사는 상장을 통하여 자금조달능력을 증대시키고, 기업의 홍보효과 및 공신력을 제고하며, 각종 세제상의 혜택과 경영의 합리화를 도모할 수 있게 된다. 다만, 주권의 상장은 해당 주권이 증권시장을 통하여 자유롭게 거래될 수 있도록 허용하는 것을 의미할 뿐, 해당 주권의 가치를 보증받는 것은 아님에 유의하여야 한다.

#### 3) 자료의 수집 및 정리

##### (1) 실지조사의 생략

감정평가의 절차 중 조사·확인 절차는 사전조사와 실지조사로 구분할 수 있으나, 상장주식의 경우 실물을 확인할 수 없는 경우가 많고 실물을 확인한다 하더라도 그 증권의 물리적인 측면은 감정평가의 고려대상이 아니므로, 대상물건인 상장주식을 확인할 필요가 없다. 「감정평가에 관한 규칙」 제10조 제2항 제2호에서도 "유가증권 등 대상물건의 특성상 실지조사가 불가능하거나 불필요한 경우"에는 실지조사를 생략할 수 있다고 규정하고 있다.

### (2) 조사 · 확인사항

#### ① 양도방법과 그 제한

상장주식은 거래소에 등록되어 증권시장에서 자유롭게 거래가 되고, 이에 따라서 시장가격이 결정된다. 따라서 감정평가법인등은 해당 상장주식이 특정한 사유 등으로 인하여 거래가 제한되어 있거나, 주식을 양도하는 방법에 제한이 있는지 여부를 면밀히 조사하고 확인하여야 한다.

#### ② 지급기간 미도래의 이익 또는 배당권 부착 여부

계속기업에 대한 주식의 경우 미래에 얻게 될 현금흐름으로서 배당금 등의 가치에 따라서 주식의 가치가 결정될 수 있다. 주식의 종류에 따라 배당권이 없는 경우가 있으므로, 감정평가법인등은 배당권 부착여부 등에 대하여 면밀히 조사하고 확인하여야 한다.

#### ③ 상장일자, 발행일자

상장주식을 발행한 법인이 실제로 한국거래소에 등록되어 있는지 여부와 해당 주식이 실제로 그 법인에서 발행한 것인지 여부를 확인하기 위해 상장일자와 발행일자를 조사 · 확인한다.

#### ④ 거래상황

상장주식은 시장에서 거래가 형성되므로 대상 상장주식의 거래상황을 파악해야 한다. 기업의 사정에 따라 일정기간 거래가 정지되어 있는 경우도 있을 수 있으므로 이에 유의하여야 한다.

#### ⑤ 실효 · 위조 · 변조의 여부

해당 증권을 보유하였을 경우 그 증권으로부터 파생되는 권리가 유효한지 여부를 조사해야 한다. 상장폐지가 되어 있는지 여부, 증권 증서의 위조 및 변조 여부에 유의해야 한다. 다만, 대부분의 주식은 시장에서 거래가 되지만, 주권에 대한 증권은 한국예탁결제원이나 증권예탁원에 있는 경우가 많다.

#### ⑥ 그 밖에 해당 주식에 관련된 사항

그 밖에 해당 기업의 재무상황과 주식과 관련한 제반 사정을 종합적으로 수집할 필요가 있다.

### (3) 가격자료

상장주식에 대한 정보는 거래소, 금융감독원 및 증권업협회 등의 전산자료 및 각 증권회사의 상장기업에 대한 재무자료, 일반자료가 있으며, 각 상장주식의 거래내역, 종가, 시가 등의 자료를 열람할 수 있으며, 그 밖에 가격결정에 참고가 되는 자료라 함은 다음과 같다.

① 전체 상장기업 관련 지수

② 동종업종 및 유사업종의 각종 지수

③ 외부감사대상법인의 1주당 가격

④ 경쟁업종의 종가와 관련된 자료

⑤ 해당기업 및 유사기업 등의 1주당 순자산가치

⑥ 해당기업 및 유사기업 등의 1주당 순이익가치

⑦ 기타 주식 관련 통계자료

## 4) 상장주식의 감정평가방법

> **「감정평가에 관한 규칙」**
>
> **제24조(유가증권 등의 감정평가)**
>
> ① 감정평가법인등은 주식을 감정평가할 때에 다음 각 호의 구분에 따라야 한다.
>
>   1. 상장주식[「자본시장과 금융투자업에 관한 법률」 제373조의2에 따라 허가를 받은 거래소(이하 "거래소"라 한다)에서 거래가 이루어지는 등 시세가 형성된 주식으로 한정한다] : 거래사례비교법을 적용할 것
>
> **「실무기준」**
>
> ① 상장주식을 감정평가할 때에는 거래사례비교법을 적용하여야 한다.
>
> ② 제1항에 따라 거래사례비교법을 적용할 때에는 대상 상장주식의 기준시점 이전 30일간 실제 거래가액의 합계액을 30일간 실제 총 거래량으로 나누어 감정평가한다.
>
> ③ 기준시점 이전 30일간의 기간 중 증자·합병 또는 이익이나 이자의 배당 및 잔여재산의 분배청구권 또는 신주인수권에 관하여 「상법」에 따른 기준일의 경과 등의 이유가 발생한 상장주식은 그 이유가 발생한 다음 날부터 기준시점까지의 실제거래가액의 합계액을 해당 기간의 실제 총 거래량으로 나누어 감정평가한다.
>
> ④ 상장주식으로서 증권거래소 등의 시세가 없는 경우에는 [660-1.2.3]을 준용한다.

### (1) 원칙

「감정평가에 관한 규칙」 및 「실무기준」은 상장주식을 감정평가할 때 거래사례비교법을 원칙으로 적용하도록 규정하고 있으며, 거래사례비교법 적용에 대하여 구체적으로 "대상 상장주식의 기준시점 이전 30일간 실제거래가액의 합계액을 30일간 실제 총 거래량으로 나누는 방법"을 제시하고 있다. 이러한 방법은 [400-3.3.1]에서 규정하는 거래사례비교법의 적용방법과는 다른 과정이나, 상장주식의 경우 주식시장에서의 가격이 형성되어 있는 특성을 반영하여 제3항 또는 제4항에서 규정하는 예외적인 경우를 제외하고는 주식시장에서 형성되는 가격을 시장가치로 인정할 수 있다는 것으로, 넓은 의미에서의 거래사례비교법으로 이해할 수 있다.

### (2) 예외

상장주식 중 거래소에서 매매가 이루어지지 않거나, 특정한 이유로 인하여 매매가 정지되어 있는 경우가 있다. 이 경우에는 거래사례비교법을 적용하는 것이 곤란하므로, 비상장주식의 감정평가방법에 따라 감정평가한다.

## 2. 비상장주식

### 1) 비상장주식의 개념

비상장주식은 「자본시장과 금융투자업에 관한 법률」에서 규정하고 있는 주권상장법인을 제외한 법인의 주권을 의미한다. 즉, 증권시장에 상장된 주권을 발행한 법인 또는 주권과 관련된 증권예탁증권이 증권시장에 상장된 경우 그 주권을 발행한 법인을 제외한 법인의 주권이다. 일반적으로는 거래소에 상장되지 아니한 법인의 주권을 의미한다.

### 2) 비상장주식 감정평가의 중요성

자본주의 시장경제에서 기업의 주식가치가 합리적이고 적정하게 결정된다는 것은 매우 중요한 일이다. 주식의 가치가 올바르게 형성되어야 자원의 분배 및 투자를 적정하게 할 수 있기 때문이다. 특히, 비상장주식의 감정평가는 상장주식의 감정평가보다 복잡하고 어렵기 때문에 (그 가치를 객관적으로 평가하는 데) 많은 문제가 발생한다. 거래소에 상장된 주식은 거래된 가격이 객관적으로 이용될 수 있는 데 비해 비상장주식은 이와 같은 객관적 자료가 없기 때문이다. 비상장주식의 감정평가는 ① 회사 경영권을 매입하는 투자의 경우, ② 국유주식의 처분, ③ 상장을 위해 공개되는 경우의 공모가격, ④ 상속세 과세를 위한 경우 등에 필요하게 되며, 이러한 경우 투자자, 채권자, 경영자, 정부 등 이해관계인에게는 첨예한 대립이 예상될 수 있다. 경제사회의 발전에 따라 이해관계인 또는 정보이용자는 다양화되고 있는 추세이며, 합리적이고 객관적인 주식가치의 평가의 필요성은 더욱 증대된다고 할 수 있다.

### 3) 자료의 수집 및 정리

#### (1) 비상장주식의 감정평가 시 조사·확인사항

##### ① 계속기업(Going Concern)의 전제 확인

기업의 가치는 기업활동을 통한 지속적인 수익이 창출될 때 의미를 가지기 때문에, 비상장주식을 감정평가할 때 특별한 경우를 제외하고는 계속기업을 전제로 하여야 할 것이다. 이와 달리 기업의 부도발생 등으로 더 이상 기업활동을 영위할 수 없는 경우에는 청산을 전제로 하여야 할 것이다. 따라서 비상장주식을 감정평가할 때에는 해당 기업에 대해 적용되는 상황과 환경을 파악하여 계속기업을 전제로 할 것인지 청산기업을 전제로 할 것인지를 확인하여야 한다.

② 기업 재무제표의 활용 및 분석

비상장주식을 감정평가할 때 해당 기업에 대한 재무상태표, 손익계산서, 현금흐름표, 자본변동표 등의 각종 재무제표를 활용하여 경영활동의 결과와 재무상태 등을 파악할 수 있다. 이 중에서 특히 비상장주식의 감정평가에서는 재무상태표가 중요하다. 재무상태표는 기업의 재무상태를 명확히 보고하기 위하여 기준일 현재의 모든 자산, 부채, 자본을 적정하게 나타내는 정태적 보고서이며, 재무상태표는 회계주체의 (ㄱ) 경제적 자원에 관한 정보, (ㄴ) 지급능력 또는 유동성에 관한 정보, (ㄷ) 재무구조에 관한 정보, (ㄹ) 장기계획이나 투자의사결정 등에 관한 유용한 정보 및 (ㅁ) 투자자들의 청구권에 관한 정보 등을 제공하기 때문이다. 재무제표를 활용할 때 주의할 점은 재무제표상의 내용은 기업의 역사적 가치를 나타내는 반면, 비상장주식을 감정평가하기 위해 파악해야 할 기업가치는 실제로 해당 기업이 가지는 내재적 가치 또는 시장에서 평가를 받는 실재적 가치이므로 재무제표를 면밀히 분석하여야 한다.

③ 소유지분의 비중에 따른 지배력

기업의 지배구조와 관련하여 소유지분의 비중은 기업의 전반적인 경영활동에 많은 영향을 미친다. 주주별 소유지분의 비중은 기업의 의사결정에 대한 지배력과 관련되며, 내국인과 외국인 간의 상대적 비율, 개인투자자와 기관투자자 간의 상대적 비율 역시 중요한 참고사항이 될 수 있다.

④ 그 밖의 조사·확인 사항

(ㄱ) 해당 기업의 개요
(ㄴ) 영업권과 지식재산권 등에 대한 검토
(ㄷ) 주식양도방법
(ㄹ) 대상 주식의 의결권 여부
(ㅁ) 해당 기업의 신용등급
(ㅂ) 보통주식의 소유관계 등

(2) 가격자료의 종류

① 거래사례 : 해당 기업의 과거 지분 거래가격, 유사기업의 인수 및 합병 시 거래가격 등
② 수익자료 : 재무제표·현금흐름추정자료 등
③ 시장자료 : 경제성장률, 물가상승률, 금리, 환율, KOSDAQ지수, KOSPI지수, 유사기업의 주식가격 등

(3) 경제분석자료

① 경제성장 및 고용·임금자료 : 경제성장률, 국내총투자율, 제조업평균가동률, 명목임금증감률, 실업률 등

② **물가자료** : 생산자물가상승률, 수입물가등락률, 유가등락률 등

③ **통화와 금융・증권자료** : 어음부도율, 이자율과 할인율, 종합주가지수 등

④ **국제수지와 무역・외환자료** : 경상수지, 환율, 외환보유액, 수출증감률 등

### (4) 산업분석자료

① 관련 산업의 기술이나 유통과정 또는 재무구조적 특성

② 해당 산업의 시장전망과 규모 및 경제적 지위

③ 제품 및 원재료의 수요・공급에의 영향요인

④ 경기변동이나 산업수명주기상의 추정단계

⑤ 해당 산업에서의 시장진입의 난이도

⑥ 예상되는 행정규제 및 지원 등

### (5) 내부현황분석자료

비상장주식을 감정평가할 때 무엇보다 중요한 것은 해당 기업의 외부 환경보다도 해당 기업 자체에 대한 분석이다.

① **기업개요사항** : 조직형태, 기업연혁, 계열관계, 주요주주 및 경영진의 약력, 사업개요, 주요시장 및 고객과 경쟁사현황 등

② **생산・제조활동사항** : 주요제품과 서비스, 생산설비와 생산능력 및 가동률, 생산라인의 기술인력, 시설의 리스와 노후화 및 유지보수 정도 등

③ **영업활동사항** : 주요 원재료 및 구입처와 구입현황, 주요 제품별 생산공정 및 매출현황, 주요 거래처별 매출실적과 채권 회수 및 부실현황, 제품개발 및 영업신장계획 등

④ **재무・회계 관련사항** : 과거 일정기간의 감사보고서, 결산서, 세무신고납부서류, 운영계획 및 예산서, 영업보고서 및 주요 비용분석자료, 차입금 및 담보제공현황, 소송 및 지급보증현황 등

## 4) 비상장주식의 감정평가방법

**「감정평가에 관한 규칙」**

**제24조(유가증권 등의 감정평가)**

① 감정평가법인등은 주식을 감정평가할 때에 다음 각 호의 구분에 따라야 한다.

  2. 비상장주식(상장주식으로서 거래소에서 거래가 이루어지지 아니하는 등 형성된 시세가 없는 주식을 포함한다) : 해당 회사의 자산・부채 및 자본 항목을 평가하여 수정재무상태표를 작성한 후 기업체의 유・무형의 자산가치(이하 "기업가치"라 한다)에서 부채의 가치를 빼고 산정한 자기자본의 가치를 발행주식수로 나눌 것

「실무기준」

① 비상장주식은 기업가치에서 부채의 가치를 빼고 산정한 자기자본의 가치를 발행주식수로 나누어 감정평가한다. 다만, 비슷한 주식의 거래가격이나 시세 또는 시장배수 등을 기준으로 감정평가할 때에는 비상장주식의 주당가치를 직접 산정할 수 있다.

② 제1항의 기업가치를 감정평가할 때에는 [660-3]을 따른다.

## (1) 자기자본가치(순자산가치)법

해당 회사의 자산, 부채 및 자본항목을 기준시점 현재의 가액으로 평가하여 수정재무상태표를 작성한 후, 자산총계에서 부채총계를 공제한 기업체의 자기자본가치(순자산가치)를 발행주식수로 나누어 비상장주식의 주당가액을 평가하는 방법이다. 즉, 자기자본이란 재무상태표에서 총자산에서 총부채를 차감한 금액을 말하는 것으로, 여기서 총자산과 총부채를 판단함에 있어서는 회계적으로 평가되어 재무제표에 기재되어 있는 가치를 적용하는 것이 아니라, 각각의 자산과 부채에 대하여 기준시점 현재의 공정가치를 평가하고, 이를 토대로 수정재무상태표를 작성하여 여기서의 총자산에서 총부채를 차감하여 평가를 하여야 한다.

## (2) 주당가치를 직접 산정할 수 있는 경우

대상 주식의 거래가격이나 시세 또는 시장배수 등을 파악할 수 있는 경우에는 기업가치의 산정 과정을 거치지 않고, 비상장주식의 가치를 직접 산정할 수 있다.

## (3) 기업가치의 감정평가

실무적으로 비상장주식을 감정평가할 때 자기자본가치(순자산가치)법을 적용하는 경우가 대부분이다. 따라서 비상장주식의 감정평가 시 적정한 기업가치의 감정평가는 매우 중요한 과정에 해당한다. 기업가치를 감정평가하는 방법으로는 수익환원법(할인현금흐름분석법, 직접환원법, 옵션평가모형 등), 거래사례비교법(유사기업이용법, 유사거래이용법, 과거거래이용법 등), 원가법(유·무형의 개별자산의 가치를 합산하는 방법) 등이 있다.

**PLUS+개념** 관련 자료(타법령의 규정내용)

**1. 「상속세 및 증여세법」의 규정**

증여일(평가기준일) 현재의 시가 혹은 수용, 공매 등의 가격 등으로 결정하도록 하고 있다.

**2. 「유가증권 발행 및 공시에 관한 규정」**

보통주식은 본질가치(수익가치 및 자산가치로 한다)의 내용을 분석하도록 정하고 있으며, 또한 보통주식의 본질가치는 자산가치와 수익가치를 각각 1과 1.5로 하여 가중 산술평균한 가액으로 한다고 정하고 있다.

**3. 「국유재산법」**

비상장주식의 처분예정가격은 기획재정부령이 정하는 산출방식에 따라 산정된 자산가치·수익가치 및 상대가치를 고려하여 산출한 가격 이상으로 한다.

**PLUS+개념** 비상장주식의 감정평가 1

「상속세 및 증여세법(이하 '상증법')」 제60조에서는 상속 및 증여재산에 대한 시가 과세를 위해, 시가의 정의를 '상속개시일 또는 증여일 당시 불특정 다수인 사이에 자유롭게 거래가 이루어지는 경우에 통상적으로 인정되는 가액으로 하고, 수용가격·공매가격 및 감정가격 등 시가로 인정되는 것'으로 정했다. 이 경우 유가증권 중 상장증권 등에 대해서는 2개월 동안 최종 시세가액의 평균액도 시가로 보도록 하고 있으나, 비상장주식에 대해선 언급이 없다. 동법 시행령 제49조는 '시가로 인정되는 것'을 상술하고 있는데, 평가기준일 전후 6개월(증여인 경우 3개월) 이내의 기간 중 매매·감정·수용·경매 또는 공매가 있는 경우 해당 재산에 대한 매매사실(특수관계인과의 거래 등 제외), 복수 감정평가법인등의 감정가액 평균, 보상가액, 경매가액, 공매가액까지 아우르고 있다. 이때 비상장주식에 대한 감정가액에 대해서는 유독 '시가로 인정되는 것'에서 배제시키고 있다. 그러나 위에서 언급한 '시가로 인정되는 것'으로도 비상장주식의 시가를 가늠하기 어렵기에 해당 법률은 비상장주식의 보충적 평가방법을 인정하고 있다. 동법 시행령 제54조는 1주당 순손익가치와 1주당 순자산가치를 가중평균한 가액을 시가로 평가하되, 일반적인 기업은 주당 순손익가치와 순자산가치를 3:2의 비율로 가중평균하고, 자산 중 부동산 점유율이 50% 이상인 부동산 과다보유 기업은 가중평균 비율을 역으로 적용하고 있다.

2013년 행정법원 판례(사건번호 2012구합19977) 판결문을 요약하면 다음과 같다.

1. 상증법은 재산의 가액에 대해 시가주의 원칙을 선언하고, 시가로 인정되는 가액에서 비상장주식에 대한 감정가액을 제외하고 기업의 대차대조표와 손익계산서를 근거로 한 보충적 평가방법만 인정하고 있음.

2. 현행 비상장주식의 보충적 평가방법은 단순·획일적으로 기업의 대차대조표와 손익계산서를 근거로 해 산출되는 순자산가치와 순손익가치의 단순 가중 평균 방식에 의하도록 하고 있는데, 몇 가지 공식만으로 비상장주식의 시가를 모두 적정하게 산출해 내기란 불가능에 가까운 일이기 때문에 합리적인 범위 내에서 비상장주식에 대한 산정방법의 다양성과 탄력성을 포용하는 것이 바람직함.

3. 상증법이 비상장주식의 감정가액을 시가로 인정되는 가액에서 배제하는 어떠한 내용도 담고 있지 않는데, 대통령령이 이에 역행해 비상장주식의 감정가액을 시가로 인정되는 가액에서 원천적으로 배제하는 것은 모법의 위임을 벗어났을 뿐만 아니라 조세법률주의 에도 위배된 것으로 무효임.

결국, 왜 법률에서 '시가'의 범위에 감정평가액을 배제하지 않고 있는데, 시행령에서 모법의 위임을 벗어나 이를 제외시켰느냐, 현재의 보충적 평가방법도 완벽하지 않은 하나의 산정 방법이기에 합리적인 사유가 있으면 다른 산정방법에 의할 수 있는 것이 바람직하다는 것이 다. 위 판결은 원고의 주장이 맞다고 손을 들어줬다. 항소심에서 원고가 소를 취하해 이 판 결은 확정판결의 자격을 갖추지 못하게 된다. 행정법원에서 위 진입장벽이 위법하다고 판시 했으니, 당분간 비상장주식 평가는 보충적 평가방법으로 시가를 결정할 것이고, 이를 평가하 는 업무 역시 감정평가사의 진입을 허용하지 않을 것이다. 그런데, 상증법상 이런 보충적인 평가방법이 명백히 있음에도 비상장주식에 대한 감정평가기준을 담고 있는 「감정평가에 관 한 규칙」 제24조는 비상장주식을 평가할 때 순자산가치법에 의하도록 외길을 만들었다.

## 비상장주식의 감정평가 2

비상장주식의 '시가'를 가늠하기 어렵기에 상증법에서 보충적 평가방법을 규정하고 있다. 평 가방법은 순손익가치와 순자산가치를 가중평균해 결정토록 했으며, 특수한 경우 순자산가치 만으로 '시가'를 판단한다. 유가증권 중 상장증권 등에 대해서는 2개월 동안 최종 시세가액 의 평균액도 시가로 보도록 하고 있는 점을 보면, 어쨌든 보충적 평가방법에 의한 결과물도 시가를 추정할 수 있는 합리적인 가격이어야 한다. 그런데, 순자산가치법은 여러모로 불합리 함을 내포하고 있다. 부동산 공시가격이 '시가'로 슬쩍 들어가 있기 때문이다. 비상장주식 평 가를 담당하는 공인회계사의 경우, 순자산가치 추계 시 부동산은 장부가액을 기준으로 하고 있다. 결산 혹은 가결산 상태의 장부가액인데, 해당 기업이 주기적으로 재평가를 진행하지 않았다면, 장부가액은 취득가격 또는 취득가격에서 감가상각누계액 정도 하락된 수준이다. 특히 토지의 경우 세법상 공시지가를 시가로 인정하고 있어 개별공시지가를 대입해 산출하 는데, 그나마 순손익가치와 가중평균하게 되면 시가와의 괴리 정도가 줄어드나, 순자산가치 만으로 평가하는 예외적인 경우에는 시가와 공시가격의 괴리만큼 비상장주식은 저평가될 수밖에 없다. 주위 공인회계사에게 물어보면, 자산 재평가를 거칠 때 지불하게 되는 감정평 가수수료를 절감하기 위해 세법상 시가로 인정되는 개별공시지가로 에둘러 평가를 마친다 는 것이다.

현재 감정평가의 실무적 기준잣대인 「감정평가에 관한 규칙」 제24조는 유가증권의 평가 기 준을 담고 있다. 구체적으로 '비상장주식은 해당 회사의 자산·부채 및 자본 항목을 평가하 여 수정재무상태표를 작성한 후 기업체의 유·무형의 자산가치(이하 "기업가치"라 한다)에 서 부채의 가치를 빼고 산정한 자기자본의 가치를 발행주식수로 나눌 것'이라고 했는데, 순 자산가치법에 의해 평가하도록 한 것이다. 공시가격 혹은 취득가격으로 잡혀 있는 부동산은 이유여하를 막론하고 재평가를 통해 현재가치로 대체하도록 강제하고 있다. 즉, 위 조항은 임의규정이 아니고 강행규정이다.

현재 비상장주식 평가규정 및 관행이 위와 같다 보니, 순자산가치법에 의한 결과물은 시가와 괴리돼 있고, 상장증권의 시가 산정 취지와도 동떨어져 있다. 단순히 공시가격을 '시가'로 인정해 과세하는 부동산과 달리, 자산의 시가로 비상장주식의 순자산가치를 결정해야 한다면, 내용물인 부동산 가치는 시가로 대체하지 못할 하등의 이유가 없다. 현재 주된 평가자인 공인회계사도 재평가를 통해 부동산 등의 장부가격을 시가로 대체할 수 있다면 더 정밀한 결과물이 나올 것이라는 데 이의를 제기하지 않는다.

항소심 단계에서 원고의 소 취하로 종결되긴 했으나, 비상장주식 과세금액을 다툰 1심에서 '비상장주식에 대한 감정평가액을 시가로 보지 않는 상증법 시행령 규정은 모법에 반하는 것'이라는 판결문을 확인한 이상, 법률 전문가의 판단을 받아들여 시가를 확인할 수 없는 비상장주식의 가치를 결정하기 위해 상증법상 보충적 평가방법을 사용한 감정평가 또는 순자산가치법에 의한 감정평가보고서를 내칠 필요가 없다. 한 발 물러나, 순자산가치는 감정평가사에 의한 재평가를 거친 보고서 결과물을 인용하도록 강제하는 방법도 선택 가능하다. 이에 발맞춰 「감정평가에 관한 규칙」도 예외규정을 신설할 필요가 있다. 상증법상 순손익가치와 순자산가치를 가중평균하는 보충적 평가방법을 요구할 경우에는 의뢰인의 요청에 맞게 이를 적용할 수 있도록 하고, 회계전문가의 도움이 필요한 경우 순손익가치에 대해서는 외부 용역 결과물을 인용할 수 있도록 하면, 감정평가보고서는 한층 신뢰성을 갖추게 된다.

## 제2절 채권의 감정평가

### 1. 채권의 정의 및 주식과의 차이점

채권은 정부, 지방자치단체, 공공기관, 주식회사 등이 자금을 조달하기 위하여 일정한 기간 동안 정기적으로 약정된 이자를 지급하고, 만기일에 원금을 상환할 것을 약정하여 발행한 일종의 차용증서를 말한다.

일반적으로 채권은 상환기한이 정해져 있는 이자가 확정되어 있다. 또한 다른 유가증권에 비하여 상대적으로 안전한 투자수단이 되기도 하며, 주식과 같이 대규모 자금조달수단으로 이용되는 경우가 많다. 다만, 채권은 타인자본으로서 발행기관의 경영상태와는 독립적으로 이자청구권을 갖게 되며, 의결권의 행사에 따른 경영참가권이 없다는 점에서 주식과 다르다.

### 2. 채권의 종류

#### 1) 발행주체에 따른 분류

채권은 발행주체에 따라 국채, 지방채, 특수채, 금융채 등으로 분류할 수 있다.

국채란 국가가 발행하는 채권으로 국고채권, 국민주택채권, 외국환평형기금채권 등이 있다. 지방채는 지방자치단체에서 발행하는 채권으로 지역개발공채, 도시철도채권(서울시, 부산시), 상수도공채, 도로공채 등이 있다. 특수채는 특별법에 의하여 설립된 특별법인이 발행한 채권으로 토지개발채, 전력공사채 등이 있다. 금융채는 특수채 중 발행주체가 금융기관인 채권으로 통화안정증권, 산업금융채, 국민은행채, 중소기업금융채 등이 있다. 회사채는 주식회사가 발행하는 채권으로 보증사채, 무보증사채, 담보부사채, 전환사채, 신주인수권부사채, 교환사채, 옵션부사채 등이 있다.

#### 2) 이자지급방법에 따른 분류

채권은 이자지급방법에 따라 이표채, 할인채, 복리채 등으로 분류할 수 있다.

이표채란 채권의 권면에 이표가 붙어 있어 이자지급일에 이것으로 일정 이자를 지급받는 채권으로, 회사채와 금융채 중 일부가 이에 해당한다. 할인채는 액면금액에서 상환기일까지의 이자를 공제한 금액으로 매출하는 채권으로 통화안정증권, 산업금융채권 등 금융채 중 일부가 이에 해당한다. 복리채는 이자가 단위 기간 수만큼 복리로 재투자되어 만기 시에 원금과 이자가 지급되는 채권으로서 국민주택채권, 지역개발공채, 금융채 중 일부가 이에 해당한다.

### 3) 상환기간에 따른 분류

채권은 상환기간에 따라 단기채·중기채·장기채 등으로 분류할 수 있다. 단기채는 상환기간이 1년 이하인 채권으로 통화안정증권 등이 있으며, 중기채란 상환기간이 1년에서 5년 미만인 채권으로 국고채권, 외국환평형기금채권, 회사채가 있다. 장기채는 상환기간이 5년 이상인 채권으로 국민주택채권, 도시철도채권이 있다. 참고로 미국의 경우 장기채라 하면 10년 또는 20년 이상의 것을 말한다.

### 4) 모집방법에 따른 분류

채권은 모집방법에 따라 사모채, 공모채 등으로 분류할 수 있다.

사모채란 채권발행회사가 특정 인수자에 대하여 일정조건으로 인수계약을 체결하고 그 발행총액을 인수자가 전액 인수하는 방법으로 발행된 채권으로, 중개인 등을 통하지 않고 발행회사가 제반절차를 직접 수행하는 직접발행 형식의 채권이다.

공모채란 채권 발행사가 불특정 다수인에게 채권을 발행하는 방법으로, 채권발행 업무를 전문적인 회사(증권사)에 대행시켜 매각하는 간접발행 형식의 채권이다.

### 5) 보증 유무에 따른 분류

채권은 보증유무에 따라 보증사채, 무보증사채 등으로 분류된다.

보증채란 정부 또는 금융기관이 원리금 지급이행을 보증하는 채권으로 정부보증채, 일반보증채(시중은행, 보증보험, 신용보증기금 등) 등이 있다. 담보부채란 채권에 물상담보권이 붙어 있는 채권으로 금융채, 회사채 중 일부가 이에 해당하고, 무보증채는 발행자의 신용도에 의해 발행되어 유통되는 채권으로 국민주택채권, 상수도공채, 금융채, 회사채 중 일부가 이에 해당한다.

### 6) 지급이자율 변동 여부에 따른 분류

채권은 이자지급의 변동여부에 따라 확정금리부채권(Straight Bond)과 금리연동부채권(Floating Rate Bond)으로 나눌 수 있다. 확정금리부채권이란 확정이자율에 의한 일정 금액을 약정기일에 지급하는 채권으로 국공채와 회사채의 대부분이 이에 해당한다. 금리연동부채권은 정기예금금리 등 기준금리에 연동되어 지급이자율이 변동되는 조건의 채권으로 금융채와 회사채 중 일부가 이에 해당한다.

물가연동국고채(Inflation-Linked KTB)는 국채의 원금 및 표면이자를 물가에 연동시켜 국채 투자에 따른 물가변동위험을 제거함으로써 채권의 실질구매력을 보장하는 국채이다. 핀란드(1945), 영국(1981), 미국(1997), 프랑스(1998), 일본(2004), 한국(2007) 등 20여 개 국가에서 발행 중이다.

## 3. 자료의 수집 및 정리

### 1) 채권의 감정평가

#### (1) 발행인

채권 발행인의 신용정도는 채권의 가치에 중요한 영향을 미칠 수 있으므로, 채권의 발행인
은 매우 중요한 조사·확인 사항이다.

#### (2) 상장여부 및 상장일자, 거래상황

상장여부에 따라 채권의 감정평가방법이 달라질 수 있으므로, 반드시 상장여부를 확인해야
한다. 만일 상장된 채권이라면 그 근거로서 상장일자를 확인하고 거래상황의 조사·확인을
통해 해당 상장채권의 시장동향을 파악할 수 있다.

#### (3) 매출일자나 발행일자, 상환일자

채권이 발행된 시점(매출채권의 경우 매출일자)과 약속된 금액을 지불하기로 약정한 시점
을 확인하기 위한 사항이다.

#### (4) 상환조건(거치기간 등)

약속된 금액을 채권자에게 지급하는 방식을 확인하기 위한 사항이다. 즉, 채권의 만기에
일시적으로 금액을 지급하는 것인지 또는 채권의 원금을 분할 지급하는 것인지 등을 파악
하기 위한 자료이다.

#### (5) 이율이나 이자율 및 그 지급방법

채권의 만기일까지 채무자가 채권자에게 지급하는 이자를 파악하기 위한 자료로서 이율이
나 이자율, 그 지급방법을 조사·확인하여야 한다.

#### (6) 채권의 양도방법과 그 제한

채권은 자유롭게 양도할 수 있는 것과 양도에 대해 제한이 가하여진 것이 있다. 양도가능
여부는 미래현금흐름에 직접적으로 영향을 미치지는 않으나, 채권 보유에 따른 유동성확보
차원에서 채권의 가치에 영향을 미칠 수 있기 때문에 채권을 감정평가할 때에는 채권의
양도방법과 그 제한에 대하여 조사·확인할 필요가 있다.

#### (7) 미도래의 이표 부착 여부

이표채의 경우 투자자의 이름이나 주소를 채권면이나 발행기관의 장부에 기록하지 않고,
인도만으로 자유로이 양도 이전할 수 있으며 반드시 이표(coupon)가 첨부된다. 이자는 지
급기일에 소지인이 발행자 또는 발행자의 지급대리인에게 첨부된 이표를 제시하여 지급하
게 된다. 따라서 채권을 소유함으로서 만기일까지 지급 받을 수 있는 이표가 부착되어 있는
지의 여부를 조사·확인하여야 한다.

**(8) 실효·위조·변조의 유무**

의뢰인으로부터 제시받은 채권의 실효·위조·변조의 유무를 파악하는 것은 기본적인 사항이다. 채권증서를 육안으로 확인하는 방법만으로는 해당 채권이 실효·위조·변조가 되었는지 판단하기 어려운 경우가 많다. 따라서 대상 채권과 관련된 여러 경로를 통하여 이를 면밀히 확인하는 것이 중요하다.

**(9) 그 밖에 채권에 관련된 사항**

그 밖에 채권에 관련된 사항이란 다음과 같은 채권의 가격에 영향을 주는 요인을 의미하며, 이를 채권의 고유요인, 거시경제적 요인 및 수급상황으로 구분할 수 있다.

① **채권의 고유요인(비체계적 위험)**

채권을 발행한 주체로 인하여 발생하는 위험으로 만기까지의 잔존기간, 표면금리, 채권의 신용등급, 유동성, 채권에 첨부된 옵션과 같은 발행조건 등이 해당된다.

② **거시경제적 요인(체계적 위험)**

거시경제적인 요인의 체계적 위험에는 거시경제변수인 경기, 물가 등이 있는데, 이는 채권발행자가 결정할 수 없는 시장 전체적인 위험을 말한다.

③ **채권 수급상황**

채권의 매수·매도 세력인 수급의 동향은 채권수익률 변동에 직접적인 영향을 미치고, 이는 채권의 가격에 직접적인 영향이 있음을 의미한다. 이는 공급측면과 수요측면으로 구분할 수 있다.

## 2) 채권의 가격자료

채권의 가치를 감정평가하는 방법에는 상장 또는 비상장 여부, 거래소 등 시장가격의 형성 여부 등에 따라서 거래사례비교법, 수익환원법 등이 있다. 다음은 채권의 가격자료들로서, 이들은 채권시장에서 상호 영향을 주는 자료이므로 연관성을 가지고 주의하여 수집하여야 한다.

(1) **거래사례** : 채권의 거래가격 등

(2) **수익자료** : 이율이나 이자율 등

(3) **시장자료** : 거래량, 동종채권 및 유사채권의 평균수익률 등

(4) **그 밖에 감정평가액 결정에 참고가 되는 자료**

## 4. 상장채권의 감정평가방법

### 1) 상장채권의 정의

상장채권이란 발행된 채권에 대하여 거래소가 개설한 채권시장에서 매매될 수 있는 자격이 부여된 채권을 말하며, 거래소는 채권의 원활한 유통과 투자자 보호를 위하여 일정한 요건을 갖춘 채권에 한하여 상장을 허용하고 있다.

### 2) 상장채권의 감정평가방법

「감정평가에 관한 규칙」
제24조(유가증권 등의 감정평가)
② 감정평가법인등은 채권을 감정평가할 때에 다음 각 호의 구분에 따라야 한다.
  1. 상장채권(거래소에서 거래가 이루어지는 등 시세가 형성된 채권을 말한다) : 거래사례비교법을 적용할 것

「실무기준」
① 상장채권을 감정평가할 때에는 거래사례비교법을 적용하여야 한다.
② 제1항에도 불구하고 거래사례를 수집할 수 없거나 시세를 알 수 없는 경우에는 수익환원법으로 감정평가할 수 있다.

#### (1) 원칙

상장채권은 상장주식의 경우와 같이 거래사례비교법을 주된 방법으로 한다.

#### (2) 예외

채권시장의 특성상 상장채권이더라도 반드시 거래소에서 거래가 이루어지지는 않고, 장외거래가 이루어지는 경우가 많다. 따라서 상장채권 중에서 거래사례를 수집할 수 없거나 시세를 알 수 없는 경우에는 수익환원법으로 감정평가할 수 있다.

## 5. 비상장채권의 감정평가방법

### 1) 비상장채권의 정의

비상장채권이란 거래소가 개설한 채권시장에 상장되지 않은 채권을 의미한다. 상장과 비상장에 대한 개념은 주식의 경우와 유사하지만, 주식은 거래소에서 개설된 시장에서의 거래 여부에 따라 상장과 비상장을 구분할 수 있는 반면, 채권의 경우 일반적인 거래관행상 상장채권이 장외 거래가 많이 이루어진다는 점에서 장내 및 장외거래만으로 채권의 상장 및 비상장 여부를 판단할 수는 없다는 점에 유의하여야 한다.

## 2) 비상장채권의 감정평가방법

> 「감정평가에 관한 규칙」 제24조(유가증권 등의 감정평가)
> ② 감정평가법인등은 채권을 감정평가할 때에 다음 각 호의 구분에 따라야 한다.
>    2. 비상장채권(거래소에서 거래가 이루어지지 아니하는 등 형성된 시세가 없는 채권을 말한다) : 수익환
>    원법을 적용할 것
>
> 「실무기준」
> ① 비상장채권을 감정평가할 때에는 수익환원법을 적용하여야 한다.
> ② 제1항에도 불구하고 수익환원법을 적용하는 것이 곤란하거나 부적절한 경우에는 거래사례비교법으로 감
>    정평가할 수 있다.

### (1) 원칙

비상장채권은 상장채권과는 달리 거래시장에서 가격이 형성되어 있지 않으므로, 거래사례비
교법을 주된 감정평가방법으로 적용하기가 곤란하다. 따라서 대상 채권을 보유함으로써 기대
할 수 있는 미래현금흐름의 현재가치를 구하는 수익환원법을 주된 방법으로 적용하게 된다.

### (2) 예외

비상장채권을 수익환원법을 적용하는 것이 곤란하거나 부적절한 경우에는 거래사례비교법
으로 감정평가할 수 있다.

## 6. 거래사례비교법의 적용

> 「실무기준」
> 채권을 거래사례비교법으로 감정평가할 때에는 동종채권의 기준시점 이전 30일간 실제거래가액의 합계액을
> 30일간 실제 총 거래량으로 나누어 감정평가한다.

실무기준은 상장채권의 감정평가방법으로 거래사례비교법을 주된 방법으로 규정하고 있는데,
상장주식의 감정평가방법에 관한 규정과 동일한 방법으로 제시하고 있다. 따라서 상장채권의
감정평가방법은 거래소 등에서의 거래시세가 있는 경우 상장주식의 경우와 동일한 방법을 적
용하되, 동종채권의 기준시점 이전 30일간 실제거래가액의 합계액을 30일간 실제 총 거래량
으로 나누어 감정평가한다.

## 7. 수익환원법의 적용

> **「실무기준」**
> ① 채권을 수익환원법으로 감정평가할 때에는 지급받을 원금과 이자를 기간에 따라 적정수익률로 할인하는 방법으로 감정평가한다.
> ② 적정수익률은 거래소에서 공표하는 동종채권(동종채권이 없을 경우에는 유사종류 채권)의 기준시점 이전 30일간 당일 결제거래 평균수익률의 산술평균치로 한다. 다만, 같은 기간에 당일 결제거래 평균수익률이 없는 경우에는 보통거래 평균수익률 등 다른 수익률을 적용할 수 있다.

### 1) 수익환원법에 따른 채권의 감정평가방법

수익환원법은 채권의 가치가 채권을 보유함으로써 기대할 수 있는 미래현금흐름의 현재가치로 결정된다는 데에 착안하여 채권의 가치를 감정평가하는 방법이다. 채권을 보유함으로써 기대할 수 있는 미래현금흐름에는 매 기간 지급받는 이자와 만기에 상환받는 원금이 있는데, 채권의 이자지급방식에 따라 발생하는 현금흐름의 양상은 다르다. 이표채는 만기까지 매 기간 정기적으로 지급받는 이자와 만기에 상환받는 원금이라는 2가지 종류의 현금흐름이 발생하는 반면, 할인채와 복리채는 현금흐름이 만기에만 발생한다.

### 2) 적정수익률

적정수익률은 거래소에서 공표하는 동종채권(동종채권이 없을 경우에는 유사종류 채권)의 기준시점 이전 30일간 당일 결제거래 평균수익률의 산술평균치로 한다. 다만, 같은 기간에 당일 결제거래 평균수익률이 없는 경우에는 보통거래 평균수익률 등 다른 수익률을 적용할 수 있다. 금리연동부 채권의 이자산출 시 적용할 변동금리는 기준시점 당일의 1년 만기 정기예금이자율을 적용한다. 채무증권의 시장가격은 없으나 미래현금흐름을 합리적으로 추정할 수 있고, 공신력 있는 독립된 신용평가기관이 평가한 신용등급이 있는 경우에는 신용평가등급을 적절히 감안한 할인율을 사용하여 평가를 한다.

# 기업가치

## 제1절    정의

### 1. 기업가치의 개념

회계적인 관점에서 볼 때 「자산 = 부채 + 자본」이라는 회계방정식에 따라 기업가치를 해당 기업이 소유하고 있는 총자산의 측면에서 본다면, 유·무형 자산의 가치의 총합계는 이러한 자산이 어떠한 경로로 유입된 재무적 자원으로 구성되어 있는지를 보여준다. 기업의 자산은 채권 등의 일정한 이자를 발생시키는 부채와 주식과 같이 기업에 투자된 자본으로 구성되며, 그와 같은 부채와 자본의 총계는 기업의 총자산과 일치한다.

> **「실무기준」**
> 기업가치란 해당 기업체가 보유하고 있는 유·무형의 자산 가치를 말하며, 자기자본가치와 타인자본가치로 구성된다. 기업체의 유·무형의 자산가치는 영업 관련 기업가치와 비영업용 자산의 가치로 구분할 수 있다.

### 2. 주요내용

기업가치 평가는 개별자산 평가액의 단순한 합계가 해당 기업의 가치가 아니므로, 대상 업체가 가지고 있는 유·무형의 가치를 포함하는 기업 전체의 일괄가치를 구하는 일련의 감정평가 과정이다. 단순한 개별자산의 합계가 아닌 이유는 재무제표상에 열거되어 있는 자산 등의 가치는 할인과 프리미엄 등에 의하여 다르게 영향을 받기 때문이다.

기업가치 평가는 기본적으로 재무제표의 분석에서 출발을 하지만, 기업체의 진정한 경제적 재무상태와 영업성과를 반영하고, 시장가치에 접근하기 위한 기초로 삼기 위해서는 감가상각, 재고자산, 무형자산, 유형자산 등에 대한 조정을 함으로써 경제적 재무제표로 변환하여야 한다.

## 제2절 자료의 수집 및 정리

### 1. 비상장주식 규정의 준용

기업가치를 감정평가할 때 수집하고 정리해야 할 자료에는 여러 가지가 있지만, 이는 비상장 주식을 감정평가할 때의 것과 동일하므로 해당 규정을 준용하여 적용한다.

### 2. 기업가치의 감정평가 시 유의사항

#### 1) 전문적 가치판정 능력

기업가치를 감정평가할 때에는 전문가로서 가치평가원칙과 이론에 대한 일정 수준의 지식, 관련 자료를 파악·수집·분석할 수 있는 능력, 적절한 가치평가접근법 및 평가방법을 적용할 수 있는 기술, 가치의 추정치를 결정할 때 전문가적 판단을 할 수 있는 자질을 갖추어야 한다.

#### 2) 공정성과 객관성

가치평가업무를 수행할 때 공정·불편의 자세를 유지하여야 하고, 가치평가업무를 수행하는 과정에서 객관성을 유지해야 한다. 객관성의 원칙이라 함은 편파적이지 않고, 이해관계에 있어 중립적이고, 이해상충이 없어야 함을 의미하며, 정당한 주의의무를 가지고, 성실하게 업무를 수행해야 한다는 것을 말한다.

#### 3) 비밀엄수

가치평가자가 재무제표 작성회사 외의 제3의 기관일 경우 가치평가업무 수행과정에서 획득한 정보와 가치평가 결과를 정당한 사유 없이 누설하거나 의뢰받은 목적 이외에 사용하여서는 아니 되며, 성공보수 조건의 감정평가업무 수임은 금지되어야 한다.

### 3. 비재무적 정보의 분석

비재무적 정보의 분석은 대상 기업에 대한 이해를 높이고 이후의 감정평가 절차를 수행하기 위한 기본적 평가근거자료를 마련하기 위하여 대상 기업을 둘러싼 경제여건, 해당 산업 동향 등에 관한 정보를 수집·분석하는 것을 말한다. 이 경우 수집, 분석해야 할 비재무적 정보의 유형, 이용가능성, 상대적 중요도는 감정평가 대상에 따라 결정된다. 일반적으로 고려되는 비재무적 정보는 아래와 같다.

① 조직 형태(주식회사, 조합기업 등), 기업 연혁 및 사업배경
② 주요 제품과 서비스
③ 경쟁사현황, 시장 및 고객현황
④ 경영진의 자질

⑤ 경제, 산업 및 회사에 대한 전망

⑥ 비상장주식의 과거 거래 내역

⑦ 계절적 요인이나 경제 순환적 요인에 대한 민감도 등의 위험요인

⑧ 이용정보의 출처

⑨ 기타 평가대상 기업을 이해하기 위해 필요한 정보

## 4. 재무정보의 분석

재무정보의 분석은 활용되는 회계 및 재무자료의 신빙성을 확보하기 위해 재무제표를 분석하는 것을 말한다. 이 경우 가치평가에 필요하다고 판단되는 충분한 과거기간의 재무정보, 추정 재무제표를 비롯한 예측정보, 소속 산업에 대한 재무정보, 과거 일정기간에 대한 세무조정계산서 등에 관한 재무적 정보를 수집, 분석하여야 하며, 재무제표를 분석하는 과정에서 적정한 감정평가를 위하여 필요하다고 판단되면 재무제표 수치에 대한 조정을 하여야 한다.

## 제3절　기업가치의 감정평가방법

### 1. 기업가치의 감정평가방법

> 「감정평가에 관한 규칙」
> **제24조(유가증권 등의 감정평가)**
> ③ 감정평가법인등은 기업가치를 감정평가할 때에 수익환원법을 적용해야 한다.
>
> 「실무기준」
> ① 기업가치를 감정평가할 때에는 수익환원법을 적용하여야 한다.
> ② 제1항에도 불구하고 기업가치를 감정평가할 때에 수익환원법을 적용하는 것이 곤란하거나 적절하지 아니한 경우에는 원가법·거래사례비교법 등 다른 방법으로 감정평가할 수 있다.

#### 1) 원칙

「실무기준」은 기업가치의 주된 감정평가방법으로 수익환원법을 규정하고 있다. 이는 기업의 본질적인 가치는 기업이 향후 창출할 수 있는 미래현금흐름의 현재가치라는 측면에서 기업가치를 감정평가하는 방법이다.

#### 2) 예외

기업가치를 감정평가할 경우에도 어느 한 가지의 감정평가방법에 의존하는 것은 바람직하지 않다. 기업가치를 감정평가할 때 특별한 이유가 없는 한 수익환원법, 원가법, 거래사례비교법의 3가지 방법을 모두 고려하여야 적정한 기업가치를 산출할 수 있다. 제2항의 의미는 수익환원법을 배제하는 방법으로서 다른 방법의 적용을 의미하는 것보다는 여러 방법을 병용하고, 합리성의 검토 과정을 통하여 전문가적인 판단을 사용하여 대상 기업의 특성 등을 고려하여 가장 적합하다고 판단되는 하나 또는 둘 이상의 평가방법을 사용하여 적정한 기업가치를 산출하여야 할 것이다.

### 2. 수익환원법의 적용

> 「실무기준」
> 기업가치를 수익환원법으로 감정평가할 경우에는 할인현금흐름분석법, 직접환원법, 옵션평가모형 등으로 감정평가한다.

## 1) 할인현금흐름분석법

### (1) 감정평가방법

할인현금흐름분석법을 적용할 때에는 대상 기업의 현금흐름을 기준으로 한 단계별 예측기간의 영업가치와 예측기간 후의 영구영업가치를 합산하여 전체 영업가치를 산정한 후, 비영업용 자산가치를 더하여 기업가치를 산정한다.

### (2) 현금흐름의 산정

현금흐름은 기업의 영업활동으로 인하여 발생하는 영업이익을 기준으로 추정재무제표에 의한 실질적인 영업이익에서 법인세를 차감하여 세후영업이익을 산정한 후 다음의 사항을 가감하여 산정한다.

① 감가상각비 등 비현금항목
② 영업부문 순운전자본증감액 및 순투자금액

### (3) 할인율의 산정

할인율은 타인자본과 자기자본에 대한 자본비용을 각 자본의 시장가치를 기준으로 한 가중평균자본비용(WACC)을 적용하는 것을 원칙으로 하되, 필요하면 적절한 다른 방식으로 구하여 적용할 수 있다.

### (4) 자기자본비용의 산정

자기자본비용은 자본자산가격결정모형(CAPM)에 의하여 산정한다. 다만, 자본자산가격결정모형에 의하여 산정하는 것이 적절하지 아니한 경우에는 자본자산가격결정모형에 별도의 위험을 반영하거나 다른 방법으로 산정할 수 있다.

무위험이자율은 국고채의 수익률을 고려하여 산정하고, 시장기대수익률은 주식시장의 수익률을 고려하여 산정할 수 있으며, 자기자본비용의 산정을 위한 해당기업의 체계적 위험은 시장수익률의 변화에 대한 해당기업의 민감도로서 상장기업 중 유사기업의 체계적 위험을 사용하되, 유사기업이 없는 경우에는 산업별 체계적 위험을 사용할 수 있다. 이 경우 해당기업의 성격에 따라 KOSPI지수나 KOSDAQ지수를 고려하여 체계적 위험을 산정할 수 있다.

## 2) 직접환원법

직접환원법은 대상 기업의 단일 연도의 예상이익 추정액이나 몇 년간의 예상이익의 연평균액을 환원율로 환원하여 기업가치를 감정평가하는 방법이다. 그러나 실무적으로 단일 연도의 예상이익을 추정하기 어렵고, 급변하는 기업의 경영활동에서 몇 년간의 예상이익을 평균화한다는 것은 적정한 기업가치의 평가방법으로 보기 힘들다.

### 3) 옵션평가모형

옵션평가모형을 적용할 때에는 환경변화에 의한 경영자의 의사결정에 따라 변동하는 미래현금
흐름과 투자비용을 감안하여 대상 기업의 가치를 감정평가한다.

옵션평가모형은 경영 혹은 관리상의 의사결정에 따른 유연성을 평가에 반영한다는 논리로서
현실적 불확실성을 감정평가 시 고려하고 이를 기초로 실질적인 기업의 의사결정에 따른 미래
의 현금흐름과 투자비용을 감안하게 된다. 이때 각 의사결정 방법의 합리성・합법성 등에 대
한 고려가 이루어져야 한다. 그러나 이 경우 기업의 경영주체 또는 의사결정의 방법에 따라
감정평가금액이 달라지는 문제가 발생하며, 경우에 따라 수 개의 감정평가 금액이 존재할 수
도 있다.

### 4) 유의사항

#### (1) 현금흐름의 추정

현금흐름을 추정할 때 예측기간은 5년 이상 충분히 길게 하여야 하며, 과거 장기간의 추세
분석을 바탕으로 기업이 속한 산업의 경기순환주기를 결정하는 경우 경기순환주기 상 중간
점에서의 이익수준에 근거하여 영구가치를 산출하여야 한다. 또한 영구가치 산출 시 적용
하는 영구성장률은 과거 5년치 평균성장률을 넘지 않도록 추정한다.

#### (2) 환원율 또는 할인율의 결정

환원율이나 할인율은 감정평가 대상으로부터 기대되는 현금흐름이 발생되는 시점, 위험요
소, 성장성 및 화폐의 시간가치 등을 종합적으로 고려하여 결정하여야 한다. 자본환원율이
나 할인율은 감정평가에 사용되는 이익 또는 현금흐름의 정의와 일관성이 있어야 한다. 예
를 들어 세전이익에는 세전 환원율을 적용하여야 하며, 세후이익에는 세후 환원율을 적용
하여야 한다. 또한 주주에 귀속되는 잉여현금흐름이나 배당금에는 자기자본비용을, 기업
전체에 귀속되는 잉여현금흐름은 가중평균자본비용을 사용하여 할인하여야 한다.

## 3. 거래사례비교법의 적용

> 「실무기준」
> 기업가치를 거래사례비교법으로 감정평가할 경우에는 유사기업이용법, 유사거래이용법, 과거거래이용법 등
> 으로 감정평가한다.

## 1) 유사기업이용법

### (1) 평가방법

유사기업이용법은 대상 기업과 비슷한 상장기업들의 주가를 기초로 산정된 시장배수를 이용하여 대상 기업의 가치를 감정평가하는 방법을 말한다.

### (2) 비교기업의 요건

유사기업이용법으로 감정평가할 때에는 비교기업으로 다음의 요건을 갖춘 기업을 선정하여야 한다.

① 사업의 유형이 비슷할 것

② 규모 및 성장률이 비슷할 것

③ 자료의 양이 풍부하고 검증 가능할 것

④ 시장점유율, 경쟁관계, 판매처 및 구매처와의 관계 등 영업환경이 비슷할 것

⑤ 영업이익률·부채비율 등 재무지표가 비슷할 것

### (3) 시장배수

시장배수는 시장배수별 특성 등을 고려하여 다음의 비율 중 가장 적절한 둘 이상의 것을 선정하여 산정하되, 기간별로 시장배수의 차이가 클 경우에는 기간별 시장배수에 적절한 가중치를 부여하여 산정할 수 있다.

① 현재의 주식가격이 주당이익의 몇 배로 형성되어 있는지를 나타내는 주가이익비율 (PER)

② 현재의 주식가격이 주당순자산가치의 몇 배로 형성되어 있는지를 나타내는 주가순자산비율(PBR)

③ 현재의 주식가격을 주당매출액으로 나눈 주가매출액비율(PSR)

④ 현재의 주식가격이 기업의 주당 영업활동 현금흐름의 몇 배로 형성되어 있는가를 나타내는 주가현금흐름비율(PCR)

⑤ 주식의 시가총액과 순차입금의 합계에서 비영업용 자산을 차감한 기업 전체의 사업가치(Enterprise Value)가 이자비용·법인세·감가상각비·무형자산상각비 차감전이익의 몇 배인가를 나타내는 사업가치에 대한 이자비용 등 차감전이익비율(EV/EBITDA)

### (4) 대상기업과 비교기업 간의 조정

시장배수를 산정하는 경우에는 대상기업과 비교기업 간에 다음의 차이 등을 분석하여 적절한 검토와 조정을 하여야 한다.

① 비영업용 순자산의 포함 여부

② 비경상적 항목의 포함 여부

③ 재고자산·감가상각·리스 등에 관한 회계처리방식의 차이

④ 비교대상 해외기업을 선정한 경우 국가 간 회계기준의 차이

### (5) 최종가치의 산출

유사기업이용법으로 기업가치를 감정평가할 때에는 둘 이상의 시장배수를 각각 적용하여 산정된 결과를 단순평균하거나 가중평균하여 결정한다. 다만, 시장배수 산정 시 비교 대상 기업의 비영업용 순자산을 제거한 후 적용한 경우에는 대상 기업에 시장배수를 적용한 후 대상 기업의 비영업용 순자산을 더하여야 한다.

> **PLUS＋개념** 기업가치를 산정할 때 참고가 되는 여러 주요 재무비율
> 1. 주가이익비율(PER : price/earning ratio)
> 2. 주가순자산비율(PBR : price/book value ratio)
> 3. 주가매출액비율(PSR : price/sales ratio)
> 4. 주가현금흐름비율(PCR : price/cash-flow ratio)
>
> 주식회사의 재무상태표에 나타난 사내유보금과 사외로 유출되지 않는 비용인 감가상각비의 합계를 그 회사의 현금흐름이라 한다(cashflow). 이를 발행된 주식수로 나눈 것을 주당현금흐름이라 하고, 특정 시점의 주가를 주당 현금흐름으로 나누어 백분율로 표시한 것이 주가현금흐름비율이다.
> 주가현금흐름비율 값이 작을수록 주가가 상대적으로 저평가되었다는 것을 의미한다. PCR은 개별기업의 최대 자금동원능력 등 위기상황에 대한 대처능력을 내포하고 있어 경기침체 또는 시중자금난이 심화되었을 때 기업의 안정성을 나타내는 투자지표로 활용된다.
> 주당현금흐름유보이익과 사외로 유출되지 않는 비용(감가상각비 등)의 합계를 현금흐름(cashflow)이라고 하며, 그 총액을 기발행 총주식수로 나눈 것을 1주당 현금흐름이라고 한다.

## 2) 유사거래이용법

유사거래이용법은 대상 기업과 비슷한 기업들의 지분이 기업인수 및 합병거래시장에서 거래된 가격을 기초로 시장배수를 산정하여 대상 기업의 가치를 감정평가하는 방법을 말한다. 따라서 이 경우 비교가 된 기업의 배경과 매매금액을 문서로 확인하고, 이를 보정하여 대상 기업에 적용을 하여 감정평가하게 되는데, 인수 및 합병의 거래구조와 배경, 거래조건 등에 대한 검토와 조정을 하여야 한다.

## 3) 과거거래이용법

과거거래이용법은 대상 기업 지분의 과거 거래가격을 기초로 시장배수를 산정하여 대상 기업의 가치를 감정평가하는 방법을 말한다. 과거거래이용법으로 감정평가할 때에는 해당 거래가 이루어진 이후 기간에 발생한 상황 변화에 대한 검토와 조정을 하여야 한다.

과거거래이용법은 대상 기업의 과거 매매사례를 적용하는 것이므로, 가장 안정적이고 편리한 방법으로 볼 수가 있다. 그러나 과거의 매매환경과 가격시점현재의 매매환경은 유사할 수가 없는데, 이를 보정하는 지수와 과거의 가치를 현재가치로 변형하는 것에 어려움이 있다.

### 4) 유의사항

거래사례비교법을 적용할 경우 감정평가 과정에서 비교기준의 역할을 충실히 할 수 있는 비교 대상의 선정이 가장 핵심이다. 거래사례비교법을 적용할 때 사용되는 유사기업은 대상 기업과 동일한 산업에 속하거나, 동일한 경제 요인에 의해 영향을 받는 산업에 속해야 한다. 유사기업 의 선정을 위해서는 합리적인 기준이 설정되어야 하며, 선정과정에서 고려해야 할 요소들은 다음과 같다.

(1) 사업 특성상의 정성적·정량적 유사성

(2) 유사기업에 대하여 입수 가능한 자료의 양과 검증가능성

(3) 유사기업의 가격이 독립적인 거래를 반영하는지 여부

## 4. 원가법의 적용

> **「실무기준」**
> ① 원가법을 적용할 때에는 대상 기업의 유·무형의 개별자산의 가치를 합산하여 감정평가한다.
> ② 계속기업을 전제로 하여 감정평가를 할 때에는 원가법만을 적용하여 감정평가해서는 아니 된다. 다만, 원가법 외의 방법을 적용하기 곤란한 경우에 한정하여 원가법만으로 감정평가할 수 있으며, 이 경우 정 당한 근거를 감정평가서에 기재하여야 한다.

### 1) 평가방법

원가법을 적용할 때에는 대상 기업의 유·무형의 개별자산의 가치를 합산하여 감정평가한다. 이때 모든 자산은 기준시점에서의 공정가치로 측정되어야 한다. 만약 매각을 전제로 한 감정 평가인 경우에는 매각과 관련된 비용이 고려되어야 한다. 원가법을 적용하는 일반적인 절차는 다음과 같다.

(1) 회계기준에 따라 작성된 재무상태표를 입수한다.

(2) 취득원가로 기록된 자산과 부채의 가액을 공정가치로 조정한다.

(3) 재무상태표에 누락되어 있는 부외자산 및 부외부채의 공정가치를 산정한다.

(4) 공정가치로 측정된 개별 자산과 부채를 기초로 수정재무상태표를 작성한 후 개별자산의 가 치를 합산한다.

## 2) 유의사항

원가법은 대상 기업이 영업활동을 수행하지 않고 부동산이나 타 회사의 지분을 보유함으로써 이익을 얻는 지주회사이거나 청산을 전제로 한 기업인 경우에 적절한 감정평가방법이다. 계속기업을 전제로 한 가치평가에서 원가법만을 유일한 방법으로 적용해서는 안 되며, 만일 원가법을 적용하여 감정평가한 경우에는 그에 대한 정당한 근거를 제시하여야 한다.

---

**PLUS 개념**

### 기업가치의 감정평가

다양한 목적으로 '기업가치'가 평가되고 있다. 기업 전체의 인수과정뿐만 아니라 지분 일부를 사고 팔 때도 전체 기업가치는 재단된다. 지분가치는 전체 기업가치에 대한 지분비율로 계산되기 때문이다. 평가기관은 회계법인, 신용평가기관, 감정평가법인, 증권회사, 투자자문사, 기업평가 전문기관으로 자처하는 이들까지 수두룩하다. 평가기관이 다양하다 보니, 평가방법을 부르는 명칭도 제각각이다. 감정평가에서는 수익환원법, 거래사례비교법, 원가법의 틀에 넣고 있는데, 다른 기관에서는 절대가치평가법, 상대가치평가법, 자산가치평가법으로 부르는가 하면, 순자산가치법, 미래현금흐름할인법, 혼합법, 상대가치평가법, 유사거래비교법 등의 명칭을 사용하기도 한다. 일단 감정평가에서 기업가치는 유·무형의 자산 가치를 합산한 것으로 정의하고 있다. 세부적으로는 자기자본인 주식가치와 타인자본인 부채가치로 대별했는데 자산의 취득 시 자금의 출처에 따른 구분으로 볼 수 있다. 기본적인 전제에 따라 기업가치 평가 금액은 큰 편차를 보인다. 계속 존속할 수 있는 기업인지, 곧 문 닫을 곳인지에 따라서 접근 방법이 달라지기 때문이다. 전자를 '계속기업가치', 후자를 '청산가치'로 부르고 이들 기업을 평가할 때 각각 미래 창출 수익과 현재 처분 가능 자산에 주안점을 두고 결론을 내는 것이 일반적이다. 「감정평가에 관한 규칙」 제24조에서는 '감정평가법인등이 기업가치를 평가할 때 수익환원법을 적용해야 한다.'고 규정하고 있다. 원칙은 그렇지만 여의치 않을 경우 원가법이나 거래사례비교법을 적용할 수 있다. 수익환원법도 한 기간의 수익만을 환산하는 '직접환원법'과 다년간의 수익을 할인하는 '할인현금흐름분석법', 그 밖에 옵션평가모형 등으로 나눌 수 있다. 대표적인 평가방법은 '할인현금흐름분석법'이다. 이 방법은 영업활동에 의해 창출되는 현금흐름을 기준으로 '영업가치'를 구하고 여기에 비영업용 자산 가치를 가산한다. 일단 현금흐름을 예측하는 기간을 5년 내외로 설정한다. 이 기간의 현금흐름을 현재시점으로 할인해서 합산한 결과를 '예측기간의 영업가치'로 보고, 예측기간말의 다음 연도 현금흐름을 환원해 현재시점으로 할인한 값을 '예측기간 후의 영구영업가치'로 파악한다. 이 둘을 합하면 '영업가치'가 된다. 법인세를 차감한 세후 영업이익에서 감가상각비 등 비현금항목을 가산하고 영업부문에 투입되는 순운전자본증감액과 순투자금액을 차감한다. 말 그대로 기업이 실제 영업활동으로 거둬들이는 순수한 현금유입액이다. 할인의 정도를 나타내는 '자본비용'은 거의 예외 없이 자본비용의 평균값으로 결정된다. 자기자본과 타인자본에 귀속해야 할 요구수익률을 각 자본의 시장가치를 기준으로 한 자본구성 비율로 가중 평균하는 방법이다. 각 자본의 요구수익률은 결정방법이 다르다. 타인자본은 세후 이자율이 기준이 되며, 자기자본은 자본자산가격결정모형(CAPM)을 사용하여 무위험률에, 시장이자율과 무위험률의 격차에 해당기업의 체계적 위험을 나타내는 민감도 수치 $\beta$를 곱한 값을 더한다. 시장에서 형성되는 기대치가 이미 주가에 반영되었다면 시가총액이 기업가치에 근접할 수 있다. 주가와 주당순이익의 비율(PER), 주가와 주당순자산가치의 비율(PBR), 주가와 주당 매출액의 비율(PSR) 등의 수치를 시장배수라고 부르는데, 동종업종 경쟁기업의 시장배수를 이용해서 대상 기업의 시세를 가늠할 수 있다. 거래사례비교법은 가장 단순하면서도 그 어떤 평가방법보다 설득력이 높다. 원가법은 기업이 보유한 유·무형의 개별자산의 가치를 합산한다. 현재 재무상태를 잘 반영한다는 장점이 있지만 기업의 이익창출 능력을 전혀 고려하지 못하는 근본적 약점이 있다.

---

**PLUS⁺개념**  **기업평가와 부동산평가의 비교**

**1. 용어 측면**

부동산평가의 시장가치는 일정제약 조건하에서 최고최선의 이용 상태를 기준으로 하는 성립될 가능성이 많은 가격이나, 기업평가의 공정가치는 평가시점 상황을 그대로 반영한 가치로서, 매도자와 매수자가 기꺼이 협상하여 성립되는 가격이다.

**2. 평가의 대상 측면**

부동산평가는 주로 유형자산을 대상으로 하며, 무형자산의 비중이 크지 않지만, 기업평가는 상당부분 무형자산으로 구성되어 있으며 비중이 큰 경우도 있다.

**3. 평가방법 측면**

3방식과 대체로 유사하다고 볼 수 있는데

① 소득접근법의 경우 환원대상소득, 환원이율의 구조, 환원방법 등이 유사하나, 기업평가 시에는 기업운영에 따른 위험이 부동산보다 더 많고 부동산 가치상승이라는 추가 수익을 기대할 수 없기 때문에 할인율이 부동산의 경우보다 더 높게 산정된다.

② 시장접근법의 경우 동일, 유사한 사례를 활용한다는 점에서 유사하나 기업시장은 부동산 시장보다 더 빠르게 변화한다고 볼 수 있다.

③ 비용접근법의 경우 자산항목의 개별평가 합인 자산접근법과 방법적으로 유사하나, 개별자산의 값은 결국 3방식에 의해 구하게 된다.

**4. 기타 측면**

① 부동산가치는 지분가치, 저당가치의 합으로 평가한다. 그러나 기업가치는 대체로 총자산에서 부채를 차감한 지분가치로 평가한다(실무기준은 지분가치와 저당가치의 합).

② 부동산평가는 위치, 행정적 규제 등이 가치에 큰 영향을 미친다. 기업평가에서는 크게 고려되지 않고, 다만 급격한 시장상황의 변화에 큰 영향을 받는다.

# 유형별 감정평가
# (기타Ⅱ)

# 동산

## 제1절 정의

### 1. 동산의 개념

동산은 원칙적으로 부동산이 아닌 것을 말한다. 즉, 부동산인 토지 및 그 정착물은 동산으로 볼 수 없다. 다만, 지상물일지라도 토지에 정착되지 않은 것은 동산이며, 전기 기타 관리할 수 있는 자연력은 모두 동산이다. 자동차, 건설기계, 항공기, 선박은 동산이지만 등록·등기를 통해 의제부동산으로 취급된다.

> 「실무기준」
> 동산이란 상품, 원재료, 반제품, 재공품, 제품, 생산품 등 부동산 이외의 물건을 말한다.

### 2. 동산과 부동산의 차이

동산은 부동산에 대하여 그 법률적 취급에서 많은 차이가 있다. 동산의 공시방법은 점유 또는 인도에 의하며, 공신의 원칙과 선의취득이 인정되고, 용익물권의 목적은 되지 않으나 질권의 목적이 되고, 취득시효와 환매의 기간이 짧고, 무주물선점과 유실물습득의 적용이 있고 부동산과 부합하는 경우에는 권리가 소멸한다.

### 3. 감정평가대상으로서의 동산

동산은 모양이나 성질을 변하지 않게 하여 옮길 수 있는 것으로, 토지와 정착물 이외의 모든 유체물로 정의할 수 있다. 이와 같은 동산은 감정평가 시 각각 대상물건이 된다.

## 제2절 자료의 수집 및 정리

### 1. 조사 및 확인사항

동산을 감정평가할 때에는 해당 동산의 가격 변동사항, 계절성의 유무 및 보관의 난이, 변질 또는 처분가능 여부, 수요 및 장래성, 그 밖의 참고사항 등을 확인한다.

불용품인 동산은 불용품의 발생원인, 불용품의 상태, 불용품의 보관 및 관리상태의 양부, 불용품의 유통과정, 불용품의 가격변동요인 등을 조사·확인하여야 한다.

### 2. 동산의 가격자료

거래사례는 해당 동산이 거래되는 시장의 거래가격(도매가격, 소매가격 및 협정가격) 등이며, 제조원가는 동산의 생산원가 등을 말한다. 시장자료는 중고시장에서의 가격과 동산을 구성하는 부품의 가격과 그 변동상황 등을 말한다. 이와 같은 거래사례, 제조원가 및 시장자료 등은 충분히 수집·정리한다.

## 제3절 동산의 감정평가방법

> 「감정평가에 관한 규칙」
> **제21조(동산의 감정평가)**
> 감정평가법인등이 동산을 감정평가할 때에는 거래사례비교법을 적용해야 한다. 다만, 본래 용도의 효용가치
> 가 없는 물건은 해체처분가액으로 감정평가할 수 있다.
>
> 「실무기준」
> ① 동산을 감정평가할 때에는 거래사례비교법을 적용하여야 한다.
> ② 동산이 본래의 용도로 효용가치가 없는 경우에는 해체처분가액으로 감정평가할 수 있다.

## 1. 거래사례비교법 및 원가법 등

동산은 원칙적으로 거래사례비교법을 적용하여 감정평가한다. 즉, 유사 동산의 거래사례 등을
파악하고 선택된 사례를 기준으로 비교 분석을 통해 감정평가액을 도출한다.

동산은 거래단계별 가격, 즉 생산원가, 도매가격, 소매가격 등을 시계열적으로 파악하고, 각
단계별 가격차이의 발생요인을 분석하여 감정평가한다. 가격차이의 발생요인은 거래단계에 따
른 상하차비, 운반비, 창고보관비, 감손상당액, 업자이윤 등이 있으며, 각 단계마다 이를 면밀
히 조사 분석하여 평가한다. 만약 적절한 거래사례가 없거나 거래사례비교법 적용이 불가능한
경우에는 원가법 등을 적용할 수는 있을 것이다.

## 2. 본래의 용도로 효용가치가 없는 경우

### 1) 타용도로 전환 가능 시

타 용도로의 전환이 가능한 물건의 경우에는 그 전용가치를 기준으로 감정평가하거나 해체하
여 부품으로 사용될 수 있는 경우는 해체처분가액으로 감정평가한다.

### 2) 전환 불가 시

해체처분가액으로 감정평가할 물건의 경우 부품의 재활용가치도 없는 물건으로서 구성재질별
로 중량을 산출하거나 의뢰자로부터 제시받아 시중 고철시세를 곱한 가격에 해체비용을 감안
하여 감정평가한다.

## 3. 불용품의 경우

불용품인 동산을 감정평가할 때에는 현 상태대로 시장가치가 형성되어 있는 경우에는 비준가액으로 감정평가하며, 재활용이 불가능한 물건은 해체처분가액으로 감정평가한다. 해체처분가액은 구성재질별 중량을 산출한 후 시중 재생재료 시세를 적용하되, 해체에 따른 철거비, 운반비, 상하차비, 업자이윤 등을 감안하여 감정평가한다.

> **PLUS + 개념**
>
> **불용품 매각과 감정평가**
>
> 국가나 지방자치단체, 공기업 등도 더 이상 쓸모없다고 결정된 물건을 주기적으로 시장에 내다 판다. 「물품관리법」, 「공유재산 및 물품관리법」의 규정에는 '사용할 필요가 없거나 사용할 수 없는 물품'에 대해 불용(不用)결정을 내리고 이를 물품 관리·처분의 기본원칙 중 하나인 투명하고 효율적인 절차에 따라 매각할 수 있도록 했다. 종전 규정에는 규모·형상 등으로 보아 활용할 가치가 없는 일반재산 등만 매각의 대상이었으나, 관련 법률 또는 장래 행정목적의 필요성 등을 고려해 처분 제한 사유에 해당하지 않는 일반재산에 대해 매각이 가능하도록 완화된 형태로 개정되어 현재에 이르고 있다. 이들 불용품은 매각 공고 후 경쟁입찰, 지명 입찰, 수의계약의 방법에 따라 매각할 수 있다. 이때 매각가격은 시가를 고려하게 되어 있는데 특별한 사유가 없는 한 「부동산 가격공시에 관한 법률」에 따른 둘 이상의 감정평가법인에 의뢰하여 평가한 감정평가액을 산술평균한 금액이 그 기준이 된다.
>
> 이들 불용품에 대한 감정평가는 어떤 식으로 이뤄질까. 「감정평가에 관한 규칙」 제21조(동산의 감정평가)는 '감정평가법인등이 동산을 감정평가할 때에는 거래사례비교법을 적용해야 한다. 다만, 본래 용도의 효용가치가 없는 물건은 해체처분가액으로 감정평가할 수 있다.'고 규정한다. 해당 폐품이 시장에서 거래되는 관행을 확인해 보든지, 불용품에서 쓸 만한 원재료―예컨대 폐 전선에서는 피복을 벗긴 구리선―중량과 단가를 확인하고 평가하라는 것이다. 따라서 이들의 감정평가 시 물가정보지의 중고물품 시세, 폐기물 수거업체의 원재료 단위중량당 매입단가를 참작할 수 있다. 물론 해당 업체로 물건을 옮기는 운반비, 원재료를 추출하는 후가공비 등을 감안한 가격수준이 될 것이다.
>
> 불용품에 대한 감정평가에서는 크게 2가지 정도의 애로사항이 있다. 첫째는 목록에 대한 신빙성 혹은 정확성에 대한 문제로 매각대상물건의 수량과 종류를 전수조사하기 힘들다는 점. 창고 가득히 쌓인 철제 의자가 2,500개라고 제시되었다면 일단 2,500개 수량이 정확한지 파악하기가 어렵다. 또한 2,500개 물품이 같은 종류인지, 재질은 동일한지, 물건당 동일한 가격으로 매각할 수 있는지 일일이 확인하는 것도 사실상 불가능하다. 둘째로 합금과 같이 타 재료와 혼재되어 있는 경우 순 중량에 대한 추정 과정을 불가피하게 거쳐야 한다는 점. 쉽게 말해 니켈과 고철이 섞여 있다면 각각의 단가가 다르므로 니켈과 고철의 성분비가 대략 얼마인지까지 파악해야 한다. 이를 성분 분석할 수는 없으니 과거 취득 당시 원재료 비율, 현 시점 신규 취득 시 해당 재료의 구성비 등을 충분히 확인하는 수고가 필요하다.

# 소음 등으로 인한 가치하락분

## 제1절 정의

### 1. 개설

산업화와 더불어 환경권의 신장은 관련된 분쟁을 증가시켰으며, 이는 침해받는 권리를 경제적 가치로 산출하는 감정평가 수요로 이어졌다.

### 2. 소음 등의 유형

#### 1) 소음

소음이란 「소음·진동규제법」상 기계·기구·시설 기타 물체의 사용으로 인하여 발생하는 강한 소리로 일상생활에서 발생하는 바람직하지 않은 음을 총칭하며, 장기적이고 지속적인 소음은 토지 등 가치하락 및 가축 등 생명체에 대한 피해를 발생시킬 수 있다.

#### 2) 진동

진동이란 「소음·진동규제법」상 기계·기구·시설 기타 물체의 사용으로 인하여 발생하는 강한 흔들림으로 가진력에 의해 어떤 양의 크기가 시간이 경과함에 따라 어떤 기준 값보다 커지거나 작아져서 주기적으로 변동하는 현상을 말하며, 장기적이고 지속적인 진동은 기계 및 건물의 수명에 부정적 영향을 주고 가축 등 생명체에 대하여 생리적 장애 등의 피해를 발생시킬 수 있다.

#### 3) 일조침해

일조란 태양광선에 의한 빛, 열량 등의 총칭으로 자외선에 의한 살균, 소독, 복사열에 의한 난방, 방습, 채광, 통풍 등을 통해 토지 등의 객관적 가치에 영향을 미치며, 「일조권」이란 태양광선을 차단당해 받는 불이익을 제거시킬 수 있는 권리를 말한다. 즉, 일조침해는 이러한 일조권이 침해되는 것을 말한다.

#### 4) 환경오염

환경오염이란 쓰레기·연소재·오니·폐유·폐산·폐알칼리 등의 토양오염원이 대상토지에 매립되거나, 인근토지에 매립되어 대상토지로 유입되어 경제적 피해가 발생하는 토지·바다·강 등 토양오염, 수질오염, 각종 유해물질로 인한 공기오염 등을 말한다. 넓게 보아 일조·소음·진동 등을 포함하여 칭하기도 한다.

### 5) 기타

기타 조망 침해, 수자원 고갈, 전파장애, 지반침하 등으로 인하여 토지 등의 가치하락이 발생할 수 있다.

## 3. 소음 등으로 인한 물건의 가치하락분의 정의

소음 등으로 인한 물건의 가치하락분이란 장기간 지속적으로 발생하는 소음 등으로 인하여 소음 등의 발생 전과 비교하여 토지 등의 객관적 가치가 하락한 부분을 말하며, 일시적인 소음 등으로 인한 정신적인 피해 등 주관적 가치 하락은 제외한다. 다만, 공사기간 중에 발생하는 소음 등으로 인한 가축 등 생명체에 대한 피해는 포함할 수 있다.

## 제2절 자료의 수집 및 정리

### 1. 조사 및 확인사항

소음 등으로 인한 가치하락분에 대한 감정평가를 할 때에는 다음의 사항을 조사·확인한다.

① 소음 등의 실태(가치하락을 유발한 원인의 종류·특성 등)
② 소음 등의 관련 법령상 허용기준
③ 소음 등이 대상물건에 미치는 물리적 영향과 그 정도
④ 소음 등의 복구 시 책임관계
⑤ 가치하락을 유발한 원인으로부터의 복구 가능성 및 복구에 걸리는 기간
⑥ 소음 등의 복구 방법과 소요비용
⑦ 소음 등의 발생 전·후 대상물건의 물리적·경제적 상황
⑧ 소음 등의 발생 후 대상물건에 대한 시장의 인식
⑨ 소음 등을 관련 전문가(전문연구기관을 포함한다)에 의해 측정한 경우 그 자문이나 용역의 결과

### 2. 감정평가 시 참고자료

소음 등으로 인한 가치하락분에 관련된 자료는 소음 등으로 인해 가치가 하락된 대상물건이 무엇인지에 따라 해당 대상물건 관련 자료를 수집한다. 이때 가치하락분을 산정해야 하므로, 소음 등이 발생하기 전·후의 자료를 모두 수집하여 준비할 필요가 있다.

## 제3절 소음 등으로 인한 대상물건의 가치하락분에 대한 감정평가방법

**「감정평가에 관한 규칙」**

**제25조(소음 등으로 인한 대상물건의 가치하락분에 대한 감정평가)**

감정평가법인등은 소음·진동·일조침해 또는 환경오염 등(이하 "소음 등"이라 한다)으로 대상물건에 직접적 또는 간접적인 피해가 발생하여 대상물건의 가치가 하락한 경우 그 가치하락분을 감정평가할 때에 소음 등이 발생하기 전의 대상물건의 가액 및 원상회복비용 등을 고려해야 한다.

**「실무기준」**

"소음 등으로 인한 대상물건의 가치하락분"이란 장기간 지속적으로 발생하는 소음·진동·일조침해 또는 환경오염 등(이하 "소음 등"이라 한다)으로 대상물건에 직접적 또는 간접적인 피해가 발생하여 대상물건의 객관적 가치가 하락한 경우 소음 등의 발생 전과 비교한 가치하락분을 말한다.

**「실무기준」**

① 소음 등으로 인한 대상물건의 가치하락분을 감정평가할 때에는 소음 등이 발생하기 전의 대상물건의 가액과 소음 등이 발생한 후의 대상물건의 가액 및 원상회복비용 등을 고려하여야 한다.

② 가치하락분에는 관련 법령에 따른 소음 등의 허용기준, 원상회복비용 및 스티그마(STIGMA) 등을 고려하되, 일시적인 소음 등으로 인한 가치하락 및 정신적인 피해 등 주관적 가치 하락은 제외한다. 다만, 가축 등 생명체에 대한 피해는 가치하락분에 포함할 수 있다.

③ 제1항에서 소음 등의 발생 전과 발생 후의 대상물건의 가액은 거래사례비교법에 의한 비준가액이나 수익환원법에 의한 수익가액으로 산정하되 소음 등이 발생한 후의 대상물건의 가액은 다음 각 호와 같이 산정한다.

   1. 비준가액 : 대상물건에 영향을 미치고 있는 소음 등과 같거나 비슷한 형태의 소음 등에 의해 가치가 하락한 상태로 거래된 사례를 선정하여 시점수정을 하고 가치형성요인을 비교하여 산정

   2. 수익가액 : 소음 등이 발생한 후의 순수익을 소음 등으로 인한 위험이 반영된 환원율로 환원하여 산정

④ 가치하락분을 원가법에 의하여 직접 산정하는 경우에는 소음 등을 복구하거나 관리하는 데 드는 비용 외에 원상회복 불가능한 가치하락분을 고려하여 감정평가한다.

## 1. 가치하락분 산정의 일반적인 원리

가치하락분은 결국 소음 등이 발생하기 이전과 이후의 차이를 의미하므로, 소음 등이 발생하기 전 대상물건의 가치에서 소음 등이 발생한 후 대상물건의 가치를 차감하여 산정한다.
(소음 등으로 인한 토지 등의 가치하락분 = 소음 등이 발생하기 전 대상물건의 가치 − 소음 등이 발생한 후 대상물건의 가치) → 복구비용 및 관리비용 + 스티그마

## 2. 가치하락분의 제외요인 및 포함요인

가치하락분은 객관적인 가치하락분을 대상으로 한다. 즉, 관련법령 등에 따른 허용사항 및 원상회복에 소요되는 비용과 스티그마 효과가 해당된다. 다만, 일시적이거나 정신적인 피해 등 주관적인 가치하락은 가치하락분에 포함되지 않는다. 그러나 소음 등으로 인하여 가축이나 생명체에 발생한 피해는 가치하락분에 포함할 수 있다. 이때에도 소음 등 발생 전과 후의 차이에 대한 객관적인 근거는 필요하다 할 것이다.

## 3. 감정평가방법

소음 등으로 인한 토지 등 가치하락분에 대한 평가는 소음 등의 발생 전과 발생 후의 상태를 기준으로 각각의 토지 등의 객관적 가치를 판정하여 그 차액을 토지 등의 가치하락분으로 산정한다.

### 1) 거래사례비교법 또는 수익환원법

소음 등의 발생 전과 발생 후의 대상물건의 가액은 거래사례비교법에 의한 비준가액이나 수익환원법에 의한 수익가액으로 산정한다. 즉, 소음 등의 발생 전·후에 대한 가치 산정은 거래사례비교법과 수익환원법이 적용된다.

다만, 소음 등이 발생한 후의 대상물건의 가액의 경우 ① 비준가액은 대상물건에 영향을 미치고 있는 소음 등과 같거나 비슷한 형태의 소음 등에 의해 가치가 하락한 상태로 거래된 사례를 선정하여 시점수정을 하고 가치형성요인을 비교하여 산정하게 되고, ② 수익가액은 소음 등이 발생한 후의 순수익을 소음 등으로 인한 위험이 반영된 환원율(위험조정할인율)로 환원하여 산정하게 된다.

### 2) 원가법

가치하락분을 원가법으로 감정평가할 경우에는 소음 등을 복구하거나 관리하는 비용의 산정과 함께 원상회복이 불가능한 가치하락분을 고려하여 감정평가한다.

### 3) 기타 평가방법

#### (1) 특성가격접근법

회귀분석으로 가치에 부정적인 제요인과 부동산의 가치와의 관계를 파악하여 평가할 수 있다.

#### (2) 조건부가치접근법

전문가나 일반인들에게 환경오염에 대한 대가를 얼마만큼 지불할지에 대하여 질문하여 평가할 수 있다.

## 4. 스티그마 효과의 개념 및 특징

### 1) 개념

일반적으로 스티그마는 환경오염의 영향을 받는 부동산에 대해 일반인들이 갖는 '무형의 또는 양을 잴 수 없는 불리한 인식'을 말한다. 즉, 스티그마는 환경오염으로 인해 증가되는 위험(risk)을 시장참여자들이 인식함으로 인하여 부동산의 가치가 하락되게 되는 부정적인 효과를 의미한다.

환경오염의 영향을 받는 부동산은 시장참여자들에게 '오염부동산'이란 부정적 낙인이 붙여지고, 이 낙인으로 인해 오염정화가 관련 기준에 부합되게 완료된 후에도 그 가치가 하락된다. 이와 같이 스티그마는 불확실성과 위험할지도 모른다는 인식의 결과로 인해 평가 대상부동산에 부정적인 영향을 미치는 외부적 감가요인을 말한다.

스티그마는 무형적이고, 심리적 측면이 강하며, 언제 나타날지 모르는 건강상의 부가적인 위험요소에 대한 대중의 염려·공포에서부터 현재로서는 기술적 한계 등으로 인하여 알려지지 않은 오염피해에 대한 우려까지 부동산의 가치에 영향을 주는 모든 무형의 요인들을 포함한다.

### 2) 특징

스티그마를 정성적으로 간주하여 감가의 정도를 검토한 연구결과에 따르면, 스티그마는 다음과 같은 특징이 있다.

첫째, 오염 정화 전의 스티그마 감가는 정화 후의 스티그마보다 크다.

둘째, 주거·상업·공업용지의 스티그마 감가는 주거용지에서 가장 크고, 공업용지에서 가장 작다.

셋째, 스티그마 감가는 오염원으로부터 멀어짐에 따라 감소한다.

넷째, 오염 정화 후 남게 되는 스티그마는 시간이 경과함에 따라 감소하고 소멸한다.

**PLUS + 개념** │ 스티그마

'낙인'효과는 지역이나 개별부동산에도 발생한다. 연쇄 성폭력 및 살인 사고로 경기도 내 한 도시는 한동안 대중이 색안경을 끼고 볼 정도였다. '부실사업장' 이미지도 쉽사리 사라지지 않는다. 자금난으로 공사가 중단된 사업장은 한동안 유치권을 주장하는 시공사의 플래카드를 품고 있다. 경매로 낙찰받은 이가 공사대금지급과 유치권 해제조건을 맞교환한 후 서둘러 잔여공사를 마무리 짓고 성대한 분양홍보에 나서도 수요자의 냉담한 반응을 피하기 힘들다. '흉물상가'의 이미지는 쉽사리 개선되지 않는다.

'낙인'효과가 감정적인 선호도에 영향을 미치면 부동산 가치까지 출렁인다. 얼마 전 한 대기업의 생산 공장 주변으로 유해 화학 물질이 유출되면서 방송에 대대적으로 보도된 적이 있다. 이 공장 코앞에 있는 아파트가 문제였다. 대상 아파트는 이 부근에서 고속도로와의 접근성이 최상이고, 대형마트 및 대학병원 등의 편익시설의 이용편의도 역시 최고 수준이었다. 대규모 생산 공장에 초근접했다는 점을 빼고는 달리 불리한 점을 찾을 수 없는데, 아파트 가격은 500m 뒤쪽 단지보다 천만원 이상 낮다.

해당 부동산 주변의 비(非)선호시설의 존재만으로 가치가 하락하는 현상은 비(非)선호시설과의 거리에 동일 평형·품질의 아파트 거래단가가 연동되는 것으로 입증될 수 있다. 또 다른 증거는 이러한 유해 혹은 혐오시설의 철거 혹은 이전계획이 발표된 후 실행 시점에 가까워질수록 부동산가치가 완만한 상승세를 보이는 후광효과다. 주변의 비(非)선호시설이 아닌 내재한 비(非)선호조합으로 낙인효과를 겪는 신축 아파트도 있다. 재개발 혹은 재건축 사업이 완료되고 들어서는 신규 아파트 중 특정 동(棟)이 그들이다. 100여 세대가 한 동(棟)을 이루는데 이 중 10세대 정도만 분양세대고 나머지는 의무적 임대세대라면 분양세대는 임대세대와 혼합되어 있다는 이유로 차별을 받는다. 대상부동산에 내재한 유해한 환경을 개선한다 해도 이 낙인효과의 완전 치유는 어렵다. 토지 지하에 매장된 오염물질을 발견하고 전문 처리 업체를 동원해 오염제거 및 중화작업을 성공리에 마쳐도, 오염 물질이 없는 인근 대체 가능한 토지 가격수준으로 회복되지 않는다. 이런 현상은 좋게 표현하면 '안전 심리'겠지만 일말의 유해 가능성이 있는 토지에 대한 '혐오감'이라고 부를 수도 있다. 환경공학에서는 이를 '스티그마(stigma)'라고 부른다. 숨기고 싶은 이력이 만든 낙인효과는 수년에서 수십 년 생존하는 게 다반사다. 낙인효과를 당하고 있는 부동산을 평가할 때 대상이 토지라면 시장접근법하에서는 '스티그마 효과'의 유무에 따른 가격 격차를 반영하면 될 것이다. 거래가 완료된 토지('거래사례') 혹은 표준지와 대상토지의 개별적 요인, 품등을 비교할 때 항목 중 하나인 '환경조건'에 이런 점을 반영할 수 있다. 해당 항목은 인근 토지의 이용 상황, 위험 및 혐오시설 등의 인접유무를 비교대상으로 하기 때문이다. 통계적인 방법 또한 대안이다. 폐업 주유소를 타 용도로 전용하려면 지하 오염물질 제거비용을 지불해야 한다. 이 비용 이상으로 매매금액이 그 주변 토지에 비해 떨어진다면 그 차액은 '스티그마(stigma)'라고 보면 될 것이다. 폐업 주유소의 사례를 다수 확보할 수 있어 이런 식의 접근은 통계적인 지지를 그리 어렵지 않게 받을 수 있다.

# 임대료

## 제1절    정의

### 1. 임대료의 의미

임대료라 함은 임대차계약에 기초한 대상물건의 사용대가로서 지급되는 금액으로 대상물건의 원본가격의 과실에 해당한다.

> 「실무기준」
> 임대료(사용료를 포함한다. 이하 같다)란 임대차 계약에 기초한 대상물건의 사용대가로서 지급되는 금액을 말한다.

### 2. 임대료의 구분

#### 1) 개요

임대료는 지불방식, 임대료 구성 내용에 따라 실질임대료와 지불임대료 등으로 구분되며, 감정평가에서 구하여야 할 임대료는 원칙적으로 실질임대료이나 조건부로 지불임대료를 의뢰받은 경우에는 지불임대료를 구할 수 있으며, 이 경우는 실질임대료와의 관계를 감정평가서에 명기하여야 한다.

#### 2) 실질임대료

실질임대료는 종류의 여하를 불문하고 임대인에 지불되는 모든 경제적 대가를 말하며, 순임대료 및 필요제경비 등으로 구성된다. 이러한 실질임대료는 지불임대료뿐만 아니라 권리금 등 임대료의 선불적 성격을 갖는 일시금의 상각액과 운용익 및 보증금, 협력금 등 임대료의 예금적 성격을 갖는 일시금의 운용익까지 포함한다.

#### 3) 지불임대료

지불임대료는 각 지불시기에 지불되는 임대료로서 대상부동산의 순임대료의 일부 또는 전부와 대상부동산의 사용 수익을 위한 필요제경비 등으로 구성된다. 지불임대료는 실질임대료에서 임대료의 선불적 성격을 지닌 일시금의 운용익 및 상각액과 임대료의 예금적 성격을 갖는 일시금의 운용익을 공제하여 구한다. 이러한 지불임대료를 산정해야 하는 경우에 유의할 점은 관례상 건물 및 그 부지의 일부를 임대차할 경우 수도, 광열비, 청소비, 위생비, 냉난방비 등

부가사용료와 공익비 등의 명목으로 지불되는 금액 중에는 실제비용을 초과하는 부분이 있는데, 이것도 실질적으로 임대료에 해당한다는 점이다.

## 제2절 자료의 수집 및 정리

조사·확인사항과 마찬가지로 임대료 감정평가 대상물건을 감정평가할 때에 필요한 자료의 수집 및 정리에 관한 규정을 준용하여 적용하며, 다만, 여기에 대상물건과 대체·경쟁관계에 있는 대상물건의 임대사례 등도 조사하여야 할 것이다. 특히 임대료 감정평가 시에는 해당 임대차의 계약내용을 유심히 확인할 필요가 있다.

## 제3절 임대료의 감정평가방법

「감정평가에 관한 규칙」

**제22조(임대료의 감정평가)**

감정평가법인등이 임대료를 감정평가할 때에 임대사례비교법을 적용해야 한다.

「실무기준」

① 임대료를 감정평가할 때에는 임대사례비교법을 적용하여야 한다.

② 제1항에도 불구하고 임대사례비교법으로 감정평가하는 것이 곤란하거나 적절하지 아니한 경우에는 적산법 등 다른 감정평가방법을 적용할 수 있다.

③ 임대료의 산정기간은 1월이나 1년을 단위로 하는 것을 원칙으로 한다.

④ 임대료는 산정기간 동안에 임대인에게 귀속되는 모든 경제적 대가에 해당하는 실질임대료를 구하는 것을 원칙으로 한다. 다만, 의뢰인이 보증금 등을 포함한 계약 내용에 따라 지급임대료를 산정하도록 요청할 때에는 해당 계약 내용을 고려한 지급임대료를 구하되, 감정평가서에 그 내용을 적어야 한다.

### 1. 임대료의 감정평가방법

임대료의 평가는 임대사례비교법에 의한다. 다만, 임대사례비교법에 의한 감정평가가 적정하지 아니한 경우에는 대상물건의 종류 및 성격에 따라 적산법 또는 수익분석법에 의할 수 있다. 임대료의 감정평가는 계약내용 등을 고려하여 결정되는데, 통상 기간은 월단위 또는 연단위로 의뢰인이 의뢰한 내용을 미리 파악하여야 한다.

#### 1) 임대사례비교법

비준임대료 = 임대사례의 임대료 × 사정보정 × 시점수정 × 가치형성요인 비교

#### 2) 적산법

적산임대료 = 기초가액 × 기대이율 + 필요제경비

#### 3) 수익분석법

수익임대료 = 순수익 + 필요제경비

### 2. 임대료의 감정평가액

감정평가에서 구하여야 할 임대료는 원칙적으로 실질임대료(순임대료 + 필요제경비)이나, 조건부로 지불임대료를 의뢰받는 경우에는 지불임대료를 구할 수 있되, 이 경우는 실질임대료와의 관계를 감정평가서에 명기하여야 한다.

## 3. 임대료의 기준시점 등

임대료의 기준시점은 임대료 산정기간 내의 수익발생 개시시점으로 그 기간의 초일이 된다. 또한 실현시점은 임대료 산정기간의 말이 되며, 산정기간은 원칙적으로 1년을 기준으로 한다.

## 4. 감정평가방법 적용 시 유의사항

### 1) 임대사례비교법

#### (1) 임대사례의 선정

임대차계약 내용의 유사성(특히 보증금 비율), 임대면적 및 위치 확인, 관리비 납부 형태 (초과액은 임대료에 포함), 임대조건 등을 검토하여야 한다.

#### (2) 보증금운용이율 적용

보증금운용이율은 실질임대료로 전환 시 적용되는 이율로서 전세금 또는 보증금 등 일시금에 대한 운용에 따라 기대되는 수익률로서 보증금의 성격 및 비중, 유형별 특성 및 지역별 시장특성에 따라 달리 적용하여야 한다.

① 보증금 비중이 낮은 경우 : 월세 미납 또는 연체 리스크 헷지를 위한 금액으로 예금적 성격이 다소 강함

② 보증금 비중이 높은 경우 : 대상부동산의 자금조달 비용 및 금융자산의 투자수익률 및 전월세전환율 등을 고려하여 대상물건과 부동산시장의 특성에 따라 적의조정 필요

#### (3) 임대면적, 위치 확인 및 비교기준 통일

계약서상 임대면적은 전용면적, 해당 층 전용면적 + 공용면적, 해당 층 전용면적 + 공용면적 + 다른 층 공용면적, 임의로 임대인과 임차인이 표기하는 형태 등 다양하게 존재한다. 따라서 면적비교 기준을 통일시켜야 한다.

#### (4) 비율임대차의 경우

비율임대차의 임대료는 부동산 대가 이외에 임차인의 영업능력, 노하우 등이 포함되어 있다.

### 2) 적산법

#### (1) 기초가액

이론상 용익가치를 객관적이고 신뢰성 있게 추정할 수 있는 경우에는 용익가치 기준으로 기초가액을 결정할 수 있고 그렇지 못한 경우에는 실무상 시장가치를 기준으로 기초가액을 결정할 수 있다.

### (2) 기대이율

기초가액이 시장가치인 경우에는 용도별, 지역별 특성 및 임대차조건 등에 따른 가치의 제한 정도를 기대이율에 반영하므로 각각 다른 기대이율을 적용한다. 반면에 용익가치인 경우에는 대체투자수익률 성격으로서 동일한 기대이율을 적용한다.

### (3) 필요제경비

기존에 기대이율에 포함하여 산정하는 관행이 있었으나 별도 산정 원칙을 명시하고 있다.

## 3) 수익분석법

### (1) 순수익

공용주차장 임대료 평가 또는 관계회사 간 부동산 임대차 경우 등에 활용 가능하며, 수익의 대부분이 부동산 관련인 경우에 유용하다.

### (2) 필요제경비

부동산 이외의 경영, 노동, 자본에의 귀속수익을 차감해야 한다. 또한 평가자의 자의성 개입여지가 크다.

**PLUS+개념** | 임대료 감정평가 원칙(임대료 평가 고유의 원칙)

| 감정평가의 기준 | 내용 | 근거 |
|---|---|---|
| 실질임대료 기준 | 원칙 : 보증금이 없는 월 임대료 산정<br>예외 : 보증금 등을 포함한 계약내용에 따라 지급임대료 산정 가능 → 감정평가서에 기재 | 「실무기준」 660 - 3.3③ |
| 임대사례비교법 기준 | 원칙 : 임대사례비교법<br>예외 : 적산법 또는 수익분석법 | 「감칙」 제22조 「실무기준」 660 - 3.3① |
| 신규임대료 기준 | 원칙 : 신규임대료 기준<br>예외 : 특별한 조건 시 조건에 부합하는 임대료 기준 | 감정평가이론 |
| 임대료 산정기간 | 원칙 : 1월, 1년 단위<br>예외 : 의뢰인 요청 시 특정기간 산정 | 「실무기준」 660 - 3.3② |

**PLUS⁺개념**  임대료, 이용과 소유

공간의 사용료는 빌려주는 자, 빌리는 자의 접근 방법이 유사하다. 시장의 증거, 비용성의 사고, 수익에 의한 접근이 그것이다. 이를 감정평가에서는 임대사례비교법, 적산법, 수익분 석법이라고 부른다.

임대료는 해당 공간이 터 잡은 시장 흐름에 순응할 수밖에 없다. 그래서 임대사례를 우리 공간 주변으로 쭉 깔아보면 답이 나오게 마련이다. 저쪽 오피스텔 월세가 폭등하면 자연 스레 우리 오피스텔도 월세 수준이 동반 상승한다. 반면, 공실률이 늘어난다 싶으면 임대 료 하향 조정 압박이 가해진다. 임대사업자끼리 담합해봤자 놀리느니 싸게라도 월세를 놓으려는 발 빠른 이가 있게 마련이니 시장의 흐름은 거스를 수 없는 법. 최근 동일·유 사 물건의 계약 임대료 수준에 연동돼 사용료를 책정하는 것이 임대사례비교법이다. 임 대 목적물의 자산가치가 변동되면 사용 대가를 조정하려는 임대자의 욕구가 발동된다. 렌트카 회사에서 국산 소형차와 억대 외제차의 렌트비를 동일 책정할 수는 없지 않은가. 우리 물건 주위의 임대료를 쭉 깔아보면 부동산 가치와 임대료가 연동됨을 알 수 있다. 비싼 땅을 이용하려면 비싼 사용료를 부담하라는 것이다. 대체·경쟁의 논리, 상관·추 종의 논리가 자연스레 작동하면 임대시장 계약 당사자는 공간 가치를 염두에 두지 않을 수 없다. 공간 가치에 일정비율을 곱한 금액에 임대자 입장에서 토지관계를 유지하는 데 필요한 관리비용까지 임차인에게 부담시키는 방식이 곧 적산법이다. 실질적으로 많이 활 용되지 않는 수익분석법은 기업의 경영수지를 분석하여 사용료를 결정한다. 쉽게 농경지 에 대한 토지관계, 도심에서의 유료주차장 부지를 떠올려보라. 경작해서 몇 가마니 쌀을 거둘 수 있는 땅. 월 주차료를 어느 정도 거둘 수 있는 토지라면 그에 상응해서 사용료를 책정해도 불만 없다.

이와 같이 부동산 가치를 판단하는 일과 그 사용료를 결정하는 과정은 별 차이가 없다. 합리적인 시장참가자를 전제하고, 시장상황을 분석하고, 수익의 정도와 비용의 규모를 고 려하면 분명 균형 사용료 수준이 도출된다. 이렇게 결정된 임대료는 화학반응에서의 평 형계수와 같이 절묘한 동적 균형 상태를 이루고 있다. 다만, 임대차관계에서 상대적으로 불리한 입장에 놓인 임차인을 보호하기 위해 주택 및 상가임대차보호법이 시행중이고, 보증금, 보증부월세, 월세 형태의 다양한 임대료 지불방식이 있다는 내용 등은 별론으로 한다. 지하철 역사 매장의 임대료, 구청 내 자판기 자릿세, 도심 한복판 모델하우스 부지 사용료를 결정하는 일에 감정평가가 개입하고 있다.

# 권리금

## 제1절 정의

### 1. 권리금의 종류

권리금은 이론상 시설권리금, 지역권리금, 영업권리금(기타권리금 포함)으로 구분된다. 시설권리금이란 영업을 위하여 건물의 구조변경, 영업장 내부에 고착시킨 인테리어, 집기 및 비품 등 유형물에 대한 대가를 말하고, 지역권리금이란 영업장소가 위치한 장소적 이점에 대한 대가를 말하며, 영업권리금이란 영업을 영위하며 발생하는 영업상의 이점에 대한 대가로서 장기간 영업을 하면서 확보된 고객수, 광고나 평판 등으로 쌓은 명성, 신용, 영업상의 노하우의 이전에 대한 대가를 말한다.

기타권리금이란 허가권리금과 임차권보장권리금 등을 말하며, 통상 영업권리금에 포함하고 있다.

허가권리금이란 법률이나 행정규제, 대리점권 등으로 새로운 영업자가 진입하지 못하게 됨으로 인하여 기존의 임차인이 향유하는 초과이익에 대한 대가가 금전으로 수수되는 경우로서 주로 유흥주점 등 신규 인·허가가 어려운 업종에서 나타난다.

임차권보장권리금이란 상당한 임차권 존속기간 보장 약정 및 이를 전제로 한 양도계약에서 발생하는 특별한 사정으로 인하여 발생하는 권리금으로 임차인이 임대인에게 지급하는 권리금을 말한다. 현실적인 거래관행은 위 3자(시설, 지역, 영업권리금)를 구분하여 거래하지 않을 뿐만 아니라 영업권리금과 지역권리금은 그 구분이 모호하다. 따라서 현실적으로 구분 가능한 물리적·구체적 형태를 갖추었는지 여부에 따라 유형재산과 무형재산으로 구분하여 정의한 것이다.

> 「실무기준」
> ① 권리금이란 임대차 목적물인 상가건물에서 영업을 하는 자 또는 영업을 하려는 자가 영업시설·비품, 거래처, 신용, 영업상의 노하우, 상가건물의 위치에 따른 영업상의 이점 등 유형·무형의 재산적 가치의 양도 또는 이용대가로서 임대인, 임차인에게 보증금과 차임 이외에 지급하는 금전 등의 대가를 말한다.
> ② 유형재산이란 영업을 하는 자 또는 영업을 하려고 하는 자가 영업활동에 사용하는 영업 시설, 비품, 재고자산 등 물리적·구체적 형태를 갖춘 재산을 말한다.
> ③ 무형재산이란 영업을 하는 자 또는 영업을 하려고 하는 자가 영업활동에 사용하는 거래처, 신용, 영업상의 노하우, 건물의 위치에 따른 영업상의 이점 등 물리적·구체적 형태를 갖추지 않은 재산을 말한다.

## 2. 유의사항

권리금 정의상 권리금의 감정평가 대상은 영업활동에 사용하거나, 장래 사용할 의도가 있는 경우이므로 타인에게 이전되지 않는 무형재산이나 영업활동과 관련 없는 유형재산(유흥시설 등)은 감정평가 대상에서 제외하여야 한다.

권리금 감정평가 시 "영업을 하는 자 또는 영업을 하려고 하는 자" 중 누구의 업종을 기준으로 감정평가할 것인지가 문제이다. 감정평가 의뢰 시 평가조건이 부가되어 있으면 그에 따르면 되고, 감정평가조건이 없는 경우에는 원칙적으로 현재의 임차인 업종을 기준으로 하되, 업종 변경이 합리적인 경우에는 인근의 표준적인 업종을 기준으로 할 수 있다.

## 제2절  자료의 수집 및 정리

### 1. 자료의 수집 및 정리

권리금 감정평가와 관련된 자료의 수집 및 정리 대상은 대상물건의 물적 사항, 권리관계, 영업
정도 및 감정평가액 산정을 위해 필요한 확인자료, 요인자료, 사례자료 등이 있다.

① 확인자료는 사업자등록증, 임대차계약서, 해당 상가건물에 대한 공부, 영업시설 등 유형재산
구입내역서, 공사비내역서, 기 지불된 권리금자료, 신규 지불예정인 권리금자료 등이 있다.

② 요인자료는 상가 매출액 및 영업이익, 신용도, 노하우, 거래처관계, 시설상태 및 규모 관련
자료, 상가위치, 상권, 배후지, 업종특성, 경기 동향 및 수요자특성자료 등이 있다.

③ 사례자료는 동일 또는 유사업종 상가의 권리금 거래사례, 방매사례, 임대사례, 수익자료 및
지역, 상권, 업종별 시장자료 등이 있다.

감정평가 관련 자료는 권리금의 특성에 맞게 적절하게 수집 및 정리하여야 하며, 감정평가 의
뢰인의 의뢰목록 및 권리금이 형성되는 특징 등을 고려하여 지역별·상권별·업종별로 객관
성과 신뢰성 있는 자료를 수집해야 한다.

### 2. 자료수집 시 유의사항

권리금 거래자료 수집 시 거래내역, 동종 또는 이종 업종으로의 변경여부, 기존 영업시설의
활용정도, 추가영업시설의 필요여부, 수익정도 등을 확인해야 하며, 거래자료가 없는 경우에
는 인근의 비교가능성 있는 방매자료를 수집하여 감정평가에 활용할 수 있다.

방매자료를 이용하는 경우 다수의 방매사례를 수집하여 동일로변의 방매가격수준을 확인할 수
있어야 하며, 사정보정이 필요한 경우에는 보정이 가능한 자료를 수집·분석하여야 한다.

수익자료 수집 시 상가의 업종, 임차인의 영업능력, 경쟁상가 동향, 임대차 현황, 적법여부
등 특수성 등을 고려하여 자료의 적정성을 검토해야 한다.

## 제3절　권리금의 감정평가방법

### 1. 권리금의 감정평가원칙

> 「감정평가에 관한 규칙」
> **제7조(개별물건기준 원칙 등)**
> ① 감정평가는 대상물건마다 개별로 하여야 한다.
> ② 둘 이상의 대상물건이 일체로 거래되거나 대상물건 상호 간에 용도상 불가분의 관계가 있는 경우에는 일괄하여 감정평가할 수 있다.
>
> 「실무기준」
> ① 권리금을 감정평가할 때에는 유형·무형의 재산마다 개별로 감정평가하는 것을 원칙으로 한다.
> ② 제1항에도 불구하고 권리금을 개별로 감정평가하는 것이 곤란하거나 적절하지 아니한 경우에는 일괄하여 감정평가할 수 있다. 이 경우 감정평가액은 합리적인 배분기준에 따라 유형재산가액과 무형재산가액으로 구분하여 표시할 수 있다.

권리금은 유·무형재산에 대한 가치형성과정이 다르게 나타나며, 물리적·구체적 형태의 구분이 가능한 점을 고려하여 개별감정평가를 원칙으로 한다. 이는 대상물건 각각을 독립된 개별물건으로 취급하고 이에 대한 경제적 가치를 감정평가하는 「감정평가에 관한 규칙」 제7조 개별물건기준 원칙을 따른 것이다.

유·무형재산의 특성상 개별감정평가가 불가능한 경우나 개별감정평가가 적절하지 않은 경우에는 유·무형재산의 구별 없이 일괄로 감정평가할 수 있다. 다만, 일괄평가한 금액에 대하여 의뢰인이 유·무형재산별로 구분하여 표시해 줄 것을 요구하는 경우는 거래사례의 유·무형재산의 구성비율, 감정평가대상 및 인근의 표준적인 유·무형재산의 구성비율 등 합리적인 배분기준에 따라 유형재산가액과 무형재산가액으로 구분하여 표시할 수 있다.

### 2. 유형재산의 감정평가

> 「실무기준」
> ① 유형재산을 감정평가할 때에는 원가법을 적용하여야 한다.
> ② 제1항에도 불구하고 원가법을 적용하는 것이 곤란하거나 부적절한 경우에는 거래사례비교법 등으로 감정평가할 수 있다.

## 1) 감정평가방법

### (1) 원가법

유형재산은 통상 시간경과에 따라 그 가치가 일정 정도 하락하는 물건이고, 상가의 개별성에 따라 맞춤형으로 제작, 설치하는 경우가 많으며, 신품가격조사가 용이한 점을 고려하여 원가법 적용을 원칙으로 규정한 것이다.

### (2) 거래사례비교법

다만, 업종전환 등으로 재사용이 불가능한 경우, 유형재산 또는 업종 특성 등에 비추어 원가법을 적용하는 것이 곤란하거나 부적절한 경우 등에는 거래사례비교법 등 다른 방식으로 감정평가할 수 있도록 한 것이다.

### (3) 기타

거래사례비교법 이외에 동일 또는 유사 중고품의 가격수준 등을 참작하여 감정평가할 수 있으며, 효용가치가 없는 시설의 경우에는 해체처분가격으로 감정평가할 수 있다. 이 경우 효용가치 유무의 판단은 동종 또는 이종업종으로의 변경, 임차인의 의도, 일반적인 상가의 효용정도, 잔존내용연수, 시장성, 대체가능성, 관리상태 및 사회통념 등을 종합적으로 고려하여 결정해야 한다.

## 2) 유의사항

### (1) 감정평가 대상 확정 시

유형재산은 등기사항증명서 등 공적장부에 등기 또는 등록되지 않는 점, 소유권 관계를 객관적으로 확인하기 어려운 점, 임대차계약기간 만료 시 임차인에게 영업시설 등에 대한 원상회복의무를 지우고 있는 점, 「민법」상 임차인의 부속물매수청구권(제646조) 및 임차인의 비용상환청구권(제626조) 등 관련 법률에 의거 분쟁이 발생할 우려가 많은 점을 종합 고려하여 감정평가대상을 의뢰인에게 제시받아야 하고, 감정평가대상 확정 시 반드시 의뢰인 및 이해관계인의 확인을 거쳐 확정하여야 한다.

### (2) 재고자산이 통상적인 규모를 초과하는 경우

재고자산이 통상적인 규모를 초과하는 경우에는 재고자산이 실제 권리금 계약에 포함되어 있다고 하여도 이는 권리금의 구성요소가 아니라 별도의 동산 거래로 보아야 하므로 감정평가에서 제외할 수 있다. 다만, 의뢰인이 재고자산 전체를 감정평가해 줄 것을 요청하는 경우에는 감정평가조건을 명기하고 감정평가할 수 있다.

## 3. 무형재산의 감정평가

### 1) 무형재산의 감정평가방법

「감정평가에 관한 규칙」

**제23조(무형자산의 감정평가)**

③ 감정평가법인등은 영업권, 특허권, 실용신안권, 디자인권, 상표권, 저작권, 전용측선이용권(專用側線利用權), 그 밖의 무형자산을 감정평가할 때에 수익환원법을 적용해야 한다.

「실무기준」

① 무형재산을 감정평가할 때에는 수익환원법을 적용하여야 한다.

② 제1항에도 불구하고 수익환원법을 적용하는 것이 곤란하거나 부적절한 경우에는 거래사례비교법이나 원가법 등으로 감정평가할 수 있다.

#### (1) 원칙

무형재산은 수익성 원리에 근거한 무형자산의 가치형성과정과 유사성이 있고, 무형자산은 「감정평가에 관한 규칙」 제23조에서 수익환원법을 주된 방법으로 규정하고 있으므로 수익환원법을 주된 감정평가방법으로 규정하였다.

감정평가 대상 상가가 정상영업 중인 경우 무형재산의 가치는 해당 상가의 과거 매출 자료 등을 기준으로 무형재산으로 인하여 장래 발생할 것으로 예상되는 합리적인 장래기대 영업이익 등을 산정한 후 이를 현재가치로 할인 또는 환원하여 산정한다.

영업중단, 영업이익이 없거나 인근지역의 표준적인 상가의 영업이익에 비하여 영업이익이 현저히 낮은 경우, 수익의 측정이 불가능한 상가의 경우 등은 인근 동종 또는 유사업종 상가의 평균 영업이익 등을 기준으로 하되, 감정평가대상 상가의 개별성을 반영하여 무형재산의 합리적인 장래 기대영업이익을 산정한 후 수익환원법을 적용하여 감정평가할 수 있다.

#### (2) 예외

인근 동종 또는 유사업종 상가의 평균영업이익 등을 산정할 수 없어 "수익환원법을 적용하는 것이 곤란하거나 부적절한 경우"에는 거래사례비교법 또는 원가법 등으로 감정평가할 수 있다. 또한 후술하는 임대료승수환원법을 적용하여 산정한 금액에서 유형재산가액을 차감하는 방법을 적용할 수도 있다.

## 2) 수익환원법의 적용

### (1) 개설

무형재산을 수익환원법으로 감정평가하는 경우에는 정상영업 중인 경우, 영업이 중단되어 있거나 혹은 영업이익이 비정상적인 경우 등을 구분하여 적용한다.

### (2) 정상영업 중인 경우와 영업이익이 비정상적인 경우 등

무형재산 귀속 영업이익 또는 현금흐름(이하 "영업이익 등"이라 한다)을 할인기간 동안 환원 또는 할인하여 현재가치를 구하며, 영업이 중단되고 있거나 영업이익이 비정상적인 경우에는 동일 용도지대 내 동일 또는 유사업종 상가의 평균 영업이익 등을 고려하되, 감정평가 대상 상가의 개별성을 반영한 조정된 영업이익 등을 기준으로 한다.

무형재산 귀속 영업이익 등은 장래 임차인이 영업활동을 통해 발생할 것으로 예상되는 영업이익을 구하는 것으로 감정평가 대상 상가의 과거 매출자료 등을 토대로 장래 발생가능할 것으로 예상되는 합리적인 기대영업이익이다.

과거 영업이익자료 분석은 과거 3년간의 자료를 분석하는 것을 원칙으로 한다. 다만, 영업활동이 3년 미만이거나 영업시설의 확장 또는 축소 그 밖에 영업환경의 변동 등으로 인하여 과거 3년간의 자료를 분석하는 것이 곤란하거나 현저히 부적정한 경우에는 3년 이하의 자료를 분석하되, 관련 자료 등을 토대로 그 합리성을 검토해야 한다.

| 구분 | 수익환원법 모형 | 비고 |
|---|---|---|
| 모형 | • 정상영업 중인 경우 $$V=(\sum_{t=1}^{n}\frac{무형재산\ 귀속\ 영업이익\ 또는\ 현금흐름_t}{(1+r)^t})$$ • 영업이 중단된 경우 등 $$V=(\sum_{t=1}^{n}\frac{조정된\ 무형재산\ 귀속\ 영업이익\ 또는\ 현금흐름_t}{(1+r)^t})$$ | $V$ : 무형재산 권리금 $n$ : 할인기간 $r$ : 할인율 |

### 3) 무형재산 귀속 영업이익 등 산정

#### (1) 영업이익과 현금흐름

① 영업이익

영업이익은 재무제표(손익계산서)상의 상가 전체 영업이익(매출액-매출원가-판매비 및 일반관리비)에서 무형재산에 귀속하는 영업이익을 환원 또는 할인대상으로 하는 방법이다.

전체 영업이익 산정 시 주의할 점은 유형재산에 대한 '감가상각비'는 영업이익에 대응되는 비용이고, '자가 인건비 상당액'은 임차인의 투하된 노동력에 대한 대가로 응당 지불되어야 하는 비용이므로 양자 모두 비용처리하여야 한다는 것이다.

만약 의뢰인이나 임차인에게 영업이익을 제시받지 못하거나 제시받은 영업이익의 신뢰성 및 객관성이 현저히 떨어진다고 판단되는 경우에는 인근의 평균 영업이익 또는 통계자료 등을 고려하여 산정할 수 있다.

영업을 하지 않거나 영업이익이 (-)인 경우에는 인근의 평균 영업이익을 고려하되, 상가의 개별성을 반영한 조정된 영업이익 등을 기준으로 감정평가할 수 있다. 이 경우 '인근의 평균 영업이익'은 동일 용도지대 내 동일 또는 유사업종 상가의 평균적인 영업이익을 의미한다. 다만 현실적으로 평균 영업이익을 구하기 어려운 경우에는 임대료승수환원법, 거래사례비교법이나 원가법 등을 적용할 수 있다.

영업이익 산정 시 '자가 인건비 상당액'은 업종 및 임차인의 능력 등에 따라 주관적일 수 있으므로 보다 객관적인 자료인 통계청 등 정부기관에서 발표하는 각 업종별 · 지역별 전국 표준인건비 통계자료 등을 참고하여 결정할 수 있다.

② 현금흐름

현금흐름은 재무제표(손익계산서)상의 영업이익에다 세금 등을 가감한 순현금흐름(매출액-매출원가-판매비 및 일반관리비-세금+비현금흐름-자본적 지출액±순운전자본증감액)에서 무형재산에 귀속하는 현금흐름을 환원 또는 할인 대상으로 하는 방법이다.

세금은 개인일 경우 소득세, 법인일 경우 법인세 상당액을 기준으로 하며, 해당 상가(또는 사업장)로 인하여 발생하는 영업이익에 대해 일정세율을 적용하여 추정한다.

자본적 지출은 해당 할인기간 동안 기존자산을 유지하거나 새로운 자산을 구입하는 데 재투자해야 하는 비용이므로 자본적 지출만큼 차감해 주어야 한다.

순운전자본이란 유동자산과 유동부채의 차이를 의미하며 순운전자본 증감액을 반영한다.

③ 유의사항

기업형 상가의 경우에는 세금 및 추가적인 자본적 지출 등의 영향을 많이 받으므로 현금흐름을 적용할 수 있고, 소규모 상가의 경우 영업이익을 적용할 수 있다. 다만, 기업형 상가와 소규모 상가의 구분기준은 매출액, 영업형태, 업종, 규모, 브랜드 등을 종합 고려하여 판단하여야 하는 것으로 단순히 임차인이 법인이냐 개인이냐에 따라 구분되는 것은 아님에 유의하여야 한다.

## (2) 무형재산 귀속 영업이익 등의 산정방법

감정평가대상 상가의 전체 영업이익에서 무형재산 귀속 영업이익 등은 해당 지역, 상권, 업종 특성에 따라 다르게 나타날 것이며, 그 추정방법은 비율추출방식, 비교사례추출방식, 공제방식이 있다.

① 비율추출방식

가. 산정방법

이 방식은 감정평가대상 상가가 속한 지역의 거래관행 등을 조사하여 전체 영업이익 중 무형재산 귀속 영업이익을 일정비율로 추출해 내는 방법이다.

무형재산 귀속 영업이익비율은 권리금 거래관행 및 시장탐문 등에 의해 추정 가능하며 지역별·상권별·업종별로 다양하게 나타날 수 있다. 이 방식은 권리금 거래관행을 잘 반영할 수 있고, 시장에서 탐문 등을 통하여 정보수집이 가능하여 현실적으로 유용한 방법이다.

만약 평가대상이 속한 지역의 무형재산이 '자가 인건비 상당액 공제 전 영업이익'을 기준으로 시장탐문 조사되었다면 다음과 같은 방법으로 무형재산 영업이익비율을 구할 수 있다.

---

무형재산 귀속 영업이익 = 전체 영업이익(자가 인건비 상당액 공제 후)
× 무형재산 영업이익비율

---

**▌예시 1**

시장탐문조사 시 감정평가대상이 속한 노변의 권리금이 영업이익(자가인건비 상당액 공제 후)의 12개월로 조사된다면 이는 「상가건물임대차보호법」상 보장기간 60개월의 20% 수준으로 추정됨.

무형재산 귀속 영업이익비율 = 12개월 / 60개월 = 0.2
※ 유의 : 상임법 개정으로 현재는 보장기간이 10년임.

---

---

> **예시 2**
>
> 무형재산 영업이익이 전체 영업이익(자가 인건비 상당액 공제 전)의 12개월, 해당 상가의 영업이익(자가 인건비 상당액 공제 전)이 300만원/월, 자가 인건비 상당액 162만원(통계청 자료 사용)으로 조사된다면 이는 「상가건물임대차보호법」상 보장기간 60개월의 43% 수준으로 무형재산 영업이익비율을 추정함.
>
> 무형재산 귀속 영업이익비율 = 26개월 / 60개월 ≒ 0.43
> 3,000,000 × 12개월 = (3,000,000원 − 1,620,000원) × $x$개월 *
> * $x$개월 = 36,000,000원 / 1,380,000원 ≒ 26개월

**나. 산정 시 유의사항**

수익환원법 적용 시 환원대상 영업이익(현금흐름)에는 '자가 인건비 상당액'이 공제된 금액이므로 거래관행 조사 시 영업이익이 자가 인건비 상당액 공제 전 또는 공제 후 금액인지에 유의해야 한다. 만약 시장탐문 조사된 자료가 공제 전 금액이라면 '자가 인건비 상당액'을 고려하여 [예시 2]의 방법으로 무형재산 귀속 영업이익비율을 수정해 주어야 한다.

② **비교사례추출방식**

이 방식은 감정평가대상 상가가 속한 노변 혹은 동일수급권 내 유사지역의 권리금이 수수되지 않는 상가와 권리금이 수수되고 있는 상가의 영업이익의 차이로 추출해 내는 방법이다. 이는 권리금이 "0"인 경우에도 영업이익이 존재한다는 상황을 반영한 방법이지만, 권리금이 "0"인 상태의 영업이익을 실무상 측정하기가 곤란하여 적용에 한계가 있는 방법이다. 그러나 이 방법도 권리금 감정평가와 관련된 데이터 축적 및 상가의 영업자료 축적 등에 따라 장래에는 적용 가능한 유용한 방법이 될 수 있다.

③ **공제방식**

공제방식은 전체 영업이익 중에서 영업이익 형성에 기여하는 권리금 외의 생산요소별 기여분을 공제하고 남은 부분(매출액 − 매출원가 − 판매비 및 일반관리비 − 투하자산 기여이익 − 임차인 경영이익)을 무형재산 귀속 영업이익으로 추정하는 방법이다.

이 방법은 투하자산 및 임차인 경영이익에 대한 적정이익을 구하기 어렵고, 무형재산에 상응하는 영업이익이 없거나 높은 영업이익이 산출되는 경우 현실 권리금 거래관행과의 괴리를 가져올 수 있다는 한계점이 있다.

**(3) 할인율**

할인율은 적용되는 영업이익 등의 종류와 위험 정도, 할인기간 및 특성 등에 따라 상이하게 나타나는데 요소구성법과 가중평균자본비용(WACC) 등을 적용하여 산정할 수 있으며, 다른 무형자산 감정평가 시 사용하는 할인율 등을 참고하여 산정할 수 있다.

① 요소구성법

| 할인율 = 무위험률 + 위험할증률 |
|---|

무위험률은 일반적으로 은행의 정기예금이자율, 3년·5년 만기 국채수익률 등을 사용할 수 있으며, 다양한 위험요소를 고려한 위험할증률은 감정평가 대상 상가의 영업에 따른 장래 위험프리미엄으로서 입지특성, 영업 및 상권특성, 시설특성 및 장래 발생 가능한 영업환경의 변화, 경영상의 위험률 등을 고려하여 결정한다.

② 가중평균자본비용

상가의 임차인이 자기자본과 타인자본을 이용하여 영업을 영위하는 점, 각각의 자본조달에 소요되는 비용이 상이한 점 등에 주안점을 둔 것으로, 자기자본과 타인자본에 대한 자본비용을 각 자본의 구성비율로 가중평균한 가중평균자본비용(WACC)을 적용하여 결정하는 방법이다.

가중평균자본비용을 구할 때 대상과 동일 또는 유사업종 기업의 WACC, 감정평가 대상 상가의 위험프리미엄 및 위험스프레드 등을 분석하여 아래 산식을 적용한다.

$$\text{WACC} = (K_e \times \frac{E}{E+D} + K_d \times \frac{D}{E+D})$$

$K_e$ : 해당 상가의 위험프리미엄을 감안한 자기자본비용
$K_d$ : 해당 상가의 위험스프레드를 감안한 타인자본비용
$E$ : 자기자본총액
$D$ : 이자지급부 부채총액

## (4) 할인기간

실제 영업기간은 지역별·업종별·상가별로 다르게 나타나지만, 권리금은 선불적 의미의 투자액 성격이고, 「상가건물 임대차보호법」상 10년(종전 : 5년)을 보장하고 있으나 현재 이에 대한 논의 중으로 당분간은 종전과 같이 5년을 기준함이 타당하다.

## (5) 기타

「실무기준」상 무형재산 감정평가 시 해당 영업이익 등을 환원 또는 할인하는 기간을 명시적으로 규정하지 않은 것은 적정 할인기간의 조정을 통해서도 무형재산을 감정평가할 수 있도록 한 취지이다.

따라서 권리금에 상응하는 적정한 영업이익 등 비율을 구할 수 없거나, 그 비율에 객관성 및 신뢰성이 없다고 판단되는 경우에는 감정평가대상 상가의 전체 영업이익을 기준으로 하되, 적정 할인기간을 조정하여 감정평가할 수도 있다. 이 경우 적정 할인기간은 시장관행 및 탐문 등에 의해 지역별·상권별·업종별 및 영업특성 등을 고려하여 결정하여야 한다.

## 4) 거래사례비교법의 적용

### (1) 산식

$$V = P_S \times C \times T \times Z \times I$$

V : 상가건물의 무형재산 감정평가액, $P_S$ : 무형재산 거래사례 금액
C : 사정보정치, T : 시점수정치
Z : 지역요인 비교치, I : 개별요인 비교치(면적 등에 대한 수정치 포함)

### (2) 사례선정

거래사례비교법의 적용을 위한 거래사례는 동일 또는 유사업종의 무형재산만의 거래사례
(또는 동일 또는 유사업종의 권리금 일체 거래사례에서 유형재산을 차감한 가액)로서 실무
기준 [400-3.3.1.2]에 부합하는 거래사례를 선정한다.

본건과 동일 또는 유사업종이란 해당지역의 특성, 상권의 특성 등을 고려할 때 권리금 가치
형성요인이 유사하고 비교가능성 및 대체가능성이 높은 업종을 의미한다. 실무상 절대적인
것은 아니지만 「건축법 시행령」 제14조 규정에 의거한 9개의 시설군 분류체계 내의 업종
일 경우 유사업종으로 볼 수 있을 것이다.

본건과 동일 또는 유사업종의 거래사례를 선정하도록 규정한 취지는 지역특성, 영업특성,
시설특성 및 기타 업종 특성 등에 따라 개별적으로 형성되는 권리금 수준을 반영하기 위한
것이며 가치형성요인 비교 시 비교가능성을 높여 평가주체의 자의성 개입을 줄이기 위한
것이다.

### (3) 가치형성요인 비교

사례와 대상과의 가치형성요인 비교과정은 입지조건, 영업조건, 시설조건, 기타조건에 따
라 각 조건별로 비교하여 최종 격차율을 산정한다. 지역요인의 경우 입지, 영업, 기타조건
이 해당되며 개별요인 비교 시 개별상가의 시설조건이 추가된다.

지역요인 및 개별요인의 비교항목은 다음 표와 같다.

| 지역요인 | | | 개별요인 | | |
|---|---|---|---|---|---|
| 조건 | 항목 | 세항목 | 조건 | 항목 | 세항목 |
| 입지조건 | 위치 | 교통 접근성 | 입지조건 | 위치 | 지하철역세권, 버스노선 |
| | | 유동인구 | | | 유동인구, 접면도로 상태 등 |
| | | 편의시설 정도 | | | 편의시설 정도 |
| | 상권 | 경제기반도 | | 상권 | 크기 |
| | | 영업수준 | | | 주요고객 유형 |
| | | 소비성향도 | | | 유효구매력 수요 |
| | | | | | 상가적합성 |
| | 배후지 | 배후지의 성격, 규모 등 | | 배후지 | 위치, 종류, 크기 |
| | | | | | 세대수, 구성원 등 |
| 영업조건 | 영업형태 | 영업의 전문화 | 영업조건 | 신용도 | 고객인지도(브랜드 등) |
| | | | | | 신용도 |
| | | | | 노하우 | 영업노하우 |
| | | | | 거래처관계 | 업종 간 경쟁관계 |
| | | | | | 고객 수준, 영업(업종) 난이도 |
| | | 상권의 집단화 | | 상가면적 및 건물관리상태 등 | 건물규모, 관리상태, 임차자 혼합 정도, 주차상태 등 |
| | | | | | 상가면적, 층/위치 등 |
| | | | | 임대차계약정도 등 | 초기 권리금 수준, 임대차계약 내용(계약기간, 보증금과 월임대료, 특약 등) |
| | | 명성 및 트렌드 | 시설조건 | 시설상태, 규모 등 | 인테리어 정도 |
| | | | | | 영업시설의 형식 및 상태 |
| | | | | | 시설규모 등 |
| | | | | | 경쟁업체와의 시설수준 |
| 기타조건 | 기타 | 허가난이도 및 경기동향 등 그 밖의 사항 | 기타조건 | 기타 | 그 밖의 사항 |

### (4) 유의사항

#### ① 방매사례 선정 가능 여부

무형재산의 권리금을 거래사례비교법으로 감정평가하기 위해서는 거래사례의 수집이 필수적이다. 그러나 현실은 권리금 시장의 폐쇄성 등으로 인하여 거래사례의 포착이 매우 어렵고, 탐문에 의해 거래사례를 조사한다 하더라도 증빙자료인 권리금 계약서를 구하기가 매우 어렵다. 이러한 현실을 고려하고 방매가격도 하나의 시장가격의 지표가 될 수 있으므로 권리금 거래사례에 대한 자료가 축적되기 전까지는 제한적으로 방매사례를 거래사례로 사용할 수 있다.

다만, 방매사례를 인근 거래사례로 사용하는 경우에는 유사 상가의 권리금 수준, 다수의 유사 방매사례 수집 등을 통하여 방매가격의 합리성을 검토하여야 한다.

또한 방매가격 기준 시 시점수정에 대해 논란이 있으나 방매 개시시점을 정확히 파악하기 어렵고 기준시점 현재 시장에 출품된 상태이므로 별도의 시점수정은 불필요한 경우도 있을 것이다.

#### ② 개별요인 비교 시 면적 비교

표준적인 상가면적은 업종 및 지역, 상권에 따라 다르게 나타난다. 표준적인 상가면적 이상의 경우에는 단위면적당 권리금이 다소 낮아지는 경향을 보이므로 개별요인 비교 시 면적에 따른 요인 비교치를 고려해야 한다.

가치형성요인 비교 시 기준이 되는 면적은 임대면적, 계약면적, 전유면적 등이 있으나 시장에서 자료수집이 가능하고 신뢰성 있게 비교분석할 수 있는 면적을 선정하는 것이 바람직하다.

#### ③ 층별, 위치별 권리금 요인치 적용

동일건물 내 상가라도 층별, 위치별 임대료 및 가격수준의 차이가 발생하며 권리금 또한 마찬가지이다. 상층부 또는 지하층의 상가권리금은 통상 1층에 비해 권리금이 낮게 형성되거나 없는 경우도 발생한다.

따라서 층이 다른 상가를 사례로 선정하고자 하는 경우는 해당 상가건물의 층별, 위치별 비교치를 구할 수 있을 경우에 한하여 적용하여야 한다.

## 5) 원가법의 적용

> **「실무기준」**
>
> 무형재산을 원가법으로 감정평가할 때에는 대상 상가의 임대차 계약 당시 무형재산의 취득가액을 기준으로 취득 당시와 기준시점 당시의 수익 변화 등을 고려하여 감정평가한다. 다만, 무형재산의 원가에 근거하여 합리적으로 감정평가할 수 있는 다른 방법이 있는 경우에는 그에 따라 감정평가할 수 있다.

### (1) 산식

무형재산 감정평가 시 적용하는 원가법이란 권리금 시장에서 권리금을 기지급한 임차인의 대부분은 신규임차인에게 권리금을 받고 상가를 양도하기 원하며 적어도 기지급한 권리금 수준 또는 그 이상을 받고자 하는 점을 고려한 감정평가방법이다.

> 무형재산 권리금 = 기지급한 감정평가 대상 상가의 무형재산 권리금 × 시점수정 × 수정률

### (2) 기지불된 무형재산 권리금

임차인이 기지급한 권리금은 선불적 투자비용 중 하나로서 영업개시 시점에 투입된 비용성격이고, 평가대상은 이 중 무형재산에 상응하는 권리금만 해당된다. 따라서 기지급한 권리금 중 유형재산에 해당하는 권리금을 차감한 후 적용하여야 한다.

### (3) 시점수정

기존 권리금 지급시점과 기준시점 간 시간 경과에 따라 권리금 가격변화에 대한 보정으로서 권리금과 임대료와의 정의 상관관계가 형성되는 점을 고려하여 한국감정원에서 매분기 조사·발표하는 매장용 부동산의 임대가격지수, 소비자물가지수 등을 활용할 수 있다.

### (4) 수정률

수정률은 권리금의 기지급시점과 기준시점 간 권리금을 둘러싼 경제사정의 변화, 상권의 변화, 임차인의 영업활동 변화 등에 따른 보정치로서 감정평가대상 상가 및 동일 용도지대 내 유사상가의 권리금 거래수준, 상권의 변화 정도, 업종 특성, 장래 변화가능성, 경기변동 등을 종합적으로 고려하여 결정한다.

### (5) 유의사항

종전 임차인은 기지급한 권리금 수준 또는 그보다 다소 높은 수준의 권리금을 수령하기 원하기 때문에 원가법은 검증방법으로 유용할 수 있다. 다만, 권리금이 거래되는 시장의 불완전성이 크고 당사자 간의 협상력 차이에 의해 결정되는 경우가 많으므로 이미 지급한 권리금이 적정한 금액인지 여부는 주변의 권리금 수준 등과의 비교·검토 하에 판단해야 할 것이다.

## 4. 유형재산과 무형재산의 일괄감정평가

「실무기준」
① 유형재산과 무형재산을 일괄하여 감정평가할 때에는 수익환원법을 적용하여야 한다.
② 제1항에도 불구하고 수익환원법을 적용하는 것이 곤란하거나 부적절한 경우에는 거래사례비교법 등으로 감정평가할 수 있다.

## 1) 개설

권리금 감정평가는 유·무형재산마다 개별로 감정평가하는 것을 원칙으로 규정하고 있으나, 권리금을 개별로 감정평가하는 것이 곤란하거나 적절하지 아니한 경우에는 일괄하여 감정평가할 수 있도록 규정한 것이다.

## 2) 거래사례비교법 등

권리금을 개별로 감정평가하는 것이 곤란하거나 적절하지 아니한 경우에는 권리금을 유·무형재산 일체로 한 거래사례비교법 또는 원가법 등으로 감정평가할 수 있다. 거래사례비교법 적용 시 거래사례와 감정평가 대상 상가와의 유·무형재산의 구성비율 비교 및 유·무형재산의 지역·개별요인 비교항목에 대한 비교 등을 하여야 하며, 원가법 적용 시에도 유·무형재산의 특성을 반영하여야 한다.

## 3) 기타 감정평가방법

### (1) 회귀분석법

권리금을 종속변수로 하고, 권리금에 영향을 미치는 변수를 독립변수로 한 다중회귀분석을 이용하여 권리금을 감정평가하는 방법이다.

### (2) 월임대료승수법(Monthly Rent Multiplier Method : MRM법)

이 방법은 대상과 동일 또는 유사업종 상가의 임대료와 권리금 간 표준적인 승수에 감정평가대상 상가의 임대료를 곱하여 상가권리금을 감정평가하는 방법이다.

> 상가권리금 = 동일 또는 유사업종 상가의 임대료와 권리금 간 승수 × 감정평가대상 상가 임대료 × 수정률

임대료와 권리금 간 승수는 권리금이 임대료 대비 몇 배인지를 나타내는 배수로서, 현장조사를 통한 탐문자료, 시장자료, 거래자료, 방매자료 등을 수집, 정리하여 결정해야 한다. 상가의 임대료는 월간 실질임대료를 의미하며, 임차인의 과거 임대차계약에 의한 임대료를 의미하는 것이 아니라 기준시점 현재의 임대료를 의미한다.

수정률은 감정평가대상 상가의 개별성, 임차인의 투하자본과 업종별 특성 등에 따른 보정치이다. 상기의 방법은 권리금 자료의 수집, 유형재산의 규모·특성 및 영업특성에 따라 달리 형성되는 개별적 권리금 수준을 반영하기 어려운 점은 있으나 현행 권리금 수수관행에 부합하는 방법이며, 감정평가대상 상가 인근의 권리금 수준 등을 파악하는 데 유용한 방법이 될 수 있으므로 다른 방식으로 산정한 권리금의 검증수단으로 용이하다.

## PLUS+개념 권리금의 감정평가 1

「상가건물 임대차보호법」 제10조의4(권리금 회수기회 보호 등)항이 그 핵심 조항이다. 제1항에서 임대인은 임대차기간이 끝나기 3개월 전부터 임대차 종료 시까지 특별한 사유가 없으면 권리금 계약에 따라 임차인이 주선한 신규임차인이 되려는 자로부터 권리금을 지급받는 것을 방해할 수 없도록 했다. 임대인은 특별한 사정이 없는 한 새로운 임차인과 정상적인 임대차계약을 체결하기 위해 노력만 하면 되고, 임차인은 새 임차인으로부터 권리금을 받아 나가면 그만인 것이다. 이를 강제하기 위해 같은 조 제3항에서는 '임대인이 제1항을 위반하여 임차인에게 손해를 발생하게 한 때에는 그 손해를 배상할 책임이 있다. 이 경우 그 손해배상액은 신규임차인이 임차인에게 지급하기로 한 권리금과 임대차 종료 당시의 권리금 중 낮은 금액을 넘지 못한다.'고 규정했다. 임대인의 귀책사유로 임차인이 권리금을 제대로 지급받지 못하면 법적 책임을 묻겠다는 것이다. 권리금을 임차인이 수령할 정상적인 경제적 대가로 인식한 것이 유의미하다. 또한 권리금을 명확히 '정의'한 것도 바람직하다. 규정에 들어온 권리금의 정의는 '임대차 목적물인 상가건물에서 영업을 하는 자 또는 영업을 하려는 자가 영업시설·비품, 거래처, 신용, 영업상의 노하우, 상가건물의 위치에 따른 영업상의 이점 등 유형·무형의 재산적 가치의 양도 또는 이용대가로서 임대인, 임차인에게 보증금과 차임 이외에 지급하는 금전 등의 대가이다. 권리금의 형성주체는 '현재 영업자'이며 수수주체도 '현재 또는 장래 영업자'로 한정한 것이 권리금의 내용만큼 사실 더 중요하다고 볼 수 있다. 손해배상의 문제가 생길 때 권리금 가액이 특정될 것인데, 제10조의7(권리금 평가기준의 고시)은 '국토교통부장관은 권리금에 대한 감정평가의 절차와 방법 등에 관한 기준을 고시할 수 있다.'고 규정했으나, 분쟁의 해결을 위해 법의 힘을 빌리면서, 배상금액은 감정평가사의 손을 거치게 됐다. 권리금 평가규정을 살펴보기에 앞서, 권리금에 대한 기존 논의를 정리해 볼 필요가 있다. 권리금에 대한 논문에서는 상가 권리금의 유형을 일단 3가지로 분류·정의하고 있다. 점포 내에 설치된 인테리어, 영업시설, 비품 등 유형물에 대한 대가를 '시설 권리금', 거래처, 신용, 영업상의 노하우 등 점포의 상호와 고객을 모두 인수하는 대가는 '영업 권리금'으로, 빈 점포에 존재하는 기본 권리금으로서 점포 위치에 따른 영업상의 이점이 반영된 장소적 이익의 대가를 '바닥 권리금'으로 파악한다. 바닥 권리금은 '빈' 점포를 전제하므로 임차인에게 귀속하는 권리금 내용 중에 포함시켜서는 안 된다는 의견도 등장했다. 권리금이 현재의 법 테두리 안에 경제적 자산으로 인식되기 전이었으므로, 마땅히 권리금을 평가할 규정이 전무했다. 그렇다고 권리금에 대한 다툼이 전혀 없었던 것은 아니다. 간헐적으로 이뤄지는 평가는 소송감정인의 몫이었는데, 해당 평가서에서는 권리금이 뭉뚱그려서 얼마라고 제시된 후 당사자 간 협상력에 의해 감액되는 현실에 충실하게, 상가 자리를 찾는 임차인을 가장한 탐문조사로 시장에 형성된 권리금 수준을 파악한 후, 소표본 자료인 점을 고려해 $t$-분포이론을 적용하여 허용한계(허용오차)를 산정하여 범위로 제시하는 방법으로 결론을 내린 점을 확인할 수 있었다. 법 개정에 대한 후속 조치로 국토교통부가 고시한 권리금 평가방법은 「감정평가 실무기준」에 담게 되었다.

**PLUS+개념**

### 권리금의 감정평가 2

'권리금'을 감정평가하려면 첫 번째, 권리금을 구성하고 있는 세부 내용물이 무엇인지 정의해야 한다. 영업활동에 사용하는 영업시설, 비품, 재고자산 등 물리적·구체적 형태를 갖춘 재산을 '유형재산', 영업활동에 사용하는 거래처, 신용, 영업상의 노하우, 건물의 위치에 따른 영업상의 이점 등 물리적·구체적 형태를 갖추지 않은 재산을 '무형재산'으로 규정하고 이 둘의 가치가 합하여 권리금으로 인식된다고 본다. 두 번째, 개별 평가와 묶음 평가 중 택일해야 한다. '권리금을 감정평가할 때에는 유형·무형의 재산마다 개별로 감정평가하는 것을 원칙으로 하고, 권리금을 개별로 감정평가하는 것이 곤란하거나 적절하지 아니한 경우에는 일괄하여 감정평가할 수 있다.' 개별 평가의 논리를 따를 때, 눈에 보이는 유형재산의 평가원칙은 원가법이다. 신품의 현재 취득가격과 시설의 사용연수를 기준으로 판단한다. 워낙 범용성이 커 제조사와 구입연도만 대면 중고시세가 손쉽게 검색되는 것들은 거래사례비교법 적용도 가능하다. 권리금 평가의 핵심이면서 평가 금액 과부족 문제로 논란의 소지가 있는 부분은 '무형재산'에 대한 감정평가 방법과 그 결과물이다. 모든 무형자산에서와 같이 권리금의 평가원칙도 '수익환원법'인데, 구체적인 형태를 띠지 않는 이 재산은 장래 수익성으로밖에 식별되지 않기 때문이다. 평가방법은 1. 해당 영업이 지속하는 동안 무형재산으로 인하여 달성할 것으로 예상되는 영업이익을 현재가치로 할인하거나 환원하는 방법 2. 수익환원법으로 산정한 전체 영업의 가치에서 유형재산의 가치를 차감하는 방법이다. 후자는 권리금 일체를 평가한 후 여기에서 유형재산 상당액을 빼 주면 무형재산의 가치가 확정된다는 접근법이다. 수익환원법을 적용할 때 실무자 입장에서 어려움이 예상된다. 할인 또는 환원할 영업이익을 '무형재산으로 인하여 달성할 것'으로 정했는데 현금흐름의 대상인 '초과이익'을 어떤 식으로 인식하는지에 대한 문제다. 상식적으로 임대차기간 동안의 영업이익 합계를 모두 권리금이라고 주장할 수는 없을 것이다. 초과이익의 기준선 역할을 하는 평균이익을 지역 내 매장의 평균적인 영업이익으로 할지, 동일업종으로 제한할지, 객관성을 기한다는 명목으로 도시근로자 가계지출비 상당액으로 볼지에 대한 판단은 실무자의 몫으로 남는다. 이전 임차인과 현 임차인의 사업 수완에 따른 영업이익 격차 정보가 있다면 가장 확실하게 초과이익을 파악할 수 있다. 한편, 경기 상황, 금리 수준은 외부 변수 역할을 하며 초과이익 규모 상당액을 조정할 여지가 있다. 두 번째 어려움은 초과이익을 무형재산의 가치로 전환하기 위한 기술적 방법에 대한 것이다. 할인과 환원의 방법 중 후자는 실제 적용하기 어렵다. '환원'은 기본적으로 현금흐름이 영구적으로 발생할 경우 이를 가치로 환산하는 방법이다. 감정평가 기법 적용의 대원칙 중 하나는 '주된 평가기법을 적용하되, 이것이 곤란하고 부적절하면 다른 평가기법을 적용'하는 것이다. 무형재산도 거래사례비교법 또는 원가법 적용이 불가능하지 않다. 주변 상권 내 권리금 수수 내역을 포착해서 우리 매장과 비교하는 식이다. 일체의 시설 없이 무형재산만이 거래된 것으로 확인되면 이를 직접 비교할 수 있고, 권리금 일체가 거래되면서 시설 상당액에 대한 합의 금액을 알 수 있다면 이를 차감한 가액을 대상 무형 재산과 견줘야 한다. 원가법은 대상 매장에 입점하게 된 과거 시점 지불한 권리금 상당액에서 출발한다. '대상 상가의 임대차 계약 당시 무형재산의 취득가액을 기준으로 취득 당시와 기준시점 당시의 수익 변화 등을 고려하여 감정평가'한다는 규정은 권리금의 시세를 고려한다는 점에서 거래사례비교법과 유사하나, 비교 대상이 인근 매장이 아닌 과거 대상 매장인 점에서 동일시할 수 없다.

# 구분지상권

## 제1절 의의

구분지상권이란 건물 기타 공작물을 소유하기 위하여 입체적으로 구분된 지하 또는 지상공간에 상하의 범위를 정하여 설정된 지상권이다. 이는 공간법 원리에 의한 새로운 권리로서 현상은 지상권의 일종으로서 용익물권이나 실질적으로 영구 사용하게 되어 분층 소유권의 개념이 된다 할 수 있다.

## 제2절 구분지상권의 가치평가원리

평면적, 입체적 공간의 분할에 의한 해당 설정부분의 경제적 가치와 설정부분의 효용을 유지하기 위하여 다른 공간이용을 제한하는 것에 상응하는 경제가치로 구성된다.

## 제3절 조사확인 사항

등기부등본 등의 권리설정관계, 실제 소유자와 일치여부, 계약면적 등의 동일성, 토지이용계획확인원의 조사, 위치·규모의 평면적·입체적 조사 등이 있다.

## 제4절    평가방법

### 1. 거래사례비교법

인근 유사지역 내 유사한 구분지상권 설정사례를 수집하여 이를 사정보정, 시점수정과 요인비교를 통해 비준가격을 구하는 방법으로서 구분지상권 전체와 관련하여 평면적, 입체적 분할상태를 판단해야 한다.

> 대상구분지상권가격 = 구분지상권설정사례가격 × 사정보정 × 시점수정 × 지역요인비교
> × 개별요인비교 × 면적비교

### 2. 설정사례비율비교법

다수 설정사례를 수집하여 일정시점에 있어 토지 정상가격에 대한 설정대가의 비율을 판정하고 이를 해당 구분지상권 설정지의 시장가치에 곱하여 얻어진 금액으로 평가하는 방법이다.

> 대상구분지상권가격 = 대상나지가격 × 구분지상권비율(사례구분지상권가격/사례나지가격)

### 3. 토지잔여법

설정 전 설정지 순수익에서 설정 후 순수익을 차감한 차액 순수익을 환원율로 환원한 금액을 기준으로 구분지상권 계약내용에 따른 수정을 가하는 방법이나 현실적으로 환원율 및 순수익의 추정이 곤란한 단점이 있다.

> 대상구분지상권가격 = 차액순수익/환원율 × 구분지상권 계약내용 등에 따른 수정률

### 4. 입체이용률에 의한 지가배분율

최유효사용 상태하의 입체이용률을 기초로 해당 구분지상권 설정에 따른 입체이용저해율을 산정하고 이를 시장가치에 곱하여 구분지상권의 가격을 구하는 방법으로 이때 입체이용저해율이란 구분지상권의 설정으로 공중, 지중 공간을 이용할 경우 그들 권리행사로 대상지역의 입체적 이용이 방해되는 정도를 말한다.

① 영구적인 경우

> 대상구분지상권가격 = 대상나지가격 × 구분지상권 입체이용저해율
> × 구분지상권 계약내용에 따른 수정률

② 일시적인 경우

> 대상구분지상권가격 = 대상나지사용료 × 구분지상권 입체이용저해율 × 연금현가
> × 구분지상권 계약내용에 따른 수정률

## 제5절 관련사항

구분지상권이 설정된 토지는 불완전소유권이므로 그 구분지상권의 가격만큼 감가될 것이다.
즉, 대상토지의 최유효사용 상태의 나지가격에 구분지상권의 가격을 공제하면 구분지상권이
설정된 토지의 가격이 산정된다.

## Chapter 06 공중권

### 제1절  의의

공중권이란 토지공간을 효율적으로 이용하기 위한 방안으로서, 소유권자가 토지구역상의 공중공간을 타인에게 방해받지 않고 일정한 고도까지 포괄적으로 이용하고 관리할 수 있는 권리이다.

### 제2절  공중권 이용의 필요성

#### 1. 지구 기능의 충실화

철도나 도로로 분단되기 쉬운 중심지구를 인공지반이나 공중복도(sky way)로 연결, 일체화시켜 쾌적하고 안전한 도시핵을 만들 수 있다.

#### 2. 용도난의 완화

공중권을 이용하면 공중에다 새로운 개발공간을 창출하게 되어 지상과는 다른 시설의 도입이 가능해진다.

#### 3. 문화재 보호 및 손실보상의 일환

공중권 이용방법의 하나인 개발권 양도, ① 용적률의 이전은 역사적 기념물을 포함한 문화재를 보호하기 위한 목적으로 ② 손실보상의 일환으로도 유용하다. 즉, 주민반발이나 공적자금의 투입 없이 시장기구에 의한 손실전보가 가능하다.

#### 4. 공용수용의 원활화

공중권 인정으로 수용저항이 완화되어 사업이 촉진되고, 소유권보호, 사업비 절약이 가능해진다.

## 제3절 공중권의 이용형태

### 1. 직접이용(상공의 증축)

건물 증축형태는 이미 지어진 건물 위에 제3자가 새롭게 건물을 건축하고 이용하는 방법이며, 상공 이용형태는 지주를 세우고 그 위에 건물을 건축하는 방법이다.

### 2. TDR 방식

이용되지 않는 상부공간의 개발허용한도를 인근의 토지로 이전시켜 이전해 갈 토지의 본래 정해진 한도를 상회하는 규모의 건축물을 건축할 수 있는 권리인 TDR을 이용하는 방법이다.

### 3. 우리나라의 경우

우리나라에서는 아직 명확한 의미의 공중권은 존재하지 않는다. 다만, 서울역·영등포역의 민간자본투자건립 등에서 기부채납을 전제로 공중권과 유사한 사례가 시행된 바 있다.

## 제4절 공중권의 평가방법

### 1. 비교방식

유사한 공중권이 설치된 토지가 있는 경우 이를 대상과 비교하여 공중권의 가격을 구하는 방법이나 요인비교의 어려움과 사례가 드물다는 단점이 있다.

### 2. 수익방식

공중권이 설정된 토지와 설정되지 않는 토지의 순수익을 비교하여 그 차액을 환원이율로 환원하고 이에 공중권 설정계약에 따른 수정을 행하여 평가한다.

### 3. 원가방식

대체토지의 구입비용에 추가적 개발비용을 차감하고 추가이익을 더하여 구한다.

### 4. 입체이용배분법

나지상정의 토지가격에 입체이용저해율을 곱하여 산정한다.

# 구분점포(오픈 상가)

## 제1절  의의와 인정취지

### 1. 구분점포(오픈 상가)의 의의

건물부분이 구조상 독립되어 있지 않더라도 집소법이 규정하는 일정한 요건(구분점포의 경계 및 용도의 표시 등)을 갖추고, 이용상 구분된 경우에 건물의 일부분을 구분소유권의 객체로 하는 것을 말한다.

### 2. 인정취지

사회·경제적 환경의 변화로 인하여 건물의 구조나 이용형태가 다양해지고 있다. 대형쇼핑몰과 같이 이용의 특성상 경계벽이 존재하기 어려운 경우에도 재산권 행사를 보장하기 위하여 구조상 독립성을 완화한 것이다.

## 제2절  요건

### 1. 용도

구분점포의 용도가 건축법 제2조 제2항 제7호의 판매시설 및 같은 항 제8호의 운수시설일 것

### 2. 경계표지

① 경계를 명확하게 알아볼 수 있는 표지를 바닥에 견고하게 설치할 것, ② 구분점포별로 부여된 건물번호표지를 견고하게 붙일 것이 요구된다.

## 제3절  판례의 태도

구분건물이 구조상 부분에 의하여 구분소유권의 객체범위를 확정할 수 없는 경우에는 구조상의 독립성이 있다고 할 수 없고 구분소유권이 성립되지 못한다고 본다.

## 제4절  유의사항

### 1. 튼상가와의 구별

튼상가는 분양 시 벽체가 존재하였으나 평가시점에 벽체가 없는 상태라는 점에서 분양 시부터 벽체가 없는 오픈 상가와는 구별된다.

### 2. 상가위치 파악

건축물대장상 도면 또는 관리사무실이나 상가번영회에 비치된 도면 등에 의거하여 평가대상물건의 정확한 위치를 확인하여야 한다.

### 3. 요건불충족 오픈 상가의 평가 반려

상기에서 요구되는 오픈 상가의 요건을 충족하지 못하는 물건은 의뢰인에게 감정평가진행 여부를 확인하고, 의뢰인의 확인 없이는 평가를 반려함이 타당하다.

### 4. 기타

상기 두 가지 사례는 실무에서 관련 내용의 확인에 많은 어려움이 있다. 따라서 담보평가 진행 시 금융기관으로부터 명확히 관련 내용의 확인을 받아야 한다. 한편 경매평가 진행 시 법원감정인이 이해관계인으로부터 필요한 자료를 징구할 수 있도록 제도적 마련이 필요하다.

**PLUS+ 개념** 「집합건물의 소유 및 관리에 관한 법률」

**제1조의2(상가건물의 구분소유)**

① 1동의 건물이 다음 각 호에 해당하는 방식으로 여러 개의 건물부분으로 이용상 구분된 경우에 그 건물부분(이하 "구분점포"라 한다)은 이 법에서 정하는 바에 따라 각각 소유권의 목적으로 할 수 있다.

    1. 구분점포의 용도가 「건축법」 제2조 제2항 제7호의 판매시설 및 같은 항 제8호의 운수시설일 것

    2. 삭제 〈2020.2.4〉

    3. 경계를 명확하게 알아볼 수 있는 표지를 바닥에 견고하게 설치할 것

    4. 구분점포별로 부여된 건물번호표지를 견고하게 붙일 것

② 제1항에 따른 경계표지 및 건물번호표지에 관하여 필요한 사항은 대통령령으로 정한다.

**PLUS+ 개념** 「집합건물의 소유 및 관리에 관한 법률 시행령」

**제2조(경계표지)**

① 「집합건물의 소유 및 관리에 관한 법률」(이하 "법"이라 한다) 제1조의2 제1항 제3호에 따른 경계표지는 바닥에 너비 3센티미터 이상의 동판, 스테인리스강판, 석재 또는 그 밖에 쉽게 부식·손상 또는 마모되지 아니하는 재료로서 구분점포의 바닥재료와는 다른 재료로 설치하여야 한다.

② 경계표지 재료의 색은 건물바닥의 색과 명확히 구분되어야 한다.

**제3조(건물번호표지)**

① 법 제1조의2 제1항 제4호에 따른 건물번호표지는 구분점포 내 바닥의 잘 보이는 곳에 설치하여야 한다.

② 건물번호표지 글자의 가로규격은 5센티미터 이상, 세로규격은 10센티미터 이상이 되어야 한다.

③ 구분점포의 위치가 표시된 현황도를 건물 각 층 입구의 잘 보이는 곳에 견고하게 설치하여야 한다.

④ 건물번호표지의 재료와 색에 관하여는 제2조를 준용한다.

# 06

# 목적별 감정평가

# 담보평가

「실무기준」

① 담보평가란 담보를 제공받고 대출 등을 하는 은행·보험회사·신탁회사·일반기업체 등(이하 "금융기관 등"이라 한다)이 대출을 하거나 채무자(담보를 제공하고 대출 등을 받아 채무상환의 의무를 지닌 자를 말한다)가 대출을 받기 위하여 의뢰하는 담보물건(채무자로부터 담보로 제공받는 물건을 말한다)에 대한 감정평가를 말한다.

② 감정평가법인등이 담보평가를 수행할 때에는 감정평가 관계법규에서 따로 정한 것을 제외하고는 [100 총칙]부터 [600 물건별 감정평가]까지의 규정을 적용한다.

③ 감정평가법인등이 담보평가의 의뢰와 수임, 절차와 방법, 감정평가서 기재사항 등에 관한 세부사항을 금융기관 등과의 협약을 통하여 따로 정할 수 있다. 다만, 이 경우에도 관계법규 및 이 기준에 어긋나서는 아니 된다.

## 제1절  담보평가의 의의

담보평가는 대출 실행기관인 금융기관 등이 담보대출의 목적물을 평가하게 하거나 또는 대출을 필요로 하는 채무자가 제공하는 담보물을 기준으로 행하는 감정평가를 말한다.

여기서 금융기관 등은 채무자로부터 담보를 제공받고 대출 등을 하는 채권자를 말하며, 담보물건은 채권자가 채무자로부터 제공받은 담보물로서 담보평가가 의뢰된 물건이 해당 담보평가의 대상물건이 된다.

## 제2절  담보평가의 중요성

담보평가는 감정평가실무상 많은 부분을 차지하고 있는데, 담보물건의 적절한 경제적 가치 판단은 채무자의 재산권을 인정함과 동시에 채권자의 안정적인 채권 확보를 가능케 함으로써, 건전한 금융환경을 조성하여 국민경제를 원활하게 하는 역할을 하는 매우 중요한 분야이다.

## 제3절 담보평가의 기준가치

### 1. 종전 감정평가에 관한 규칙에 따를 경우

개정 전 「감정평가에 관한 규칙」은 정상가격주의를 원칙으로 하되, 평가목적의 성격상 정상가격 또는 정상임대료로 평가함이 적정하지 아니한 경우에는 그 목적에 맞는 특정가격 또는 특정임대료로 대상물건에 대한 평가액을 결정할 수 있도록 규정하였다.

이에 따르면 평가목적에 따라 기준가치가 달라질 수 있으므로, 실무상 담보평가의 기준가치에 대한 논란이 있어 왔으며, 실제로 채권 확보의 안정성을 중시하여 시장가치보다 낮은 가액으로 담보 감정평가액을 결정하는 경우가 많았다.

### 2. 개정 감정평가에 관한 규칙 및 실무기준에 따를 경우

2013년 1월 1일 시행된 개정 「감정평가에 관한 규칙」 및 「실무기준」에서는 시장가치기준 원칙을 두고, ① 법령에 다른 규정이 있는 경우, ② 감정평가 의뢰인이 요청하는 경우, ③ 감정평가의 목적이나 대상물건의 특성에 비추어 사회통념상 필요하다고 인정되는 경우에만 시장가치 외의 가치를 기준으로 할 수 있도록 규정하여 원칙적으로 감정평가의 목적에 따라 가치기준이 달라지지 않도록 하였고, 담보평가의 가치기준 또한 시장가치기준 원칙에 따르도록 하였다. 다만, 담보평가의 경우 그 성격을 고려하여 미실현 개발이익 등의 반영 등에 주의해야 할 것이며, 범위로 나타나는 시장가치 중 다소 안정적인 가액 결정의 접근이 필요하다.

## 제4절 금융기관 등과의 협약

구체적인 세부사항의 경우에는 채권자인 금융기관 등과의 협약에 따를 수 있다. 다만, 이 경우에도 협약 등이 감정평가 관계법규 및 이 기준에 어긋난 경우에는 따를 수 없도록 하였다.

> **PLUS+ 개념** | 담보평가의 원칙
>
> **1. 확인주의**
>    담보대항물건에 대한 물적 현황 및 권리관계 등을 반드시 확인해야 되는 것으로 위치, 면적, 건물의 존부 등의 물적 확인 작업과 제한물건 등의 권리관계를 조사해야 한다.
>
> **2. 보수주의**
>    완전한 채권회수라는 목적을 실현하기 위해 여신기간 동안 미래의 불확실성이 내재된다는 점을 고려해야 한다.
>
> **3. 처분주의**
>    담보감정평가는 채권기간 중 원하는 때에 적정한 금액으로 조기에 환가처분을 할 수 있느냐는 관점에서 접근해야 한다.
>
> **4. 현황주의**
>    공부상의 지목이나 용도에 관계없이 현실적인 이용상태를 기준으로 판단해야 한다. 다만, 공부와 현황이 불일치할 경우에는 현황이 불법행위에 의하여 이루어진 것이 아닌지 검토해야 한다.

## 제5절 유의사항

### 1. 부적절한 의뢰물건의 처리

담보물건으로 적절하지 않은 물건이 의뢰된 경우에는 담보평가를 진행할 의사가 있는지 명확히 확인하여야 한다. 특히 감정평가조건이 부가되어 의뢰된 경우에는 해당 감정평가조건의 합리성·적법성 및 실현가능성을 면밀히 검토하여야 하며, 해당 감정평가조건에 대한 내용을 감정평가서에 반드시 기재하여야 한다. 또한 감정평가조건의 합리성·적법성이 결여되거나 실현이 사실상 불가능하다고 판단될 때에는 의뢰를 거부하거나 해당 감정평가 수임을 철회하여야 할 것이다.

### 2. 부적절한 담보물건

담보물건의 적격요건상 환가성·유동성·법적 안정성·물적 안정성 등의 측면에 부적절한 담보물건은 담보평가의 감정평가액을 결정할 때 보다 신중을 기하여야 한다. 여기에는 법률에 의해 담보취득이 제한된 물건, 동일성이 인정되지 않는 물건, 담보권을 제한하는 권리가 있는 부동산, 특수용도로 이용되고 있어 환가성이 없는 물건 등이 있다.

**(1) 다른 법령에서 담보취득을 금지하는 물건이거나 담보제공을 위하여 주무관청의 허가가 필요한 물건임에도 불구하고 허가를 받지 아니한 물건**

① 법률 규정에 의해 담보취득이 금지되는 물건

‣ 담보취득금지 물건 근거법령
- 사립학교의 교육에 직접 사용되는 재산·「사립학교법」제28조 제2항, 동법 시행령 제12조
- 행정재산·「국유재산법」제27조, 「지방재정법」제82조
- 보험회사의 소유재산·「보험업감독규정」제99조
- 해당 금융기관의 주식 및 다른 주식회사 발행주식의 20/100을 초과하는 주식·「은행법」제38조 제5호
- 양도 또는 제한물권을 설정하거나 압류·가압류·가처분 등을 할 수 없는 재산·「주택건설촉진법」제32조의3 제3항

② 담보취득 시 주무관청의 허가를 요하는 물건

‣ 담보취득허가 요건 물건 근거법령
- 사립학교의 교육에 직접 사용되는 재산 이외의 기본재산·「사립학교법」제28조 제1항

- 공익법인의 기본재산·「공익법인의 설립·운영에 관한 법률」제11조 제3항, 동법 시행령 제17조
- 의료법인의 기본재산·「의료법」제41조 제3항, 동법 시행령 제19조, 동법 시행규칙 제40조
- 사회복지법인의 기본재산·「사회복지사업법」제23조 제3항, 동법 시행규칙 제40조
- 전통사찰의 재산·「전통사찰보존법」제6조 제1항, 동법 시행령 제7조 제2항
- 향교재산·「향교재산법」제4조, 제11조 제1항 제1호
- 외국인투자가 또는 외국인투자기업의 재산·「외국인투자촉진법」제22조
- 국가의 지원에 의해 취득한 북한이탈주민의 부동산·「북한이탈주민의 보호 및 정착지원에 관한 법률」제20조

### (2) 담보권을 제한하는 권리가 있는 부동산

예고등기, 압류, 가압류, 가처분, 가등기, 경매개시등기 등의 등기가 되어 있는 물건은 관련 법령에 따라 처분이 금지되므로, 해당 물건을 담보취득할 경우 등기권리자에게 대항할 수 없기 때문에 담보의 목적을 실현하지 못할 가능성이 많다. 이 경우에는 담보권을 제한하는 등기를 말소한 후에 저당권을 설정하거나 선순위 설정금액을 확인한 후, 그 설정금액을 공제하고 담보가액을 결정하여 담보취득을 해야 한다.

### (3) 특수한 용도로 이용되고 있는 것으로서 다른 용도로의 전환가능성이 적고 매매의 가능성이나 임대차의 가능성이 희박한 물건

도로, 구거, 사도, 묘지, 유지, 하천 등의 토지와 교회, 고아원, 양로원 등의 특수용도로 사용되는 부동산은 다른 용도로의 전환가능성이 적고, 매매 또는 임대차의 가능성이 희박하므로, 금융기관으로부터 특수한 감정평가조건이 수반되지 않는 한 적절한 담보물건으로서 취급이 제한되므로 이에 유의하여야 한다.

### (4) 공부상 소재지·지번·지목·면적 등이 실제와 현저히 달라 동일성을 인정하기 어려운 물건

공부와 현황이 상이한 물건의 경우에는 감정평가 시 신중을 기해야 한다. 동일성이 인정되지 않거나 합법적이지 않은 상태를 기준으로 감정평가를 하는 경우 채권기관의 채권회수에 문제가 발생할 수 있기 때문이다.

### (5) 지상에 제시 외 건물 등(종물 및 부합물 제외)이 있는 토지

#### ① 제시 외 건물의 개념

제시 외 건물이란 공적장부(등기사항전부증명서 및 건축물대장)에 있지 않은 건물이나 현황이 존재하는 건물로서 의뢰목록에 제시되지 않은 건물을 의미한다. 우리나라 등기법제상 토지와 건물은 별개의 부동산으로 인정되고 있다. 따라서 지상의 건물을 담보취득하지 않을 경우 향후 담보권 실행에 법정지상권이 성립되어 환가처분이 곤란하거나

환가처분가격이 크게 떨어질 수 있으므로 토지상에 미등기건물이 소재하는지 여부 및 법정지상권이 성립될 수 있는지 여부를 판정하여야 한다.

※ 담보평가 시 유형별 제시 외 건물에 따른 처리방법

| 구분 | 법정지상권 성립 여부 | |
|---|---|---|
| | 성립가능(현저한 제시 외 건물) | 성립불능(경미한 제시 외 건물) |
| 토지에 대한 평가 여부 | 평가반려 원칙<br>(다만, 의뢰인이 요청 시 이에 대한 사항을 기재한 후 평가할 수 있음) | 정상평가 |
| 제시 외 건물에 대한 평가 여부 | 평가하지 않음<br>(다만, 양성화되면 평가할 수 있음) | 평가하지 않음 |

② 종물·부합물 판단의 중요성

「민법」 제358조에 따르면 저당권의 효력의 범위는 법률에 특별한 규정 또는 설정행위에 따른 약정이 있는 경우를 제외하고는 원칙적으로 저당부동산에 부합된 물건과 종물에 미친다. 따라서 대상물건에 종물 및 부합물이 있는지 여부를 면밀히 조사·확인하여야 한다.

③ 종물

물건의 소유자가 그 물건의 상용에 공하기 위하여 자기소유인 다른 물건을 이에 부속하게 한 때 그 물건을 종물이라고 한다(민법 제100조). 종물은 독립된 별개의 물건으로서 사회통념상 계속해서 주된 물건의 상용에 이바지하여야 하며, 장소적으로 어느 정도 부속되어야 한다.

대법원 판례는 종물의 판단기준으로 어느 건물이 주된 건물의 종물이기 위해서는 주물의 상용에 이바지, 즉 주물 그 자체의 경제적 효용을 다하게 하여야 한다고 하였다. 종물의 예로서 주택에 딸린 화장실, 공장에 부속된 경비실 및 창고 등이 있다.

④ 부합물

부합물이란 소유자를 달리하는 수 개의 물건이 결합하여 1개의 물건으로 될 때, 이러한 부합에 의하여 만들어진 물건을 말한다.

부동산의 소유자는 원칙적으로 부합한 물건의 소유권을 취득한다. 다만, 전세권·지상권·임차권 등의 권원에 의하여 부합된 부합물은 부동산 소유자의 소유가 되지 않고 부속시킨 자의 소유가 된다. 대법원 판례는 부합물의 판단기준으로서 부착된 물리적 구조뿐만 아니라 그 용도와 기능면에서 기존건물과 독립된 경제적 효용을 가지고 거래상 별개의 소유권의 객체가 될 수 있는지의 여부 및 증축하여 이를 소유하는 자의 의사 등을 종합하여 판단하여야 한다고 한 바 있다.

**(6) 공부상 등재되지 아니한 건물(적법하게 추가 등재가 가능하거나, 준공검사를 필한 건물은 제외한다)**

**① 미등기건물과 법정지상권 확인의 중요성**

우리나라 등기법제상 토지와 건물은 별개의 부동산으로 인정되고 있다. 따라서 지상의 건물을 담보취득하지 않을 경우 향후 담보권 실행에 법정지상권이 성립되어 환가처분이 곤란하거나 환가처분가격이 크게 떨어질 수 있으므로, 토지상에 미등기건물이 소재하는지 여부 및 법정지상권이 성립될 수 있는지 여부를 판정하여야 한다.

**② 실무처리방법**

**가. 토지상에 미등기건물만이 존재하는 경우**

미등기건물이 건물로서 요건을 갖추고 있다면 당연히 법정지상권이 인정되므로, 먼저 보존등기를 한 후에 저당권을 설정하여야 한다.

**나. 토지상에 등기된 건물과 미등기건물이 함께 존재하는 경우**

이 경우 등기건물에 설정한 저당권의 효력이 미등기건물에 미치는지 여부는 미등기건물에 대하여 독립성이 인정되는지 여부에 따라 판단하여야 한다. 독립성이 인정될 경우 법정지상권이 성립할 수 있으므로, 미등기건물에 대하여 보존등기를 한 후에 저당권을 설정하여야 한다.

그러나 독립성이 인정되지 않는 경우에는 등기된 건물의 종된 건물(종물, 부합물)이 되어 등기된 건물에 저당권을 설정하면 미등기건물에도 효력이 미치므로 등기를 하지 않아도 된다.

**(7) 구조가 복잡하거나 현상이 극히 불량하여 일정기간 동안 그 보존이 어렵다고 인정되는 건물이나 기계·기구 등**

**① 리스기계**

리스기계는 「여신전문금융업법」에 의해 사업자가 리스회사로부터 임대받은 물건으로, 「공장저당법」에 의하여 취득한 담보물을 경매실행 시 복잡한 법률관계가 발생하므로, 통상적으로 담보에서 제외하고 감정평가 시에도 평가하지 않는 것이 원칙이다.

**② 소유권유보부 기계·기구**

대금분할지급매매에는 대금의 완제 전에 목적물을 인도하는 경우가 있는데, 이 경우에 대금의 완제가 있을 때까지 목적물의 소유권을 매도인에게 유보하는 계약을 말한다. 이 경우 공급계약서 등을 확인받아 소유권유보부 기계·기구일 경우 담보로 취급되지 않는다.

### (8) 과잉유휴시설이거나 단독효용가치가 희박한 부분

#### ① 과잉유휴시설

과잉유휴시설이란 해당 공장의 필요 정도를 넘어 설치된 시설과 업종 변경 등으로 인하여 가동하지 않고 가까운 장래에도 가동할 전망이 없는 시설을 말한다. 담보평가의 경우 이와 같은 과잉유휴시설은 감정평가에서 제외하여야 한다.

#### ② 단독효용가치 희박 부동산

부동산의 가치는 그 부동산이 최유효사용에 있을 때 가장 크다. 부동산이 최유효사용이 되기 위해서는 물리적·법적·경제적인 면에서 조건이 충족되어야 한다. 그러나 부동산은 그 형상·면적·도로저촉 등의 공법상 제한사항 등으로 인하여 일부 또는 전체가 단독으로는 이용될 수 없는데, 이 경우에는 시장에서 거래가 제한되고 가치를 형성하지 못하기 때문에 담보평가에서는 평가 외로 하여야 한다.

### (9) 그 밖에 담보물건으로 부적절한 물건

다음의 물건은 환가성이 낮아 채무불이행에 따른 채권회수 가능성이 극히 낮은 물건이다. 이러한 물건의 경우에는 의뢰인에게 담보 취급 여부 등을 알리고 적절한 조치를 취해야 하며, 감정평가를 할 때 담보물건으로서의 적절성 여부, 의뢰인에게 확인한 내용, 감정평가 조건 등을 감정평가서에 기재하여야 한다.

① 폐광·미채광 상태이거나 장기간 휴광 중인 광산으로서 광상상태가 불분명한 광산, 시설 및 운영이 부적당하여 가행성적이 불량하거나 입지조건·광량·품질이 극히 불량하여 경영 장래성이 없는 광산 또는 광업권에 한정하여 감정평가가 의뢰된 광산

② 거래실적이 없거나 거래소로부터 거래정지 처분을 받은 주식

③ 시험기구·비품·집기 등으로서 이동이 용이하여 관리·보전이 어려운 물건

④ 환금성과 시장성 등이 매우 낮거나 채권기관과의 특약에 따라 정한 물건

⑤ 그 밖에 손상이나 노후화 등으로 담보가치가 희박하다고 인정되는 물건

# 경매평가

「실무기준」
① 경매평가란 해당 집행법원(경매사건의 관할 법원을 말한다)이 경매의 대상이 되는 물건의 경매에서 최저
   매각가격(물건의 매각을 허가하는 최저가격을 말한다)을 결정하기 위해 의뢰하는 감정평가를 말한다.
② 감정평가법인등이 경매평가를 수행할 때에는 감정평가 관계법규에서 따로 정한 것을 제외하고는 [100
   총칙]부터 [600 물건별 감정평가]까지의 규정을 적용한다.

## 제1절   경매평가의 의의

경매평가란 법원에 소송 계류 중인 경매를 위한 토지 등의 감정평가를 말한다. 통상 집행법원
은 감정인으로 하여금 부동산을 평가하게 하고 그 평가액을 참작하여 〈최저매각가격〉을 정한
다. 실무에서는 대부분 감정인의 평가액을 기준으로 최저매각가격으로 정하고 있기 때문에 감
정평가액의 적정성이 중요하다.

**PLUS + 개념**  | 경매의 종류

### 1. 강제경매

집행권원을 가진 채권자의 신청에 의해 채무자 소유의 부동산을 압류, 경매를 통한 환가
후에 그 매각대금으로 경매신청 채권자의 금전채권을 만족시키기 위한 강제집행절차이다.

### 2. 임의경매

근저당권 또는 전세권 등의 담보권자가 자신의 담보권 실행을 위하여 담보목적물이나 전
세목적물을 경매 신청하여 자기보다 후순위 권리자들보다 우선하여 경매목적물의 매각대
금에서 자기채권의 만족을 얻는 강제집행절차이다.

## 제2절 경매평가의 중요성

「민사집행법」이 최저매각가격을 규정하고 있는 것은 부동산의 공정·타당한 가격을 유지하여 부당하게 염가로 매각되는 것을 방지함과 동시에 목적부동산의 적정한 가격을 표시하여 매수신고를 하려는 사람에게 기준을 제시함으로써 경매가 공정하게 이루어지도록 하는 데 그 의의가 있다.

> **PLUS+개념 | 경매의 절차**
>
> ① 경매신청 → ② 경매개시결정 → ③ 채권신고의 최고 및 통지 → ④ 경매준비절차(집행관에 대한 현황조사명령, 최저가 경매가 결정, 입찰기일과 낙찰기일지정) → ⑤ 입찰실시 → ⑥ 낙찰허가결정 → ⑦ 항고 → ⑧ 대금납부와 소유권이전등기 촉탁 → ⑨ 배당실시 → ⑩ 인도명령 및 명도소송

## 제3절 경매평가 시 유의사항

### 1. 법정지상권이 설정된 토지

법정지상권은 ① 전세권에 의한 경우(민법 제305조), ② 저당권에 의한 경우(민법 제366조), ③ 가등기담보권 등에 의한 경우(가등기담보 등에 관한 법률 제10조), ④ 입목에 관한 경우(입목에 관한 법률 제6조)의 4가지 경우 외에 관습법상의 법정지상권이 있다. 따라서 경매평가 시 법정지상권의 성립여부에 주의하여야 한다. 법정지상권이 성립하는 경우에 토지의 경락인이 지료를 받게 된다는 점과 지상권의 존속기간을 고려하여 법정지상권에 의한 부담을 평가하여 감가하여야 한다.

### 2. 공부상 지목과 현황이 다른 토지

공부 또는 평가명령상의 경매목적물의 표시와 현황이 상이한 경우 그것이 실제 거래되는 가격으로 평가하여야 하는 것이므로, 그 한도 내에서 실제의 현황에 따른 평가를 하여야 한다. 따라서 공부상 대지이나 현황이 도로라면 도로로서의 가격을 평가하여야 할 것이다.

경매제도는 기본적으로 매매의 성질을 가진다. 공부상 지목과 현황이 다른 경우 공부상 지목에 불구하고 현황에 따라 거래가 이루어진다면 현황대로 감정평가하여야 한다. 이는 일반적인 감정평가의 원칙과 같다. 다만, 공부상 위치와 현황 위치가 다른 경우에는 집행 법원에 이를 알리고 적절한 조치를 취하여야 한다.

### 3. 토지의 부합물

경매평가 대상토지 지상에 소재하는 정원수, 정원석, 석등 등이 있을 수 있으나, 대표적인 부합물로는 수목을 들 수 있다. 수목은 '입목에 관한 법률에 따라 등기된 입목'과 '명인방법을 갖춘 수목'이 아닌 한 부합물로서 감정평가의 대상이 된다는 것이 판례의 입장이다.

대상토지에 식재된 수목은 토지와 별개의 독립한 물건이 아니므로, 별도의 약정이 없는 한 토지의 처분에 당연히 수반된다. 이에 대상토지상에 수목이 있는 경우 이를 감안하여 평가하여야 한다. 경매목적물에 부합물이나 종물이 있는 경우 그 부합물이나 종물도 경매로 인하여 소유권이 이전되게 되므로 감정의 대상에 포함되게 된다. 이때 감정서에 그것이 부합물이나 종물임을 알 수 있도록 구조나 이용관계 등을 적시하여야 할 것이다.

## 4. 제시 외 건물

경매평가의 법원명령서상에는 일반적으로 '제시 외 건물이 있는 경우에는 반드시 그 가액을 평가하고, 제시 외 건물이 경매대상에서 제외되어 그 대지가 소유권의 행사를 제한받는 경우에는 그 가액도 평가'하도록 하고 있다. 제시 외 건물은 구조, 면적, 이용상황 등을 기재하고 그로 인한 대상물건의 평가액 및 환가성에 미치는 영향을 기재하여야 한다. 미등기건물의 경우에도 채무자의 소유임이 확인된다면, 건축물대장 등 채무자의 명의로 등기할 수 있는 서류를 첨부하여 집행법원에 의해 등기촉탁할 수 있으며, 이런 절차를 거쳐 강제경매가 가능하게 된다.

| 구분 | 법정지상권 성립 여부 | |
|---|---|---|
| | 성립가능(현저한 제시 외 건물) | 성립불능(경미한 제시 외 건물) |
| 토지평가 여부 | 나지상태로 평가하되 법정지상권 성립 시 가액을 병기한다. | 정상평가 |
| 제시 외 건물에 대한 평가 여부 | 지상 제시 외 건물과 일괄경매가 되는 경우는 평가하며 그렇지 않은 경우에는 제외하되, 최종판단은 관할법원과 상의하여 결정한다. | 평가한다(종물 및 부합물은 주물의 처분에 따른다). |

## 5. 다세대주택의 실질을 갖춘 다가구용 단독주택의 공유지분의 평가

구조상·이용상의 독립성을 구비하고 실질적으로 여러 세대가 독립된 주거생활을 영위하는 다세대용 공동주택에 해당되지만, 구분건물등기가 경료되지 못한 다가구용 단독주택의 공유지분 등기는 일반등기와는 달리 특정부분에 대한 구분소유권을 표창한다고 할 것이다. 따라서 그 공유지분에 대한 감정평가는 「민사집행법」 제139조 제2항에 따라 건물의 전체가격 중 공유지분의 비율에 따른 가격이 아니라 전체건물 중 해당 구분건물이 점유하고 있는 위치를 반영한 가격이어야 할 것이므로, 해당 특정부분을 다른 부분의 거래가격을 참작하여 구분건물과 같이 토지·건물을 일체로 한 비준가액으로 감정평가하여야 할 것이다.

## 6. 구분건물의 제시 외 건물로서 감정평가에 포함되어야 할 주요내용

경매대상이 구분건물인 경우에도 현장조사 시 제시 외 건물로 판단하여 감정평가에 포함되어야 할 주요 물건들이 있다. 일반적으로 최상층에 소재하는 다락방, 지하층에 배분된 전용면적, 구조변경으로 확장된 부분, 계단실 등에 설치된 새시 등이 있다.

## 7. 건축 중인 건물이 있는 토지

경매 대상토지 위에 건축 중인 건물이 비록 미완성이지만 기둥, 주벽 및 천장 등을 갖추어 독립한 건물의 요건을 갖춘 경우에는 위 건축 중인 건물 전체를 토지의 부합물로 볼 수 없으므로 경매목적물에서 제외하고 법정지상권 성립가능성을 고려하여야 한다.

## 8. 대지권이 없는 구분건물의 경우

대지권이 없는 구분건물의 경우 대지권이 없는 사유 및 대지권 등재 시 필요한 내용을 조사하여 대지권을 포함한 가격으로 평가할 것인지 건물만의 가격으로 평가할 것인지를 결정하고 그 사유를 의견란에 기재해주어야 한다. 구체적인 대지권 포함 여부에 대해서는 저당권 설정 시의 정황, 구체적 특약의 여부, 분양계약사항 등을 면밀히 검토해야 한다.

# 도시정비평가

## 제1절  적용 및 정의

> 「실무기준」
> ① 「도시 및 주거환경정비법」(약칭 도시정비법, 이하 "도정법"이라 한다)에 따른 정비사업과 관련된 감정평가(이하 "도시정비평가"라 한다)를 수행할 때에는 감정평가 관계법규에서 따로 정한 것을 제외하고는 이 절에서 정하는 바에 따르고, 이 절에서 정하지 않은 사항은 [100 총칙]부터 [600 물건별 감정평가]까지의 규정을 준용한다.
> ② 이 절에서 사용하는 용어의 뜻은 다음 각 호와 같다.
>   1. "재개발사업"이란 「도정법」 제2조 제2호 나목의 재개발사업을 말한다.
>   2. "재건축사업"이란 「도정법」 제2조 제2호 다목의 재건축사업을 말한다.
>   3. "종전자산"이란 종전의 토지나 건물을 말한다.
>   4. "종후자산"이란 분양예정인 대지나 건물을 말한다.
>   5. "국·공유재산의 처분"이란 정비사업을 목적으로 우선 매각하는 국·공유재산의 처분을 말한다.
>   6. "토지 등의 수용 등"이란 「도정법」 제63조에 따라 토지·물건이나 그 밖의 권리를 수용하거나 사용하는 것을 말한다.

### 1. 재개발사업

정비기반시설이 열악하고 노후·불량건축물이 밀집한 지역에서 주거환경을 개선하거나 상업지역·공업지역 등에서 도시기능의 회복 및 상권활성화 등을 위하여 도시환경을 개선하기 위한 사업을 의미한다.

### 2. 재건축사업

정비기반시설은 양호하나 노후·불량건축물에 해당하는 공동주택이 밀집한 지역에서 주거환경을 개선하기 위한 사업을 의미한다.

### 3. 종전자산 평가

분양대상자별 종전의 토지 또는 건축물의 명세 및 사업시행계획인가의 고시가 있는 날을 기준으로 한 가격에 대한 감정평가이다. 도시정비사업은 다수의 이해관계가 얽혀 있으며 사회경제 전반에 미치는 영향이 상당히 크다. 이에 따라 도시정비법에서는 정비구역 내 조합원의 권리

배분과 관련하여 가장 중요한 절차인 관리처분계획의 수립에 있어서 종전의 토지 및 건축물의 가격평가와 분양예정인 대지 또는 건축시설의 추산액 산정은 감정평가법에 의한 감정평가법인 등의 감정평가를 받도록 규정하고 있다(법 제74조 제4항).

종전 토지·건축물의 평가는 사업시행계획인가고시 시점을 기준으로 하여 사업착수 전 경제적 가치를 평가하는 것으로 그 평가액은 사업시행 후 관리처분을 위한 기준가격이 된다.

## 4. 종후자산 평가

분양대상자별 분양예정인 대지 또는 건축물의 추산액 산정을 위한 감정평가이다. 그 추산액은 2인 이상의 감정평가법인등이 평가한 금액을 산술평균하여 산정하도록 하고 있다. 이와 같은 분양예정자산의 평가에는 분양예정 공동주택 이외에도 상가 등 복리시설의 평가를 포함한다. 분양예정자산의 평가액 또는 종전자산 평가액과 함께 관리처분을 위한 기준가격이 된다. 조합원에게 분양되고 남은 공동주택 및 상가 등 복리시설은 일반분양되어 사업비로 충당된다. 이 경우 적정한 분양가 산정을 위한 감정평가를 하는데 이는 법으로 정하여진 필수적 사항은 아니며 원활한 분양을 위하여 사업시행자의 의뢰에 따라 이루어지는 것이다.

## 5. 국·공유재산의 처분

정비구역 안의 국·공유재산은 사업시행자 또는 점유자 및 사용자에게 다른 사람에 우선하여 수의계약으로 매각 또는 임대할 수 있으며, 이 경우 국·공유재산은 사업시행계획인가의 고시가 있는 날부터 종전의 용도가 폐지된 것으로 본다.

정비사업을 목적으로 우선 매각하는 국·공유지의 감정평가는 사업시행계획인가의 고시가 있은 날을 기준으로 하여 행하며, 주거환경개선사업의 경우 매각가격은 이 평가금액의 100분의 80으로 한다. 다만, 사업시행계획인가의 고시가 있은 날부터 3년 이내에 매매계약을 체결하지 아니한 국·공유지는 「국유재산법」 또는 「공유재산 및 물품 관리법」에서 정하는 바에 따른다.

## 6. 토지 등의 수용 등

사업시행자는 정비구역 안에서 정비사업을 시행하기 위하여 필요한 경우에는 「토지보상법」에 따른 토지·물건 또는 그 밖의 권리를 취득하거나 사용할 수 있다. 도시정비사업 중 재개발사업의 경우 이에 동의하지 않은 소유자에 대해서는 강제적으로 수용이 가능하도록 하고 있으며, 수용에 대해서는 토지보상법을 준용하도록 하고 있는 등 법에서 공익사업으로 인정하고 있다. 이에 따라 상기 정비사업의 원활한 시행을 위한 공용수용이 이루어지고 있으며 정당한 보상가격 산정을 위한 감정평가가 수반되고 있다. 반면 재건축사업의 경우 공익사업으로 인정하지 않기 때문에 법에서 "천재·지변 그 밖의 불가피한 사유로 인하여 긴급히 정비사업을 시행할 필요가 있다고 인정되는 때(법 제26조 제1호)"를 제외하고는 토지 등의 수용·사용권을 부여하고 있지 않으며 다만, 시가금액으로 매도청구권만 행사할 수 있도록 규정하고 있다.

## 7. 정비사업 절차별 감정평가의 종류

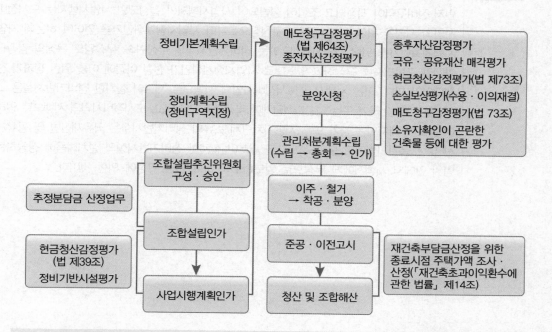

PART 06

2017.2.8. 법률 제14567호로 전부 개정된 도시정비법과 매도청구소송평가의 실시시기

- 2017.2.8. 전부개정된 도시정비법에서 감정평가와 관련되어 가장 중요한 변화는 종전 · 종후자산감정평가 실시시기 및 매도청구소송평가 실시시기의 변화이다.
- 현 도시정비법에서는 조합설립 및 그 등기 후 집합건물법에 따라 '지체없이' 매도청구소송을 진행하는 것이 원칙이었으므로 종전자산감정평가 실시 전에 이미 매도청구소송평가 전례가 생성되는 것이 일반적이었다. 그러나 전부개정된 도시정비법은 매도청구소송 제기 시점이 사업시행계획인가 후가 되고, 종전자산감정평가 역시 사업시행계획인가 후 120일 이내에 토지 등 소유자들에게 개별 통지되어야 하므로 2018.2.9. 이후 조합설립인가를 신청한 정비사업구역은 매도청구소송평가 실시시기와 종전 · 종후자산감정평가 실시시기에 큰 변화가 예상된다.

| 항목 | | 재개발사업 | 재건축사업 |
|---|---|---|---|
| 평가 여부 | | 도시정비법 제74조에 의한 필수평가 | 도시정비법 제74조에 의한 필수평가 |
| 평가의 종류 | 국공유지 | • 무상귀속 · 무상양도평가<br>• 처분평가 | • 무상귀속 · 무상양도평가<br>• 처분평가 |
| | 관리처분계획수립 | • 종전자산평가<br>• 종후자산평가 | • 종전자산평가<br>• 종후자산평가 |
| 평가의 종류 | (조합설립)미동의자 | • 제39조 협의 및 재결 보상감정평가 | • 제64조 소송평가(매도청구소송) |
| | 청산관련(분양신청하지 않은 자 등) | • 제73조 협의 및 재결 보상감정평가 | • 제73조 협의 및 소송평가(매도청구소송) |

**PLUS⁺개념**

**정비기반시설의 무상귀속, 무상양도 협의를 위한 평가**

먼저 정비구역이 지정되고 조합이 설립되어 사업시행자가 결정되면 사업시행자는 도시정비사업의 시행을 위한 시장·군수·구청장으로부터 사업시행계획인가를 얻어야 하는데 사업시행계획인가를 위한 사업시행계획에는 정비기반시설의 무상귀속, 무상양도 목적의 감정평가서가 포함되도록 규정하고 있으므로 사업시행계획인가 신청 이전에 이를 위한 평가가 선행되어야 한다. 이는 시행자가 도시정비사업의 시행으로 새로이 설치한 정비기반시설은 그 시설을 관리할 국가 또는 지방자치단체에 무상으로 귀속되고, 도시정비사업의 시행으로 인하여 용도가 폐지되는 국가 또는 지방자치단체 소유의 정비기반시설은 국유재산법 및 공유재산 및 물품관리법에도 불구하고 그가 새로이 설치한 정비기반시설의 설치비용에 상당하는 범위 안에서 시행자에게 무상으로 양도하도록 하고 있는 규정에 의한 것이다.

## 제2절 ▎ 도시정비평가의 대상

「실무기준」
도시정비평가의 대상은 사업시행자 등이 감정평가를 요청한 물건으로 한다.

### 1. 사업시행계획인가의 변경 등으로 감정평가 대상이 변동되는 경우

최초 감정평가 시 의뢰목록을 받아 감정평가를 수행하는 중에도 종종 구역면적, 특정무허가건물면적, 용도지역, 정비기반시설 등의 변경 등의 사유로 사업시행계획(변경)인가가 나는 경우가 있다. 이 경우에는 최초 의뢰목록으로 현장조사를 하였더라도, 조합 등 사업시행자로부터 변경된 목록을 제시받게 되므로, 변경사항을 재확인하여 그에 따라 감정평가하여야 한다.

### 2. 종전자산 감정평가 대상 관련 유의사항

일반적으로는 사업시행자가 작성·제시한 감정평가목록, 즉 사업시행계획인가를 받은 "토지나 건물 등에 관한 권리자 및 그 권리의 명세"를 기준으로 평가하면 될 것이나, 정비사업 종전자산 감정평가의 경우에는 여러 가지 다양한 경우가 발생하는 바, 이에 따른 유의점은 아래와 같다.

#### 1) 토지·건축물이 아닌 기타 물건

관리처분계획 수립을 위한 종전자산 감정평가의 목적물은 해당 정비구역 내 소재한 토지 및 건축물에 한한다. 따라서 토지·건축물이 아닌 기타 지장물(수목, 구축물·공작물(담장, 대문 등), 영업권(영업손실 보상) 등)은 종전자산 감정평가의 대상이 아니다.

#### 2) 멸실된 부동산을 감정평가하여야 하는 경우

기준시점 당시 현존하고 확인 가능한 경우가 아니면 대상물건을 감정평가할 수 없는 것이 원칙이나, 「도정법」 제81조 제3항에 해당하는 경우와 일부 예외적으로 인정되는 경우에는 그러하지 아니할 수 있다.

##### (1) 「도정법」 제81조 제3항에 해당하는 경우

정비사업시행 시 건축물의 철거는 관리처분계획인가 후에 하여야 하나, 「재난 및 안전관리 기본법」·「주택법」·「건축법」 등 관계 법령에 따라 기존 건축물의 붕괴 등 안전사고의 우려가 있는 경우와 폐공가(廢空家)의 밀집 등으로 우범지대화의 우려가 있는 경우에는 해당 건축물 소유자의 동의와 시장·군수의 허가를 얻어 관리처분계획인가 전이라도 먼저 철거

할 수 있으나, 이러한 철거가 토지 등 소유자로서의 권리·의무에 영향을 주는 것은 아니다(도정법 제81조 제3항). 이러한 철거의 경우 사업시행자는 철거 대상부동산에 대한 관리처분계획수립을 위해 기존 건축물에 대한 물건조서와 사진 또는 영상자료를 만들어 이를 착공 전까지 보관하여야 한다. 따라서 이러한 경우에는 정상적으로 해당 멸실 건물에 대한 종전자산 감정평가를 진행하여야 할 것이다.

(2) **시장 정비사업에서 화재 등으로 건물이 소실·멸실되어 사회통념상 '건물'로 볼 수 없는 경우를 감정평가하는 경우**

일반적으로 목적물이 멸실되면 그에 관한 물권도 소멸하는 것이 당연하므로, 건물이 일부 파손된 경우가 아니라 건물이 멸실되어 사회통념상 더 이상 건물로 볼 수 없게 된 경우에는 건물의 소유권도 소멸하여 해당 정비사업의 조합원 자격이 인정되지 않을 뿐 아니라, 종전자산 감정평가의 대상도 아니라고 하여야 할 것이다. 한편 이러한 입장에 선 유권해석도 많이 있으나, 예외적으로 이를 인정한 사례가 있음에 유의해야 한다.

타인의 토지 위에 시장건물을 소유하고 있는 자가 원인불명의 화재로 목조 슬레이트조 건물의 지붕과 목조가 소실되고 블록조 벽체 일부만 남아 사회통념상 건물로 볼 수 없는 상황이지만 건물등기부등본에는 여전히 소유자로 남아 있는 경우, 이를 조합원으로 인정할 수 있는지 여부에 대한 성남시장의 질의에 대해 법제처는 "시장건물이 화재로 인하여 멸실되었다고 하더라도 등기부에 건물소유자로 등기되어 있는 자는 해당 화재로 인한 시장정비사업에 있어서만은 예외적으로 건물소유자로 볼 수 있으므로 시장정비사업 조합원이 될 수 있습니다."라고 회신한 바 있다(법제처 07-0053, 2007.4.23). 따라서 이와 유사한 사안이 발생하는 경우에는 사업시행자의 최종적인 판단에 따라 처리하되, 관련 유관기관에 유권해석 등을 통해 감정평가 가능 여부에 대해 충분한 검토를 하여야 한다.

## 3) 정비구역과 정비구역이 아닌 지역에 걸쳐 있는 경우

종전자산 감정평가의 목적은 관리처분계획수립, 즉 대상물건 소유자의 권리가액을 산정하기 위한 것이므로, 그 평가대상 목적물은 대상 정비구역 내에 소재한 부동산에 한한다.

따라서 1개의 부동산이 정비구역 내외에 걸치는 경우, 해당 부동산소유자에 대한 관리처분계획 분양설계의 기준이 되는 권리가액·권리면적은 해당 정비구역 편입부분만이며, 정비구역이 아닌 지역에 소재하는 부분은(재개발사업 등의 경우) 수용 및 보상 절차에 따라 처리하는 것이 원칙이다.

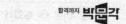

## 4) 둘 이상의 정비구역에 걸치는 경우

대상부동산이 정비구역과 정비구역이 아닌 지역에 걸치는 경우와 달리, 이 경우에는 모두 정비구역에 편입되기는 하나, 정비구역별로 사업진행 단계 및 속도, 사업성이 상이하게 된다. 이는 종전자산 감정평가시기(관리처분계획수립시기)가 상이함에 따라 발생하는 문제이다. 이 경우에는 지자체별로 별도의 처리지침 등을 제정하여 운용하는 경우가 있으므로, 사업시행자가 관련 유권해석 및 인가권자의 의견 등을 종합적으로 고려하여 작성·제시한 목록에 따라 감정평가하면 될 것이다.

**제3절** **도시정비평가의 기준 및 방법**(종전자산평가)

「실무기준」

① 종전자산의 감정평가는 사업시행계획인가고시가 있은 날의 현황을 기준으로 감정평가하되, 다음 각 호의 사항을 준수하여야 한다.
  1. 종전자산의 감정평가는 조합원별 조합출자 자산의 상대적 가치비율 산정의 기준이 되므로 대상물건의 유형·위치·규모 등에 따라 감정평가액의 균형이 유지되도록 하여야 한다.
  2. 해당 정비구역의 지정에 따른 공법상 제한을 받지 아니한 상태를 기준으로 감정평가한다.
  3. 해당 정비사업의 시행을 직접 목적으로 하여 용도지역이나 용도지구 등의 토지이용계획이 변경된 경우에는 변경되기 전의 용도지역이나 용도지구 등을 기준으로 감정평가한다.
② 비교표준지는 해당 정비구역 안에 있는 표준지 중에서 [610-1.5.2.1]의 비교표준지 선정기준에 적합한 표준지를 선정하는 것을 원칙으로 한다. 다만, 해당 정비구역 안에 적절한 표준지가 없거나 해당 정비구역 안 표준지를 선정하는 것이 적절하지 아니한 경우에는 해당 정비구역 밖의 표준지를 선정할 수 있다.
③ 적용 공시지가의 선택은 해당 정비구역의 사업시행계획인가고시일 이전 시점을 공시기준일로 하는 공시지가로서 사업시행계획인가고시일에 가장 가까운 시점에 공시된 공시지가를 기준으로 한다.

## 1. 종전자산 감정평가의 성격

### 1) 상대적 가격균형을 고려한 감정평가

「도정법」에 의한 종전자산의 감정평가는 관리처분계획을 수립하기 위하여 조합원들 사이에 분배의 기준이 되는 권리가액을 산정하는 데 주된 목적이 있고, 「토지보상법」상의 보상평가는 공익사업 시행 시 보상가액을 정하기 위한 것으로 정당한 보상액을 정하는 데 주된 목적이 있다. 따라서 양자에 차이가 있음에 유념해야 한다. 다시 말하면, 종전자산 감정평가액은 관리처분 시 조합원이 납부해야 하는 분담금 산정의 기준이 되므로, 절대적 가격보다 상대적 가격, 즉 조합원 간의 형평성과 적정한 가격균형 유지가 중요하다.

### 2) 개발이익 반영 여부

정비사업은 토지의 고도이용을 촉진하는 사업으로 이에 따라 용적률 등의 완화 및 용도지역 등의 조정 등이 수반되므로, 사업계획 또는 시행의 공고·고시 및 이후의 사업진행에 따라 상당한 개발이익이 발생하게 된다. 정비사업은 토지 등 소유자 또는 조합이 시행하는 사업이므로, 이로 인한 개발이익은 사업시행자인 토지소유자 또는 조합이 향유하여야 한다는 점에서 헌법이 정당보상 목적으로 하는 보상평가와 달리, 상대적 가치 비율의 합리적 산정을 목적으로 하는 종전자산 감정평가에서는 개발이익을 반영하여 평가할 수 있다.

다만, 이 경우에도 개발이익을 반영하여 감정평가할 때 개발이익이 합리적이고 균형성 있게 배분되어야 할 것이다. 특히 문제가 되는 것이 대지지분은 소규모인 집합건물이다. 일반적으로 정비사업 등의 개발사업 시행이 없는 경우에도 집합건물부지는 집합건물이 아닌 일반 단독·다가구주택 및 근린생활시설 부지에 비해 토지를 집약적으로 활용함으로써 최유효이용에 좀 더 근접하였다는 측면에서 높은 가격수준을 형성한다.

그러나 정비사업이 시행되는 경우에는 이러한 정상적인 가격격차에 더하여(주거용 집합건물의 경우) 1필지의 토지에 부여되는 수분양권이 증가함에 따라 이에 따른 예상 기대이익(이른바 '분양권 프리미엄')을 목적으로 하는 거래가 증가하게 된다. 따라서 현실에서 형성되는 가격수준을 기초로 한 집합건물부지의 가격에 자연히 이러한 '분양권 프리미엄'이 반영된다. 이러한 '분양권 프리미엄'은 ① 추후의 단계적 사업진행에 따라 구체화되는 개발이 있을 거래시점 당시 미리 선취(先取)하려는 투기적 거래라는 점, ② 해당 정비사업의 시행으로 인해 가격균형이 왜곡되는 전형적인 사례라는 점에서 이를 감정평가액에 반영할 수는 없을 것이다.

따라서 이러한 경우에는 대상 정비구역뿐 아니라 인근의 정비구역이 아닌 지역의 비교가능성 있는 집합건물의 정상적 거래사례를 기준으로 감정평가하여야 할 것이며, 또한 해당 정비구역 내 집합건물부지가 아닌 일반 토지가격과의 균형 등을 종합적으로 고려하여야 할 것이다.

## 2. 해당 사업으로 인한 공법상 제한 배제 평가

종전자산의 감정평가 시 정비구역의 지정은 그 공법상 제한이 해당 공익사업의 시행을 직접 목적으로 하여 가하여진 개별적 제한사항에 해당되므로, 그 공법상 제한을 받지 아니하는 상태를 기준으로 하여 감정평가하여야 한다.

다만, "해당 정비구역 지정에 따른 공법상 제한"이라 함은 해당 정비계획 결정·고시로 인한 도시계획시설의 저촉, 정비구역지정으로 인한 행위제한 등을 말하는 것으로서, 종전자산 감정평가 시 이러한 저촉 등을 고려하지 않는다는 의미로 이해하여야 할 것이다. 이를 보상평가의 개별적 계획제한으로 보아 마치 정비구역이 지정되지 아니한 상태를 기준으로 가격(수준)을 감정평가한다는 의미는 아님에 유의하여야 한다.

## 3. 객관적 기준·현황기준 평가

종전자산의 평가는 기준시점에 있어서 일반적인 이용방법에 의한 객관적인 상황을 기준으로 평가하여야 한다. 또한 대상물건의 소유자가 생각하고 있는 주관적 가치, 대상물건을 특별한 용도에 사용할 것을 전제한 이용가치, 일시적인 이용상태, 지적공부상의 지목 등을 고려하지 않고 객관적이며 일반적인 이용상태에 따라 평가하여야 한다.

종전토지란 사업시행 전의 토지를 말하는 것이므로 현실적인 이용상황을 기준으로 평가하여야 하며, 일시적인 이용상황은 이를 고려하지 아니한다.

일시적인 이용의 예로는 법령의 규정에 의하여 부득이한 경우와 토지소유자의 자의에 의한 경우가 있는데 대지에 소유자 주택을 건축하고자 하나 시청의 도시관리계획 미확정으로 임시건축을 금지당하고 있어 일시 타용도로 전환이용하는 경우가 전자의 예이며, 주택지대 내의 대지에 소유자의 사정에 의하여 임시채소를 가꾸는 전으로 이용하는 것은 후자의 예이다. 그 밖에 불특정 다수인이 통행하고 있는 외견상 도로로서 토지소유자가 그 통행을 금지시킬 수 있는 상태의 토지를 예로 들 수 있다.

## 4. 건축물 등이 없는 상태 상정평가

나지라 함은 토지상에 아무런 정착물 또는 제한물권이 없는 최유효이용이 가능한 토지를 의미하며, 이러한 상태를 상정하여 평가하도록 하는 것은 부동산이론상의 특별한 예외이며 조건이 된다. 정비구역 내 종전자산의 평가에 있어 이와 같은 평가조건이 필요한 이유는 다음과 같다. 부동산가격은 적합의 원칙, 균형의 원칙, 최유효이용의 원칙 등에 의해 형성되고 유지되는 것이므로 부동산 평가에 있어서 토지와 지상건물의 이용이 주위환경에 부적합하다든가 서로 균형을 유지하지 못하는 경우에는 그 효용성이 저하되어 해당 토지의 가치가 감가되는데 이를 건부감가라 한다. 일반적으로 정비구역 내의 토지 및 건물 등은 정비구역의 지정고시일로부터 건물의 증축, 개축의 금지 등 각종 행위제한을 받게 되어 제한을 받지 않는 인근의 토지와 건물보다 노후·불량하여 최유효이용이 되지 못하는 등 건부감가 요인이 많이 작용하게 된다. 그런데 이를 토지소유자의 부담으로 하는 것은 공평·정당원칙에 반하므로 토지를 평가함에 있어서 건부감가 요인을 고려치 않고 평가하여야 한다.

## 5. 비교표준지 선정기준

종전자산의 감정평가는 조합원별 조합출자자산의 상대적 가치비율을 산정하는 기초자료의 평가로서, 해당 정비사업으로 인한 영향이 배제된 상태에서의 가격균형이 유지되는 한, 해당 정비사업으로 인한 일반적이고 현실화·구체화된 개발이익은 이를 포함하여 평가할 수 있으므로, 해당 정비구역 내 표준지 선정이 원칙이라 할 수 있다. 소규모 대지지분 집합건물의 거래가 활성화되는 이유는 이외에도 거래가액 규모가 소규모여서 자금조달이 용이하다는 점도 있다. 이러한 면에서는 분양대상자격이 주어지는 주거용 무허가건축물(서울특별시 도시 및 주거환경 정비조례 제2조 제1호의 '특정무허가건축물' 등)의 거래, 소유자의 권리가액 증가를 목적으로 한 도로부지 거래 등도 역시 마찬가지라 할 것이다. 특히 감정평가 대상과 매매사례의 대지지분의 규모, 건물의 사용승인연도, 건물의 최고층 및 해당 층, 자체 주차장 구비여부 등을 고려하여야 할 것이다. 또한 정비구역은 통상 상당히 넓은 면적으로 지정이 되므로 해당 정비구역 내에도 여러 필지의 표준지가 소재하는 경우가 많으며, 구역 내 표준지들은 각각 그 일대의 가격수준 및 토지특성을 반영하고 있는바, 이를 기준으로 구역 내 각각의 토지들을 감정평가하는 것이 바람직할 것이다. 따라서 본 규정은 해당 정비구역 안에 있는 표준지를 선정하는 것을 원칙으로 하고 있다.

**PLUS+개념** 종전자산평가와 보상평가와의 비교

| 구분 | 종전자산평가 | 보상평가 |
|---|---|---|
| 평가목적 | 관리처분계획수립(출자자산의 상대적 가치비율 산정) | 손실보상(정당보상 실현을 위한 현금보상액 산정) |
| 평가의 주안점 | 형평성 유지 | 정당보상, 개발이익을 배제한 정당한 시가 |
| 개발이익 배제여부 및 그 범위 | 상기 본문 참조 | 해당 공익사업으로 인한 일체의 개발이익 배제 |
| 기준시점 | 사업시행계획인가(변경)고시일 | 계약체결일(협의), 수용재결일(재결) |
| 평가대상 | • 토지 및 건축물<br>• 공부면적기준 | • 토지, 지장물 일체(건물, 구축물·공작물, 영업보상, 기타 권리 등)<br>• 현황 측량성과 기준 |
| 평가기법 | • 토지보상법 제70조 제5항 미적용<br>• 주거용 건물 평가방법 : 원가법(집합건물은 거래사례비교법)<br>• 주거용 건축물 보상특례 미적용 | • 토지보상법 제70조 제5항 적용<br>• 주거용 건물 평가방법 : 원가법 및 거래사례비교법(집합건물은 거래사례비교법)<br>• 주거용 건축물 보상특례 적용 |

PART 06

## 제4절   도시정비평가의 기준 및 방법(종후자산의 감정평가)

「실무기준」
① 종후자산의 감정평가는 분양신청기간 만료일이나 의뢰인이 제시하는 날을 기준으로 하며, 대상물건의 유형・위치・규모 등에 따라 감정평가액의 균형이 유지되도록 하여야 한다.
② 종후자산은 인근지역이나 동일수급권 안의 유사지역에 있는 유사물건의 분양사례・거래사례・평가선례 및 수요성, 총 사업비 원가 등을 고려하여 감정평가한다.

### 1. 종후자산 감정평가의 기준시점

'분양신청기간 만료일'이라는 규정은 「서울특별시 도시 및 주거환경정비조례」가 분양신청기간 만료일을 '관리처분계획기준일'로 정의한 것에 근거한 것이기는 하다. 그러나 분양신청기간 만료일은 당초 감정평가 가격시점의 기준일이라는 의미보다는 분양설계에 관한 계획수립의 기준일로서 규정(도정법 제74조 제1항)되었고, 서울특별시 조례 역시 '관리처분계획기준일 현재'를 기준으로 분양대상자 여부를 판정하도록 하는 점, 종후자산 감정평가 시 분양신청기간 만료일까지는 종후자산 감정평가의 주요 변수인 정비사업비 추산액이 확정되지 않은 경우가 대부분인 점 등을 고려하면, 현실적으로 기준시점이 분양신청기간 만료일로 되는 경우는 그리 많지 않을 것으로 보인다. 따라서 사업시행자에게 별도로 기준시점을 서면으로 제시받는 것이 타당할 것이다. 또한 상당한 규모의 사업계획변경이나, 당초 분양신청기간 만료일 후 상당한 기간의 경과와 부동산가격의 변동이 수반되어 사업시행자가 별도의 기준일을 서면으로 제시하는 경우 역시 제시받은 날을 기준시점으로 할 수 있을 것이다.

### 2. 종후자산 감정평가방법

#### 1) 종후자산 감정평가 시 유의점

분양예정인 대지 또는 건축물에 대한 종후자산의 감정평가액은 종전자산 감정평가액과 함께 관리처분을 위한 기준가격이 되므로, 상대적인 가격균형의 유지가 무엇보다도 중요하다. 특히 분양예정 공동주택을 평가할 경우 규모별・층별・향・위치별 효용차이를 적정하게 산정하여 이를 반영하여야 한다.

#### 2) 분양구분과 종후자산평가 대상

주택공급을 주목적으로 하는 정비사업의 특성상 종후자산은 조합원분양분과 일반분양분으로 구분되며, 일반분양분은 추후 분양가상한제라는 별도의 분양가격 결정절차가 예정되어 있는 바, 종후자산 감정평가는 분양예정자산 전체(일반분양분 포함)를 조합원분양분으로 보아 감정평가하는 것이다.

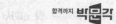

### 3) 평가기준 및 방법 등

종후자산 감정평가는 기준시점 당시 현재 착공 전 상태이므로, 대상부동산(공동주택, 근린생활시설 등)이 적법하게 완공된 상태를 전제로 감정평가하는 〈조건부 평가〉이다. 종후자산을 감정평가할 때에는 인근지역이나 동일수급권 안의 유사지역에 있는 유사 물건의 분양사례·거래사례·평가선례 및 수요성 등과 해당 사업에 드는 총 사업비 등 원가를 고려한다. 다만, 시·도의 조례에 별도의 규정이 있을 때에는 그에 따른다.

## 제5절　도시정비평가의 기준 및 방법(국·공유재산의 처분을 위한 감정평가)

「실무기준」

국·공유재산의 처분을 위한 감정평가는 사업시행계획인가고시가 있은 날의 현황을 기준으로 감정평가하되, 다음 각 호의 어느 하나에 해당하는 경우에는 그에 따를 수 있다.

1. 재개발사업의 사업구역 안에 있는 국·공유지를 사업시행자에게 매각하는 경우로서 도로 등의 지목을 "대"로 변경하여 감정평가를 의뢰한 경우에는 "대"를 기준으로 그 국·공유지의 위치·형상·환경 등 토지의 객관적 가치형성에 영향을 미치는 개별적인 요인을 고려한 가액으로 감정평가한다.
2. 재건축사업구역 안에 있는 국·공유지는 공부상 지목에도 불구하고 "대"를 기준으로 그 국·공유지의 위치·형상·환경 등 토지의 객관적 가치형성에 영향을 미치는 개별적인 요인 등을 고려한 가액으로 감정평가한다.
3. 도정법 제98조 제6항 단서에 따라 사업시행계획인가고시가 있은 날부터 3년이 지난 후에 매매계약을 체결하기 위한 국·공유재산의 감정평가는 가격조사 완료일의 현황을 기준으로 감정평가한다.

### 1. 사업시행자가 '대'를 기준으로 한 감정평가를 의뢰한 경우

국·공유재산의 처분을 위한 감정평가는 사업시행인가고시가 있은 날의 현황을 기준으로 평가함이 원칙이다. 그러나 국가와 지자체에서는 「도정법」 제98조 제5항에서와 같이 국·공유재산은 해당 사업시행계획인가고시일부터 용도가 폐지된 것으로 보게 되므로, 이에 대한 감정평가는 도로 등의 경우 대부분 용도폐지가 되면 대지로 이용하게 될 것이므로 종래의 국·공유지의 상태(도로, 구거 등)가 아닌 '대'를 기준으로 평가할 것을 요청한다.

행정안전부의 「지방자치단체 공유재산 관리·처분기준(2009)」 및 서울특별시의 「정비기반시설 설치비용 산정 및 국·공유재산 무상양도 시 업무처리기준 개선(안) 통보」(서울특별시 주거정비과-17209, 2007.10.30.) 및 「무상양도(귀속) 및 국공유재산 관리처분 시 유의사항 통보」(서울특별시 도로행정담당관-1508, 2008.1.23.) 등에도 '대'를 기준으로 평가기준이 적시되어 있다.

다만, 재개발사업의 경우에는 사업시행자의 요청으로 현황에 불구하고 '대'를 기준으로 감정평가를 의뢰받은 경우 대지로 평가한다는 점을 유의하여야 하고, 이때에도 국·공유지의 위치·형상·환경 등 토지의 객관적 가치형성에 영향을 미치는 개별적인 요인을 고려하여 평가하여야 할 것이다.

| 구분 | 3년 이내 | 3년 이후 |
|------|---------|---------|
| 적용 근거 | 도시정비법 제98조 제4항, 제5항, 제6항 | 국유재산법, 공유재산법 |
| 기준시점 | 사업시행계획인가고시일 | 가격조사완료일 |
| 적용공시지가 | 사업시행계획인가고시일 기준시점 당시 최근 | 사업시행계획인가고시일 3년 이후 기준시점 당시 최근 |
| 이용상황 | 착공 전 상태 | 현황 |

## 2. 사업시행계획인가고시일부터 3년 이내에 매각계약이 체결되지 않은 경우

「도정법」 제98조 제6항 단서의 규정에 의하여 「국유재산법」 또는 「지방재정법」의 관계규정에 따라 감정평가하여야 한다. 이때 매각대상자가 누구인지에 따라 감정평가방법이 달라짐에 유의하여야 한다.

먼저 정비구역 안에 있는 국·공유재산을 〈그 점유자 또는 사용자〉에게 매각하는 경우에는 「국유재산법 시행령」 제42조 제1항 또는 「지방재정법 시행령」 제96조 제1항 등의 규정에 의하여 가격시점 당시의 해당 토지의 시가 등을 참작하여 감정평가한다. 따라서 계약체결 당시를 기준으로 해당 정비사업에 의하여 형질변경이 된 상태와 해당 사업의 성숙도 등이 고려된 가격으로 감정평가하며, 이 경우 토지 감정평가 시 적용할 비교표준지는 가격시점 당시에 공시되어 있는 표준지공시지가 중 가격시점에 가장 근접한 시점에 공시된 공시지가를 선정하는 것이 타당하다. 반면 정비구역 내 비점유 국·공유지를 〈사업시행자(조합)〉에게 매각하는 경우에는 정비사업이 「토지보상법」 제2조 제2호에서 규정한 "공익사업"에 해당되므로, 「국유재산법 시행령」 제42조 제9항 또는 「지방재정법 시행령」 제96조 제7항의 규정(임의규정)에 따라 국가·지자체의 요청이 있을 경우 「토지보상법」의 관계규정에 의하여 평가할 수 있을 것이다.

> **PLUS+개념** 정비기반시설의 무상귀속 · 무상양도 협의를 위한 평가
>
> **1. 개요**
>
> "정비기반시설"이란 도로·상하수도·공원·공용주차장·공동구(「국토의 계획 및 이용에 관한 법률」 제2조 제9호에 따른 공동구를 말한다. 이하 같다), 그 밖에 주민의 생활에 필요한 열·가스 등의 공급시설로서 대통령령으로 정하는 시설을 말한다(법 제2조 제4호). 도시정비법에서는 조합 등의 시행자가 도시정비사업의 시행으로 새로이 설치한 정비기반시설(공공시설)은 국가에게 무상으로 귀속되고, 새로이 설치한 정비기반시설의 설치비용 범위 안에서 용도폐지되는 정비기반시설(공공시설)을 시행자에게 무상으로 양도할 수 있도록 하고 있으며, 이 경우 사업시행계획에 이의 내용이 포함되도록 하고 있다.

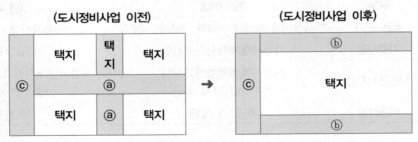

ⓐ : 용도폐지되는 정비기반시설(도로)
ⓑ : 새로이 설치되는 정비기반시설(도로)
ⓒ : 존치되는 정비기반시설(도로)

이처럼 정비구역 내 정비기반시설의 무상귀속・무상양도 협의를 위한 평가란 도시정비
법 제97조와 도시정비법 시행령 제41조에 근거하여 사업시행계획에 포함되어야 할 "용
도폐지되는 정비기반시설(공공시설)과 새로이 설치한 정비기반시설(공공시설)에 대한 감
정평가"를 말한다. 이와 같은 정비기반시설의 무상귀속・무상양도평가는 국・공유지와
사유지에 대한 일종의 교환평가라 할 수 있으며, 사업시행계획에 포함되어야 할 사항으로
원칙적으로 사업시행인가 이전에 평가되므로 사업시행인가 이후 관리처분계획의 수립을
위하여 평가되는 종전자산평가보다 먼저 이루어지게 된다.

## 2. 감정평가기준
### ① 용도폐지되는 정비기반시설의 평가

용도폐지되는 정비기반시설은 국・공유지이므로 국・공유지의 처분평가와 동일한 기준
을 적용해야 한다. 따라서 공익사업에 해당하는 주택재개발사업의 경우 국・공유지의
매각 시 적용되는 국유재산법 시행령 제37조의2 또는 공유재산법에 따라 평가하며, 종
전자산의 평가기준과 동일하게 평가한다.

기능이 대체되어 용도폐지되는 국・공유지는 용도가 폐지된 상태를 기준으로 감정평가
한다(도시정비법 제98조 제5항).

### ② 새로이 설치되는 정비기반시설의 평가

사업시행자가 대체되는 시설로 설치한 도로 등 정비기반시설의 설치비용의 평가는 도시
개발법 제66조의 규정에 따라 일반적으로 원가법에 의하되, 그 정비기반시설의 설치 전
의 이용상황을 기준으로 한 소지 가격에 형질변경 등 그 시설의 설치에 통상 소요되는
비용 등을 합산한 가액으로 평가할 수 있다.

다만, 평가시점 당시 그 정비기반시설이 설치되지 아니하고 소지 상태로 있거나 그 시설
의 설치에 통상 소요되는 비용을 사업시행자 등이 따로 정하는 조건으로 평가의뢰된
경우에는 조성 전 토지의 소지 가격으로 평가하는 것이 타당할 것이다. 조성 전 토지의
소지 가격은 표준지공시지가를 적용하여 개별평지별로 결정한다.

### 3. 평가 시 유의사항

국·공유 정비기반시설의 무상귀속·무상양도평가를 한 이후에 동일한 토지에 대하여
관리처분계획의 수립을 위하여 종전자산평가를 하게 되므로 감정평가가격의 결정 시에는
차후에 이루어지는 종전자산 평가가격을 염두에 두어야 하며, 양 평가가격 간에 괴리가
없도록 하여야 할 것이다.

**▌정비기반시설 평가와 매각평가의 비교▐**

| 구분 | 정비기반시설 감정평가 | 매각평가 |
|---|---|---|
| 근거규정 | 법 제97조 제1항 → 영 제47조 제2항 제10호<br>법 제97조 제2항 → 영 제47조 제2항 제11호 | 법 제98조 제6항 |
| 감정평가<br>실시시기 | 사업시행계획인가 신청 전 | 사업시행계획인가 후<br>(통상 관리처분계획인가 신청 전에 실시) |
| 감정평가<br>목적물 | 정비구역 내 무상양도대상인<br>국유·공유재산 및 신설 정비기반시설 예정지 | 무상양도 대상에서 제외된<br>국유·공유재산 |

**▌국공유재산(국공유지) 매각평가▐**

| 구분 | | | 우선<br>적용법률 | 기준시점 | 용도지역, 이용상황 등 | |
|---|---|---|---|---|---|---|
| | | | | | 재개발사업 | 재건축사업 |
| 사업시행<br>계획<br>인가의<br>고시가<br>있은<br>날부터<br>3년 이내<br>매각계약<br>체결 여부 | 체결된<br>경우 | 사업시행자에게<br>매각 | 도시정비법 | 사업시행계획<br>인가의 고시가<br>있는 날 | (A)<br>국유재산법 OR<br>토지보상법 | (E)<br>국유재산법 |
| | | 사업시행자 外의<br>자에게 매각 | 도시정비법 | | (B)<br>국유재산법 | (F)<br>국유재산법 |
| | 체결되지<br>않은<br>경우 | 사업시행자에게<br>매각 | 국유재산법/<br>공유재산법 | 매각계약<br>체결일(실무상<br>가격조사완료일) | (C)<br>국유재산법 OR<br>토지보상법 | (G)<br>국유재산법 |
| | | 사업시행자 外의<br>자에게 매각 | 국유재산법/<br>공유재산법 | | (D)<br>국유재산법 | (H)<br>국유재산법 |

• 재개발사업 : 2가지 유형 모두 가능 → 2가지 유형 중 어느 유형 적용할지에 대한 결정은 누가 하나?
• 재건축사업 : (도정법 & 국유재산법) 유형만 가능

## 제6절 도시정비평가의 기준 및 방법(매도청구에 따른 감정평가)

> **「실무기준」**
>
> 재건축사업구역 안의 토지 등에 대한 「도정법」 제64조의 재건축사업에서의 매도청구에 따른 감정평가는 법원에서 제시하는 날을 기준으로 한다. 다만, 기준시점에 현실화·구체화되지 아니한 개발이익이나 조합원의 비용부담을 전제로 한 개발이익은 배제하여 감정평가한다.

### 1. 매도청구와 매도청구권의 의의

매도청구는 재건축사업을 시행할 때 조합설립 부동의자 등에 대해 그 소유 토지 등을 시가에 매도할 것을 청구하는 것으로, 매도청구권은 재건축에 참가하는 토지 등 소유자가 재건축에 불참한 토지 등 소유자에 대하여 일정한 절차를 거쳐 토지·건물의 매도를 청구하는 권리를 말한다.

### 2. 기준시점

매도청구 소송감정의 기준시점은 '매매계약 체결 의제일'인바, 감정평가실무상으로는 법원의 감정명령서에 제시된 일자를 기준으로 하면 될 것이다. 매도청구권은 적법한 의사표시가 상대방에게 도달한 때에 상대방의 승낙을 기다리지 않고 바로 목적물에 대한 시가에 의한 매매계약이 성립되는 것으로 보는 형성권(形成權)이라는 데 이의가 없는 점에 비추어, 매도청구의 의사표시가 상대방에게 도달한 시점(소장부본 또는 청구취지변경서 부본의 송달)이 매매계약 체결 시점이 된다. 매도청구의 소장에 최고서를 첨부하여 송달하는 경우에는 최고서 송달일로부터 집합건물법상의 회답기간인 2개월이 경과한 다음 날 매매계약의 체결이 의제된다.

### 3. 감정평가 목적물의 확정과 관련된 문제

### 1) 공부의 표시와 현황이 불일치하는 경우

실무상으로는 감정명령서에 기재된 감정평가 대상을 목적물로 하면 될 것이나, 현장조사 결과 법원의 감정명령서 또는 공부상의 물건표시와 현황이 불일치하는 경우에는 감정평가서에 이러한 내용과 현황을 기준으로 감정평가한다는 취지를 기재하고 현황을 기준으로 평가한다.

### 2) 영업손실보상금 등의 포함 여부

매도청구는 그 성격상 실질적으로는 공용수용과 같다는 점, 단독주택 재건축사업의 경우 공동주택 재건축과 달리 부동산 유형별 구성이 재개발과 유사하고, 잡화점, 세탁소, 음식점 등 비교적 소규모의 상인이 많아 영업손실보상금 지급의 필요성이 매우 큰 점 등을 근거로 단독주택

재건축 사업에서 매도청구의 상대방에게 영업손실보상금을 지급하여야 한다거나, '종래의 생활환경이 손상됨에 따른 손실상당액'이 '시가'에 포함되어야 한다는 주장이 많이 제기되고 있다. 그러나 그 타당성 여부를 떠나 이는 입법정책의 문제로서 「토지보상법」을 준용·적용할 수 있는 공익사업에 해당하지 않는 재건축사업의 매도청구소송의 '시가'에 이러한 영업손실보상금 등이 포함된다고 할 수는 없을 것이다.

## 4. '시가(市價)'의 의미 및 감정평가방법

### 1) 판례의 입장

대판 1996.1.23, 95다38712 판결 이후 매도청구소송에서의 '시가' 개념이 해당 재건축사업으로 인해 발생할 것으로 예상되는 개발이익이 포함돼야 한다는 점을 일관되게 유지하고 있다. 개발이익이 배제된 보상가격으로 소유권을 취득하는 재개발사업 등과 예상 개발이익을 포함하는 재건축사업과의 비교는 입법정책의 문제로서 여기서 논하는 '시가'의 개념과는 다른 차원의 문제라 할 것이다.

> **대판 1996.1.23, 95다38712 판결**
> 이 사건 소송감정인은 재건축으로 인한 예상 개발이익이 반영되지 않은 노후되어 철거될 상태를 전제로 한 현 상태대로의 가격을 먼저 구하고 여기에 예상 개발이익 상당액을 합산하여 평가하는 방법을 채택하였고, 예상 개발이익 반영 전 현 상태대로의 가격은 공동주택에 대한 일반적인 평가방법인 토지와 건물을 일체로 한 거래사례비교법이 아니라 토지와 건물 각각의 가격을 원가법으로 구하였다는 점에 유의하여야 할 것이다. 왜냐하면, 재건축 결의 후 형성되는 거래가격에는 이미 재건축으로 인한 예상 개발이익이 반영되어 있다고 보아야 할 것이므로, '노후되어 철거될 상태를 전제로 한 현 상태대로의 가격'을 아파트 거래가격을 기준으로 한 거래사례비교법으로 구하게 되면 재건축으로 인한 개발이익이 이중 반영되기 때문이다.

### 2) 매도청구소송 '시가' 감정평가 시 유의할 점

판례에서 말하는 '재건축사업으로 인해 발생할 것으로 예상되는 개발이익이 포함된 시가'라는 것은 철거예정에 있는 노후화된 건물의 감가를 모두 인정하고 토지자산에 준하는 상태의 가격, 즉 '노후되어 철거될 상태를 전제로 한 가격'이 아님을 강조하기 위한 것으로서, 토지·건물 일체로 거래되는 가격, 즉 재건축결의 및 조합설립인가에 따라 시장에서 형성·반영되고 있는 개발이익 모두를 반영하라는 의미로 해석되어야 한다.

그렇지만 재건축사업의 주체로서의 조합원이 지는 리스크나 향후 현실화·구체화되지 아니한 개발이익까지 개발이익으로 기준시점 당시에 반영하라는 의미로 해석할 수는 없다.

거래사례비교법에 의하는 경우 해당 재건축사업의 적정 리스크를 반영하지 않은 상태에서 인근의 기 사용승인된 아파트부지 표준지와의 단순 비교(매도청구대상이 토지인 경우), 기 입주

한 아파트와의 단순 비교(매도청구대상이 공동주택인 경우)를 통한 예상 개발이익 추정은 조합 원으로서의 비용부담 및 사업추진에 따른 각종 리스크(부동산 시장의 하락, 일반분양 실패, 정부정책의 변경, 각종 소송 등) 부담을 전제로 함에도 불구하고 이를 반영하기 곤란하다는 점, 재건축으로 인한 장래의 이익까지 현재의 구분소유자, 즉 매도청구소송의 피고에게만 귀 속시키고 매도청구권자(매수자)에게는 전혀 그 이익을 향유하지 못하게 하는 셈이 되어 부당한 결과를 초래할 수 있다는 점뿐만 아니라, 매도청구소송에 의한 매매계약은 당사자가 자율적으 로 체결한 매매가 아닌 사법절차에 의한 매매라는 점에서 그 이익을 어느 일방에게 귀속시켜서 는 아니 된다는 점 등을 유의하여 감정평가하여야 할 것이다.

## 5. 현금청산대상자에 대한 매도청구소송 감정평가

「도정법」 제64조에 해당하는 자 및 분양계약을 체결하지 아니하여 조합정관에 따라 현금청산 대상자로 분류된 자들 역시 결국은 매도청구소송을 통해 소유권관계가 정리되는바, 이러한 경 우의 매도청구소송 '시가' 감정평가 역시 기본적으로는 거래사례비교법을 중심으로 하되, 사업 시행인가 전에 진행되는 매도청구소송에 비해 상대적으로 해당 사업의 수익·비용에 대한 자 료가 보다 풍부할 수 있으므로 이러한 점을 반영할 수 있을 것이다.

다만, 이 경우에도 통상적인 관리처분계획상의 사업수지 등은 사업리스크 및 이에 따른 현재가 치를 충분히 고려하지 않으므로 이에 대한 적절한 고려가 필요할 것이다. 또한 분양신청을 하였 으나 관리처분인가 이후 분양계약을 체결하지 않아 현금청산대상자가 된 경우에는 관리처분계 획인가의 고시로서 토지 및 건축물에 관한 권리는 분양예정인 대지 또는 건축물에 대한 분양받 을 권리, 즉 '수분양권'으로 변환되는 것이고, 관리처분인가 및 수분양권 확정에 따라 종전자산 권리가액, 입주예정 동·호수의 위치 및 그 분양가, 개별적 분담금(환급금) 규모 및 납부 일정 등도 확정되어 있을 것이므로, 이러한 점을 충분히 반영하여 감정평가하여야 할 것이다.

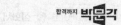

**┃ 매도청구목적평가의 비교 ┃**

| 매도청구감정평가의 유형 | | 매도청구감정평가의 기준시점 |
| --- | --- | --- |

| 구분 | 사전(事前)적 사업 不참자 | 사후(事後)적 사업 不참자 |
| --- | --- | --- |
| 유형 | 재건축조합설립 不동의자<br>사업시행자 지정 不동의자<br>토지만 소유한 자 또는 건물만 소유한 자 | 조합설립에 동의하였으나 분양신청을 하지 않는 등의 사유로 조합원자격을 상실한 자 = 현금청산 대상자 |
| 조치 내용 | 매도청구소송 | 현금청산기간 내 현금청산협의 → 현금청산협의 不성립 시 60일 내 매도청구소송 제기 |
| 근거 규정 | 법 제64조 | 법 제73조 제2항 |
| 기준 시점 | 매매계약성립일＝매도청구의 의사표시가 상대방에게 도달한 날 | (구법 적용 대법원 판결) 사업시행자의 현금청산금 지급의무기산일 = 현금청산감정평가 기준시점 = 현금청산에 따른 매도청구권 행사로 매매계약이 성립이 의제되는 날 |
| | | 현행법이 적용되는 경우에 대한 대법원 판례나 명확한 유권해석은 아직 없음→반드시 서면으로 제시받아야 함<br>※ 소송감정평가이므로 실무상 기준시점이 문제될 여지는 없음 |

## 제7절  도시정비평가의 기준 및 방법(토지 등의 수용 등에 따른 감정평가)

> **「실무기준」**
> 도시정비사업구역 안 토지 등의 수용 등에 따른 감정평가는 「공익사업을 위한 토지 등의 취득 및 보상에 관한 법률」 및 [800 보상평가]에 따라 감정평가한다.

### 1. 재개발사업과 재건축사업

정비사업의 시행을 위해 사업시행자는 사업에 참여하지 않는 정비구역 내 토지 등 소유자 소유의 토지 및 건축물의 권원확보가 필수적인바, 재개발사업의 경우에는 현금청산 및 수용의 방법을 통해, 재건축사업의 경우에는 매도청구 및 현금청산의 방법을 통해 이를 확보한다.

정비사업 중 주택재개발사업의 사업시행자는 「도정법」 제63조에 의거하여 정비구역 안에서 그 사업을 위하여 필요한 토지·건축물 기타의 권리를 수용할 수 있으며, 수용 또는 사용에 관하여는 「도정법」에 특별한 규정이 있는 경우를 제외하고는 「토지보상법」이 준용되며, 사업시행인가를 「토지보상법」에 의한 사업인정으로 본다. 이 경우 재결신청은 「토지보상법」의 규정에 불구하고 사업시행기간 내에 행하여야 한다. 따라서 이러한 경우에는 보상감정평가(수용재결평가·이의재결평가)가 필요하게 된다.

### 2. 재개발사업의 감정평가기준

### 1) 일반적 사항

「도정법」 제63조 규정에 의거 토지 등의 수용 또는 사용할 수 있는 정비사업구역 안의 토지 등에 대한 현금청산 감정평가 및 수용에 따른 감정평가는 동법 제65조의 규정에 의거 「토지보상법」의 규정을 준용·적용하여 평가하므로, 해당 정비사업으로 인한 개발이익을 배제하여 감정평가하여야 하며, 이 경우 현금청산자·수용대상자의 종전자산평가액, 비례율, 분담금, 조합원 입주권의 프리미엄 부동산 경기상황 등을 종합적으로 참작하여 평가함에 유의해야 한다.

### 2) 기타 재개발사업의 현금청산평가·수용평가와 일반적인 보상평가의 비교

#### (1) 영업손실보상 중 휴업보상의 휴업기간

통상 4개월 기준하여 최장 2년 이내의 범위에서 휴업기간을 산정한다.

## (2) 영업손실보상 기준일

일반적인 보상평가의 경우 영업보상기준일은 '사업인정고시일 등'이나 재개발사업 등의 영업손실보상에서는 '정비구역지정을 위한 주민공람공고일'이다(구 도정법 시행규칙 제9조의2 제2항). 다만, 「도정법 시행규칙」 제9조의2 제2항은 정비계획 수립(변경수립은 제외)을 위한 주민공람공고가 2012.8.2 후에 행해진 구역부터 적용됨에 유의(부칙 제2항 참조)하여야 할 것이다. 재개발사업에서의 현금청산 감정평가·협의보상 감정평가는 이렇게 보상평가법리를 준용·적용하게 되므로, 해당 정비사업으로 인한 (그 실현여부를 떠나) 일체의 가격변동을 배제한 가격으로 평가하게 된다. 따라서 재개발사업의 경우 해당 정비사업으로 인한 가격변동분 중 미실현분을 배제하고 가격균형이 유지되는 선에서 현실화·구체화된 부분을 반영하는 종전자산 평가가격과 현금청산 평가가격과는 상이할 수 있다. 즉, 양 평가의 가격시점이 동일하고 대상물건의 면적사정 기준이 동일하다고 하면 종전자산 평가가격이 현금청산 평가가격보다 더 높을 수 있을 것이다(다만, 재건축사업에서는 해당 재건축사업으로 인한 적정 개발이익이 포함된 '시가'에 따라 매도청구를 하게 되므로 이와는 다름에 유의하여야 한다).

# 3. 재건축사업의 감정평가기준

재건축사업구역 안 토지 등에 대한 현금청산 평가금액은 기준시점 당시의 적정 개발이익을 고려하여 평가한다. 다만, 이 경우에도 현실화·구체화되지 아니한 개발이익이나 조합원의 부담을 전제로 한 개발이익은 배제하고 감정평가한다.

# 재무보고평가

## 제1절 적용 및 정의

> **「실무기준」**
> ① 「주식회사의 외부감사에 관한 법률」(이하 "외감법"이라 한다) 제5조 제3항의 회계처리기준에 따른 재무보고를 목적으로 하는 공정가치의 추정을 위한 감정평가(이하 "재무보고평가"라 한다)를 수행할 때에는 감정평가 관계법규 및 한국채택국제회계기준(K-IFRS)에서 따로 정한 것을 제외하고는 이 절에서 정하는 바에 따르고, 이 절에서 정하지 않은 사항은 [100 총칙]부터 [600 물건별 감정평가]까지의 규정을 준용한다.
> ② 이 절은 국가・지방자치단체・공공기관의 자산과 시설에 대한 재평가 및 회계업무 등과 관련된 감정평가를 할 때에 준용한다.

### 1. 한국채택국제회계기준(K-IFRS)의 제정목적

국제회계기준위원회에서 '국제적으로 통일된 회계기준 제정'을 목표로 제정한 국제회계기준(International Financial Reporting Standards; IFRS)은 글로벌 스탠다드로 정착되고 있는 추세이며, 우리나라만의 독자적 회계기준 유지에 따른 대외 신뢰도 하락을 극복하고 회계기준의 국제 정합성 확보를 위하여 2009년부터 선택 적용이 가능하며, 2011년부터는 모든 상장기업이 의무적으로 적용하고 있다. 이러한 국제회계기준의 특징 중 하나는 기업의 재무제표에 계상된 모든 분류의 자산 및 부채에 대하여 역사적 취득원가가 아닌 공정가치를 기준으로 금액을 측정할 수 있다는 데에 있다. 따라서 재무제표에 계상된 자산 및 부채의 공정가치 측정과 관련하여 기업의 감정평가 수요는 증가할 것으로 예상된다.

### 2. 업무의 범위

기업이 재무보고 등을 위하여 의뢰하는 감정평가업무의 종류는 다양하다. 자산 및 부채의 공정가치 평가업무뿐 아니라, 자산의 분류와 계상, 감가상각 목적을 위한 자산가액의 안분, 외부공시를 위한 내용연수 및 잔존가치의 추정, 재평가 주기의 검토 등 다양한 성격의 감정평가 분야가 있으며, 재무보고평가 업무는 이러한 제반 업무를 포함한다.

※ 재무보고 목적의 감정평가는 국제회계기준의 도입과 관련한 기업자산의 공정가치 평가 외에 「자산재평가법」에 의한 기업의 자산재평가, 국가・지방자치단체・공공기관의 자산과 시설에 관한 재평가 및 회계업무를 위한 감정평가를 포괄하는 개념이다.

## 3. 적용의 범위

재무보고평가는 영리기업이 국제회계기준(IFRS)에 의거한 재무제표 작성을 목적으로 의뢰하는 경우가 일반적이나, 정부 또는 준정부기관도 재무제표 작성, 민영화, 채권 발행, 대출 실행, 비용·편익분석, 경제성 분석, 성과평가 등을 위하여 업무를 의뢰할 수 있으며, 이 경우에도 본 기준을 적용할 수 있다.

우리나라는 국제비영리회계기준(IPSAS)을 현재 공식적으로 채택하지 않았으며, 정부기관의 경우 「국가회계기준에 관한 규칙」(기획재정부령 제126호)에 의거 재무제표를 작성하고 있다. 「국가회계기준에 관한 규칙」 제38조의2(일반유형자산 및 사회기반시설의 재평가기준)에서 재평가 관련 사항을 정하고 있다.

## 제2절  재무보고평가의 대상 및 확인사항

「실무기준」
① 재무보고평가의 대상은 회사·국가·지방자치단체·공공기관의 재무제표에 계상되는 유형자산·무형자산·유가증권 등의 자산 및 관련 부채와 재평가를 위한 시설 등의 자산으로서 의뢰인이 감정평가를 요청한 물건으로 한다.
② 재무보고평가를 할 때에는 다음 각 호의 사항을 의뢰인과 협의하여 명확히 확인하여야 한다.
   1. 의뢰인의 재무제표상의 자산분류 기준과 감정평가서에 표시될 감정평가 목록 분류의 기준의 일치 여부
   2. 대상 자산에 대한 담보설정 등 소유권에 대한 제한사항의 내용

### 1. 재무보고평가의 의뢰인과 대상물건

#### 1) 의뢰인

재무보고평가의 의뢰인은 주로 「외감법」에 따라 재무제표의 공시가 의무화된 회사인 경우가 대부분이지만, 관련 법령에 따라 그에 준하는 의무를 받는 국가·지방자치단체·공공기관인 경우도 있다.

#### 2) 대상물건

재무보고평가의 대상에는 토지, 건물, 기계장치 등 유형고정자산뿐 아니라 나머지 유형자산, 무형자산, 유가증권, 영업권, 사업, 사업의 지분 등 재무제표상의 광범위한 자산 및 계정들이 포함된다.

### 2. 자산의 분류와 계상

기업은 국제회계기준에 따라 자신이 보유한 전체 자산 중 일부 자산만을 분류하여 재평가 대상으로 의뢰할 수 있다. 그러나 재평가 대상으로서의 자산 분류는 자의적이어서는 안 되며, 회계기준에서 정하고 있는 자산의 성격 및 유동성, 기업 내에서의 자산 기능, 부채의 금액, 성격 및 시기 등을 기준으로 합리적으로 분류하여야 한다. 이러한 분류 기준에 지리적 위치나 가치 증감 여부는 포함될 수 없으며, 영업용 토지에 대해서 재평가를 결정하였다면 해외에 소재하는 영업용 토지도 재평가 대상에 포함시켜야 한다. 같은 맥락에서 가격이 상승한 자산만 재평가 대상으로 삼을 수는 없다.

감정평가법인등이 평가한 자산의 단위와 기업이 재무제표에 계상한 자산의 단위는 상이할 수 있으며, 또한 기업은 감가상각 등 여러 가지 목적으로 감정평가법인등이 제시한 평가 금액을 다양한 자산에 안분하여야 하는 경우가 발생한다.

일반적으로 재무보고평가는 대상 자산이 소유 및 용익 제한이 없는 것을 전제로 평가하는바, 실제 기업 보유 부동산의 소유 및 용익에 제한이 있는 경우도 있으므로, 의뢰인이 오해가 없도록 명확히 확인할 필요가 있다. 예를 들어 담보권 설정, 가압류 설정, 다툼 중이거나 계류 중인 소송이 있는 물건이더라도 재무보고평가는 이에 구애됨이 없이 평가하게 됨을 명확히 해야 한다.

## 제3절  기준가치

「실무기준」
① 재무보고평가는 공정가치를 기준으로 감정평가한다.
② 제1항의 공정가치는 한국채택국제회계기준에 따라 자산 및 부채의 가치를 추정하기 위한 기본적 가치기
준으로서 합리적인 판단력과 거래의사가 있는 독립된 당사자 사이의 거래에서 자산이 교환되거나 부채가
결제될 수 있는 금액을 말한다.

## 1. 공정가치의 의의

공정가치는 자산의 교환을 하고자 하는 특정한 양 당사자 간에 합리적으로 합의하여 결정된
가격을 말한다. 당사자 사이에 서로 특별한 관계가 없이 정상적인 거래를 하면 되므로, 자산은
광범위한 시장에 방매될 필요가 없다. 따라서 합의된 가격은 일반적인 시장보다는 관련 당사
자가 보유한 권리에 대한 특정 이익(혹은 손실)을 반영한 결과가 된다.

## 2. 공정가치와 시장가치의 관계

회계기준에서 사용하는 공정가치 개념은 일반적으로 감정평가분야에서 사용하는 시장가치와
유사한 개념이지만, 공정가치는 시장가치보다 광범위한 개념이다. 일반적으로 특정 당사자 사
이에서 공정한 의미를 갖는 가격은 다른 시장참여자에게도 공정한 의미를 갖는다. 그러나 경
우에 따라 공정가치 산정 시 고려하는 사항들 중 일부는 시장가치 산정에서는 고려하지 않는
다. 공정가치는 기업체의 지분 취득을 위한 가격산정에 흔히 적용된다. 특정 당사자 사이에서
만 발생하는 특수한 증분가치는 해당 당사자 간에는 공정한 가격일 수 있으나, 일반시장에서
형성되는 가격과는 다를 수 있다. 시장가치는 이와 같은 특수가치(여기에서는 결합가치)의 요
소를 배제한다. 재무보고평가 외의 다른 목적의 감정평가에서 공정가치는 시장가치와 구분될
수도 있다. 공정가치는 해당 거래에서 얻게 될 이익(손실)을 고려한 특정 당사자 사이에서 공
정한 의미를 갖는 가격을 의미하기 때문이다.
공정가치의 예로는 임대차 계약의 명도나 기한연장에 대한 대가를 반영한 임대인과 임차인 사
이에 합의된 가격 또는 미공개기업에서의 주식양도(transfer of shares) 시 주식을 위한 가격
이 있을 수 있다.

## ≫ 참고문헌

- 부동산학총론, 장희순·방경식
- 부동산학개론, 이창석
- 일본 부동산감정평가기준해설
- 국토교통부 감정평가실무기준
- 부동산평가이론, 안정근
- 감정평가론, 경응수
- 부동산감정평가, 한국부동산원
- 기본강의 감정평가, 이창석
- 감정평가학 입문, 서광채
- S+감정평가실무, 유도은
- 감정평가개론, 이용훈
- S+감정평가이론, 이충길
- 한국감정평가사협회 감정평가실무기준해설

# 박문각
# 감정평가사

지오
## 감정평가이론 ②

2차 | 심화서

---

**제6판 인쇄** 2024. 4. 25. | **제6판 발행** 2024. 4. 30. | **편저자** 지오

**발행인** 박 용 | **발행처** (주)박문각출판 | **등록** 2015년 4월 29일 제2015-000104호

**주소** 06654 서울시 서초구 효령로 283 서경 B/D 4층 | **팩스** (02)584-2927

**전화** 교재 문의 (02)6466-7202

저자와의
협의하에
인지생략

정가 32,000원
ISBN 979-11-6987-866-1